中国少数民族设计全集

The Design Collection of Chinese Ethnic Minorities

朝鲜族

中国少数民族设计全集编纂委员会 编

图书在版编目（CIP）数据

中国少数民族设计全集.朝鲜族/中国少数民族设计全集编纂委员会编；成光虎等著.—太原：山西人民出版社，2019.10
ISBN 978-7-203-11123-8

Ⅰ.①中… Ⅱ.①中… ②成… Ⅲ.①朝鲜族－民族文化－研究－中国 Ⅳ.①K28

中国版本图书馆CIP数据核字（2019）第244041号

中国少数民族设计全集.朝鲜族

编　　者：	中国少数民族设计全集编纂委员会
著　　者：	成光虎　等
责任编辑：	张志杰
复　　审：	冯　昭
终　　审：	阎卫斌
装帧设计：	谢　成

出 版 者：	山西人民出版社　人民美术出版社
地　　址：	太原市建设南路21号
邮　　编：	030012
发行营销：	0351－4922220　4955996　4956039　4922127（传真）
天猫官网：	https://sxrmcbs.tmall.com　电话：0351－4922159
E — mail：	sxskcb@163.com　发行部
	sxskcb@126.com　总编室
网　　址：	www.sxskcb.com

经 销 者：	山西出版传媒集团·山西人民出版社
承 印 者：	山西出版传媒集团·山西新华印业有限公司
开　　本：	889mm×1194mm　　1/16
印　　张：	34.25
字　　数：	400千字
印　　数：	1—1 000册
版　　次：	2019年10月　第1版
印　　次：	2019年10月　第1次印刷
书　　号：	ISBN 978-7-203-11123-8
定　　价：	430.00元

如有印装质量问题请与本社联系调换

中国少数民族设计全集编纂委员会

总 主 编（按年龄排序）
　　　　　张夫也　王立端　戴晋明　廖　军　王　琥　李豫闽　过伟敏　顾　平
　　　　　王　强　李　岗
执行主编　王　琥
编务统筹　张明山

中国少数民族设计全集编辑工作委员会

主　　任　刘伟冬
编　　委　（排名不分先后）
　　　　　王　琥　王　峰　王　强　王立端　王浩滢　白　波　过伟敏　许　星
　　　　　许边疆　李　岗　李　丽　李豫闽　成光虎　肖　飞　余　强　汪传跃
　　　　　罗　力　杨明朗　陈　述　陈见东　邱　珂　胡万明　顾　平　郑　静
　　　　　郭立忠　姬　莹　张夫也　张泽国　张明山　张秋平　张耀引　梁盛平
　　　　　樊　进　谢　玮　熊　伟　熊　微　熊建新　蔡克中　葛　芳　鞠　斐
　　　　　魏　洁　廖　军　戴晋明

中国少数民族设计全集出版工作委员会

主　　任　胡彦威　周　伟
执行主任　姚　军　欧京海
编务统筹　阎卫斌　周小龙
编　　辑　（排名不分先后）
　　　　　王新斐　史美珍　冯　昭　冯灵芝　吉　昊　吕绘元　刘小玲　任秀芳
　　　　　孙　琳　孙宇欣　李广洁　李建业　李　靖　员荣亮　张小芳　张志杰
　　　　　张书剑　何赵云　陈俞江　吴春华　武　静　周小龙　柳承旭　郝文霞
　　　　　赵　玉　赵晓丽　席　青　秦继华　高　雷　郭向南　阎卫斌　崔人杰
　　　　　傅晓红　蔡咏卉　翟丽娟　樊　中　薛正存　魏　红　魏美荣
整体设计　谢　成

中国少数民族设计全集·朝鲜族

本册著者 　成光虎（朝鲜族）　韩光云（朝鲜族）
　　　　　　　赵京姬（朝鲜族）　董海英　孙　明

参与撰写 　徐美玲　张雪莲　曾　晶　李香淑　安仁顺
　　　　　　　崔光益　李永哲　金　星　丛万福　柳　星
　　　　　　　王宏利　谌　欢　张　瑞　宋　萍　姜　震
　　　　　　　佟依明　于　佳　田润益　赵亚琦　刘　波
　　　　　　　耿　宁　王　冠　王超义　张睿麟　崔楠楠
　　　　　　　石　健　曾国庆

求同存异 和合共荣

刘伟冬

中华民族，是一个由56个民族组成的大家庭。在漫长的文明发展史中，汉族和各少数民族都为中华文明的繁荣发展贡献了自己的聪明才智。纵观中华文明史，其实就是一部各族群之间"求同存异，和合共荣"的文化演进史。

从根子上讲，4000年前的"中国"，仅指北方中原地区，居住在这里的相传是上古时期黄帝部落和炎帝部落的后裔，故而自称"炎黄子孙"。其时的"中国"，不过是黄河中下游（西起陇山，东至泰山）区域。在千年发展与民族融合之后，尤其是晋末"衣冠南渡"，南迁的中原汉族与南方百越民族彻底融合，来自北方的鲜卑等民族融入汉族，使汉族前所未有地壮大发展，逐渐形成后来疆域辽阔、人口众多、物产繁盛、文化昌明的中华民族的主体族群。特别值得强调的是，自从作为一个民族整体之后，中华民族就从未中断过自己的民族发展史——这在世界历史上是硕果仅存、独一无二的。

中华民族具备兼容并蓄、虚心好学的民族天性。仅以设计学范畴的事例讲：在数千年文明发展历史中，中华民族在不断向外输出优秀的文明成果（如烧造之陶瓷砖瓦、营造之榫卯斗拱、织造之丝绸刺绣、锻造之"失蜡"分模等），影响全人类的日

常生活与生产方式的同时，也不断地吸纳域外各民族的优秀文明成果，如汉魏之印度佛教和西域音乐、隋唐之西亚服饰和家具、宋元之东洋印染和漆艺、明清之西洋机器与建筑……在中华民族内部，这样的文化交流更是从未停止过，而且是风生水起、枝繁叶茂，愈发流畅、深入，中华民族各族群之间"求同存异，和合共荣"的文化大演进，共同创造了中华民族极为灿烂辉煌的造物文明历史。仍以设计学范畴为例：原本是匈奴人发明的单足绳圈，被晋代的汉族人设计成铁质双镫；最早是鲜卑人原创的毡毯卷边，被晋代的汉族人改造成"高桥马鞍"，这宗中国式马具设计案例，被誉为"13世纪中国传入欧洲的最重要文化成果"（李约瑟语）。再如，西域（今新疆地区）是全世界最早的皮靴生产地，哈尼族为主的红河地区出现了全世界最早的梯田。再如，全世界最早的"干栏式建筑"和全世界最早的稻米人工育种、栽培，均起源于长江中下游的百越地区；全世界最早的竹藤编结器物起源于闽越地区……由中华民族共同创造、发明，后来又影响了全人类文明进程的优秀造物设计案例很多，不胜枚举。几千年中华民族的文明史，就是各种文化多元融合、共同发展的最好例证。不了解中华民族内部各族群的文明交流史，就无法真正理解中国文化史，也不能理解为什么中华民族总是能在逆境中成长强大。甚至可以说，能否完整地理解中华民族的文化史，是检验每一个当代中国知识分子（特别是文史哲专业的学者）文化立场的"试金石"。

随着改革开放的逐渐深入，各民族地区的经济与社会状态已发生了天翻地覆的变化。令人遗憾和担心的是，由于各地区政策执行力度不平衡，保护措施不得力，少数民族的文化特性正在逐步衰退，有些地区的少数民族文化特征甚至已经消失殆尽，仅仅存在于徒具形式，充满口号、标语的民族文化村旅游景点中。有学者预言，再不加快整理抢救工作，中国的少数民族可能在物质形态和文化内涵的特征上，若干年后将不复存在。

从少数民族地区反映古代中国社会某些面貌的文化遗存看，这些少数民族之所以一直与汉族地区差距巨大，存在多方面的原因，其中历代汉族统治者对少数民族的歧视政策是主要原因。此外这些地区本身就处于偏僻荒地，不是沙漠就是山区，自然条件远不及汉族聚集地区，社会发展水平滞后。20世纪50年代，有相当比例的少数民族在当时仍处于原始农耕社会或奴隶制社会，不要说通电、通水、通汽车，不少人一辈子连铁器长什么样都没见过。部分少数民族聚集地的各种自然条件也较差，缺肥少水，基本生活来源，一靠老天爷恩赐的"望天收"农作物；二靠家庭手工作坊制作些竹藤编结物和土织、土陶等土特产来换取粮食；三靠养猪、兔、羊和鸡、鸭、鹅等家禽来换取日用品，如灯油、农具、衣物和油盐酱醋等；四靠为土司、头人和大户们出卖劳力（社会底层奴隶身份），年老即被抛弃。中华人民共和国成立后，党和政府在这些地区实行社会主义改造，打倒以土司、巫师和头人为首的剥削阶级，将土地和生产资料一律收归集体所有，解放了全体少数民族民众，使他们历史上第一次有了自由劳作和生活的权利。

中华人民共和国成立之初，党和政府就高度关注民族事务问题，为如何保护、关心各少数民族制定了一系列方针、政策，也为当代中国社会处理民族问题、保护民族文化树立了光辉典范。中央人民政府政务院于20世纪50年代初发布了《关于民族事务的几项决定》，为新中国民族政策奠定了最初的思想基础，其主要内容是：一、各大行政区军政委员会（人民政府）须指导各有关

省、市、行署人民政府认真推行民族区域自治及民族民主联合政府的政策和制度，并随时向政务院报告推行经验，请示者须事前向政务院请示。二、各大行政区军政委员会（人民政府）须指导各有关省、市、行署人民政府认真并有计划地实行政务院在1950年颁发的《培养少数民族干部试行方案》，并将该项工作进行情况定期加以检查，每半年向政务院报告一次。中央民族学院及西北、西南、中南各军政委员会和新疆省人民政府的民族学院，必须依计划实行，并向政务院报告。三、政务院于1951年下半年适当时间将同时召开有关少数民族的卫生、教育及贸易三个专业会议，责成政务院文教委员会、中财委指导中央卫生部、教育部、贸易部开始筹备，并责成中央民族事务委员会协助进行。有关部门如农业部、文化部也须派人参加。四、责成中央人民政府各委、部、会、院、署、行注意建立有关民族事务的业务。五、在政务院文教委员会内设民族语言文字研究指导委员会，指导和组织少数民族语言文字的研究工作，帮助尚无文字的民族创立文字，帮助文字不完备的民族逐渐充实其文字。六、扩大中央民族事务委员会委员名额，责成中央民族事务委员会提出补充名单的建议，并于1951年下半年召开中央民族事务委员会扩大会议，检查与总结关于推行民族区域自治及民族民主联合政府的经验。

20世纪50年代，中央人民政府和政务院，曾多次组织"中央慰问团""土改工作队"和"普查工作队"等，花费大量人力和物力，深入各少数民族地区，进行了大量较为翔实的社会历史调查。50年代这轮由政府统筹、由中央民委组织行政领导和人类学、社会学专家学者以及民族同志组成工作队与考察队的少数民族大考察活动，1953年正式启动，1956年结束（个别地区延期至1958年才结束）。直接成果之一，就是为1956年国务院公布的55

个少数民族的正式定名和划分，提供了可靠的依据。

从当时考察的资料看，各少数民族的社会发展水平参差不齐，不少民族呈现类似汉族曾经历过的各种历史发展状况，为我们今天考察、了解并研究过去的历史以及各学术分支问题，提供了绝好的活体范本。比如以"设计发生学"研究为例，以山寨（村落）为主的初级社会组织形态，原始手工业在农耕环境中的地位，原始造物的手工技艺与设备、工具等，都是我们极感兴趣的研究对象。

在西北、西南和东北各少数民族聚集地区，有些古时流传下来的本民族手工造物技术，迄今仍保存良好。其吸收了汉族和其他兄弟民族的技术长处之后演变出来的各时段手工造物技术，则印证了各民族互相融合、取长补短的史实。更有些原始手工艺，特别具有艺术和历史研究价值。以维吾尔族人为例，本世纪初，笔者在新疆喀什城艾格孜艾日克老街看到几样手工艺绝活：其一是整条街的维吾尔族乐器店，除了热瓦普、曼陀林和冬不拉等少数维吾尔族知名乐器外，全是些笔者叫不上名来却似曾相识的弹拨乐器和拉弦乐器，于是从心里认可了"西域古乐成就了中国传统民乐"这句话所言不谬。其二是亲眼所见一个拖着鼻涕的不到10岁的维吾尔族小男孩，拿着电砂轮在铜壶上信手飞快地刻着精美细腻的图案，一不要底稿，二没有图纸，真是佩服得五体投地，也相信了"汉族人长于热铸，西域人长于冷锻"这个说法。其三是在喀什近郊著名的大巴扎"金器一条街"上看见近百家金店生意红火，家家门前毡毯上都围坐着一群金店伙计和顾客，正在热烈讨论、共同设计着花样繁多的未来金饰嫁妆，感受到了"中国传统样式的金银首饰工艺，最富有创意的设计和最先进的工艺制作，原来在维吾尔族人手里"这句大实话。还有，笔者

求同存异 和合共荣

在云南景洪县城集市上，曾亲眼见过景颇族老乡用古老的"焖烧法"烧出的红彤彤的土陶——跟笔者一知半解的仰韶彩陶的烧制工艺几乎一模一样。还有，笔者在大西北甘陕宁各省亲眼所见的回族、保安族、裕固族和东乡族老乡巧手做出的那些花样繁多、样式复杂的面塑造型，真是个个精妙绝伦。这方面的事例实在太多了。

50年代的少数民族地区社会大普查，以及半个多世纪以来社会各界对其丰富而珍贵的考察、研究，意义深远，价值极为重大。这些地区客观上保存的较为完整的、与数千年前中国原始社会最初形态近似的许多社会特征，为我们研究社会的最初形态形成和当时的经济、文化、政治的基本状况以及"设计发生学"的相关课题，提供了珍贵的类型学"活化石"范本，价值非凡。改革开放以来，这些少数民族地区也获得了前所未有的巨大发展，人民生活日新月异；但与此同时，少数民族地区的民族性在不可避免地愈发衰减、退化，甚至消失。如果我们再不采取保护措施，若干年后，各少数民族的许多宝贵民族文化遗产将无法挽救地彻底消亡，这部分同属于全人类精神财富和中华民族集体智慧的宝藏，我们将再也看不到了。

在"设计发生学"问题上，我们一向秉持文化多元论的观点，认为人类文明是全世界人民共同创造的，各国家、地区、民族均做出过大小不一、形态各异的贡献；同理，中华民族的灿烂文明是中国的各族人民共同创造的，每个民族都对中华传统文化做出过贡献，也都应当得到尊敬和肯定。中国的各少数民族在中华文明漫长的演化过程中，都曾经以自己独特而充满智慧的文明成果，补充、完善甚至改良着中华文明。比如，古代西域的龟兹古国各民族创造或引自西亚的弹拨乐器和拉弦乐器以及音律、曲

式，彻底改造了中国古代音乐，新创作出代表中国古乐精髓的江南丝竹；南疆的维吾尔族和北疆的哈萨克、塔塔尔、塔吉克等族首创了制革术，并引进古波斯革皮书籍装帧术和制靴术、制毡术、毛衣编结术；海南岛的黎族率先种植棉花并纺织棉布，传入内地后棉织业逐渐形成中国古代手工行业的"天下第一营生"……保护少数民族的民族文化特性，就是保护我们的历史遗产，就是传承我们的文明。我们应进一步发扬文化兼容的优良传统，把振兴中华的百年民族复兴梦，逐步落实为将大中华建设成为中国各民族共同拥有的美好家园。

由上千名来自全国各高等艺术院校的教授、研究生组成的55支团队参与编撰的《中国少数民族设计全集》（55卷），正是有识之士基于对各少数民族的民族文化特性正在快速衰减、消亡的严重现实问题的深切忧虑而进行的抢救、发掘、整理中国少数民族文化遗产的重要文化工程。经过两年精心筹划，六年努力写作，在国家出版基金管理部门的支持下，在山西人民出版社和人民美术出版社的策划和组织下，目前《中国少数民族设计全集》的书稿编撰工作已基本完成，即将付梓。在长达八年的漫长过程中，全国兄弟院校各团队涌现出的各种可歌可泣的事迹经常感动着笔者，并不时鞭策着全体作者克服千难万险，一路向前。有的分卷作者身患绝症仍不眠不休地忘我工作，有的分卷作者遭遇各种意外仍坚持工作。特别是，很多民族同志公而忘私、不计较个人得失，有人不惜将自己赚钱的企业关张歇业，全身心地投入各自所负责分卷的繁重编撰工作中；有人义无反顾地将自己珍藏多年的本民族实物、资料和研究成果无偿提供给相关分卷作者。大家万众一心，克服各种复杂得难以想象的困难，以确保这部凝聚了众人八年心血的巨著，能按计划如期完成。借此机会，笔者谨

求同存异　和合共荣

  代表本丛书编委会全体成员，向领导、编辑和作者们表示衷心的感谢！

  作为一项文化创举，笔者深信《中国少数民族设计全集》必将在未来岁月的长期检验中，愈发显现其非凡的、独特的文化价值。

2017年夏季于南京

前言

　　中国朝鲜族是一个勤劳智慧的民族，是从朝鲜半岛移居到我国东北地区的迁入民族。朝鲜族具有优秀的文化传统，从朝鲜半岛迁入中国，就开辟了新的生活家园，形成了新的民族聚居区，成为中华民族大家庭的一员。100多年来，朝鲜族既继承和发扬本民族的文化传统，又汲取和接受汉族及其他少数民族的优秀文化，从而开创了独具特色的朝鲜族文化。

　　中国朝鲜族不是中国的土著民族，其先民们曾经生活在朝鲜半岛，经历了数千年的历史进程。中国朝鲜族的迁移，始于17世纪初的明末清初时期（朝鲜李氏王朝中后期），到了19世纪中叶，成千上万的朝鲜人，越过图们江、鸭绿江，迁入中国的东北地区，以延边朝鲜族自治州地区为中心形成了广阔的朝鲜族聚居区域，用自己的双手和血汗把这片荒芜的黑土地，开发浇灌成稻香四溢、物足年丰的富饶之地。朝鲜族移居中国境内的历史过程，可以说是与各族人民患难与共、互助互惠、并肩作战的过程，也是共建美丽的生活家园、吸收灿烂的中华文化、融入中华民族大家庭的过程。

　　朝鲜族的传统文化伴随着坎坷的迁徙运动，经过长时期的阶段性发展，形成了自己独特的模式。朝鲜族传统文化的发展历程可分为三个阶段。

　　第一阶段：传承、保留时期。19世纪中叶—1949年新中国成立以前。

　　这一时期，朝鲜族被迫迁入中国的东北边疆，虽然与汉、满等兄弟民族，共聚同住、相来互往，但是仍然完整地传承和保留了朝

鲜半岛固有的文化和习俗。

（1）清末以来迁入的朝鲜族，由于各种历史原因，迁入伊始就在鸭绿江、图们江北岸的广阔地区聚居，随着本民族人口的增加，逐渐形成较稳固的民族聚居区，进而形成民族共同体，保存着本民族的语言文字、风俗习惯以及民族意识。据统计，延边的朝鲜族人口，1910年为109,500人，占延边总人口的76.6%，1949年为529,000人，占延边总人口的63.3%。这种人口优势自然而然给本民族民俗文化的传承创造了有利的社会环境。根据2010年中国第六次人口普查资料，中国朝鲜族约有183万人，主要居住在我国东北的吉林省、辽宁省、黑龙江省、内蒙古自治区以及关内的部分大城市。

（2）从19世纪中叶到20世纪40年代，由于当时的政治和社会环境的影响，迁入中国的朝鲜族一直与朝鲜半岛保持了密切的联系和来往。清朝政府为了开发东北边疆，实行了移民实边政策，日帝侵占东北后，为了开拓"共同市场"而实行了"移民政策"，虽然其政治目的不纯，但在一定范围内允许朝鲜族自由出入，一定程度上放宽了民间的商贸往来和文化交流。例如，我们在民间调查中发现，朝鲜族从前用过的传统的生产、生活用具一般从朝鲜半岛带进或购进。当时，一些商贩从朝鲜引进各种生产、生活用品，在朝鲜族聚居的城乡设专卖店，或者直接送到乡村老百姓手中，和当地的土特产交换。再如，新中国成立前，在朝鲜族聚居地区一般都组建了农乐舞表演队，因为当地缺乏基本条件，不得不从朝鲜请来老师，并购进舞具、舞服等。

（3）朝鲜族自古以来就是勤劳勇敢、不畏强暴的民族，具有着很强烈的民族自尊心和凝聚力。

清末，清政府对朝鲜族实行了"剔发易服"政策，扬言只有顺从该法令，才能落脚报户、得到耕地。但是朝鲜族人民利用种种手段展开了临危不惧的斗争,始终保持了白衣民族的特性。日帝侵占朝鲜和中国东北之后,鼓吹所谓的"同祖论",对整个朝鲜族实行了恶毒的民族同化政策。但是这些都没有征服朝鲜族的民族精神。朝鲜族人民把中国当作自己的第二故乡,极力开拓东北边疆,办起民族学校,传授民族语言、民族历史,保存了民族意识和文化,与汉、满等民族一道,为了民族的解放,在中国共产党的领导下,进行了反帝反封建斗争,取得了革命的胜利,成为中华民族大家庭的一员。

第二阶段:转变、过渡时期。1949年新中国成立至1978年十一届三中全会以前。

1949年10月1日,中华人民共和国正式成立,朝鲜族真正成为中华民族的一员,在民主、平等、稳定的社会环境里,人们的思想观念有了转变,科学文化知识有了进步,生活方式有了改变,整个社会逐渐进入到发扬美风良俗、破除弊风陋习的新阶段。因为有了中国共产党的正确的民族政策,1952年9月3日,成立了延边朝鲜族自治州,朝鲜族人民获得了发展本民族语言文字、保存和改革本民族风俗习惯、信仰本民族宗教的自由。这是前所未有的民族发展的新景象。

随着马列主义、毛泽东思想的传播,人们的思想观念、政治立场有了很大的转变,在科学理论的指引下,社会上形成了崇尚科学、抵制迷信、提倡文明、反对愚昧的新风尚。朝鲜族的传统文化有了新的发展转机。从前在朝鲜族的民俗文化当中,封建思潮极为严重,形成了一系列阻碍人们身心健康的陋习。比如,朝鲜族婚姻习俗中的早婚,家族制度中的夫唱妇随、重男轻女,信仰习俗中的不科学的禁忌、祭祀、占卜活动等束缚了人们的思想,影响了正常的生产、生活。这些逐渐受到了社会和人们的排斥,并在民间生活

中销声匿迹。

第三阶段：更新、发展时期。20世纪80年代至新世纪。

党的十一届三中全会以后，中国社会进入了改革开放的新的历史阶段。在党的民族政策的正确指导下，纠正了对传统文化的错误思想和偏见，恢复了朝鲜族固有的传统风俗习惯。随着人们的物质生活水平的提高、思想的解放、对外交流的频繁，朝鲜族的思想意识、生活方式有了崭新的变化，朝鲜族传统文化迎来了更新、发展的时期。传统的和现代的，本民族的和他民族的，东方的和西方的，相互影响，相互促进，朝着健康文明的多元化方向发展。

这一时期，许多民俗文化在内容和形式上有了很大的改观，并出现了许多新的文化现象。比如婚礼，传统的旧式婚礼程序繁多复杂，不适应现代人的生活节奏，这样，出现了新的婚礼厅，利用固定的婚礼场所，在限定的时间内完成整个婚礼顺序。从内容和形式来看，既继承了传统的婚礼方式，又融入了现代的礼俗气息，使婚礼庄重、热闹，体现了现代感。

朝鲜族的先辈们来自朝鲜半岛的各道（相当于我国的省），当初带来了各道之风。但是在各道人中，以咸镜道、庆尚道、平安道等三道之人占绝对多数，而且各有相对的聚居区，因而此三道人的民俗便成为中国朝鲜族民俗中的三大主流，其他各道人的民俗渐渐融入于此三道人的民俗之中。另外，各道人混居的地区，由于相互间的影响，形成了一种混合型的风俗。这样一来，朝鲜族的民俗大体可以划分为咸镜道民俗、庆尚道民俗、平安道民俗、混合型民俗等四个类型。

各类民俗的区域分布状况大体如下：

咸镜道风俗区域：延边朝鲜族自治州所辖各市、县；吉林省长白朝鲜族自治县；黑龙江省的牡丹江市、鸡西市、宁安市、海林市、密山市、东宁县、鸡东县、林口县、穆棱县、虎林县、饶河县、宝清县、勃利县、桦川县等地；内蒙古呼伦贝尔盟所辖部分农村地区。

庆尚道民俗区域：吉林省的吉林市、九台市、永吉县、蛟河县、舒兰县、磐石县、桦甸县和柳河县的部分农村；黑龙江省的尚志市、阿城市、五常市、汤原县、齐齐哈尔市龙沙区和方正县的部分乡村；辽宁省抚顺市所辖的一些村屯；内蒙古自治区兴安盟所辖市旗。

平安道民俗区域：丹东市、桓仁县、宽甸县、集安市、白山市等鸭绿江北岸一带和浑江流域的朝鲜族村屯。

混合型民俗区域：大体包括上述区域以外的其他朝鲜族居住区域。

《中国少数民族设计全集·朝鲜族》卷，根据朝鲜族形成历史和传统文化遗产的传承、保存状况，共收录了带有民族和地方特色的大约150个案例，对其做了系统、深入的解析。这些案例涵盖了朝鲜族传统的生产、工艺、服饰、饮食、居住、礼俗、节日、游艺、信仰等诸多民俗事象，是具有代表性的文化遗产物件和形态。本卷分7个部分，即：朝鲜族传统建筑、朝鲜族传统服饰、朝鲜族传统餐饮、朝鲜族传统生活用具、朝鲜族传统生产工具、朝鲜族传统手工艺、朝鲜族传统民俗和宗教造像等。

（一）朝鲜族在中国大地定居后，以朝鲜民族固有的居住文化为基础，在注重当地的风土、气候的前提下，借鉴和吸收汉族等其他兄弟民族居住文化的优点，形成了独特的朝鲜族建筑文化。朝鲜族在构建村屯时，力求做到与自然环境的和谐，努力造就方便、实用的居住空间。善于种植水稻的朝鲜族，通常选择水源丰富的平原或者依山傍水的地方作为居住地，建造土木结构的瓦房或泥草房。

朝鲜族一般就地取材修建屋顶为悬山式、庑殿式、歇山式的房屋。以火炕取暖是其房屋内部结构的一个显著特点。屋内分正厨、外屋、里屋、牛舍、碓房等，还配有檐廊。其居住空间按家庭成员性别和年龄构成，体现了"男女有别""长幼有别""尊老爱幼"的传统观念和生活秩序。

朝鲜族典型的八间大瓦房是歇山式的房顶，通风性好，而且美观。屋脊中间平如行舟，两头高高翘起如飞鹤，呈现出大屋顶的曲线美。瓦当的纹饰主要有朝鲜族喜爱的三太极纹和无穷花纹等。朝鲜族住房的墙壁无论是内墙还是外墙都是白色，所以从远处就可以辨别出朝鲜族的房屋和村落。在传统的建筑中无论是门还是窗都带有纵横交错的细木格子，朝鲜族对这种细木格子十分讲究，力求大方，整齐美观。

朝鲜族房屋内部结构最显著的特点就是火炕取暖，火炕的面积约占整个房屋面积的三分之二，并且以木制拉门为隔断，把炕分成几个单元。因为在上古时，朝鲜族崇拜日月星辰，这对人们的居住形式产生了一定影响，人们认为，日、月、口等文字都代表着吉祥，所以各房间的组合都会呈现出"日""月"字形或"口"字形。

朝鲜族住宅的另一显著特色就是讲究厨房的摆设，在碗架柜上整齐地摆放着各种餐具、器皿，给人一种整洁、舒适的感觉。过去，朝鲜族男子不允许进厨房，正厨间是家庭成员就餐的地方，又是家人们商议家庭内部大小事情的场所，过去此房间一般中老年妇女和孩子们一起居住，禁止成年男子进入。家庭主妇把饭菜恭敬地送到男人各自的房间去。上屋是主人居住的房间，下屋是老人间，又可用作书房，有时也用作客房。里屋是新婚夫妇或闺女居住，库房和里屋紧挨着，主要存放米和杂物。碓房是粮食脱壳、磨面的地方。过去许多朝鲜族人家把牛棚也设在住宅内，这是因为朝鲜族在长期农耕生活中，对耕牛有着特殊感情的缘故。

（二）朝鲜族的传统服饰，历史悠久、源远流长，是我国民族服饰百花园中独具特色的一朵鲜花。朝鲜族的服饰，适应于其生存环境和自然气候条件，充分反映出本民族体质特征和喜爱亮丽、洁净、优雅风格的民族情趣。朝鲜族传统服饰，由上下身装、头装、足装构成，根据本民族所处的自然环境和生计条件，设计出适合于劳作、生活、娱乐等的既朴素又美观的服饰结构和款式，体现了素净、淡雅、轻盈的特点。朝鲜族人民在长期的生产生活中，形成了具有民族特性、反映民族情感的着装习俗。朝鲜族自古以来就喜欢穿白色衣服，因而素有"白衣民族"之称。

朝鲜族自古以来就有以露头为耻的习俗，所以非常重视冠帽和头巾的佩戴。过去，冠帽和头巾既是身份的标志，又是生活当中不可缺少的遮阳、防风、防寒的用具。朝鲜族的冠帽、头巾，有明显的性别和年龄的区别，按不同的场合、不同的季节戴用相应的冠巾。过去的冠巾种类繁多，款式各异，用途、功能尤为分明。朝鲜族男子的冠巾主要有黑笠、宕巾、网巾、幅巾、程子冠、纱帽、防寒帽等；女子和小孩的冠巾有早巴韦、额掩、簇头里、花冠、咕儿列、毡巾等。

朝鲜族的上身装主要是则高里（襦、袄、上衣），另外配外套和内衣。则高里是朝鲜族传统的男女老少皆着用的上衣，又称袄。朝鲜三国（高句丽、百济、新罗）时期称"襦""复衫""尉解"。则高里之称出现于朝鲜高丽忠烈王时期（1275—1308）。高丽朝以前其形制变化不大，衣长到臀部，无飘带，系大腰带，领襟区分不明显，裾和袖口的边缘镶有与衣服面色不同的边。自高丽朝开始，其形制有了明显变化，主要表现为：（1）受蒙古族服饰的影响，女用的则高里衣裾变短，由臀部缩短为胸下部；（2）以飘带取

代腰带；（3）用白色布条饰领边，领和襟有明显区别。朝鲜王朝时期，其形制更加多样化，女用则高里出现了回装上衣（各部位上均镶边）和彩袖上衣（用七彩缎做袖子）。至此形成则高里最基本的特点：鱼肚形长袖，袖口窄，衣裾短。男用则高里斜领、左衽、宽袖，前襟两侧各钉有一飘带，穿衣时系结在右襟上方，比女用则高里衣裾长一些。布料一般有粗麻布、苎麻、绸缎、棉布等，按季节分为单袄、夹袄、棉袄。夏季穿单袄，春秋穿夹袄，冬季穿棉袄。

女用则高里中，"回装"是别具一格的修饰方式，也就是镶边，是指在上衣的领子、袖口、衣裉等部位缝上深颜色的布。"回装"女上衣一般用紫色布做衣带，这与朝鲜族把紫色看作是吉利的色彩的习俗有关。"回装"习俗原来是在上衣较为容易变脏的部位缝上深色布，并经常予以更换，以保持清洁，后来对其审美价值的追求超过对实用价值的追求，"回装"风俗逐渐变为追求美观的独特手段。这充分表现出朝鲜族以洁净为美的民族风尚。

朝鲜族的下身装，主要是裤子和裙子。从外表上看，男穿裤，女穿裙。但女子的裙内也有裤子。裤子种类比较单一，男装有大裆裤和内短裤，女装有内裤。裙子大体上分为筒裙和缠裙（拖裙）。

朝鲜族的足装主要是鞋类和布袜。鞋和袜子的功能是保护脚和保暖，但是在习惯上，朝鲜族有不露脚的风俗，所以还具有民俗意义。鞋按材质分为麻鞋、草鞋、革履、木屐、胶鞋、布鞋等。袜子的材质一般是布，但有的地方也有皮袜子。

朝鲜族人民在长期的生活过程中，形成了具有民族特性、反映民族情感的着装习俗。朝鲜族服装有佩饰才显得完美，服装与物件佩饰相呼应，形成整体美感。朝鲜族的佩饰，历史悠久，具有独特的佩戴方式。女性佩饰在种类和款式上，比男性的丰富。按照装饰的部位分为头饰、腰饰、手饰等，其中头饰和腰饰更为丰富多彩。

朝鲜族服饰的装身佩饰中值得一提的是头装。因为在生活中头发的修饰和戴用品，对头发的保护有一定的作用，并且为身体的装束增添和谐的美感。所以在身份等级制度非常严格的封建社会里，对头发的样式和饰品的佩戴格外重视，特别是妇女的发式和装饰品更为多样，具有一定的身份意义。

（三）朝鲜族的饮食与其长期从事农业生产有着密切的关系。他们以各种米饭和粥为主食，把酱汤、泡菜、咸菜、豆腐等作为副食，其种类和花样繁多。朝鲜族的节庆饮食，是指逢年过节或者结婚等特定日子里制作并食用的食物。节庆饮食包括米糕、面条等各种主食和汤、烧烤、生拌等各类副食。朝鲜族自古以来就善于利用稻谷、水果和野果制作糖果、饮料和酒。其中，最具代表性的有糖稀、麦芽糖等。按照传统方式制作的饮料有米酒、甜茶、柿饼汁、酒酿等。朝鲜族不仅比较完整地保存了本民族固有的饮食文化，同时吸收了周边其他兄弟民族优秀的饮食文化，以丰富和发展朝鲜族的饮食文化，并将其传播到国内外。

作为农耕民族，朝鲜族一直保持了以米饭为主食，泡菜、酱汤、其他小菜和肉、鱼、蛋制品为副食的饮食结构。朝鲜族的先人们在历史上，长期以农耕为主要的生产方式，在旧石器时代以前，以捕鱼和采集野菜、野果为生。进入新石器时代以后，大约在公元前6—5世纪开始从事农耕生产，祖先们最初种植了稗子、粟子、黍子、高粱、红豆等农作物，后来又懂得了大麦、小麦、大豆、水稻、玉米的栽培。这种多种谷物的生产，给米饭种类的多样化创造了物质上的基础。朝鲜族米饭的种类一般按照米的品名来划分，大体上可分为用一种米做的饭和两种以上米做的饭。比如，用一种米做的饭有大米饭、小米饭、稗米饭、高粱米饭、大麦米饭、玉米饭、糯米饭等；用两种米掺杂在一起做的饭统称为二米饭。民间一

般划分为白米饭、杂谷饭、别味饭（特色米饭）。过去，朝鲜族长期生活在四面环山、森林茂密的山丘野岭地带，土地资源匮乏，口粮很有限，朝夕吃纯米饭确实很困难。这样，就摸索出别有风味的特色米饭，叫做"别味饭"。其种类颇多，主要有五谷饭、豆饭、土豆饭、萝卜饭、茄子饭、紫菜饭、米肠饭、药饭、糯米炖鸡饭、拌饭、炒饭、包饭等等。

在朝鲜族的饮食中，具有特殊风味的食品很多，其中广为世人称道的有糕饼、打糕、冷面、狗酱汤等。朝鲜族的糕饼通常用各种米面做成。蒸类糕饼有发酵的和不发酵的两种。发酵的有蒸饼和发糕；不发酵的有蒸糕、松饼、切饼、死面饼、窝瓜糕、土豆粉包子、柞树叶饼、苏子叶馅饼、冻土豆饼等。

朝鲜族作为礼仪之族闻名于世，在日常的饮食生活中仍传承了尊重老人和长辈、热情款待客人的美风良俗。比如，摆桌时先给老人和长辈盛米饭和菜肴，就餐时长辈先动匙筷，其他家人随即跟上，但不能挥动匙筷、大声说话。米饭和饭菜尽量吃完，如果剩了不能分给别人，这是讲究卫生、防止浪费的良好习惯。接待客人时要热情、守礼节。比起平常多做几样菜肴，好吃的、比较稀罕的饭菜放在客人面前，多劝客人吃饱、吃好，客人还没吃完，主人不能先放下匙筷。

朝鲜族炊具和餐具也有自己的特色。早在朝鲜三国时期，朝鲜民族的先人们就已使用铁锅。当时的铁锅有足，称做"铛"。现在中国的铛是烙饼用的平底锅，而当时的铛则与釜相同，是用于煮饭或熬粥的锅。后来带足的铛逐渐变化成为现在的锅。朝鲜族使用的敞口锅，锅的下端有一圈飞边，便于在灶台上安放。锅口的边沿弯向里边，利于保气。锅盖也用铸铁铸成，形成慢圆形，中间有一个柱形（约5厘米高）或呈半圆的扁形把柄。这种锅堪称土高压锅，具

有良好的保温性能，焖出饭来格外好吃。各家的锅台上一般同时安放两三口锅，焖饭、熬汤、烧水各得其宜。现在延边地区的朝鲜族人家，一般安放一口朝鲜族锅和一只平锅。朝鲜族锅用于煮饭、蒸糕、烧水，平锅用以炒菜炖汤。

朝鲜族的餐具，过去多用铜或木质品。使用铜质餐具和木质餐具的历史相当久远。《旧唐书》（《列传·新罗国》）载，新罗国"其食器用柳杯亦以铜及瓦"。又据《宋史》（《列传·外国三·高丽》）载，高丽"民家器皿铜为之"。这里所指的铜既不是青铜，也不是黄铜，而是铜与锡的合金"鍮"。因为鍮的颜色如同黄铜，外族人一般都称朝鲜族的鍮质餐具为铜质餐具。鍮与黄铜相比颜色更美，更有光泽。使用鍮质和木质餐具的习俗，在我国朝鲜族中延续到20世纪50年代。现在朝鲜族使用的餐具和炊具同其他民族无大区别，但是饭勺和筷子一般都喜欢用韩国和朝鲜生产的长柄不锈钢勺和不锈钢筷子。

（四）朝鲜族的日常生活与火炕有着密切的关系。说起火炕生活，在东北地区的人们自然就联想起朝鲜族宽敞的"温埃"。从语言学角度来看，温埃是"温烫火石"的简化语，就是民间常说的烤制的石块板的意思，纯属朝鲜语的语音表达方式。火炕又称"温炕"，朝鲜语音译为"温埃"。火炕是人类社会进入文明时代以后出现的文化现象。朝鲜族作为典型的农耕民族，距今3000年前已经懂得火炕的运用。火炕是最为实用的取暖设施，经过长时期的演变过程，出现了火炕建造术，其中富有奥妙的科学原理和技术含量，如今已发展成环保、节能、实用、多功能，适合现代生活的温炕文化。因为有了火炕，就出现了朝鲜族的坐式生活习俗，创造出适合炕面生活的饮食器具、日常用具、针线具、家具、乐器、文房具等，形成了有别于其他民族的独特的民俗文化。

　　朝鲜族的火炕最早出现于古朝鲜时期，当时的火炕比较简易，有火灶、单排或双排的烟道以及排烟孔等。经过朝鲜三国和高丽时期，进入李朝时期后火炕广泛普及，推广于朝鲜半岛全境。19世纪中叶起，大批的朝鲜族迁入我国东北地区，从此传统的火炕文化原封不动地延续下去，如今仍然传承不衰。

　　朝鲜族因火炕形成的坐式生活习俗不是在一天两天内形成的。纵观朝鲜族古代历史可以看出，朝鲜族的火炕文化由来已久。其实朝鲜族祖先原本是过着立式生活的。起初朝鲜族先民的房屋里火炕面积只占小部分，为的是暖房。这种小面积的火炕最初是东北古代民族之一的北沃沮人所发明的。到了朝鲜三国时期的高句丽人继承了北沃沮人的小面积火炕并予以推广。高句丽时期壁画墓里的壁画中能看到这些火炕样式。因为这个时期的火炕只占据房屋的很小一部分，所以房屋内留有较宽敞的地面空间，可以摆设桌椅等家具设施，进屋不用脱鞋，可以坐在屋内的椅子上吃饭、做家务等，这都是立式生活方式的一面。到了高丽王朝时期小面积的温堗（小炕）发展到下设多个烟道的占据整个房屋内大面积的温大炕（近似现代的地暖炕）。进入朝鲜王朝时期，经历数百年的变化，发展成今天的大面积火炕，随之产生了以坐式生活习俗为特点的风俗习惯。19世纪中叶起，中国朝鲜族在迁移过程中原封不动地的传承了朝鲜半岛固有的以坐式生活为特征的火炕文化，成为中国朝鲜族特色文化现象。

　　观察朝鲜族的日常生活，火炕占据着非常重要的位置，所有的家务基本都在火炕面上进行。可以说朝鲜族的火炕文化比起汉族、满族等其他民族更为发达，火炕功能也更加多样，并且发明了很多便于在火炕上使用的生活用品，从而形成了独特的"坐式生活"风俗。所谓的"坐式生活"指的是，在日常生活中其举动基本以坐式

的形态来完成的文化现象。朝鲜族的坐式一般就是在炕面上盘腿坐式和跪坐式两种。按照日常的礼节规范，在炕面上伸腿坐式是绝对不允许的。在朝鲜族传统的日常坐式生活方式中，最基本的要求就是按照火炕空间精心设计和布置住宅内的每个房间。朝鲜族传统民居宽敞的火炕面有着灵活的多种功能，它既是整个家族成员共同就餐、住宿的地方，也是接待客人、趣味活动等日常生活的空间。可以说家中的日常生活基本都在火炕面上进行。鼎厨间（灶台和炕面连接在一起的房屋）的置物架上整齐地摆放着小饭桌、大小木盆、铜器皿、陶瓷器皿等各类厨房用品。在里屋、下屋、上屋按传统方式摆放着衣柜、砧石、砧棒、火炉、梳妆台、箱子、坐垫等居室用品。这些物品都是适合于火炕文化重要特征之一的坐式居住习俗的生活用品。"火炕文化"从古至今一直受到朝鲜族人民的喜爱，作为文化遗产仍然传承不衰，形成了一道别具一格的民俗风景线。

（五）朝鲜族是典型的农耕民族，迁入到中国东北后，定居在河川、山溪密布的平原、丘陵地带，开垦荒地，种植水稻等各种农作物，而且利用东北地区丰富的自然资源，通过狩猎、采集、捕鱼等生计方式，获取食物。同时，把自己生产的农副产品和手工业产品拿到集市里交换自己所需要的生产工具和生活用品，维持自己的生活。生产活动不是简单的劳作和生计行为，它造就了自发的、高效能的社会组织，形成了互帮互助、团结和谐的美风良俗。

朝鲜族在农耕生产中使用的农具，基本上保留了朝鲜的农具形态。直到新中国成立初期，用的手工农具基本上是三弯（弯犁、弯锄、弯镰）、三石（石碓、石碾、石磨）等传统农具。朝鲜族农民在旱田用的耕犁，用两牛抬一杠牵引，与横杠中心连接竖拉杆和扶手、犁铧成为一体，除犁铧为铁制外，均为木制。一人赶牛，一人扶犁，用于翻地、扣种、起垄等作业。朝鲜族是东北水田的开发

者,善于种水田。水田犁就是专用于水田的农具之一。水田犁由犁架和犁体组成,犁壁为螺旋形且较长,碎土、扣垡性能较强。还有犁体换向机构,以便使土垡向一面翻转,使耕地平整。

朝鲜族的锄头是短柄锄,由锄钩和锄柄组成,用于除草、间苗、松土、培土;水田锄,又称单耳锄,朝鲜族专用于给稻田除草、松土,由于锄柄短,便于作业,一手拿锄铲草、松土,一手收草茬;稻镰是朝鲜族用于收割水稻的工具,钢制刀头,成月弯状,薄而轻,镰柄为木制,长约35厘米;连枷,是以连续击打进行脱粒的工具,朝鲜族式连枷,由末端有结子的三根水曲柳枝条用麻绳缠成巴掌样击棍,击棍与结子一端与枷杆铰结制成,在作业时,两手握住枷杆,一提一落,转动击棍脱落谷粒;石碾是碾米石具,以畜力推拉,由碾磙、碾盘、立柱、立杆等组成;碓,米面加工用具,由叉槌、石臼、支架、捣棍等组成,两名妇女边脚踏叉槌,使它一提一落,边用捣棍搅拌,捣成米面;朝鲜族式铡刀为脚踏式,用于牲畜饲料加工,由刀板、拉绳和刀床组成,两人配合使用,一人续草,一人拉绳提刀板,脚踏加压,一提一落地切断;背架,朝鲜族农民曾经使用的背负庄稼、柴禾等的短途运具,由货架、背绳、支杖棍组成;畜力车,朝鲜族多用牛车,由轮子、车轴、车辕、货架、套绳组成,除轮圈和车轴铁制外,均为木制,载重量为500公斤。此外还有打稻机、水田除草机、草绳机等半机械农具。

(六)朝鲜族传统手工艺作为民俗文化的组成部分,有着悠久的历史和带有民族特色的文化传承。传统手工艺的形成和发展,与人类的生计活动有着密切的关系,经过上千年的发展,成为本民族的智慧的结晶和艺术的创造。朝鲜族民间手工艺,其种类繁多,形成了独特的类型性特征。根据手工制品的材质和用途,分为木工艺、陶瓷工艺、石工艺、金属工艺、刺绣工艺、草工艺等。随着社会的发展，工艺技巧更加细分化，出现了漆器工艺、螺钿工艺、华角工艺、马鬃工艺、打结工艺、纸工艺、竹工艺、首饰工艺、毛绒工艺等类型。这种工艺类型的形成，与朝鲜族生活的自然环境和生计方式有着密不可分的关系。

朝鲜族传统手工艺，地方性和民族性特征非常突出，而且具有丰富的实用性功能，其技艺精巧、朴素，带有浓厚的文化内涵。朝鲜族传统手工艺不但工艺类型多样，而且其工艺制品也非常丰富，涉及生活的方方面面。丰富多彩的各类手工艺制品，把自然界的各类事物作为模型，力求其多样性，并且所采用的材料就地能够取到，突出了手工艺品的用、实、美、艺等感官因素。朝鲜族传统手工艺制品还采用了天体和自然界普遍存在的装饰纹样和图案。主要的装饰图案有植物纹饰、动物纹饰、幻想纹饰、文字纹饰、几何纹饰等。朝鲜族在色彩观念和纹饰采用方面，受到儒教和阴阳五行学说的影响，力求通过器物的装饰来体现本民族传统文化的内涵和理念，展现了人们所向往的荣华富贵、安康长寿、安宁和谐的美好的生活愿望。

（七）朝鲜族享有"东方礼仪民族"之美称。在朝鲜族的生活文化当中，人的一生占据很重要的位置。人在一生当中都会遇到出生与成长、婚姻与家庭、寿老与离世等，其中包含着独特的礼仪规范、信仰和生活秩序。朝鲜族人生仪礼具有浓郁的文化风格和民族特色，其中的诞生礼、婚礼、寿庆是朝鲜族的三大传统仪礼，即三次"接大筵席"礼仪。朝鲜族民间有"能接大筵席三次，才算一生有福气"之说。

朝鲜族对子女的生育格外重视，把出生视为人生的开端。人到成年组成家庭后，第一要事就是生育，必须给家族繁衍后代。这样，在民间出现了孩子出生前后的祈求生育、祈求生男、胎教优

生、顺利分娩、祈求健康、祈福致诚、百日设宴等信仰礼俗，期待早日得子，祝愿孩子顺利出生、健康成长。抓周是朝鲜族格外讲究的一周岁生日仪式，也是朝鲜族人第一次接大礼桌的仪式。这天，给孩子穿上漂亮的民族服装，并摆设抓周礼桌，桌上摆放米糕、红豆、大米、线团、钱币、笔和书、弓箭（女孩则放剪刀、尺和针线盒），让孩子任意抓自己喜欢之物，以预测孩子的将来。这种习俗体现了父母对孩子深深的爱意和对孩子未来的衷心祝福。

朝鲜族结婚礼俗，仪式繁多，大体上有议婚、纳彩、纳币、亲迎等程序。议婚亦称会面，即通过媒人商议婚事。纳彩，就是定婚，男方家和女方家相互交换书信或举行其他仪式，以确定婚姻关系。纳币，是指新郎家向新娘家送彩礼。亲迎就是结婚典礼，分为新郎礼和新娘礼，前者包括奠雁礼、交拜礼、合卺礼、接大喜筵等，后者包括接大喜筵、舅姑礼等。

朝鲜族自古以来就把尊重老人视为家庭乃至整个社会生活中的极为重要的礼节。因此，每当遇到老人回甲和回婚礼的日子，就给老人举行盛大的祝寿宴。回甲是60岁生日，其意为已经度过干支纪年的整整一个轮回，回婚礼是庆祝结婚60周年的仪礼。回甲和回婚礼所举行的贺宴叫做"寿宴"，意味着对长寿的祝贺。

在朝鲜族的传统观念中，孝行占据格外重要的位置，非常重视对离世先祖的丧葬和祭祀礼节。丧葬礼主要以临终、招魂、小敛、大敛、出殡、埋葬、立碑等程序进行。安葬时要请风水先生选择墓地，棺材放入墓穴时，在山坡墓穴里，头部朝山顶，在平地则头部朝北。祭祀礼包括忌祭、时祭、俗节祭等，在正月初一行祭祀祖先的"茶礼"，寒食、端午、中秋等节日则前往祖先墓地扫墓祭祖。

朝鲜族自古以来就形成了丰富多彩的节庆文化。朝鲜族的节日与农耕有着密切联系，按照农历岁时指定相应节日，举行各种活动

和游艺。朝鲜族的传统节日种类很多，其中，元日、上元、清明、端午、秋夕、冬至号称"六大节日"。朝鲜族的节日作为日常生活文化的一部分，主要体现了五谷丰登、丰衣足食、无病长寿、精神快乐等意愿。元日节，又称年首节，即春节，是在阴历正月初一庆祝新年开始之节日。其节庆活动主要包括祭祖、拜年、吃年饭、娱乐等。阴历正月十五日为上元节，举行丰富多彩的民俗活动。民间比较流行的民俗事象有立禾杆、烧鼠洞、迎月、烧月屋、踏桥、放风筝、拔草龙、过人桥、掷骰、吃五谷饭、喝耳明酒等。以此来预祝新的一年五谷丰登、风调雨顺、平安多福。清明是二十四节气之一，按公历则在4月5日左右，与寒食日基本相近。寒食节是冬至后的第105日，相当于清明前1-2日，其来历源于纪念介子推。主要的民俗活动是扫墓。阴历五月初五为端午节，又称"戌衣"。"端"意为初，"午"即五，源于纪念屈原。民间较流行的民俗活动有祭祀祖先、菖蒲水洗头、吃艾蒿糕饼以及摔跤、荡秋千、跳木板、农乐舞等游艺。阴历八月十五日为秋夕节，又称中秋节，源于古代的月亮崇拜。主要的民俗事象有祭祖扫墓、吃松饼等，还举行摔跤、秋千、拔河、斗牛等民俗游戏。冬至是二十四节气之一，是一年当中黑夜最长的一天，通常相当于阴历十一月二十四日或二十五日。人们认为冬至阴气至极，阳气开始上升，自古视为年首，称"小年"。主要民俗事象有吃红豆粥，据说，冬至吃红豆粥可以驱除疫鬼、寒冬不易得病。

朝鲜族在长期而艰苦的农耕生活当中，创造出丰富多彩、具有浓厚娱乐情趣的民俗游戏和歌舞，每逢岁时节日和喜庆之日或农耕之余，演绎着民俗娱乐活动，以此来消除劳作的疲劳，增加喜庆气氛。朝鲜族民间游戏分为竞技游戏、智力游戏、儿童游戏。竞技游戏有拔草龙、车战（龙头戏）、荡秋千、跳跳板、摔跤等；智力游

戏有掷骰（柶戏）、象棋、数千、骨牌、花斗等；儿童游戏有放风筝、打陀螺、滑冰车等。朝鲜族又是能歌善舞的民族，具有悠久的民族文化传统，在各种场合善于用歌舞来表达自己的情感。朝鲜族的歌舞丰富多彩，主要有农乐舞、扇子舞、顶水舞、刀舞、假面舞等舞蹈和打铃、盘骚里等民谣音乐。

朝鲜族的民间信仰，其历史久远，早在远古时期已形成敬畏鬼神、"万物有灵"的观念，形成了具有一定文化影响力的信仰习俗。朝鲜族的民间信仰种类繁多，主要有家神崇拜、部落神崇拜、山神崇拜和巫俗信仰等。在坎坷曲折的迁徙过程中，人们有时把生的希望寄托在神灵的威力，从中得到安慰和勇气，努力开辟安稳的生活家园。朝鲜族的这种信仰集中体现了家族安宁、村落繁荣和丰衣足食、无病长寿的朴实心愿。

朝鲜族传统文化作为朝鲜民族的象征，已融入中国朝鲜族的血脉，成为其社会文化生活中的宝贵财富。传统文化的展示标志着民族的历程、民族的辉煌，本卷把诸多珍贵的朝鲜族传统文化的精品和精华集结在一起，使得该卷变成真正的传统文化的宝库。本卷收录的案例只是朝鲜族整个传统文化遗产当中的一小部分，但它们充分体现了朝鲜族传统文化的内涵和特色，通过它们能够了解和领会朝鲜族传统文化的精华。因为学识与水平有限，难免存在案例解析上的不足和遗漏，希望广大读者和学者给予真诚的批评和指正。

成光虎　韩光云　赵京姬
2015年8月10日

参考文献：

【1】千寿山，金钟国著. 中国朝鲜族风俗【中文】，辽宁民族出版社1996年

【2】朝鲜的民俗传统【朝鲜文】，朝鲜科学百科辞典综合出版社 1994年

【3】许辉勋主编. 朝鲜族民俗文化及其中国特色【中文】，延边大学出版社 2007年

【4】千寿山执笔. 中国朝鲜族风俗百年【中文】，辽宁民族出版社 2010年

【5】朝鲜民俗辞典【朝鲜文】，朝鲜科学百科辞典出版社 2004年

【6】金泽主编. 吉林朝鲜族【朝鲜文】，延边人民出版社 1995年

【7】北京大学朝鲜文化研究所. 民俗史【朝鲜文】，民族出版社 2000年

【8】延边朝鲜族民俗学会. 朝鲜族民俗研究（1）【朝鲜文】，延边大学出版社 1995年

【9】延边朝鲜族民俗学会. 朝鲜族民俗研究（3）【朝鲜文】，延边大学出版社 2001年

目录

第一章　朝鲜族传统建筑

朝鲜族双排八间房屋　002
朝鲜族屋脊式围墙院落　005
朝鲜族酱缸台　008
朝鲜族歇山式屋顶　011
朝鲜族庑殿式屋顶　014
朝鲜族悬山式屋顶　018
朝鲜族温埃　021
朝鲜族夹芯墙壁　024
朝鲜族细木格门窗　027
朝鲜族鼎厨间　033
朝鲜族里屋　036
朝鲜族檐廊　039

第二章　朝鲜族传统服饰

朝鲜族黑笠　044
朝鲜族程子冠　047
朝鲜族幅巾　050
朝鲜族簇头里　054
朝鲜族风遮　058
朝鲜族短衣　062
朝鲜族三回装则高里　066
朝鲜族七彩缎则高里　069
朝鲜族都鲁马基　073
朝鲜族毛皮裙子　077
朝鲜族圆衫　080
朝鲜族阔衣　086

　　朝鲜族团领婚服　089
　　朝鲜族长裙　092
　　朝鲜族布袜　095
　　朝鲜族米土丽　098
　　朝鲜族油鞋　101
　　朝鲜族木屐　105
　　朝鲜族钩鼻鞋　108
　　朝鲜族椎髻短簪　110
　　朝鲜族文字纹银簪　113
　　朝鲜族龙簪　116
　　朝鲜族蝙蝠文字纹银环　118
　　朝鲜族鎏金菊花纹银妆刀　120

第三章　朝鲜族传统餐饮

　　朝鲜族莲花纹福字有盖瓷碗　124
　　朝鲜族青花白瓷缸　126
　　朝鲜族淘米盆　129
　　朝鲜族鳞纹有盖饭碗　132
　　朝鲜族木盆　135
　　朝鲜族铜碗　138
　　朝鲜族茶食板　141
　　朝鲜族糕点印花板　144
　　朝鲜族小饭桌　146
　　朝鲜族顶水罐　150
　　朝鲜族神仙炉　153
　　朝鲜族双耳石锅　156
　　朝鲜族铁水缸　159

　　朝鲜族纸龟瓶　162
　　朝鲜族五谷饭　165
　　朝鲜族打糕　168
　　朝鲜族切糕　172
　　朝鲜族蒸糕　175
　　朝鲜族蒸饼　178
　　朝鲜族松饼　180
　　朝鲜族米肠　183
　　朝鲜族紫菜包饭　186
　　朝鲜族冬至红豆粥　190
　　朝鲜族石锅拌饭　193
　　朝鲜族冷面　196
　　朝鲜族参鸡汤　200
　　朝鲜族海带汤　204
　　朝鲜族辣白菜　207

第四章　朝鲜族传统生活用具

　　朝鲜族螺钿装饰二层橱　212
　　朝鲜族输片装饰衣柜　216
　　朝鲜族铁片装饰衣笼　220
　　朝鲜族蝙蝠纹砚台　224
　　朝鲜族砚箱　227
　　朝鲜族缠线板　230
　　朝鲜族针盒　233
　　朝鲜族顶针指套　236
　　朝鲜族灯盏和灯台　240
　　朝鲜族火盆　243

朝鲜族梳妆盒　246
朝鲜族十长生纹地毯　250
朝鲜族枕顶　254
朝鲜族坐垫　257
朝鲜族砧台、棒槌、卷衣棒　260
朝鲜族熨斗　264
朝鲜族柳条筐　267
朝鲜族匙箸袋　270
朝鲜族象帽　273
朝鲜族唢呐　277
朝鲜族洞箫　280
朝鲜族横笛　283
朝鲜族伽琴　286
朝鲜族牙筝　290
朝鲜族奚琴　295
朝鲜族小锣　300
朝鲜族钲　304
朝鲜族圆鼓　308
朝鲜族长鼓　313

第五章　朝鲜族传统生产工具

朝鲜族双把犁　318
朝鲜族双牛拉犁　321
朝鲜族秒耙　323
朝鲜族长把尖锹　326
朝鲜族耳锄　330
朝鲜族连枷　334

　　朝鲜族角斧子　337
　　朝鲜族脱粒具　339
　　朝鲜族牛车　343
　　朝鲜族背架子　347
　　朝鲜族牛脖饰　351
　　朝鲜族木板夹子　354
　　朝鲜族皮背囊　357
　　朝鲜族织布机　361
　　朝鲜族七绽纺车　366
　　朝鲜族脚踏碓　369
　　朝鲜族打糕槽　373
　　朝鲜族压面机　377
　　朝鲜族脚踏铡刀　380
　　朝鲜族石磨　383
　　朝鲜族弯刃锛子　387
　　朝鲜族刮槽刀　390

第六章　朝鲜族传统手工艺

　　朝鲜族编鞋技艺　394
　　朝鲜族草袋编织　397
　　朝鲜族柳条编织　400
　　朝鲜族刺绣　404
　　朝鲜族钩针编织　409
　　朝鲜族木器工艺　412
　　朝鲜族陶瓷工艺　415
　　朝鲜族动物图案纹饰　419
　　朝鲜族植物图案纹饰　423

朝鲜族几何图案纹饰　427
朝鲜族文字图案纹饰　431
朝鲜族十长生图案纹饰　434

第七章　朝鲜族传统民俗和宗教造像

朝鲜族抓周礼桌　440
朝鲜族奠雁礼桌、交拜礼桌、接大桌　444
朝鲜族花甲礼桌　448
朝鲜族丧祭礼桌　452
朝鲜族花轿、礼妆盒、屏风　454
朝鲜族祭屏风、祭玄酒瓶、魂帛　459
朝鲜族丧舆　461
朝鲜族柶戏　465
朝鲜族秋千　469
朝鲜族跳板　472
朝鲜族摔跤　475
朝鲜族拔草龙　479
朝鲜族花斗　482
朝鲜族假面戏　485
朝鲜族将棋　487
朝鲜族防厄驱邪风筝　491
朝鲜族禁绳　493
朝鲜族长丞　496
朝鲜族神杆　499
朝鲜族巫刀　502
朝鲜族巫铃　505
朝鲜族巫扇　507

第一章 朝鲜族传统建筑

朝鲜族双排八间房屋

图一 朝鲜族双排八间房屋主图

双排八间房屋是朝鲜族传统的院落式住宅之一，其房屋通常为木架结构，泥土夹芯墙，青瓦歇山式屋顶。此类型房屋在朝鲜李氏王朝时期，普遍流行于朝鲜咸镜北道地区，19世纪中叶伴随着朝鲜族的迁入，流传到我国吉林省地区，成为比较典型的朝鲜族传统民居。如今在民俗文化村里仍保存有一部分双排八间瓦房。

双排八间房屋，其房间排列如同"用"字或"曲"字，房间之间既有横向间壁，又有纵向间壁，每个间壁都带有拉门。双排房屋横向竖立3排木柱，纵向竖立6排木柱，立柱间隔相对一致，立柱之间构成一个房间。从房屋的布局看，以鼎厨间为中心，连接着灶台和出入地面成为同一个空间，左侧的房间呈"田"字形，前为下屋和上屋，后为里屋和库房。右侧的房间呈"日"字形，前为碓房，后为牛舍或仓库（有的地方前为牛舍，后为碓房）。除了碓房和牛舍以外其他房间基本都是火炕，烟囱一般立在西侧（左侧）前端位置。每个房间各有单独的出入门，下屋和上屋前面配有宽约50厘米、高约30厘米的檐廊。

双排八间房屋是富有传统特色的代表性民居设计案例之一。朝鲜族传统的居住空间按照家庭成员性别和年龄构成，体现了"男女有别""长幼有别""尊老爱幼"的传统观念和生活秩序。朝鲜族传统的双排八间房屋，不仅功能合理、空间舒适、造型美观，而且具有很高的文化艺术价值，其造型富有浓郁的民族特点和时代特征。

图片来源
图一　延边博物馆
图二至图四　董海英　制图

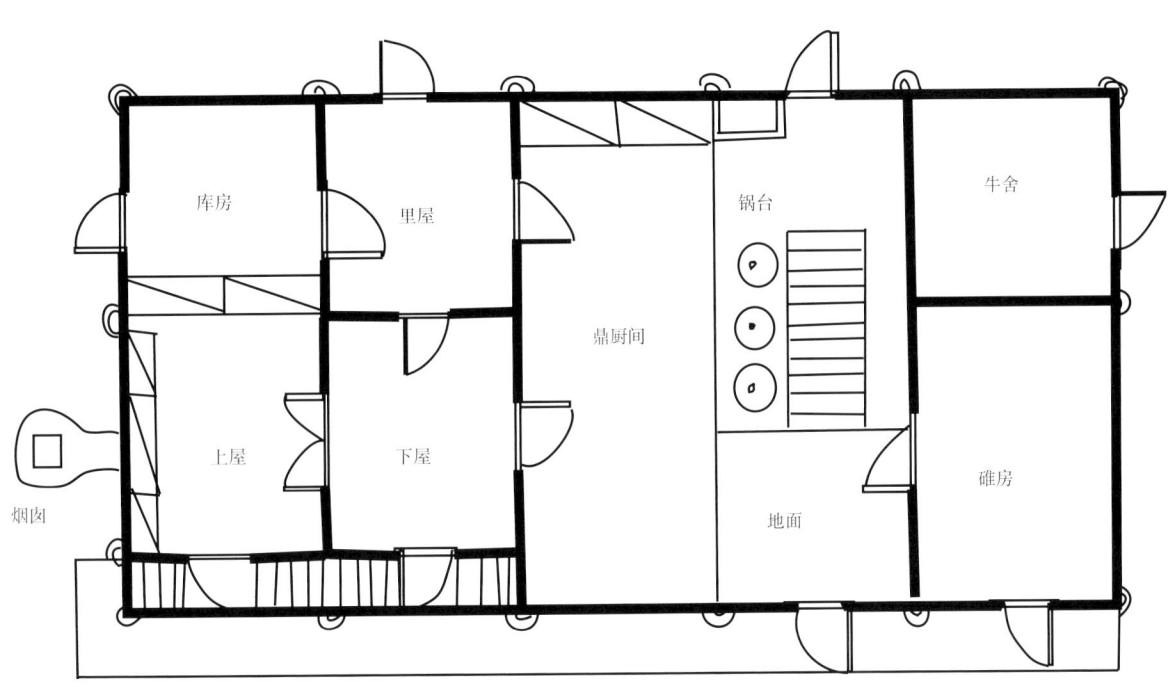

图二　朝鲜族双排八间房屋内室结构图

图三　朝鲜族双排八间房屋室内效果图

图四　朝鲜族双排八间房屋室内格局图

朝鲜族屋脊式围墙院落

图一　朝鲜族屋脊式围墙院落主图

屋脊式围墙院落是朝鲜族传统住宅前后用屋脊式围墙围起来形成的院落，是比较典型的院落格局和样式，通常流行于士大夫、富商等上流阶层。20世纪30年代以前比较流行此类格局的院落。传统的上流阶层院落由男性空间、女性空间、行廊空间（门房）、祠堂空间等构成。

从院落结构上看，大体上由大门、围墙、里院、前院、后院构成。大门是进出院落的唯一通道，有多种样式，其中屋宇式大门比较典型，又有气派。围墙是形成院落的主要界线，旧时通过围墙显示其家族的尊贵。围墙的样式也很多，其中，屋脊式围墙成为达官显贵们普遍采用的围墙类型。其墙体一般用石头或墙砖砌成，然后在顶上铺青瓦成屋脊式样。墙体高度一般为1.5米左右。里院设在本宅和前宅之间，比起前院稍微窄小，一般造花坛，或有水井和酱缸台、菜窖等。后院是保存各类家庭生活必需品的场所。前院空间较大，农忙季节用于打场等农活。院落形态呈块状布局居多，比较规整。住户根据地形变化及家庭居住需求，将标准院落空间进行多种形式的灵活组合。

屋脊式围墙院落是具有功能性、文化性、艺术性特征的建筑格局之一。这种朝鲜族院落的设计反映了朝鲜族传统生活中亲密、友好、和睦的邻里关系，体现出朝鲜族崇尚自然、融入自然、天人合一的自然观。

图片来源

图一　延边博物馆

图二至图四　董海英　制图

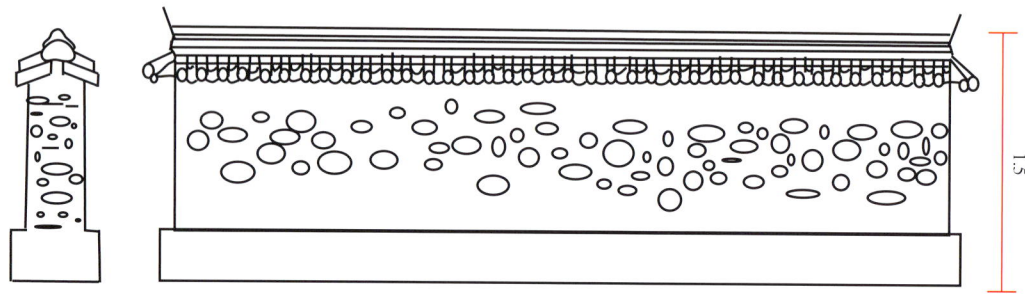

图二　朝鲜族屋脊式围墙院落围墙尺寸图（单位：m）

图三　朝鲜族屋脊式围墙院落效果图

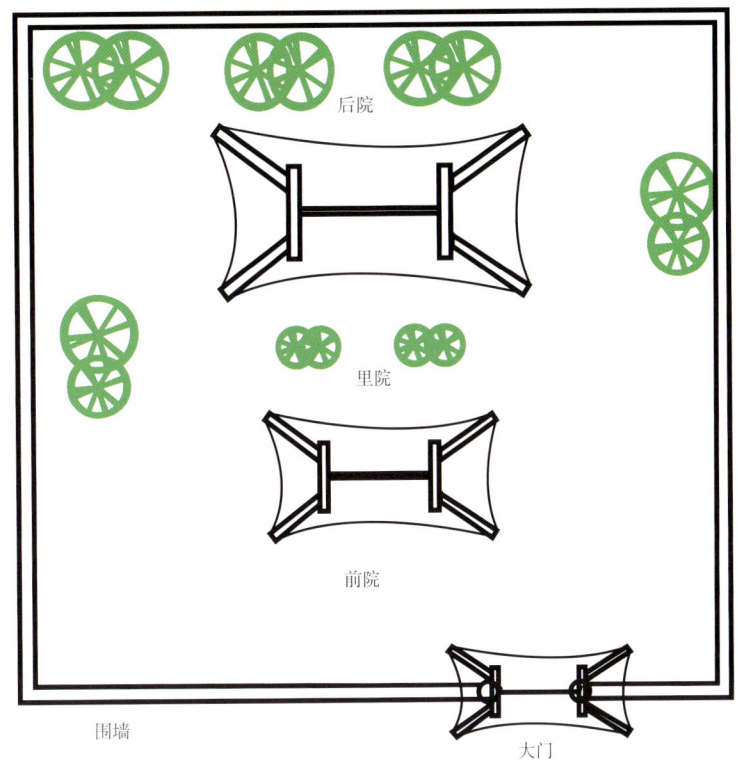

图四　朝鲜族屋脊式围墙院落庭院布局图

朝鲜族酱缸台

图一 朝鲜族酱缸台主图

自古以来，朝鲜族在日常生活当中，喜欢食用发酵食品，比如大酱、辣椒酱、酱油、泡菜等比较典型的餐桌上必不可少的发酵食物。为了保管好这些食品，家家户户都备有酱缸台。酱缸台就是放置装入发酵食物的釉陶缸的台子。酱缸台一般选择庭院内排水好、阳光充足的地方，用较大的河卵石砌成高约0.2—0.3米的平坛，然后根据家庭需要放置一定数量的缸和罐。放置器物也有讲究，一般是前罐后缸的格局，放置2—5列。即后排放置装大酱或酱油的大缸，前排放置装辣椒酱、姊妹酱的小坛子和罐等，排列时缸罐要整齐均匀，不能倾斜乱堆，在缸底还要垫上石板。

酱缸台是洁净的地方，家庭主妇平时应该清洁酱缸台的周边环境，并且擦洗所有缸罐使之保持整洁。酱缸台是家庭主妇的生活空间，不许外人接触，即使是家人也不能随意出入。前院是开放空间，后院则是闭塞的空间，是家族的圣所，通常认为这里盘踞着民间所信奉的名叫铁隆的神。铁隆是青龙的化身,负责保护酱缸台。此外,七星神、地神、主神也被认为是酱缸神。

下酱日,人们先把带有阳刚之气的松树枝和干辣椒以及具有净化空气作用的木炭插在绳股间做禁绳,然后把禁绳挂在酱缸肩部,再打开酱缸盖把这些东西放置在腌好的大酱上面。禁绳是寓意抓捕和捆绑牛鬼蛇神的草绳,禁绳用稻草搓成,搓的方向与普通草绳相反,因为人们认为恶鬼厌恶左侧。紧接着在酱缸台前设祭桌,桌上摆放一块酱坯和红辣椒、盐粒等祭物进行祭祀。祭祀后用纸剪出袜子形状倒贴在酱缸腹面上,表示即使酱变了味儿也能找回原味。平常还有些人,遇上家族有大事时,会在酱缸台前端放一碗井华水,希望家族兴旺、子女金榜题名。

从前,酱缸台是比较常见的生活物件,其中体现出朝鲜族朴素的生活情趣和风土人情。比如,通过酱缸台能够判断该家族的繁盛程度,就是酱缸台越大、缸罐数量越多,此家族的规模也越庞大。如果搬家,就首先搬动酱缸台的缸罐。再如,媒婆出入要出嫁的闺秀家庭,先查看酱缸台,以此来判断此家庭主妇的为人和性情,作为谈婚论嫁的重要标准之一。

图片来源
图一　延边博物馆
图二至图四　董海英　制图

图二　朝鲜族酱缸台效果图

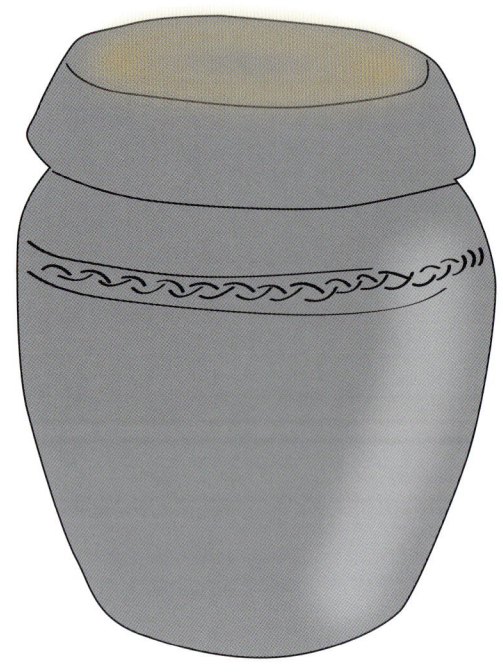

图三　朝鲜族酱缸效果图

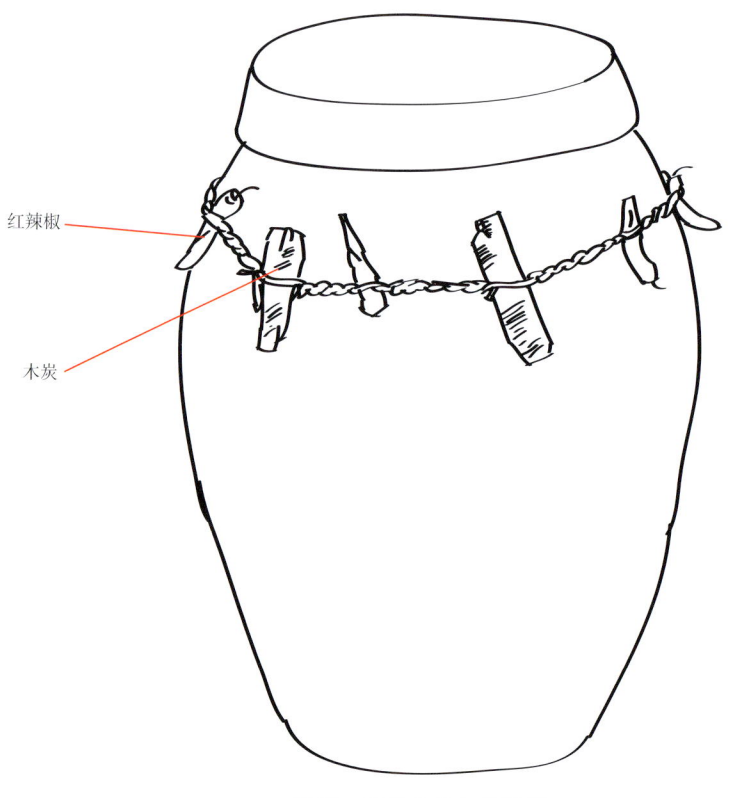

红辣椒

木炭

图四　朝鲜族酱缸禁绳图

朝鲜族歇山式屋顶

图一　朝鲜族歇山式屋顶主图

歇山式屋顶是朝鲜族传统民居中较为高档的屋顶样式。屋顶的上部呈悬山形，下部与庑殿式相似，是悬山式和庑殿式的混合型。

歇山式屋顶有九条屋脊，即一条正脊、四条垂脊和四条戗脊，因此又称为九脊顶。由于其正脊两端到屋檐中间折了一下，分为垂脊和戗脊，好像"歇"了一歇，故名歇山式。其屋顶上半部采用悬山顶样式，而下半部分则为庑殿顶样式，从侧面看顶壁呈正三角形。歇山式结合了直线和曲线的合理运用。屋顶的正脊和垂脊、戗脊，以及四周的飞檐中间部位呈直线，到了末端逐渐形成比较匀称的曲线，在视觉效果上给人一种棱角分明、结构清晰的感觉。在传统的瓦房当中一般采用歇山式屋顶，它不仅包含着民间最为普遍的庑殿式屋顶的优点，而且在屋顶上有龙头、望瓦等装饰，使房屋整体显示出既庄重又美观的效果。

歇山式屋顶是朝鲜族传统建筑中具有代表性的基本样式。此类屋顶样式，过去只能在富裕阶层中采用，但如今普遍推广到民间，可以说是体现朝鲜族传统生活情趣和审美观念的典型设计案例之一。它对研究朝鲜族传统居住习俗具有较高的历史和艺术、文化价值。

图片来源
图一　延边博物馆
图二至图四　董海英　制图

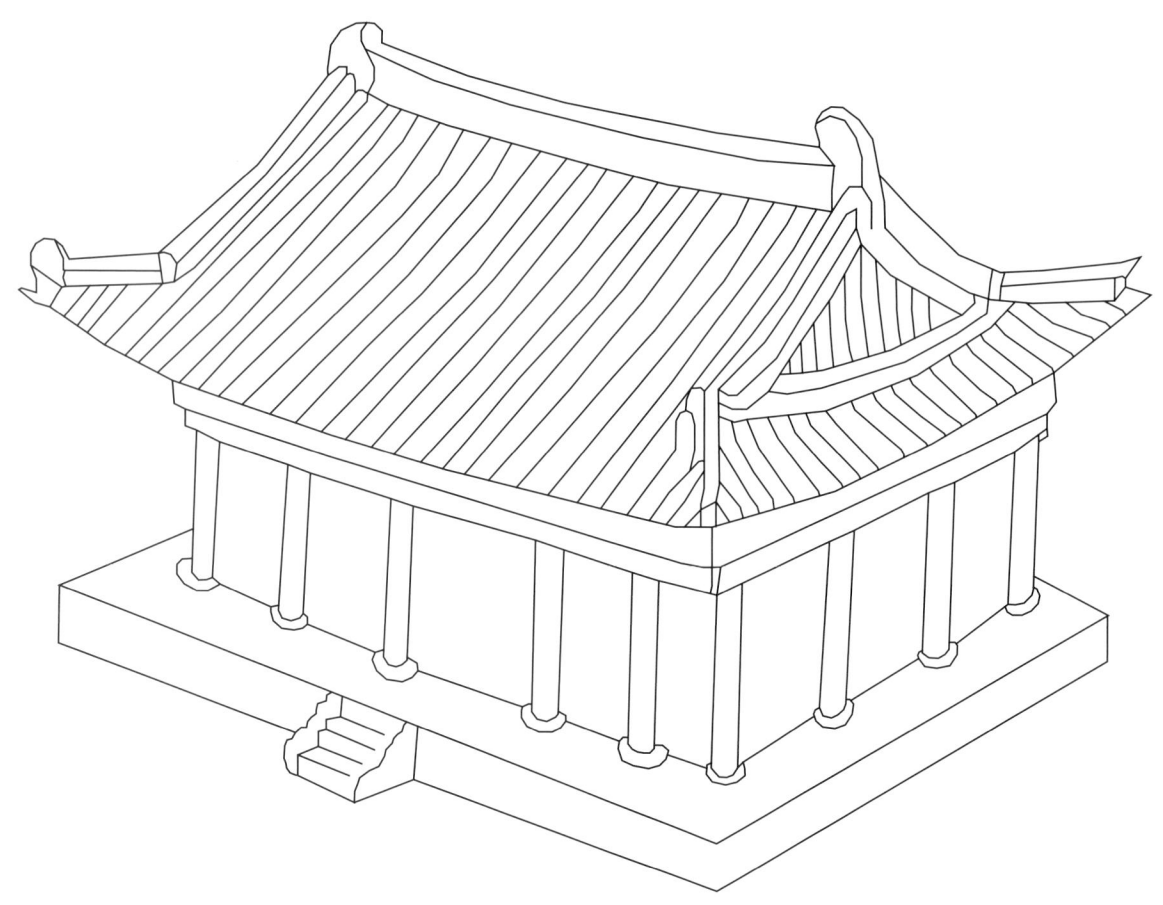

图二　朝鲜族歇山式屋顶示意图

图三 朝鲜族歇山式屋顶局部图

图四 朝鲜族歇山式屋顶效果图

朝鲜族庑殿式屋顶

图一　朝鲜族庑殿式屋顶主图

　　庑殿式屋顶是朝鲜族传统民居中最为普遍的屋顶样式。庑殿顶四面斜坡，有一条正脊和四条斜脊，又称五脊顶。有六面斜坡和八面斜坡的屋顶也属于庑殿式屋顶。庑殿式屋顶的最初形态出现于原始共同体时期，朝鲜三国时期形成了基本结构。在高句丽壁画墓的壁画中也描绘了庑殿式屋顶的建筑形式。中国朝鲜族也继承了传统的庑殿式屋顶民居样式，主要流行于吉林省延边朝鲜族自治州境内。

　　庑殿式屋顶基本都是四面坡屋顶样式，由一条正脊和四条垂脊共五条脊组成。庑殿式屋顶以一条正脊为中心，两端各由"人"字形斜脊相连，形成四个斜坡。正脊两侧的部位呈梯形，斜脊之间的部位呈三角形。这四个斜坡的边檐伸出墙壁外侧。庑殿式屋顶因为有四个往墙壁外伸出的坡面，既美观又利于泻雨水，能够很好地保护墙壁。庑殿式屋顶普遍运用于民间住宅，具有比起悬山式屋顶美观大方，比起歇山式屋顶样式简洁、节省材料的优点。

　　庑殿式屋顶是朝鲜族传统的住宅建筑中，历史比较悠久、使用最为广泛的典型设计案例之一。通过庑殿式屋顶风格和特色，可以领略朝鲜族传统民居的发展历史，也能够了解朝鲜族的传统居住风俗和审美意识。

图片来源
图一　延边博物馆
图二至图四　董海英　制图

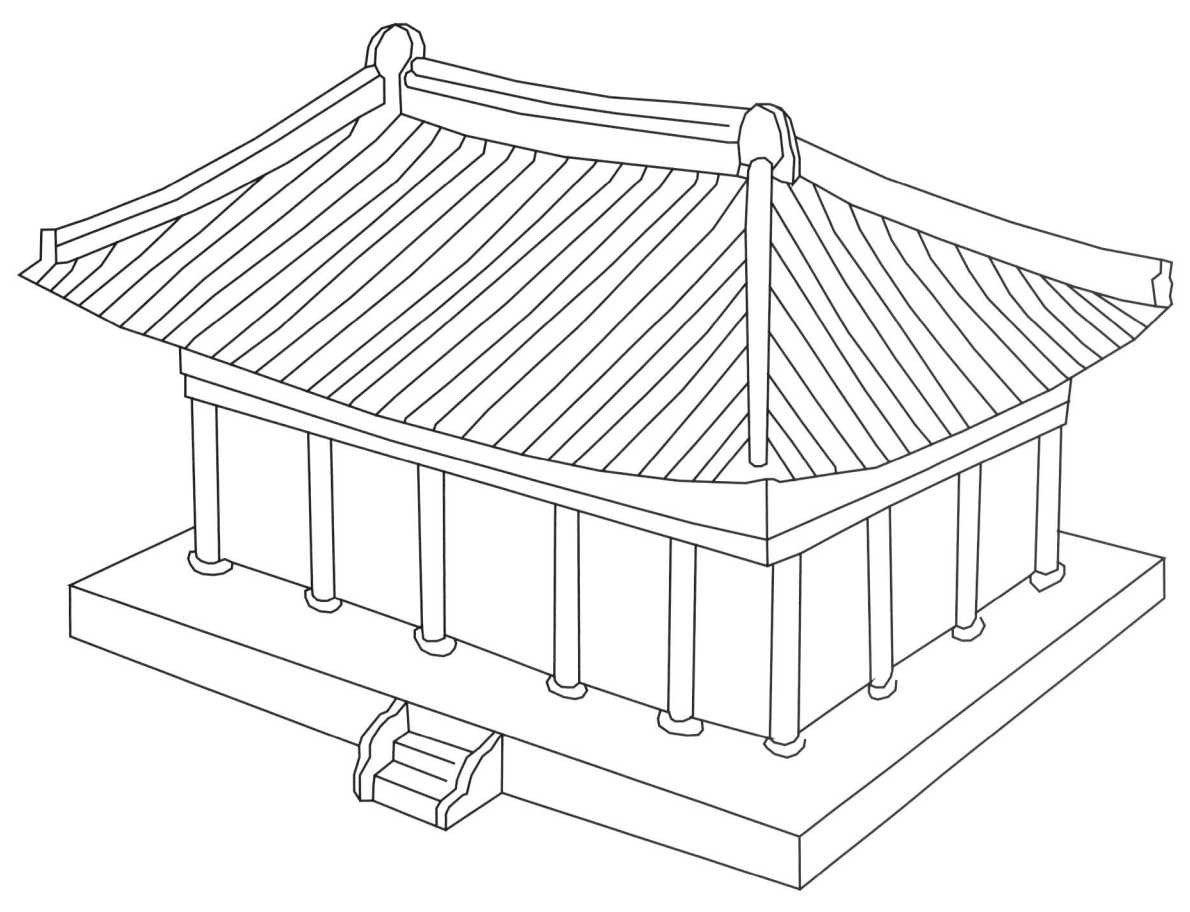

图二　朝鲜族庑殿式屋顶示意图

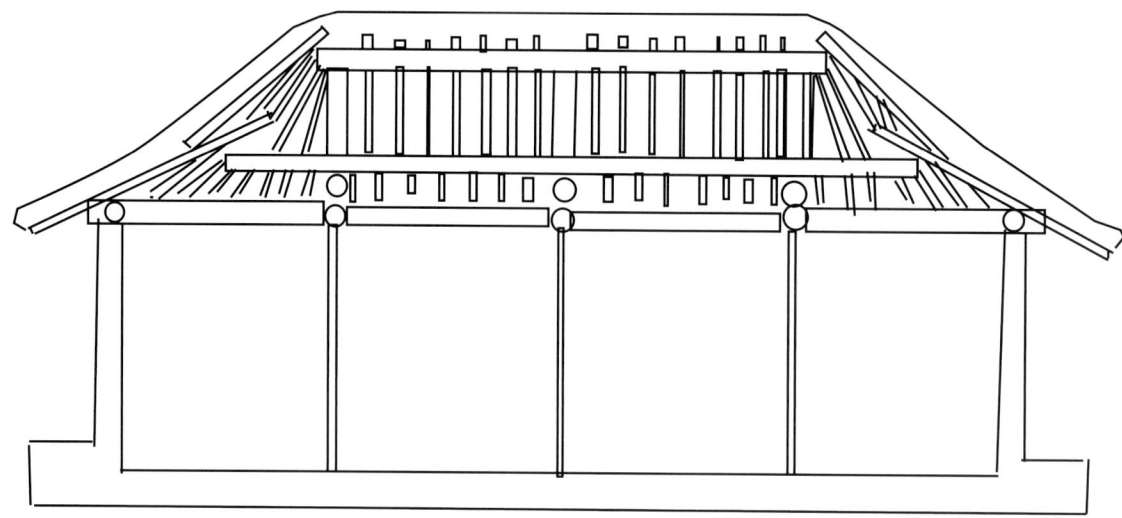

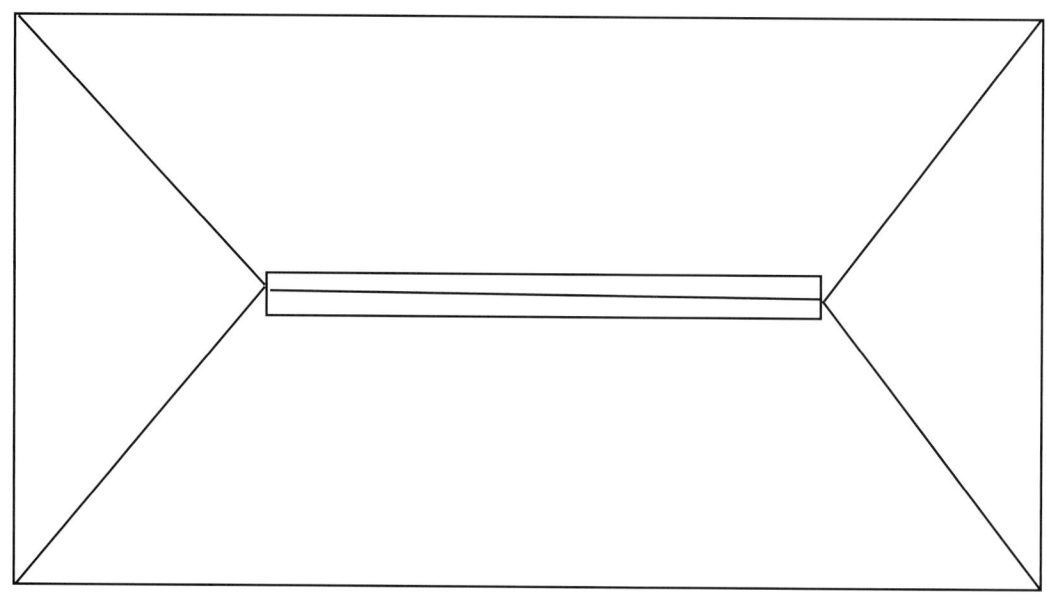

图三　朝鲜族庑殿式屋顶结构图

图四　朝鲜族庑殿式屋顶效果图

朝鲜族悬山式屋顶

图一　朝鲜族悬山式屋顶主图

　　悬山式屋顶是比较古老而简单的朝鲜族传统民居屋顶样式。由于此类建筑的前后两斜坡屋顶悬伸外挑于山墙之外，故名悬山顶，也称挑山顶。另外，因为其屋顶形式与倒翻的船底比较相似，又称舟底式屋顶。悬山式屋顶，其历史很悠久，在原始共同体时期，人们通常居住于地穴或半地穴式房屋，屋顶基本都采用了便于施工的悬山式。悬山式屋顶是朝鲜族的居住生活中比较流行的建筑风格，广泛流行于我国东北地区的吉林省吉林、通化地区，辽宁省鸭绿江流域，以及黑龙江省松花江流域的朝鲜族散居区域。

　　悬山顶是两坡出水的五脊二坡式，一般由一条正脊和四条垂脊构成。前后有对称的斜垂向下的长方形房盖，两侧的山墙凹进屋顶，屋顶的房盖外檐伸出墙壁之外。悬山式屋顶结构简洁、形状端雅，成为民间普遍采用的屋顶样式之一。悬山式屋顶房只有前后两斜坡面，两侧的墙壁上部直接连接在斜坡面，存在着易于受风雨侵蚀的缺陷。因此为了减轻风吹雨淋的影响，建瓦房时，屋顶左右两侧安装用木板制作的挡风板；建草房时，用稻草或芦苇等编织的草苫子从屋脊往下铺盖遮住外墙左右两侧的上部，民间称之为风雨翅膀。

悬山式屋顶是结构比较简易，施工方便，而且历史很悠久的朝鲜族传统建筑形式之一。通过悬山式屋顶建筑风格，能够领略朝鲜族传统居住风俗的区域性特征和传统民居建房技艺等，可为朝鲜族传统民居的学术研究提供具有历史性、文化性价值的可靠资料。

图片来源
图一　延边博物馆
图二至图三　董海英　制图

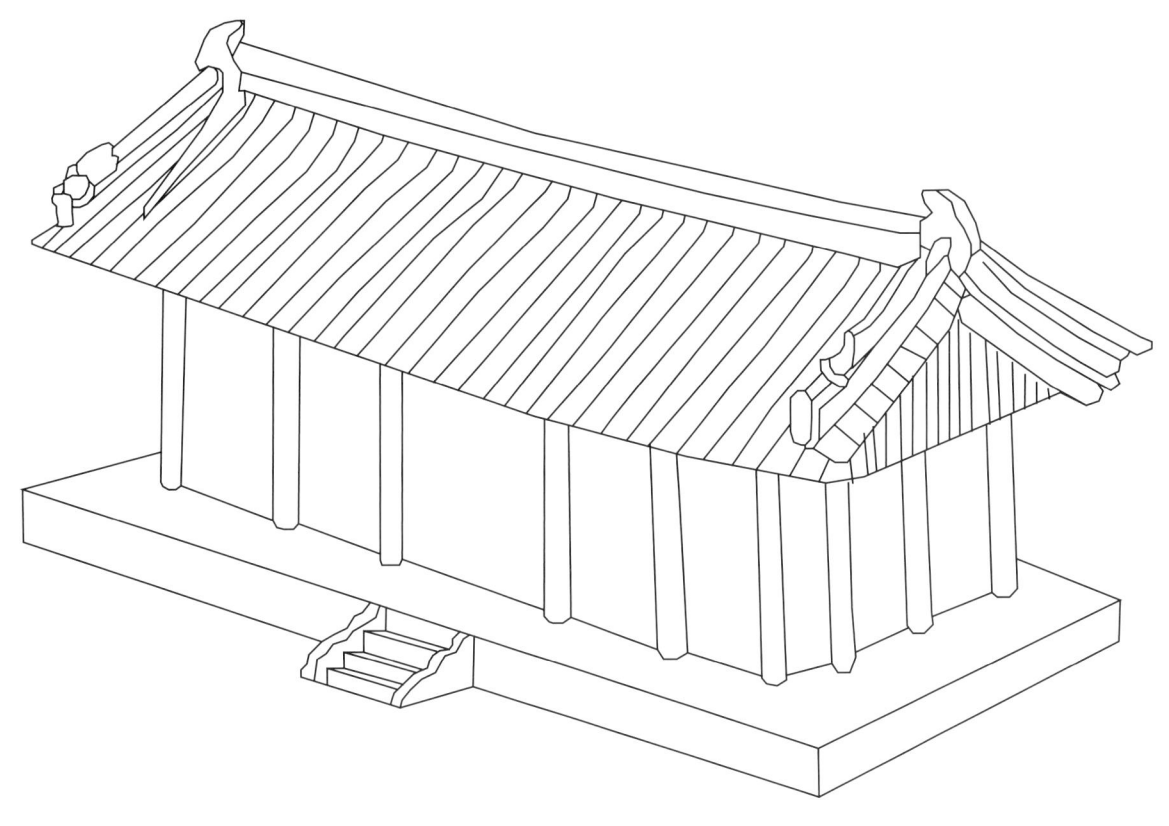

图二　朝鲜族悬山式屋顶示意图

图三　朝鲜族悬山式屋顶效果图

朝鲜族温堗

图一　朝鲜族温堗主图

温堗指的是历史悠久的朝鲜族传统火炕。从语言学角度来看，温堗是"温烫火石"的简化语，就是民间常说的烤制的石块板的意思，属于朝鲜语的语音表达方式。火炕是人类社会进入文明时代以后出现的文化现象，朝鲜族作为典型的农耕民族，距今3000年前已经懂得火炕的运用。朝鲜族的火炕最早出现于古朝鲜时期，当时的火炕比较简易，有火灶、单排或双排的烟道以及排烟孔等。经过朝鲜三国和高丽王朝时期，形成火炕的基本形态，李朝时期广泛普及火炕，推广于朝鲜半岛全境。19世纪中叶起，大批的朝鲜族迁入到我国东北地区，从此传统的火炕文化原封不动地延续下去，如今仍然传承不衰。

朝鲜族温堗结构通常为"洞式火炕"。一般炕洞深度为0.2—0.3米左右，有几种建造炕洞的方法：

一种是直接在地面挖深0.2—0.3米的烟道。

另一种是在地面挖一半深度，然后用石头或土坯搭建成炕洞。

再一种是用砖或土坯直接在地面上垒砌炕洞。炕洞纵向形成一定的倾斜度，灶台部位低，烟囱部位高，放炕板时倾斜度高的地方放薄石板，倾斜度低的地方放厚石板，这样炕面就较为平整了。

"洞式火炕"安全性能较好，容易搭建，热度均匀。火炕营造技艺涉及灶台（锅台）、烟道、炕面、烟囱的设计和建造，与民居的建造密不可分。建房时必须事先考虑火炕的建造构图。要成为火炕建造工匠，必须懂得气象、地理和物理原理。观察朝鲜族的日常生活，火炕占据着非常重要的位置，所有的家务基本都在火炕面上进行，过着坐式生活。在朝鲜族传统的日常坐式生活方式中，最基本的要求就是按照火炕空间精心设计和布置住宅内的每个房间。朝鲜族传统民居宽敞的火炕面有着多种功能，它既是整个家族成员共同就餐、住宿的地方，也是接待客人等日常生活的空间。

温堗是朝鲜族传统火炕典型的设计案例。火炕是最为实用的取暖设施，经过长时期的演变过程，出现了火炕建造术，其中包含一定的技术含量，如今已发展成环保、节能、实用、多功能的适合现代生活的温炕文化。因为有了火炕，就出现了朝鲜族的坐式生活习俗，创造出适合炕面生活的饮食器具、生活用品、家具等，形成了有别于其他民族的独特的民俗文化。

图片来源

图一　延边博物馆
图二至图四　董海英　制图

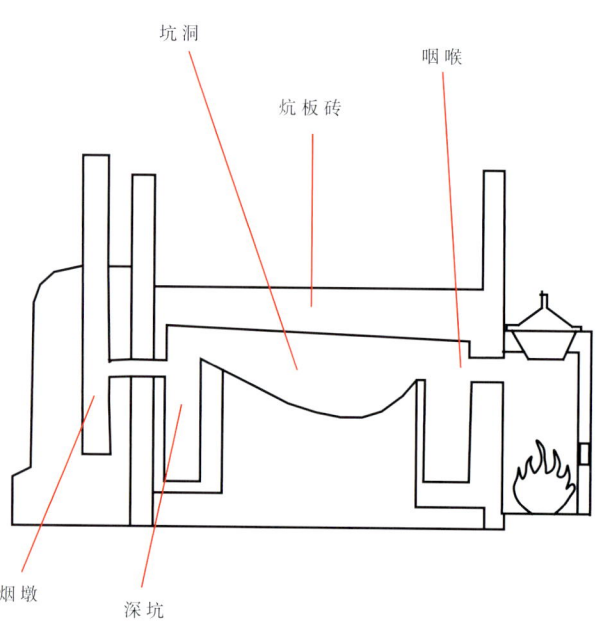

图二　朝鲜族温堗结构分析图

图三　朝鲜族温埃示意图

图四　朝鲜族温埃效果图

第一章　朝鲜族传统建筑

朝鲜族夹芯墙壁

图一　朝鲜族夹芯墙壁主图

夹芯墙壁是朝鲜族传统住宅的主要构件。朝鲜族传统住宅墙壁类型比较多样，按材质有土墙、木墙、石墙、砖墙等。按其在住宅中的位置，可分为外墙和内墙。夹芯墙是泥土墙的一种，普遍采用于传统的瓦房和草房。夹芯墙的历史比较久远，20世纪70年代以前盛行于朝鲜族农村。

夹芯墙是朝鲜族传统民居中最为普遍的墙壁类型。夹芯墙的施工方法比较简单。先在房屋木柱之间以0.5米的间隔竖立多个间柱，然后用秫秸或树枝横竖交叉地扎编成篱笆状的墙芯，其次在其里外墁上泥浆。墁泥浆时，先墁一层黏土掺入稻草段和成的稠泥浆，待其干燥后，再用黏土和沙土和成的泥浆墁一遍。泥浆干透以后再刷上白灰。夹芯墙具有墙体薄、坚实平整、整体性强的特点。墙体的厚度一般0.2米左右。每当冬季来临之前，用泥土和沙土和成的沙泥浆墁一层，防止寒风的侵袭。

夹芯墙是技艺简单、取材容易的建筑方式，它主要起分割、围护等作用，而且具有保温、隔热的功能，可以说是实用性、历史性、文化性特征浓厚的设计案例之一。

图片来源

图一　成光虎　摄影
图二　董海英　制图
图三至图四　成光虎　摄影

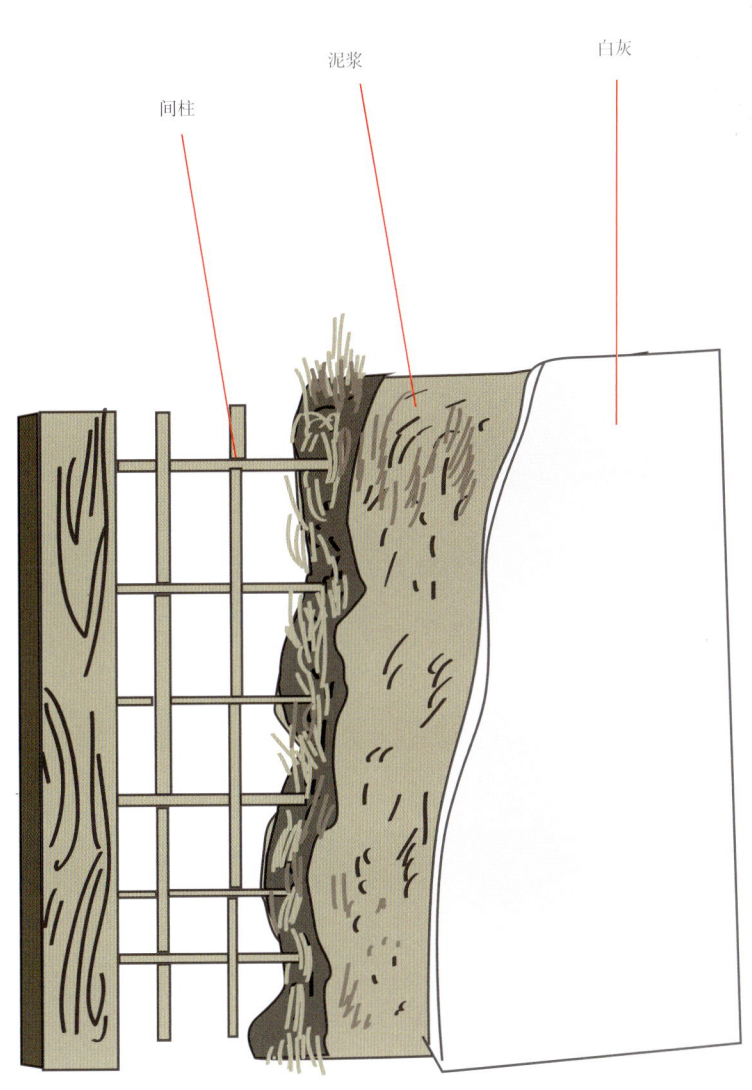

图二　朝鲜族夹芯墙壁墙体结构图

图三　朝鲜族夹芯墙壁墙体局部图1

图四　朝鲜族夹芯墙壁墙体局部图2

朝鲜族细木格门窗

图一 朝鲜族细木格门窗主图

　　细木格门窗是朝鲜族传统住宅的门窗类型之一，是采用各类几何图案形成格纹的门窗。朝鲜族细木格门窗的历史比较悠久，20世纪70年代以前流行于朝鲜族农村。

　　朝鲜族传统民居每间都设一个外门，如果是六间房的话，前后就都有四个门。每个房间都安装内门。朝鲜族传统民居的门窗在功能和形式上都没有明显的区别，门带有窗的功能。朝鲜族传统民居所谓的窗是用于采光、通风、观望的小窗口，设置的数量极少，一个住宅通常设1—2个小窗。外门窗一般采用平开式，内门窗大都做成宽窄不等的推拉门，也有少数为平开门。门窗扇通常采用单扇，个别采用双扇，由松木制做而成，内侧裱糊质地坚挺的白色高丽纸，每年春秋各糊一次，门窗扇上方设置可以开启的通风口。大多数门窗棂是以一种古老的形式分格的，直棂很密（8厘米），横格间远（8厘米或40厘米），名曰"一码三箭"。门窗的尺寸不大，一般单扇门窗高1.6米，宽0.6—0.8米，牛舍和仓库的稍宽一点。门窗扇细木格图案多种多样，有井字形、"亞"字形、菱形、田字形等等。

朝鲜族历来是以席居为主要生活方式的民族，所以门窗都是为了适应这种生活方式而设计的，其特征鲜明、功能突出，可以说是实用性、艺术性、文化性特色浓郁的设计案例之一。

图片来源

图一　延边博物馆
图二至图八　董海英　制图

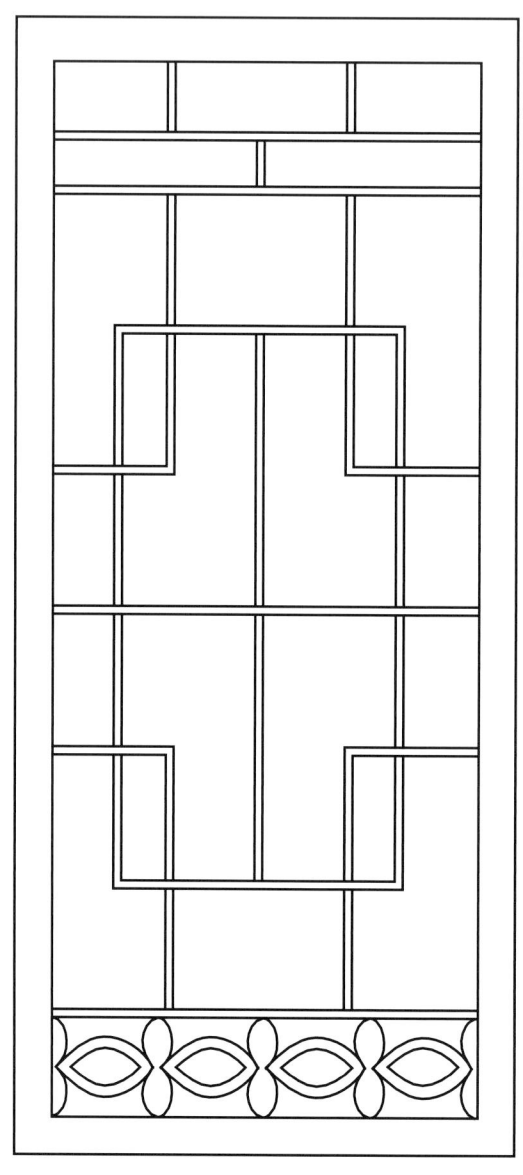

图二　朝鲜族细木格门窗门图案图1

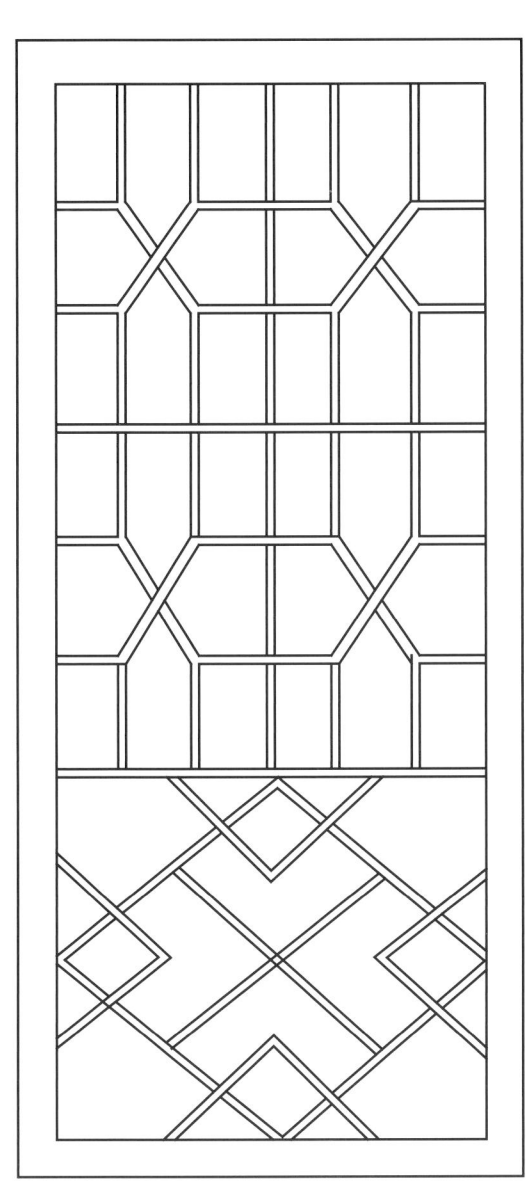
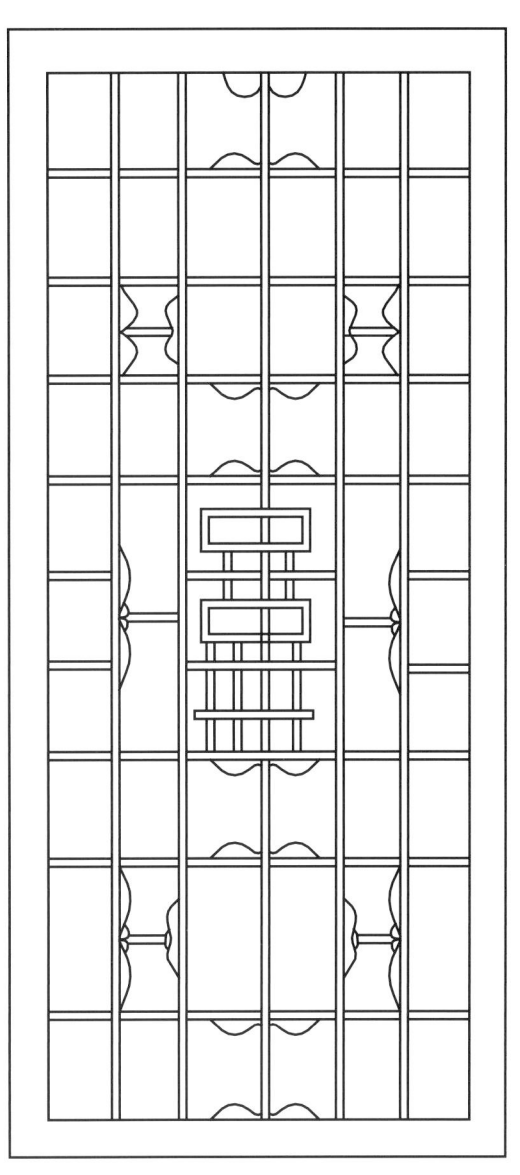

图三 朝鲜族细木格门窗门图案图2　　　　图四 朝鲜族细木格门窗门图案图3

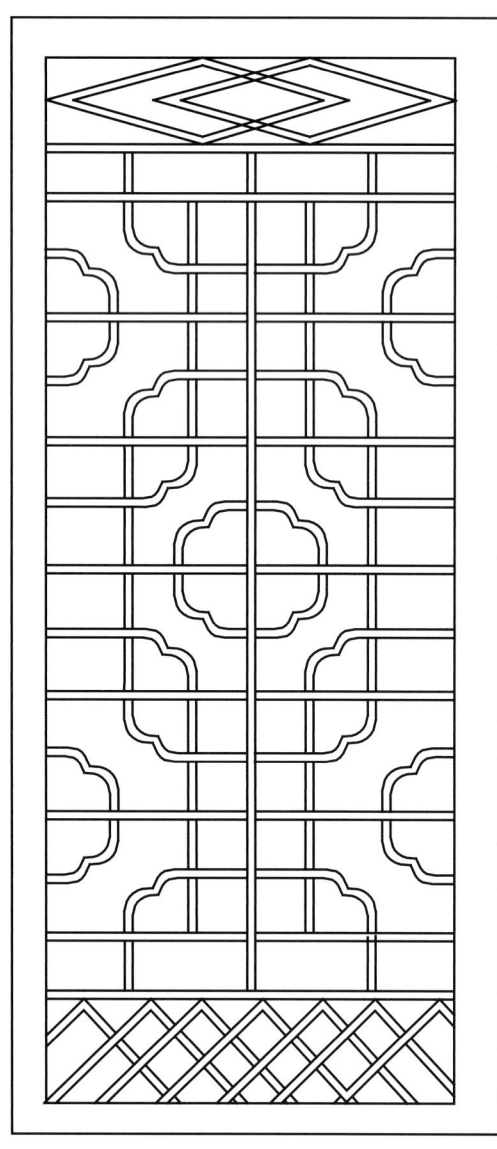

图五　朝鲜族细木格门窗门图案图4

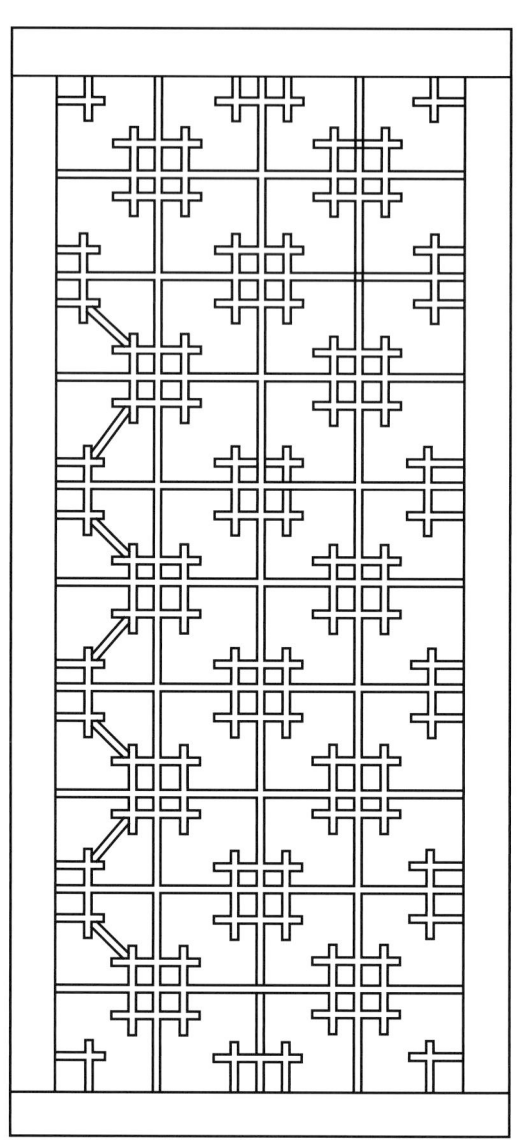

图六　朝鲜族细木格门窗门图案图5

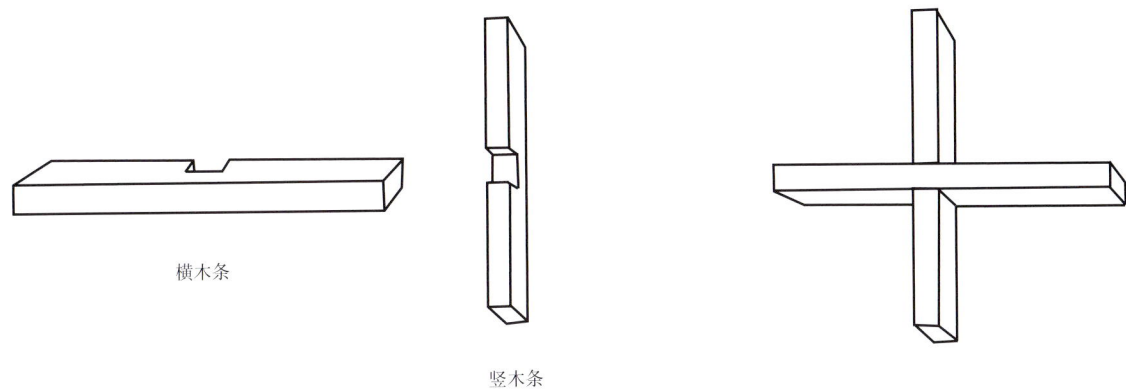

横木条　　竖木条

图七　朝鲜族细木格门窗结构分析图1

图八　朝鲜族细木格门窗结构分析图2

朝鲜族鼎厨间

图一　朝鲜族鼎厨间主图

　　鼎厨间是朝鲜族传统双排房屋中必备的生活空间。鼎厨间的形成与朝鲜族传统的生活习惯有着密不可分的关系，可以说是整个生活空间的中心。因为此房间与厨房连在一起，并且综合体现饮食起居生活，所以称为鼎厨间。鼎厨间的产生与朝鲜族房屋结构的演变紧密相连，朝鲜李氏王朝时期主要流行于朝鲜半岛东北部咸镜北道地区。19世纪中叶起，朝鲜族迁入中国东北地区，仍然继承和沿用了传统的带有鼎厨间的双排房屋结构。

　　鼎厨间和厨房连在一起，成为同一个生活空间，一般统称为鼎厨间，显现出功能和用途的多样性。从布局上看，以锅台为中心分为灶坑、出入地面和温炕。火炕面北侧（以坐北向南房为例）设"灶王间"存放各种餐具和饮食用具。鼎厨间是家庭成员中妇女和儿童就餐的地方，又是妇女们接待女性客人，以及家人们商议家庭内部大小事情的场所。在传统的朝鲜族家庭里，因为家庭内部事务一般由婆婆掌管，所以通常婆婆带领其他妇女或小孩居住在此房间，成年男子禁止进入。此房间和厨房连在一起，大型器物一般放在锅台的右侧或后侧，其他小型的器皿和用具存放在锅台右侧或后侧上方的置物架上，便于妇女们出入厨房。

鼎厨间是朝鲜族传统民居中，设计合理、功能齐全的设计案例之一。因为鼎厨间与灶台连接着一起，具有采暖效果良好的特点，适合寒冷的东北地区采用。虽然鼎厨间用途繁杂，但是通过朝鲜族妇女操持家务的本领，使整个房间层次分明、摆设整齐，充分体现了朝鲜族人民整洁亮丽、井井有条的生活风格和审美意识。

图片来源
图一　延边博物馆
图二至图三　董海英　制图

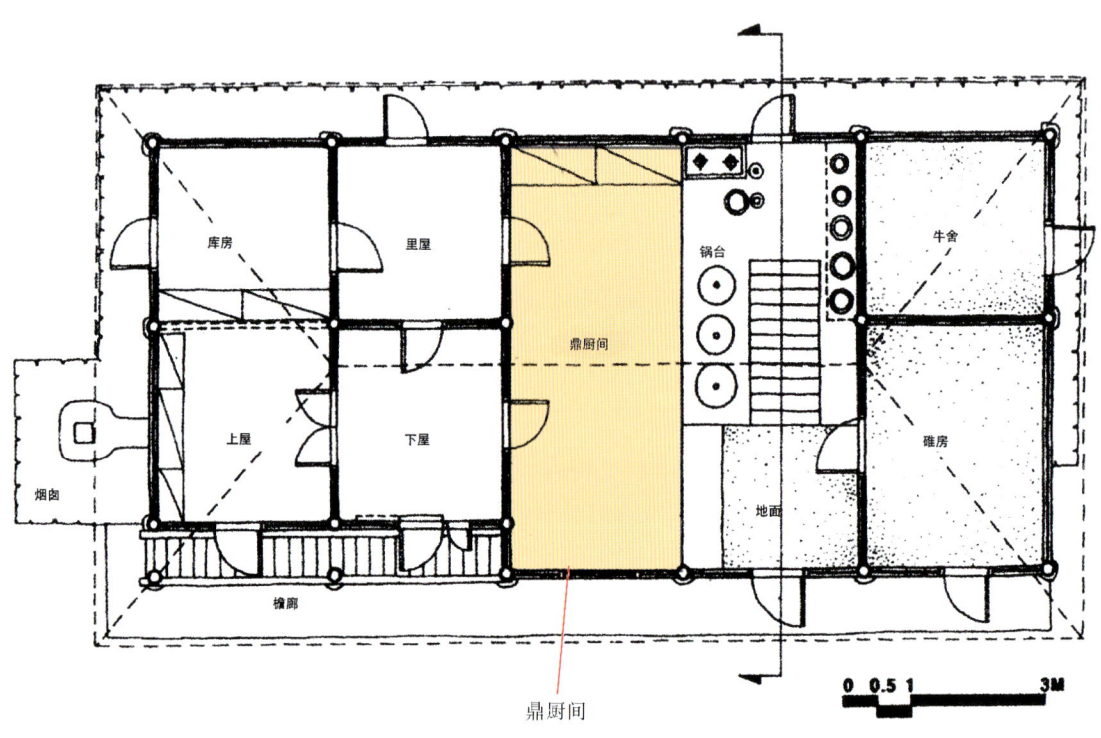

图二　朝鲜族鼎厨间位置图

图三　朝鲜族鼎厨间效果图

朝鲜族里屋

图一　朝鲜族里屋主图

在朝鲜族传统双排式房屋结构当中，临近鼎厨间后部的第一个房间叫里屋。里屋是妇女居住的空间，通常家庭主妇住在此房间。有时让结婚不久的儿子和儿媳妇居住，有时让未婚年轻女子居住，也称"闺房"。过去，上流阶层宅邸，由多个住宅组成，按照"男女有别"的传统观念，分成户主居住空间和家庭主妇居住空间。这样，把家庭主妇居住的住宅称为"里宅"。

里屋的结构和大小和其他房间基本相似，但功能和摆设有别于其他房间。里屋和鼎厨间连接在一起以间壁墙来隔开，并安装木板拉门，做家务时利用此门出入鼎厨间。在里屋外墙安装细木格门，外出时或接待客人时通过此门出入。里屋的摆设也有自己的特色，一般摆放多层欌笼、梳妆台等家具和砧板、棒槌、熨斗、针线箩、刺绣架等针线工具。里屋的用途也比较广泛，除用于就寝、就餐以外，还用作刺绣、缝补和整理衣物的空间。另外，也利用此房间接待女主妇的亲朋好友，喝茶、交谈等。

里屋是以儒教思想为基础的传统观念的产物，成为朝鲜族妇女特定的生活空间。里屋布局特殊、用途广泛，从侧面体现了由来已久的朝鲜族"男女有别""长幼有序"的传统意识。可以说是历史性、传统性、文化性比较突出的设计案例之一。

图片来源
图一　延边博物馆
图二至图三　董海英　制图

图二　朝鲜族里屋效果图

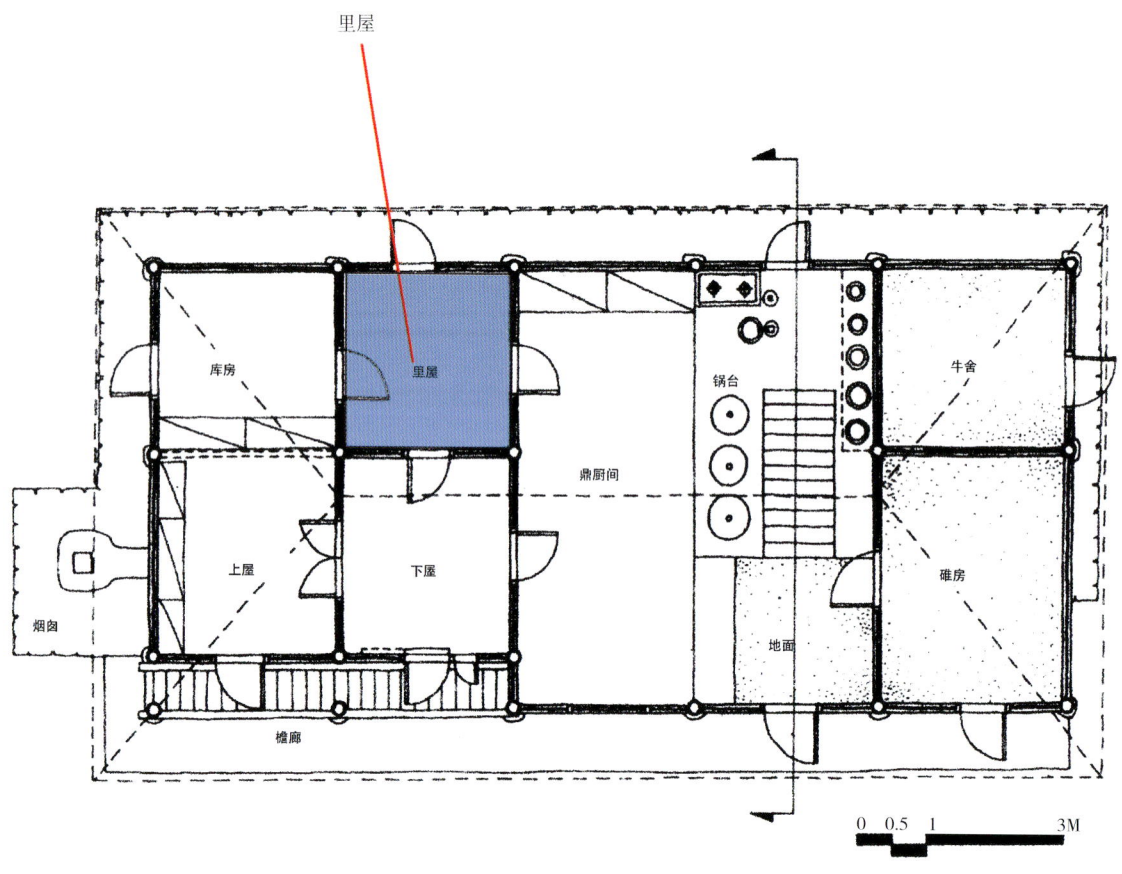

图三　朝鲜族里屋位置图

朝鲜族檐廊

图一　朝鲜族檐廊主图

檐廊是朝鲜族传统住宅的一个组成部分，即环绕房屋四周而筑或在房前面紧贴墙根而筑的台子，其上面为伸出的房檐所遮住。中国朝鲜族传统房屋主要采用房前檐廊结构，通常见于带有鼎厨间的双排房屋。朝鲜族传统房屋檐廊结构出现于朝鲜李氏王朝时期，一直沿用到20世纪中期。

檐廊的格局和大小，按照地域有所不同。朝鲜半岛南部的檐廊结构宽敞，北部的檐廊结构狭窄，这与当地的气候有着密切的关系。北方秋冬季节气候寒冷，宽敞的檐廊不适合日常生活。中国朝鲜族传统房屋的檐廊采用了狭窄式结构，其规格为高出地面30厘米，宽约50厘米，长度为5—10米。这种檐廊通常用木板搭成，或有夯土台式和石头台式等。檐廊是房间之间的连接台子，又是房间生活往外延伸的平台，便于房屋的进出。檐廊功能多样，有时用作孩子们玩耍的平台，有时用作大人们编织生活物品的场所，有时用作夏天乘凉之所。另外，过去在朝鲜族传统生活中存在"男女有别"的习俗，男人们只能通过檐廊进出上屋或下屋。

带有檐廊结构的传统住宅适合当地的气候条件和日常生活习惯，所以较长时期应用于住宅的附属设施。可以说是历史悠久、功能多样，富有文化内涵和研究价值的设计案例之一。

图片来源
图一　延边博物馆
图二至图四　董海英　制图

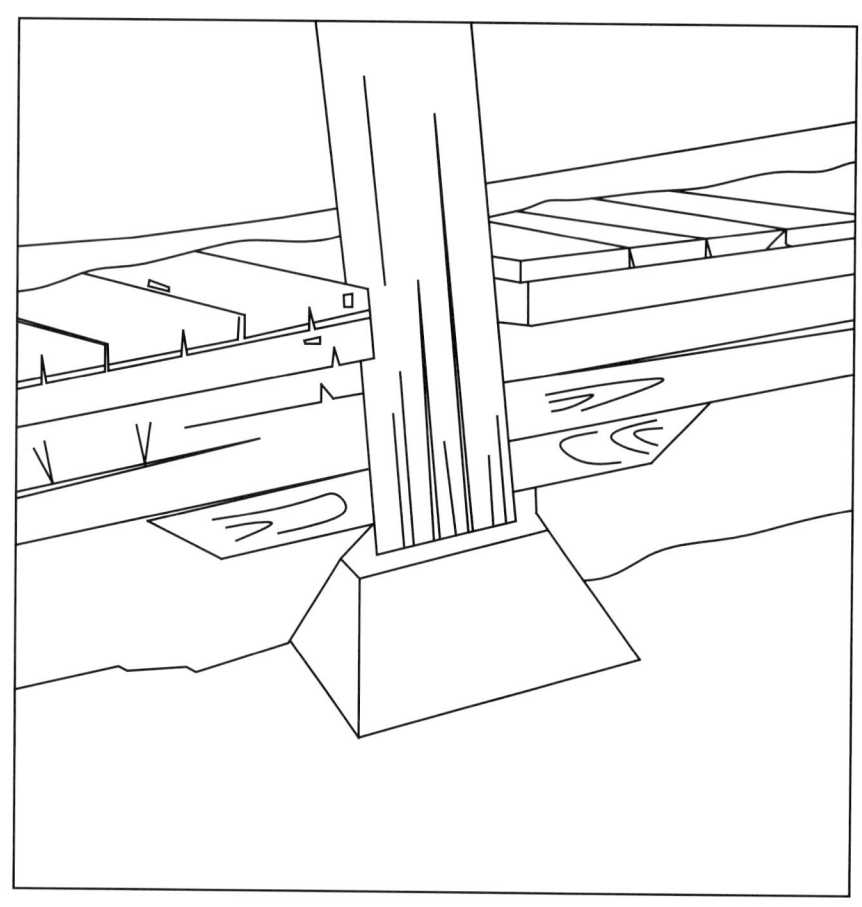

图二　朝鲜族檐廊局部示意图

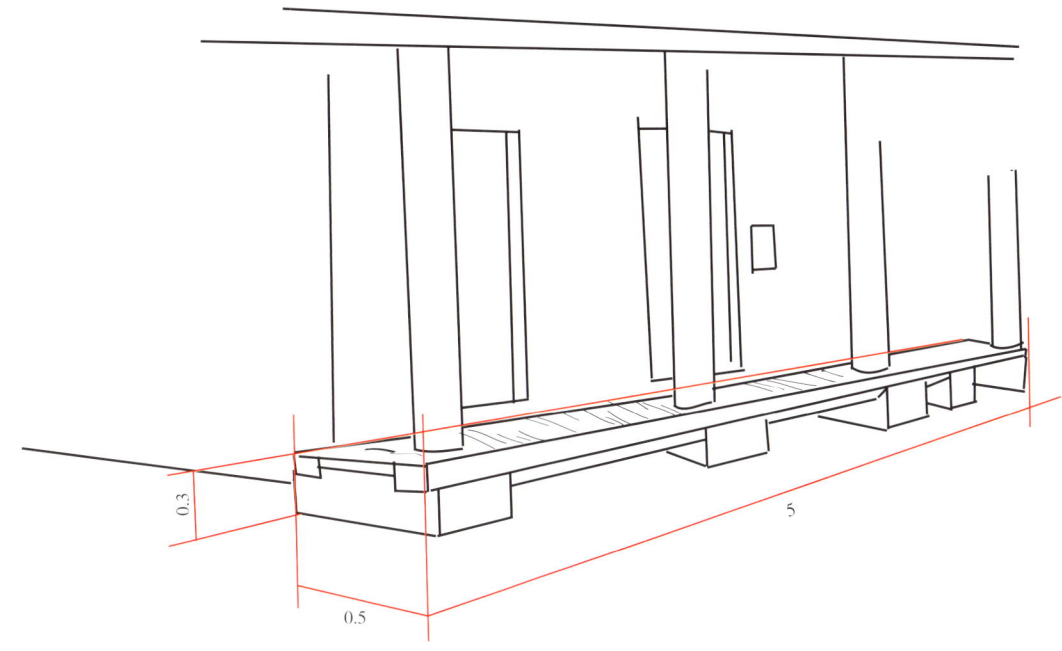

图三　朝鲜族檐廊尺寸分析图（单位：m）

图四　朝鲜族檐廊效果图

第二章 朝鲜族传统服饰

朝鲜族黑笠

图一　朝鲜族黑笠主图

　　黑笠是朝鲜族传统的男子冠帽。黑笠的历史比较悠久，早在朝鲜三国时期的高句丽和新罗就使用了类似于黑笠的冠帽。朝鲜高丽王朝末期（1367年）废弃原有笠制，重定君臣百姓衣冠规制。按照此规制正三品以下官吏戴不同顶子装饰的黑笠。到了朝鲜李氏王朝时期其款式和功能基本定型。黑笠由截尖圆锥形笠顶、环形笠檐和细长笠带组成。到20世纪初变成短顶窄檐型，平民也可戴用。20世纪初以后，黑笠失去了从前的身份意义，普通百姓也随时戴用，20世纪50年代后逐渐在民间消失。

　　黑笠的主要材质为马尾、马鬃或竹子等。由截尖圆锥形笠顶、环形的笠檐和细长的笠带组成，笠檐比较宽广，笠顶较高，用于遮阳护发。黑笠有方笠形和平凉子形。方笠形是最为早期的帽子，其帽筒边和帽檐没有明显的区分，从帽顶到帽沿呈斜线。平凉子形是后来采用的款式，帽筒和帽檐有着明显的区分，黑笠就是其中的典型冠帽。通常的黑笠规格为帽顶直径12.1厘米，下檐直径28.3厘米，高13厘米。因帽檐很宽，可以遮挡阳光，也可遮雨。过去，黑笠是代表身份的一种标志，通常是两班阶层的成年男子外出时戴用。

　　黑笠是朝鲜族传统服饰的重要组成部

分，是朝鲜族传统生活文化中比较特殊的设计案例之一。黑笠是朝鲜族古老的马鬃工艺的具体表现。它不仅设计精密、制作精巧，而且饱含着浓厚的文化内涵和审美意识，为研究朝鲜族传统服饰文化提供了具有历史和科学价值的可靠依据。

图片来源
图一　延边博物馆
图二至图三　张瑞　制图
图四　湛欢　制图
图五　董海英　制图

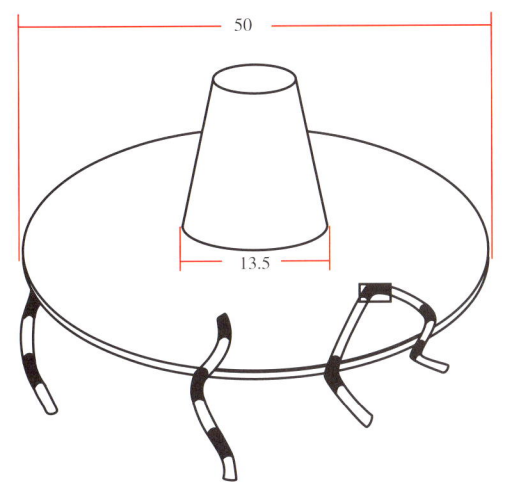

图二　朝鲜族黑笠尺寸分析图（单位：cm）

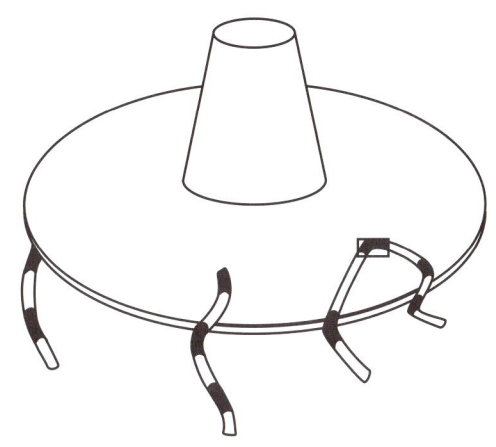

图三　朝鲜族黑笠结构分析图

图四　朝鲜族黑笠穿戴示意图

图五　朝鲜族黑笠穿戴效果图

朝鲜族程子冠

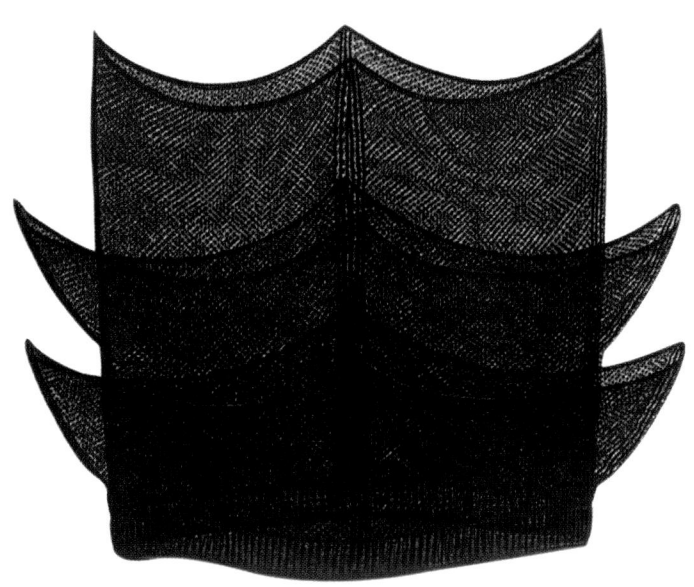

图一　朝鲜族程子冠

程子冠是朝鲜族传统的儒生帽。在中国宋朝时期有方山巾，相传理学家程颐、程颢常戴这种巾，后来称此冠巾为程子巾、程子冠。朝鲜李氏王朝后期，按照中国的方山巾创制了款式独特的程子冠，士大夫和儒生阶层通常在院内或屋内活动时戴用此冠帽。19世纪中叶大批朝鲜族迁入到中国东北后，不少儒生和学者仍然戴用此冠帽，是显示学者风范的标志。

程子冠的材质主要是黑马尾、马鬃，因整体呈方形，所以也称"方巾"。从外形上看，程子冠无帽顶，帽上缘有4个向上的三角形，呈山字。有单重、双重、三重，重数越多表示学位越高。朝鲜李氏王朝时期制定了严密的衣冠制度，所穿戴的衣服和冠帽都有阶层和身份的规定。当时，儒教思想广为推广，士大夫阶层竭力推行显耀儒学风范的穿戴风格。这样，像程子冠那样的冠帽普遍流行于上流阶层。戴用程子冠时一般身穿道袍、氅衣、长袍等，显示出庄重、威严、深沉的格调。程子冠是朝鲜族古老的马鬃工艺的具体表现。这种马鬃工艺品，其色彩自然，物体轻便，因为用细马鬃、马尾编织，有一定的通风效果，戴起来有凉爽的感觉。

程子冠是款式庄重、形态独特、技艺高超的设计案例之一。通过此物能够领略朝鲜族传统的冠戴风俗，对研究传统的装饰品制作工艺，具有较高的艺术价值和文化价值。

图片来源
图一　延边博物馆
图二至图四　宋萍　制图

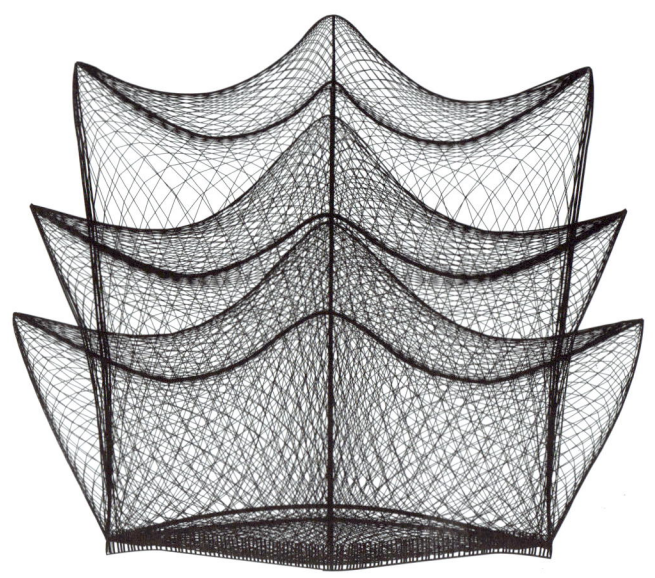

图二　朝鲜族程子冠效果图

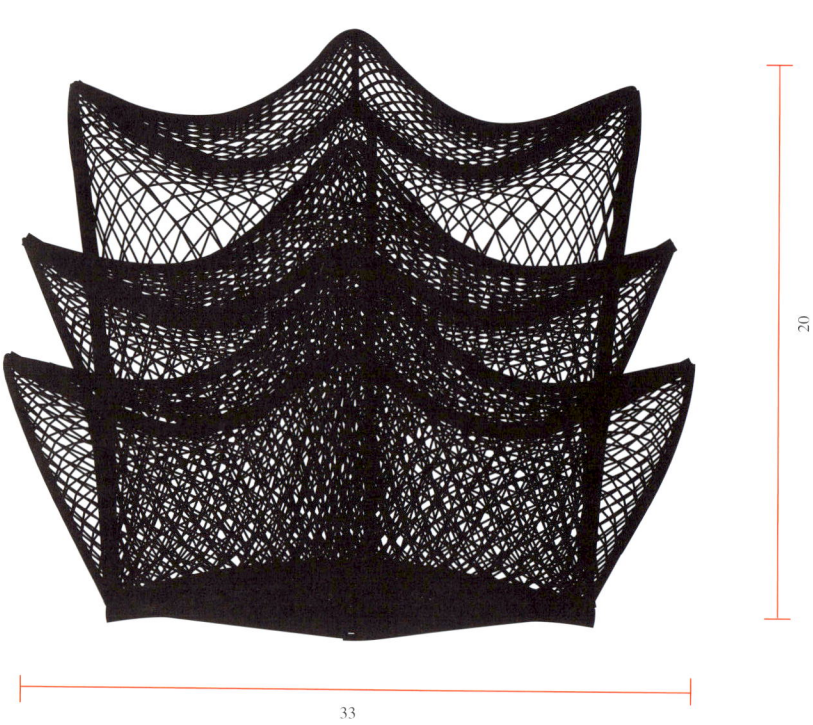

图三　朝鲜族程子冠尺寸分析图（单位：cm）

图四　朝鲜族程子冠穿戴示意图

第二章　朝鲜族传统服饰

朝鲜族幅巾

图一　朝鲜族幅巾主图

　　幅巾是朝鲜族传统的男子冠巾之一。幅巾原是中国后汉至唐宋时期流行的道人和儒生戴用的冠帽，后来传入朝鲜，流行于士大夫和儒生阶层。幅巾的历史悠久，它的发明和儒学的传播紧密相连，据史料记载出现于朝鲜李氏王朝初期。当时儒学占据主导地位，在服饰穿着方面出现了塑造儒者或儒生形象的装束潮流。幅巾就是其中之一。朝鲜李氏王朝末期，成为富裕人家的未婚男子和儿童的礼帽，如今成为男孩子抓周时必戴的礼帽。当初幅巾就是专给儒生设计的冠巾。后来演变成如今的男孩子在抓周仪礼或喜庆节日时戴的礼仪头装。

标准的幅巾材质是黑色为主调的绸缎，其形状，头顶部圆润稍尖，冠巾后摆宽大下垂，两边上部有两条对称的飘带，能够系结在后脑部位。起初的幅巾有冬夏之分。冬季用的幅巾采用较厚的绸缎布料，夏季用的幅巾一般采用较薄的绸纱。后来幅巾主要使用于男孩的礼仪头装，从此不分季节采用厚度适中的绸缎缝制幅巾。到了近现代幅巾的颜色趋于多种多样，除了黑色以外，还有深蓝色或绿色、粉红色等，另外为了增添冠巾的艺术效果，有的幅巾在额部缝钉小巧玲珑的漂亮装饰物，有的幅巾又采用金箔烫印方法，在幅巾的额部、边缘、后脑部、飘带等印制富贵、寿福康宁、昌盛、寿、福、卐等文字图案，以此来祝福孩子的幸福和健康成长。因幅与福同音，故具有福气之意。其规格，长66厘米，宽28厘米。如今幅巾也发展为带有时代气息的崭新款式，成为在抓周礼仪或喜庆节日必不可少的男孩头装。

幅巾是朝鲜族传统生活文化中比较特殊的设计案例，它不仅反映了在朝鲜族意识形态中比较牢固的儒学文化，而且通过幅巾这一头装体现了对子孙后代的极大期望和厚爱。进入当代幅巾仍经久不衰，对研究朝鲜族审美意识、文化和艺术提供可靠了参考依据。

图片来源
  图一 延边博物馆
  图二至图六 董海英 制图

图二 朝鲜族幅巾视图分析图

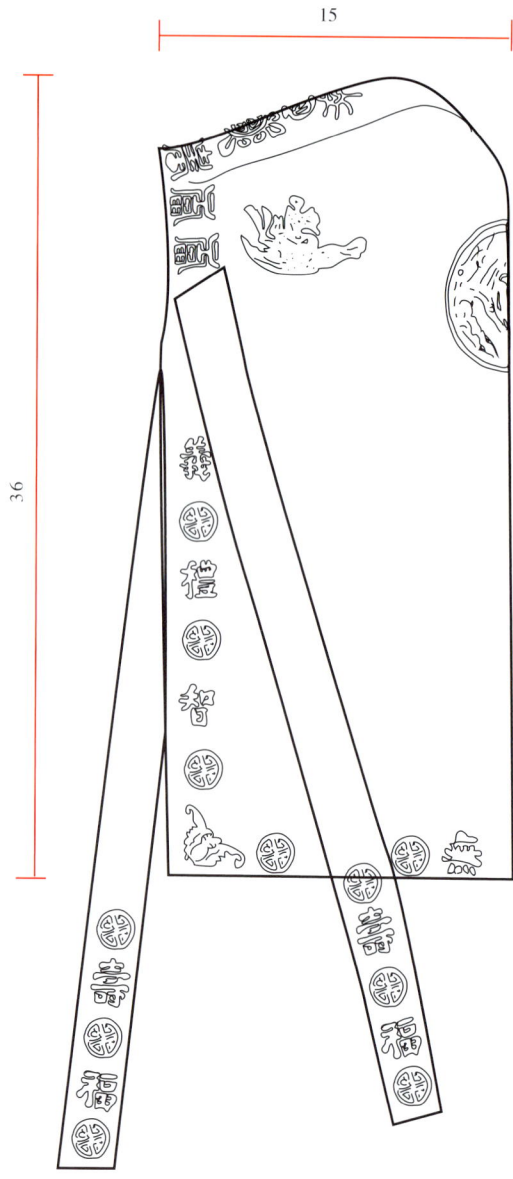

图三　朝鲜族幅巾尺寸分析图（单位：cm）

图四　朝鲜族幅巾图案分析图

正面

图五　朝鲜族幅巾穿戴示意图1

侧面

背面

图六　朝鲜族幅巾穿戴示意图2

第二章　朝鲜族传统服饰

053

朝鲜族簇头里

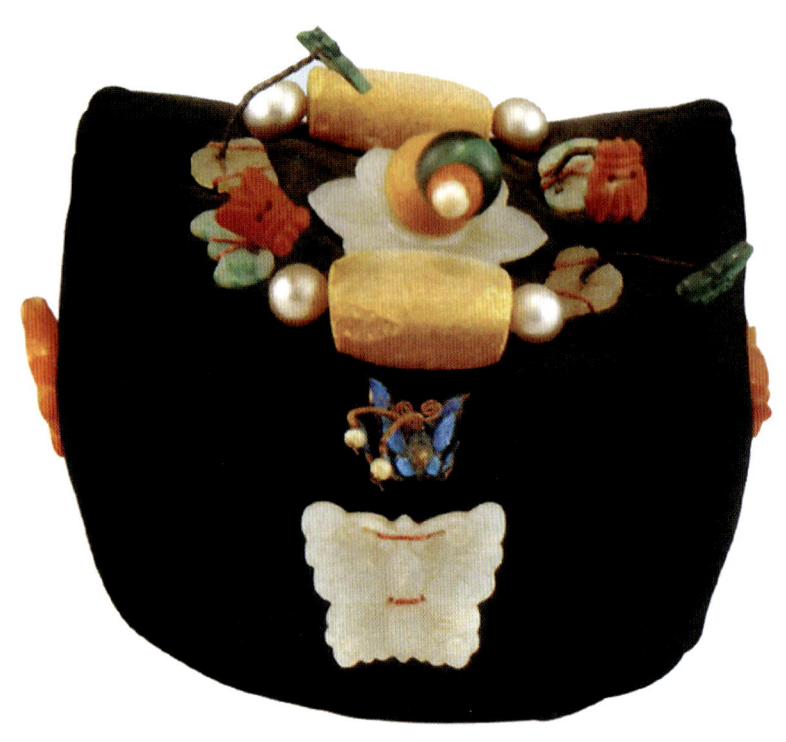

图一　朝鲜族簇头里主图

　　簇头里是朝鲜王朝时期在举行典礼时妇女戴用的冠，又称簇冠。高句丽时期的壁画墓中，就有头戴类似于簇头里的女子形象。据《林下笔记》等史料记载，17世纪已出现簇头里，其面料为黑色绸缎，里子为紫色布料，里面空洞，戴在女子的头顶上。到了18世纪，女子的头饰方式有了改观，从发髻结在头顶的装扮，改变为发髻结在后脑插簪子的头饰。这样适合于头戴簇头里，簇头里从此在民间广为传播。

　　簇头里是朝鲜族妇女的比较华丽的头部装饰物，起初主要用于宫中典礼仪式，到了朝鲜王朝末期，允许庶民阶层在举行婚礼时使用。后来普及于民间，专门用作婚礼的女子礼帽。簇头里的形状有正方形和长方形，正方形居多。一般采用黑色绸缎为面料，在里面先垫上厚纸和棉花，然后缝补紫色或其他深色的布料做里子，成形于稍微硬实的冠子。为了增添冠子的华丽效果，冠子顶部添加了七宝、颤簪等装饰品。其规格为高8厘米，上宽11厘米，直径9.5厘米。

　　簇头里在朝鲜族传统的仪礼文化中，具有举足轻重的位置。在朝鲜族传统婚礼中，新娘身穿大襕裙子（宫廷礼服），圆衫或阔衣，头戴簇头里，显示出华丽、大气、亮丽的艺术效果。如果没有簇头里的点缀效应，身穿的华丽服饰就有美中不足的感觉。因此，簇头里虽小，但具有很重要的陪衬效果，使整个服饰装扮更为和谐、庄重。簇头里对研究朝鲜族传统仪礼习俗，了解传统的装饰品制作工艺，具有较高的艺术价值和文化价值。

图片来源
图一　延边博物馆
图二至图六　王宏利　制图

图二　朝鲜族簇头里视图分析图

第二章　朝鲜族传统服饰

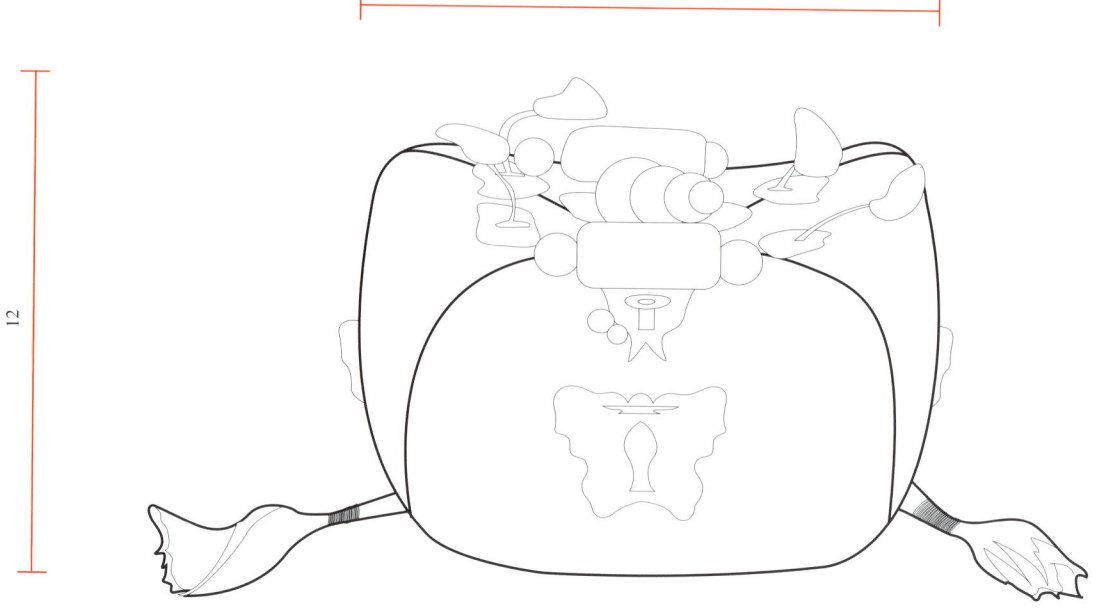

图三　朝鲜族簇头里尺寸分析图（单位：cm）

	材质	装饰物
案例	棉花	珍珠　玉佩

图四　朝鲜族簇头里材质分析图

图五　朝鲜族簇头里佩戴示意图

图六　朝鲜族簇头里佩戴效果图

第二章　朝鲜族传统服饰

朝鲜族风遮

图一　朝鲜族风遮主图

风遮是妇女御寒用的风帽，又称"胡耳掩"，很适合于中国东北寒冷地带的外出生活。流行于20世纪50年代以前。风遮，其形状很独特，按照人体头部御寒的要求设计而成。戴上风遮可以遮掩额头、后头、后颈以及侧脸、耳朵，可以说是很完美的一种防寒帽。

从整体上分析风遮的形状，就是无顶，由前额和后摆组成，后摆很长，经两耳、颈，直垂到后背上部。后摆边缘镶有黑色毛皮，两耳部位垫有白色兔子皮，毛皮外边缝有蓝色绸布耳套。下摆近颈部位两侧系布帽带，帽带由花花绿绿的布条打结而成，带下垂有紫色穗子。其规格为总长35厘米。在材质上，采用民间普遍流行的绸布。里为浅绿色的柔软布料，面为带有花草纹饰的紫色绸布，在边缘处镶有2厘米宽的黑色毛皮。在色彩搭配上比较合理，具有温馨的感官效果。因风遮为冬天专用的防寒帽，在质感上必须考虑对皮肤的温柔性。这样通过柔和、暖性材质的采用，既提高视觉上的温馨感，又提升实际使用上的暖和效果。另外，考虑了风帽额头部位空旷显眼的状况，点缀式地缝钉了小巧玲珑的紫色穗子，增添了整体的美观，又体现了朝鲜族妇女朴素而端庄的审美风格。从人体工程学上考虑，其设计比较巧妙合理，利用简单的裁剪和组合，满足了冬天人体所需要的温暖效果，给人一种一步到位的感觉。

风遮是过去朝鲜族普遍使用的御寒具，可以说是比较成功的设计案例之一。20世纪60年代以后，风遮虽然退出了朝鲜族民间的日常生活，但从中能够感悟到朝鲜族人民的智慧和审美意识，为研究朝鲜族传统生活习俗提供了有历史和艺术价值的可靠依据。

图片来源
图一　延边博物馆
图二至图五　王宏利　制图

图二　朝鲜族风遮尺寸分析图（单位：cm）

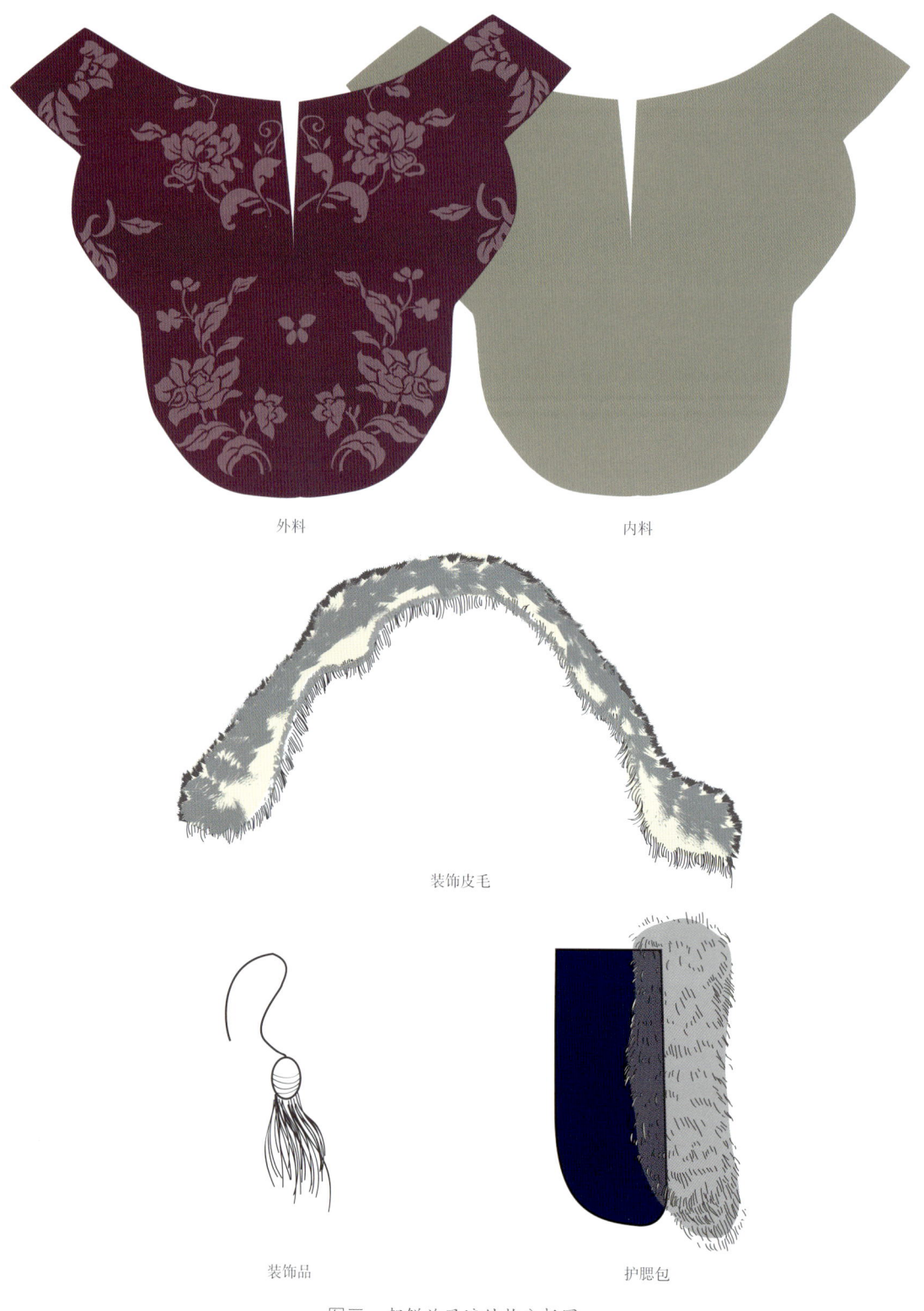

外料　　内料

装饰皮毛

装饰品　　护腮包

图三　朝鲜族风遮结构分析图

| 紫色绸布 | 紫色穗子 | 黑色毛皮 | 白色兔子皮 |

图四　朝鲜族风遮材质分析图

图五　朝鲜族风遮穿戴示意图

朝鲜族短衣

图一　朝鲜族短衣主图

短衣是朝鲜族传统上袄，朝鲜语称"则羔里"。古代称"襦""复衫""尉解"。起初衣长到臀部，无飘带、纽扣，系大腰带，领襟区分不明显，裾和袖口的边缘镶有与衣服面色不同的边。后来衣裾变短，由臀部缩短到胸下部；以飘带取代腰带；用白色布条饰领边，领和襟有明显区别。到了朝鲜李氏王朝末期，短衣仅长至腋下且刚好遮住胸部，衣领缝补白色的领边。

短衣由五个部分组成，分别是衣片、领、襟、飘带、袖。它继承了汉服系统的右衽和襈（衣缘），发扬了明朝袄裙的白色半襟和衿。为扣好短上衣，在里外襟处钉有两条细带，并在右胸前打一个漂亮的结，起纽扣和装饰作用。长带垂落在长裙前面，自然优美。传统短衣由手工缝制，针脚细密。平放时肩和袖成直线。其规格总宽147厘米，衣长33.9厘米。传统短衣为斜领，领子边缘镶白窄边，可随时拆洗，保持干净。鱼肚形长袖，袖口较窄，右衽，短裾，下摆呈弧形。短衣当中有回装，就是在领口、袖口、飘带、腋下镶与面料不同颜色的布条，紫色居多。回装短衣按照镶边的形态有半回装和三回装。

短衣的平面性把其美德需求转移到表面，集中表现了朝鲜族艺术最大的特征，即线条之美。

图片来源
图一　延边博物馆
图二至图四　谌欢　制图
图五　张瑞　宋萍　制图
图六　佟依明　制图
图七　董海英　制图
图八　姜震　制图

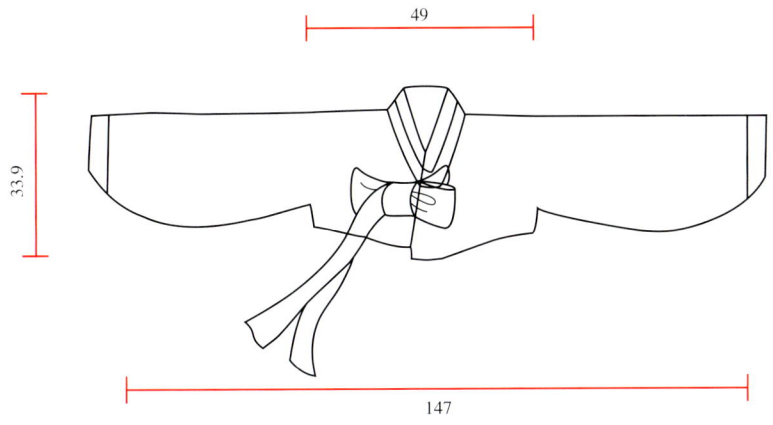

图二　朝鲜族短衣尺寸分析图（单位：cm）

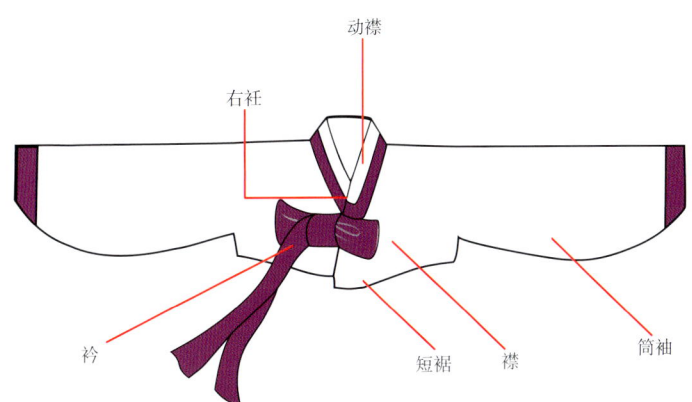

图三　朝鲜族短衣结构分析图

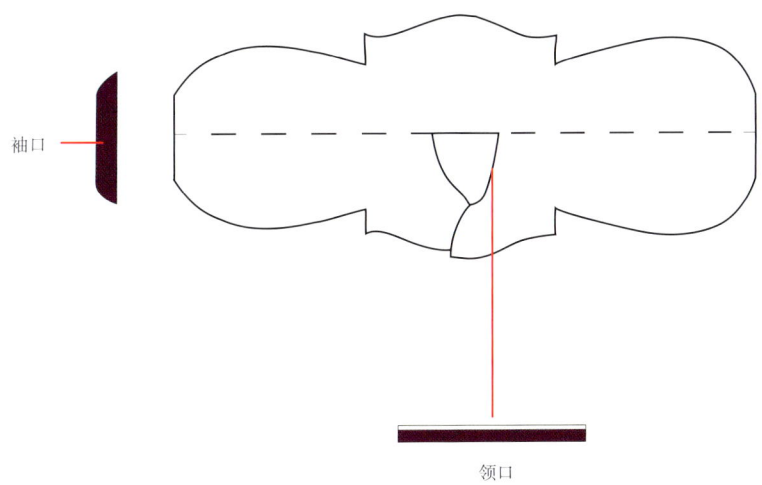

图四　朝鲜族短衣开片图

图五 朝鲜族短衣纹饰分析图

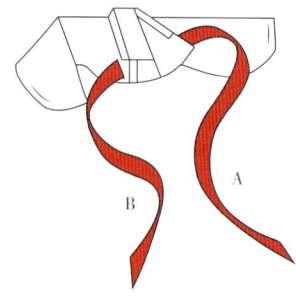  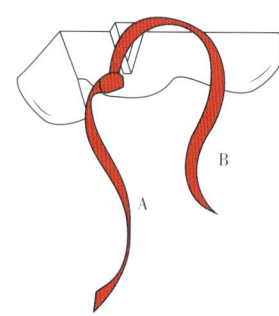

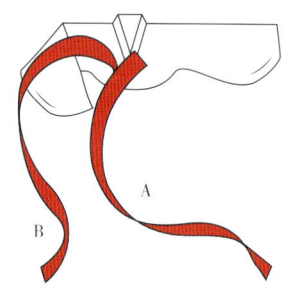 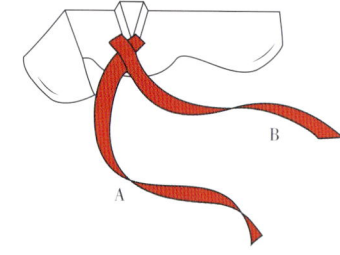 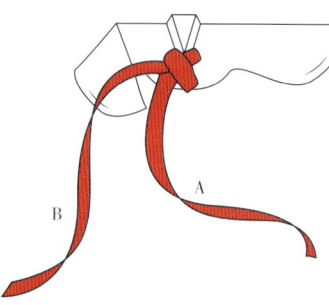

图六 朝鲜族短衣衣带操作示意图

图七　朝鲜族短衣穿着示意图

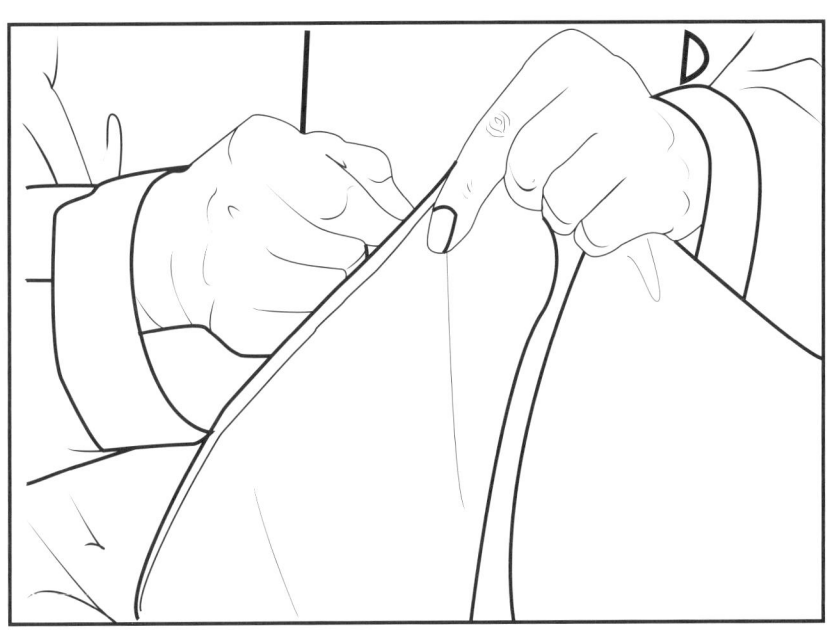

图八　朝鲜族短衣制作工艺图

朝鲜族三回装则高里

图一　朝鲜族三回装则高里主图

三回装则高里是朝鲜族典型的传统女上衣。是朝鲜李氏王朝时期上流阶层妇女在喜庆日子穿的礼服之一，也是当代朝鲜族妇女喜穿的节日盛装。所谓的回装就是在"则高里"的特定部位镶边，使衣服更为美观。古时候主要是上流阶层妇女穿用，后来普及到民间平民阶层，既是节日和喜庆之日的礼服，又是生下儿子所收的馈赠衣物。从前民间比较重视生男孩，因此以三回装则高里作为生育男孩的嘉奖。到了当代，三回装则高里的原有寓意逐渐淡化，成为一种民间服装的装饰手段。

回装的方式大体上有两种，一种是袖口和领边，领边和飘带，袖口、领边、飘带等部位镶边的方式叫半回装；另一种是三回装。三回装则高里就是上衣的领口、袖口、腋下、飘带等部位均有紫色或蓝色布装饰，采用的面料为绸缎，里料为棉布。从形状上看肩部和袖子呈平行一条线，袖口窄，从腋下到袖口的部位呈鱼肚型。另外，斜领、短襟是朝鲜族妇女上衣的一大特点，整个衣服没有扣子，用飘带系结固定。袖口和领、飘带上面用金箔印"寿、福"字样或绣一些吉祥、漂亮的花纹。规格为背长20厘米，袖长36厘米，胸宽31厘米。

三回装则高里可以说是很有创意的设计案例之一。三回装则高里目前仍然流行于民间，在设计理念和款式、装饰上有了现代质感的突破，使服装更为华丽鲜艳。从中能够感悟到朝鲜族人民的智慧和审美意识，为研究朝鲜族传统生活习俗提供了有历史和艺术价值的可靠依据。

图片来源
图一　延边博物馆
图二至图四　董海英　制图

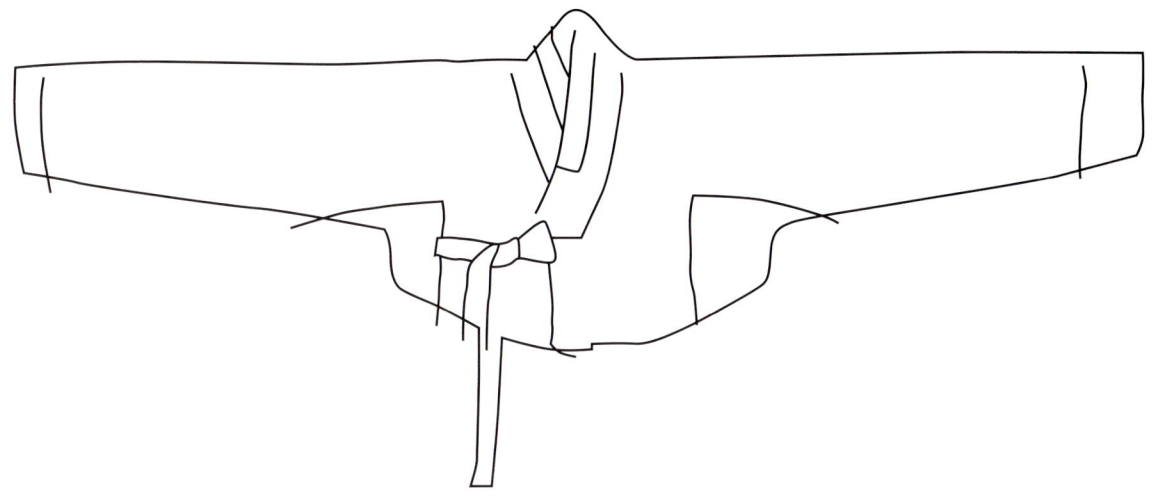

图二 朝鲜族三回装则高里视图分析图

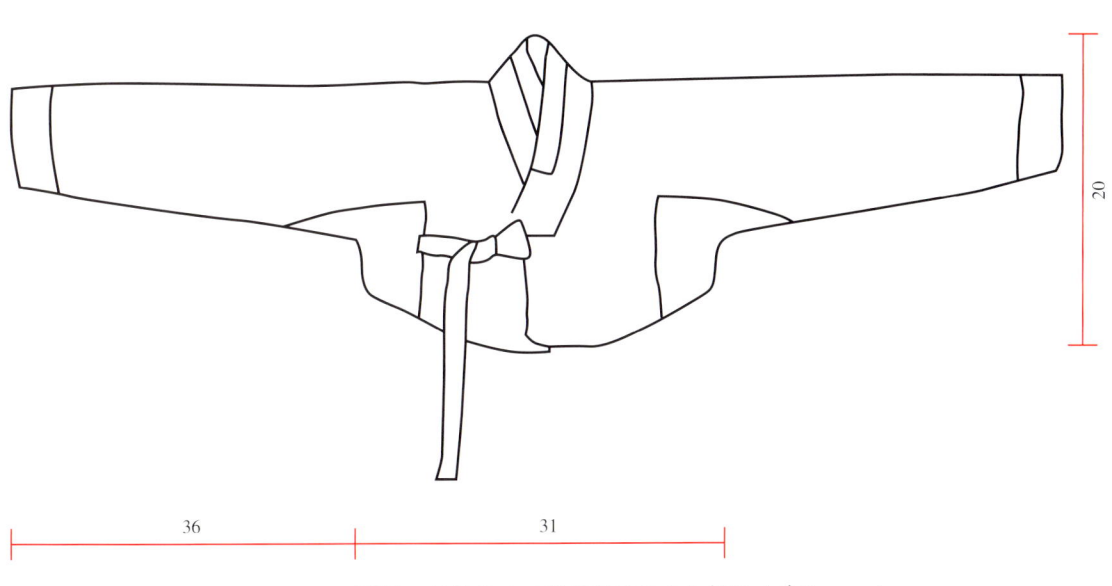

图三 朝鲜族三回装则高里尺寸分析图(单位:cm)

第二章 朝鲜族传统服饰

067

图四　朝鲜族三回装则高里穿着示意图

朝鲜族七彩缎则高里

图一　朝鲜族七彩缎则高里（男）主图

七彩缎则高里是朝鲜族传统的儿童上衣。朝鲜族服饰采用七彩的历史比较久远，朝鲜李氏王朝时期已普遍使用七彩。关于七彩的渊源有几种说法：第一，大自然的恩赐，就是来自于雨后彩虹；第二，来自于阴阳五行学中的五方色；第三，来自于朝鲜族勤俭节约的生活智慧。从前朝鲜族妇女们缝制衣服时把多余的各种颜色布料保存起来，给孩子做一套带有七彩装饰的新衣。七彩是大自然万物和谐的体现，又是朝鲜族人民审美取向的突出表现。

七彩缎则高里款式为斜领、右衽、宽袖，前襟两侧各钉有一飘带，男孩则高里比女孩则糕里衣裾长一些。面料以丝、绸、缎面料为主。颜色为衣袖用红、白、黄、绿、蓝、紫、粉红等7种颜色的彩缎条，衣身为绿色或黄、粉红、乳白色。在领、飘带、袖口镶"回装"用金箔印花纹或刺绣。七彩缎则高里色彩斑斓，如彩虹般十分漂亮，意在让儿童幸福美丽，使孩子们显得更加聪慧可爱。朝鲜族人们一向认为七彩虹是光明和美丽的象征，因此，很喜欢用七色绸缎给儿童做衣服。如今，七彩缎则高里成为小孩的抓周礼服。抓周时，女孩身穿七色缎子上衣、红色长裙，头戴童帽，腰系周带，脚穿布袜。男孩下穿青、紫色或灰色裤子，上穿粉红色或七色缎上衣，外穿七色缎周衣或坎肩，再套烫印金箔的战服，头戴福巾，脚穿布袜子。此装束均无扣，只系带。

七彩缎则高里色彩搭配鲜艳、款式造型

完美，意在让孩子快乐幸福，同时从色彩设计心理学的角度体现鲜活明亮的视觉效果，这正符合孩子们的审美特点，也蕴含了朝鲜族传统的阴阳五行思想，具有深奥的文化内涵和艺术想象力。

图片来源

图一至图二　延边博物馆

图三至图五　佟依明　制图

图六　宋萍　制图

图七　姜震　宋萍　制图

图二　朝鲜族七彩缎则高里（女）

图三　朝鲜族七彩缎则高里（女）示意图

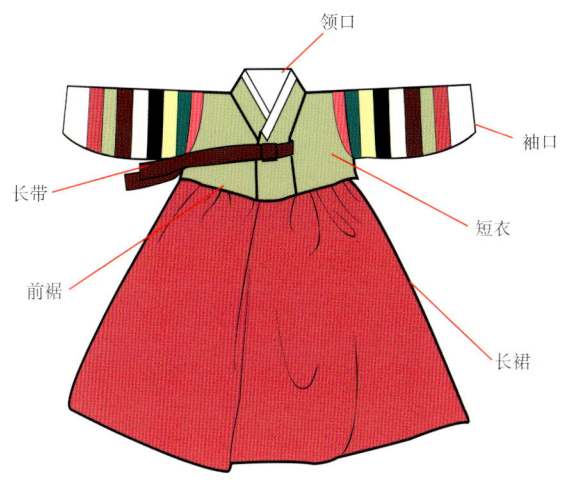

图四　朝鲜族七彩缎则高里（女）结构分析图1

图五　朝鲜族七彩缎则高里（女）结构分析图2

第二章　朝鲜族传统服饰

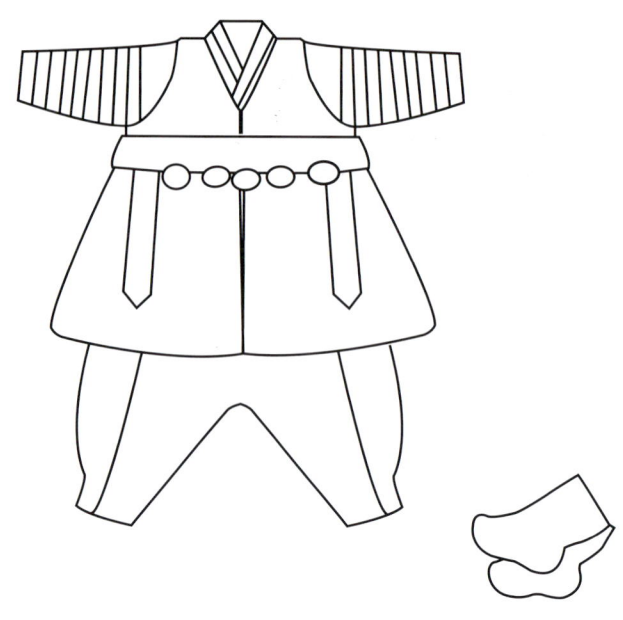

图六　朝鲜族七彩缎则高里（男）结构示意图1

图七　朝鲜族七彩缎则高里（男）结构示意图2

朝鲜族都鲁马基

图一　朝鲜族都鲁马基主图

都鲁马基是朝鲜族传统的不开叉的外衣，又称"周衣"。有关此款式外衣的记载，最早见于朝鲜李氏王朝实录，1726年的《英祖实录》里有"软蓝宫绸狭袖周衣"的记载。后来在民间士大夫和庶民阶层，把周衣当做外出时的外套服，逐渐普及于民间。当时此衣服成了朝鲜族男女老少皆喜爱的礼服。直到20世纪50年代后，才随着风衣、大衣的盛行而逐渐消失。

都鲁马基款式为直领右衽式，窄袖，腋下开约20厘米的竖口，有根，领子末端缝飘带活系在前胸，裾长到小腿部。比起道袍等古老的长袍，袖窄、裾长适当，所以便于活动。用白、灰或古铜色麻、棉、绸等布料做成。按季节分单、夹、棉三种。在过去的传统的日常生活中，都鲁马基是比较普遍的外出时的礼服。男子身穿都鲁马基，头戴黑笠，脚穿太史鞋等，显得神采奕奕，气质豪放。女子身穿都鲁马基，头戴额掩（妇女戴的防寒帽），脚穿云鞋等，显得上下装扮和谐、端庄、美丽、大方。

都鲁马基是朝鲜族传统的服饰文化中具有广泛的普及性和实用性，以及礼仪性特征的服饰之一。可以说是很有文化特色的设计案例之一。都鲁马基能够让人领略朝鲜族传统的穿着习俗和审美意识，具有很高的历史、研究、艺术价值。

图片来源
图一　延边博物馆
图二至图五　王宏利　制图

图二　朝鲜族都鲁马基视图分析图

前

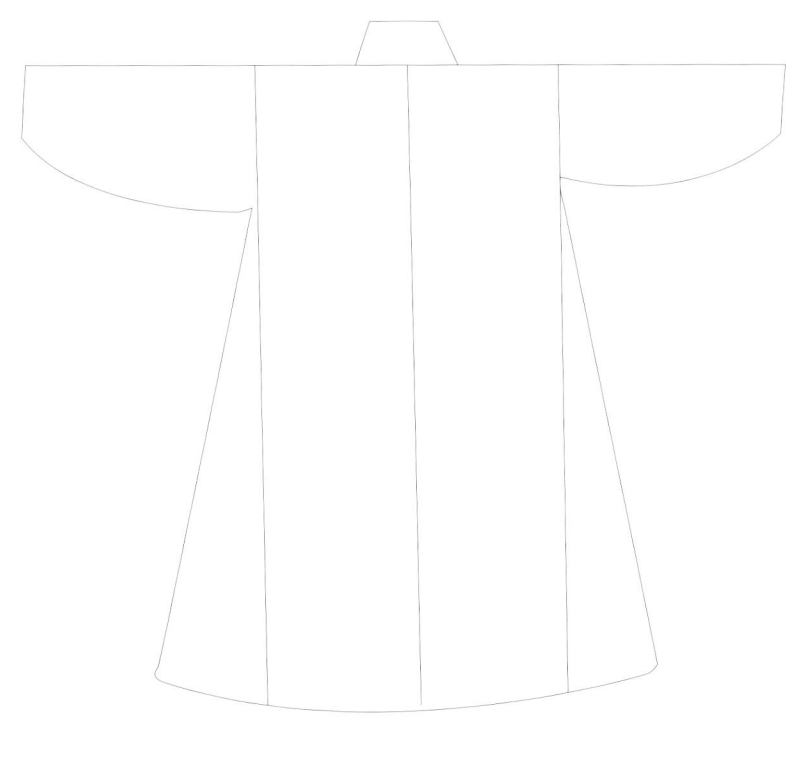

后

图三　朝鲜族都鲁马基前后结构分析图

图四　朝鲜族都鲁马基裁剪分析图

图五　朝鲜族都鲁马基穿着示意图

朝鲜族毛皮褙子

图一　朝鲜族毛皮褙子主图

毛皮褙子是朝鲜族传统的女子坎肩。中国朝鲜族当中也比较流行褙子，一直沿用到20世纪80年代。

褙子规格为：总长52厘米，胸宽41厘米。主要用于冬季的中老年保暖外衣。褙子的面料材质主要是民间普遍流行的带有花纹的绸缎，以蓝色为主要色调，也有黑色或其他浅颜色。为了提高保暖效果，里子主要采用羊毛皮，也有狸、兔子等动物毛皮。用于褙子边饰的水獭皮为我国东北地区的珍贵动物毛皮，使褙子更为协调、亮丽。毛皮褙子设计简洁，穿着方便，和里边穿的上衣色彩相和谐，使整个服饰装扮更加优雅、端庄、精美。

毛皮褙子是过去比较受重视的服饰之一，可以说是比较特殊的设计案例。它既有鲜明的地方特色，又有独特的民族风格，其中包含着一定的历史和艺术、文化价值，对于研究朝鲜族传统服饰发展史和生活习俗以及艺术理念，有着很高的参考价值。

图片来源
图一　延边博物馆
图二至图四　王宏利　制图

图二 朝鲜族毛皮褙子视图分析图

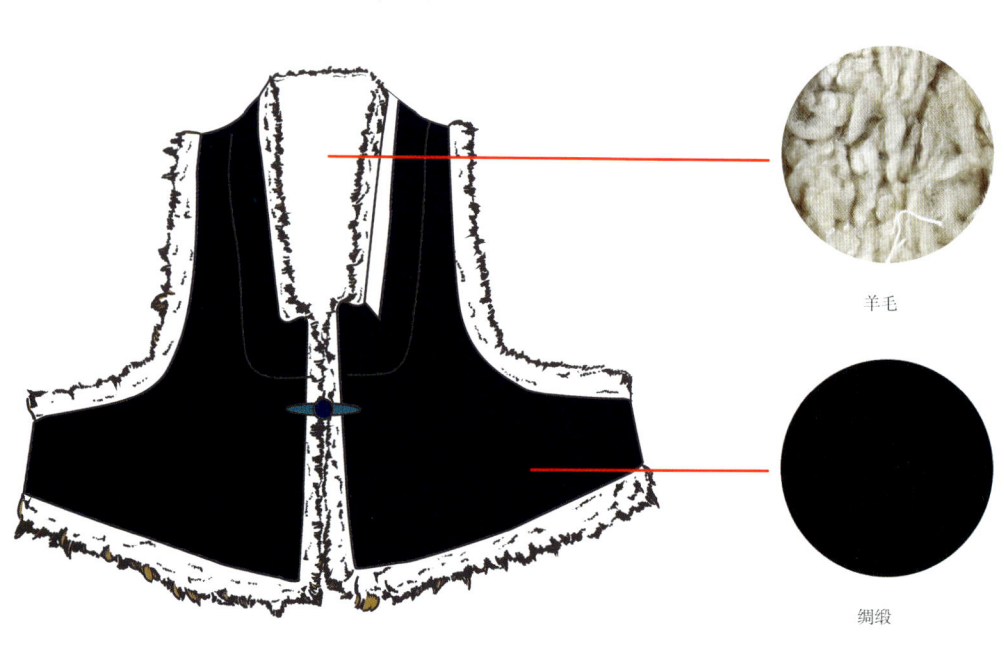

图三 朝鲜族毛皮褙子材质分析图

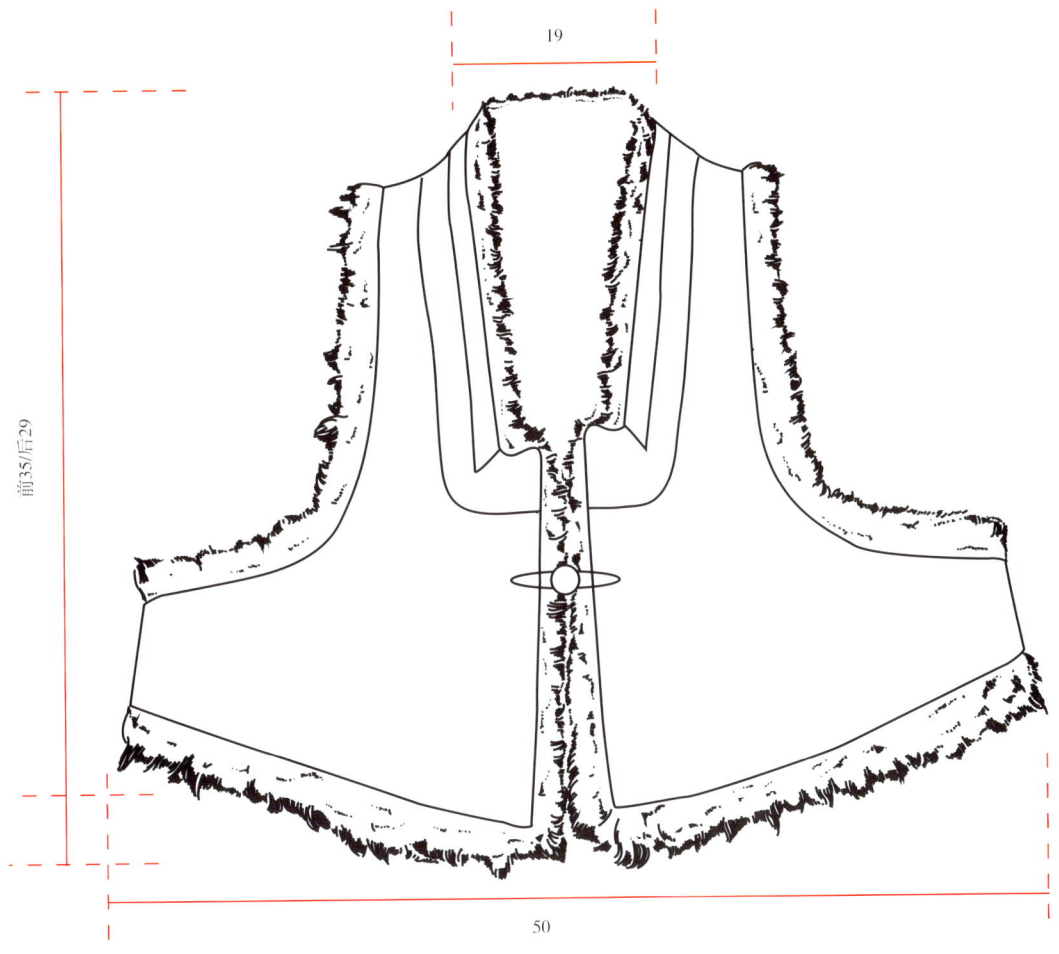

图四　朝鲜族毛皮褙子尺寸分析图（单位：cm）

朝鲜族圆衫

图一　朝鲜族圆衫主图

圆衫是朝鲜族女子婚礼服,最早出现于朝鲜三国时期的新罗。据文献记载,公元664年(新罗三十代文武王四年),新罗实行服制改革,从中国唐朝引进了阔袖服制。阔袖衣与朝鲜原有的服饰相结合,经过长时间的改进和完善成为此服。朝鲜王朝时代是王族女性、贵族女性和贵妇的正礼装,材料为绢(蚕丝),肩上、胸和背面镶有代表阶层的金箔装饰。圆衫穿在上衣和裙外面。圆衫按照面料的颜色分为黄、红、绿三种。王后穿黄圆衫,王妃穿红圆衫,公主或两班妇女穿绿圆衫。17世纪后圆衫成为平民阶层女子结婚时的礼服,一直流行到20世纪50年代。

圆衫来自汉服的长褙子。形似阔衣,圆领,领边向内,可露出内着则高里的衣领;对襟,领子末端缀扣,扣下端系2米长的胸腰带,腰后打结;袖宽长,中部镶黄、蓝、红三色彩缎,袖口上接缝长20厘米的白色汗衫;腋下开衩,前两裾,后一裾,后裾比前裾长15厘米左右。在婚礼上穿着绿圆衫,但其款式较为简单。在民间,袖口大多以彩色缎子代替烫金图案,以此与宫廷礼服相区别。规格为全长146厘米,袖长150厘米,胸围90厘米。

圆衫其款式简要、色彩匀称,既体现服

饰的庄重性，又反映向往美好幸福的吉祥寓意，可以说是历史性、艺术性、文化性特色浓厚的设计案例之一。

图片来源

图一　延边博物馆

图二至图三　宋萍　制图
图四　宋萍　姜震　制图
图五至图六　姜震　制图
图七　谌欢　制图
图八　佟依明　制图
图九　张瑞　制图

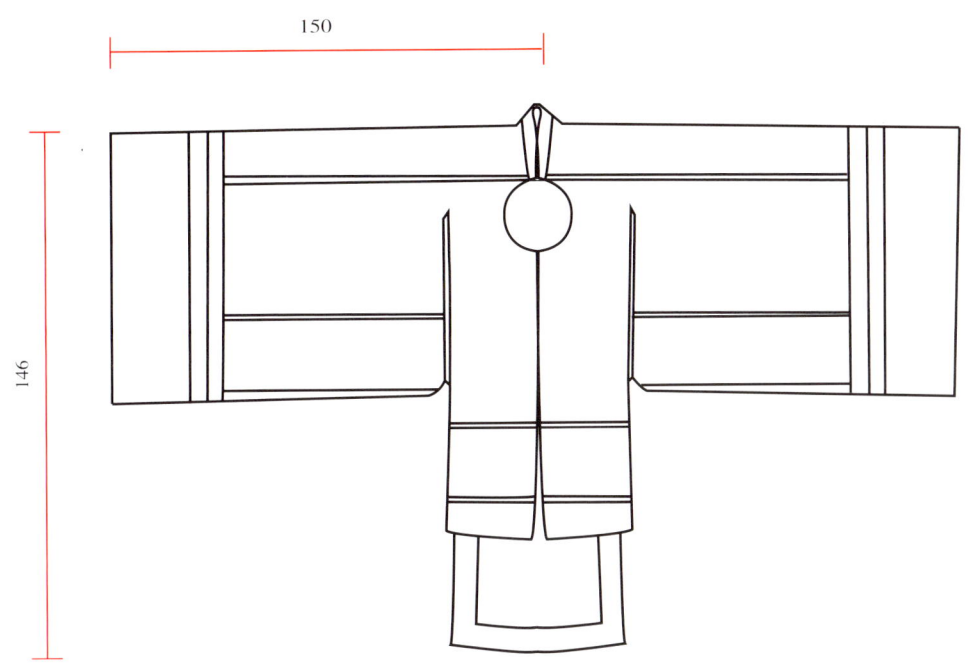

图二　朝鲜族圆衫正面尺寸分析图（单位：cm）

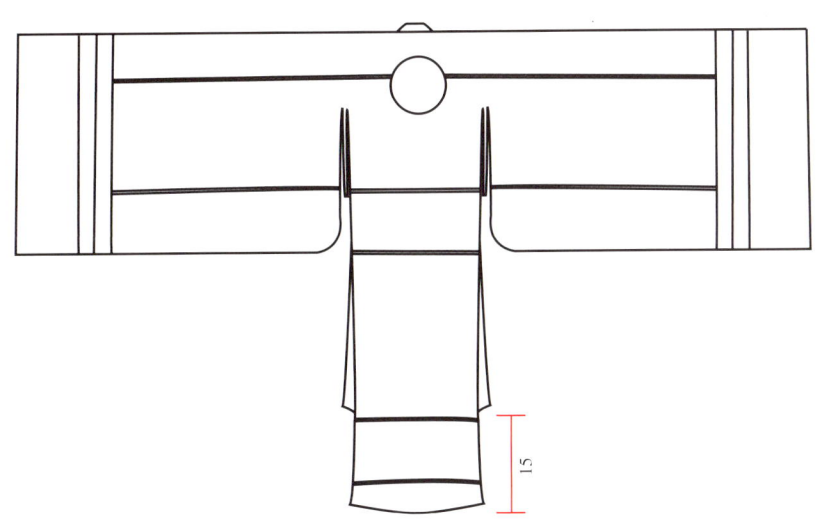

图三　朝鲜族圆衫背面尺寸分析图（单位：cm）

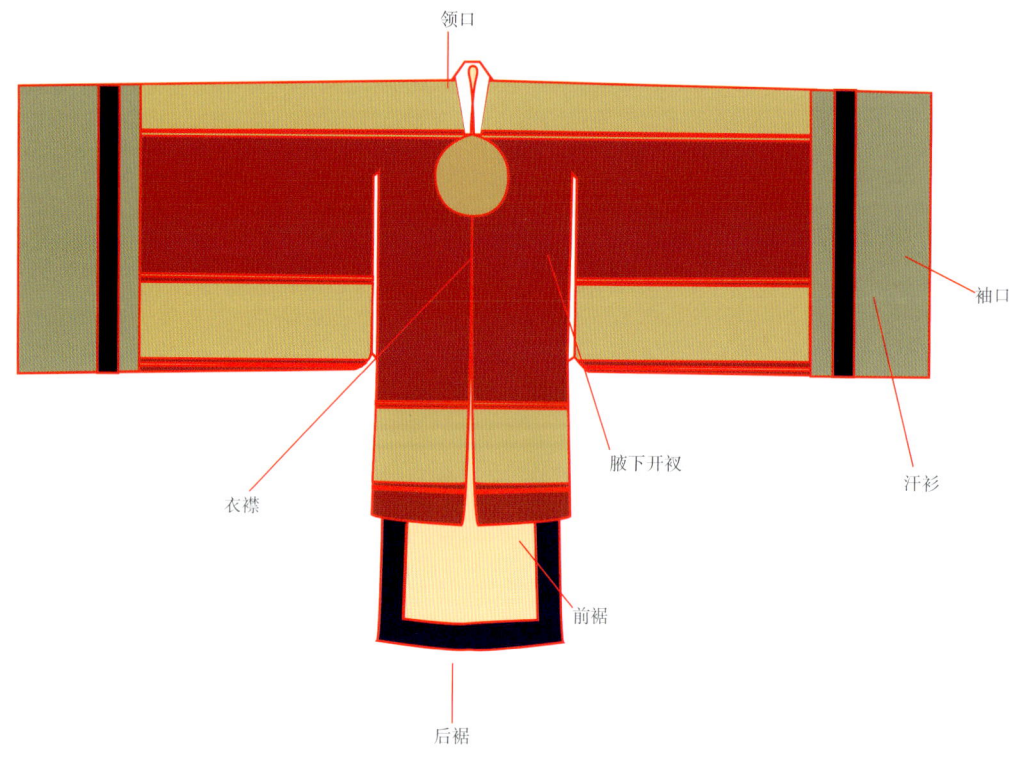

图四　朝鲜族圆衫正面结构分析图

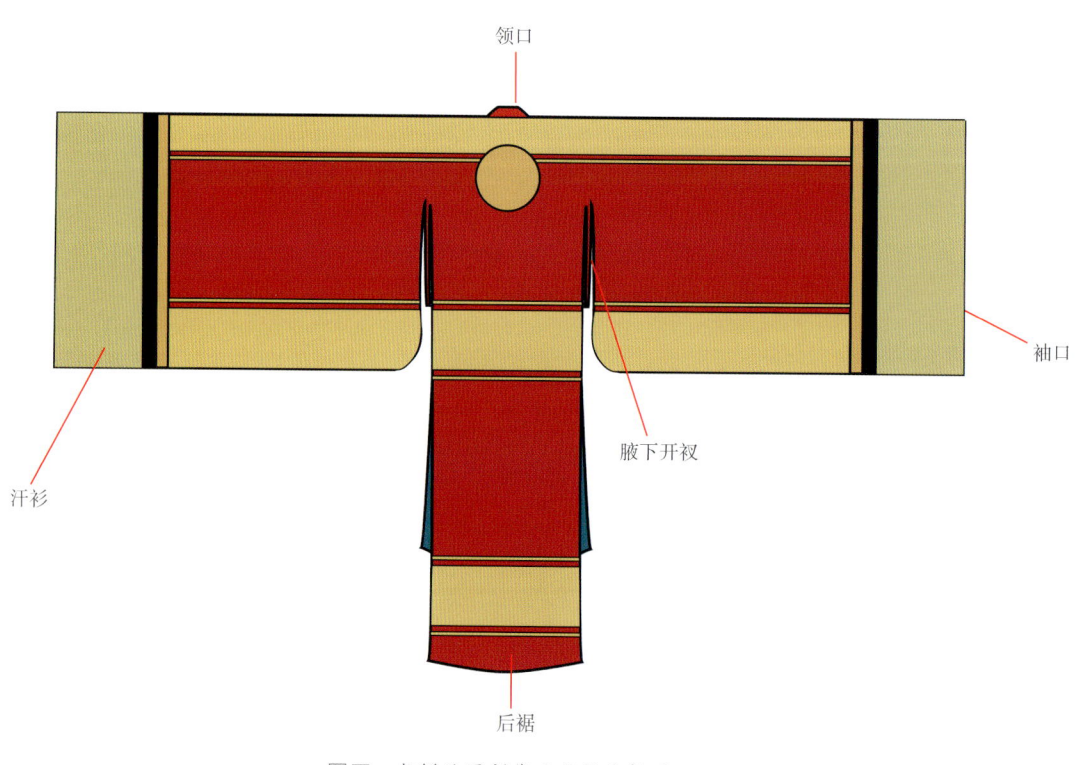

图五　朝鲜族圆衫背面结构分析图

图六　朝鲜族圆衫开片图

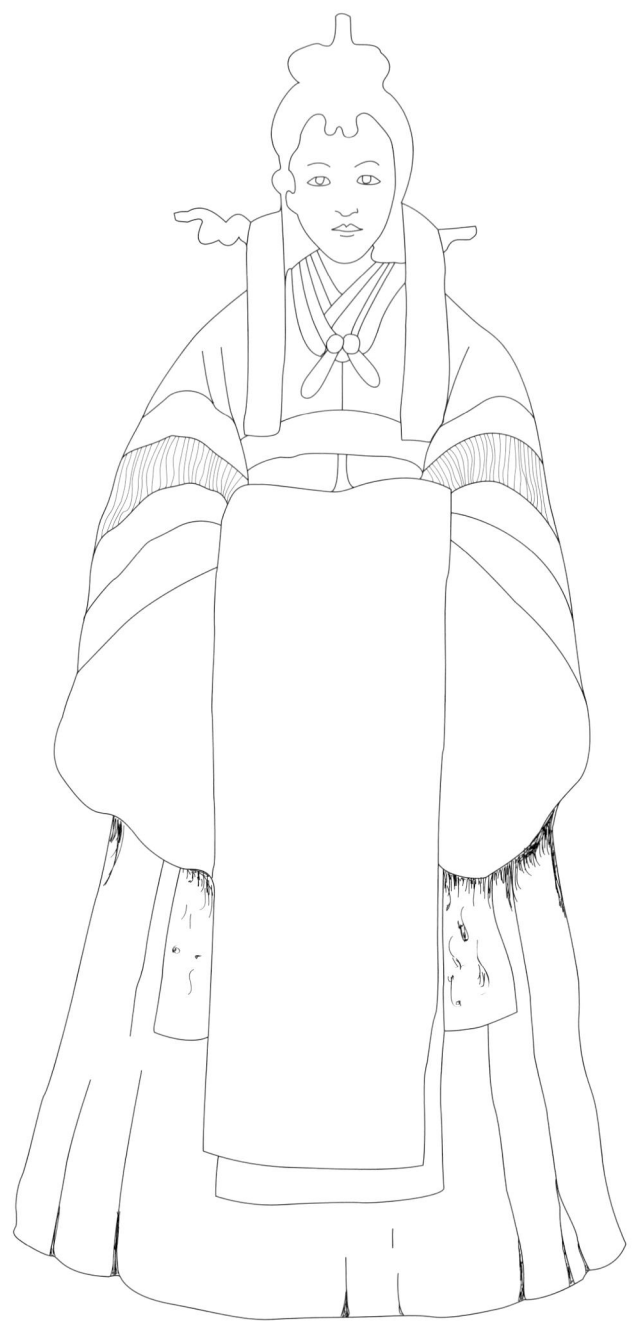

图七　朝鲜族圆衫穿着示意图

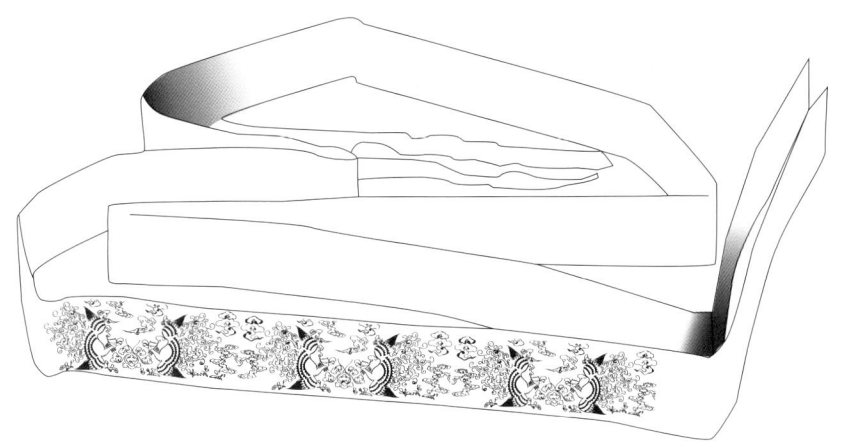

图八　朝鲜族圆衫局部分析图（腰带）

图九　朝鲜族圆衫局部分析图（双凤纹）

朝鲜族阔衣

图一　朝鲜族阔衣主图

　　阔衣，朝鲜族女子婚礼服。也名长褙子，原系中国唐代服装，后传入朝鲜半岛，为高丽王朝和朝鲜王朝时期朝鲜公主和翁主的大礼服。是李氏王朝时期士大夫阶层女子的结婚礼服。20世纪上半叶成为平民百姓的婚礼服，又称"币帛服"

　　阔衣的特点是无领，襟、裉等部和袖子宽长。袖中部镶有黄、红、蓝三条彩缎，袖口上连缝饰有"十长生"图案的白色汗衫，这十种高贵植物和动物，在朝鲜族文化里代表了长寿、幸运和富贵。前面两裾，后面一裾，前裾比后裾短20厘米左右，腋下开衩。后饰"二姓之合""万富之源""寿如山，福如海"等字样。阔衣也是王室女性和贵族女性结婚仪式上所穿的嫁衣。在颜色上以红色为主，欢快喜庆，少许青色衬托，在视觉上自然和谐，是适应人文环境和表达内心感受的精神产品。礼服的面料多以枣红色贡缎、花纹缎、洋缎等做成；衬里则多用蓝色，无花纹。由于阔衣相当昂贵，普通百姓则以绿圆衫作为新娘结婚礼服。规格为前长96厘米，后长112厘米，袖长94厘米，胸围90厘米。

　　阔衣彰显华丽，而且含有富贵和吉祥寓意，深受人们的喜爱。阔衣表现出来的传统美，主要通过款式、色彩、面料来实现，这几种要素在服饰上有效的搭配和运用，使朝鲜族的传统服饰深具特色魅力。

图片来源

图一　延边博物馆

图二至图四　董海英　制图

图五　延边博物馆

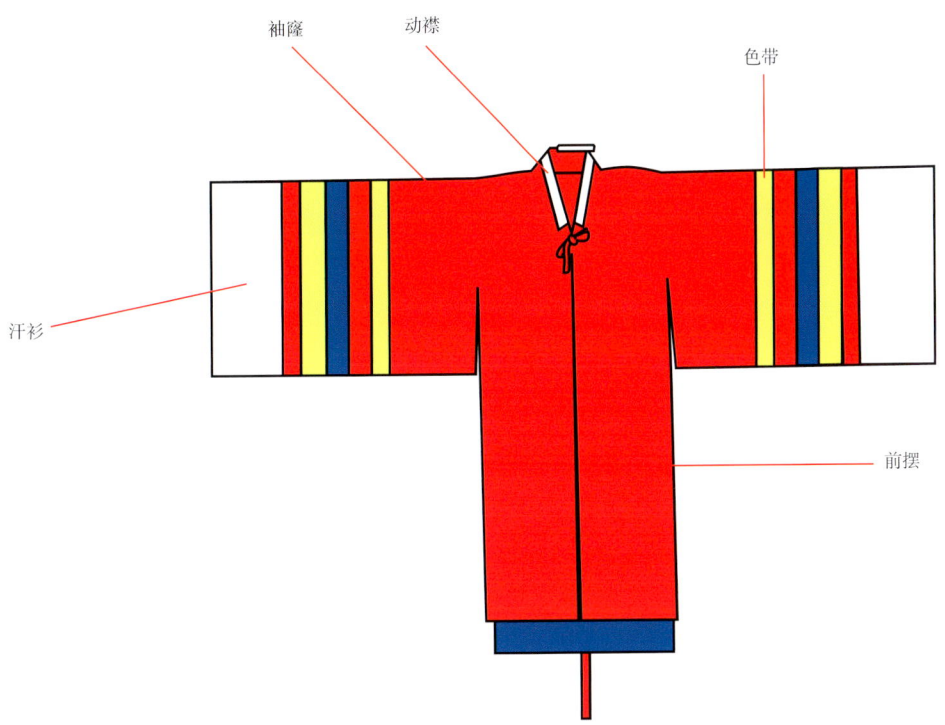

图二　朝鲜族阔衣结构分析图（正面）

图三　朝鲜族阔衣结构分析图（背面）

图四　朝鲜族阔衣效果图

图五　朝鲜族阔衣穿着图

朝鲜族团领婚服

图一　朝鲜族团领婚服主图

团领婚服是朝鲜族新郎的传统礼服。官服亦称团领，指朝鲜族旧式婚礼中，新郎穿的外礼服。团领是官员们平时执行政务时穿着的官服。官服的颜色，象征着穿衣者的社会地位。第一次采用团领是在新罗28代真德女王二年（公元648年）。朝鲜李氏王朝时期，大约在14—15世纪，官府制定《四礼便览》，认为在冠婚丧祭中，婚礼为最，允许平民百姓将官服作为婚礼服穿用。富裕家族自备一套，但多以村落为单位制作一套，共同使用。此俗一直延续到20世纪50年代。

团领的质料为蓝、褐色丝绸，圆领，袖

子又长又宽（宽58厘米），衣襟长而肥大，在衣襟右边打结飘带，在官服的前胸和后背各有用金丝刺绣双鹤翔云图案的"胸背"，宽2.2厘米、长18厘米。婚礼当天，新郎身穿团领官服，腰系犀带，头戴纱帽，脚穿木屐。因为这是一品官所穿的官服，所以民间有此称谓。在朝鲜族的传统婚礼当中，行"奠雁礼""交拜礼""接大桌"等仪式时，新郎必须穿官服装婚礼服。

团领婚服是带有象征性的朝鲜族传统礼服，通过此服可以领略婚礼在人生仪礼当中的分量和重要性。

图片来源

图一　《中国朝鲜族民俗写真录》　延边人民出版社　2012年

图二至图三　宋萍　制图

图四　谌欢　制图

图五　佟依明　姜震　谌欢　制图

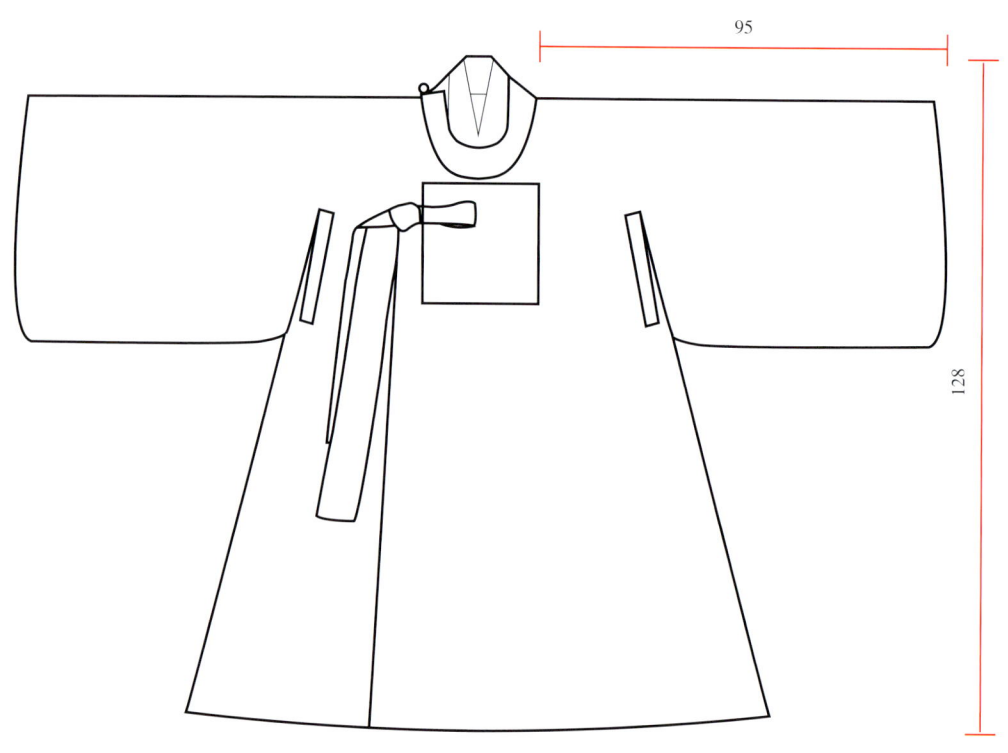

图二　朝鲜族团领婚服尺寸分析图（单位：cm）

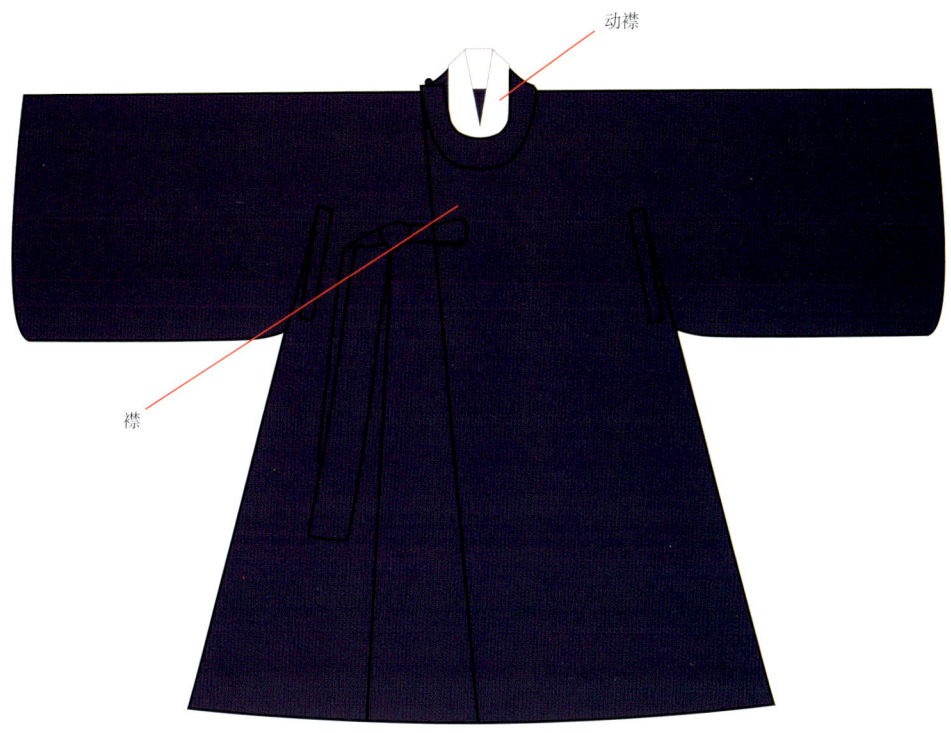

图三　朝鲜族团领婚服结构分析图

图四　朝鲜族团领婚服穿着示意图

图五　朝鲜族团领婚服局部分析图

第二章　朝鲜族传统服饰

朝鲜族长裙

图一　朝鲜族长裙主图

长裙是朝鲜族女子的传统下身装，朝鲜语称"契玛"。长裙历史悠久，到了14世纪朝鲜王朝时期制定了服饰制度，女子只允许穿裙，形成如今的长裙样式。长裙多有长皱褶，可分为缠裙、筒裙、膝襕裙、大襕裙等。

筒裙是朝鲜族女子日常穿的裙子，有短裙和长裙之分。裙腰和类似坎肩的背心连接在一起，穿时从头部往下套，使其套在两肩膀上。短裙摆一般长至膝盖部位，长裙摆一般长至脚背。材质一般采用麻、苎麻、棉、绸缎等，颜色以大红、粉红、黑、白色较多。缠裙，用色彩鲜艳的粉红色绸布缝制，由裙腰、裙摆、裙带组成。比普通裙子长30厘米，宽一幅，裙摆很宽，一边开衩，裙带缝在裙腰两侧，缠腰一圈后系结在右腰一侧。裙摆上折有许多细褶，裙摆很长，直拖到脚跟，走路时要将裙提起，故称拖裙。穿拖裙子的时候，为了不使裙子下摆拖地，把裙角的一端从右边提上来掖在系带里。初为李朝时代两班阶层闺秀穿用，后流行至平民阶层，并缩短裙长，以方便活动。规格为长111.5厘米，腰围93.5厘米，幅宽280厘米。大襕裙，朝鲜族女子大礼服。最初为朝鲜李朝时期宫中妃、嫔、公主、翁主以及士大夫贵妇穿用。用纱或缎制作。比一般的长裙宽一幅，长30厘米，裙摆下端镶两道宽15—20厘米的饰条。膝襕裙，朝鲜族女子礼服。裙子下摆部分缝有华丽的宽长的装饰条（膝襕段）。因为有了膝襕段华丽的装饰和色彩，礼服更为灿烂亮丽。如今，朝鲜族妇女在喜庆之日仍穿用富有时代感的膝襕裙。规格为长119厘米，腰围90.5厘米，幅宽216厘米。

长裙是典型的朝鲜族传统服饰之一。短小精致的上衣，长而宽松的裙子形成了上轻下重的美感，腰部以下呈现出圆鼓的坛子型，用腰布飘逸地缠住，像杨柳般轻柔，让人联想到富有节奏感的曲线美，与此同时，以平面构成的裙子里唯一能够表现出立体感的是裙子上的细褶，一条条舒适、自然、流动的直线，构成了皱褶之美，与短衣搭配兼具曲线与直线之美，具有独特的形态特征和特有的美学价值。

图片来源
图一　延边博物馆
图二至图三　董海英　制图
图四　佟依明　制图

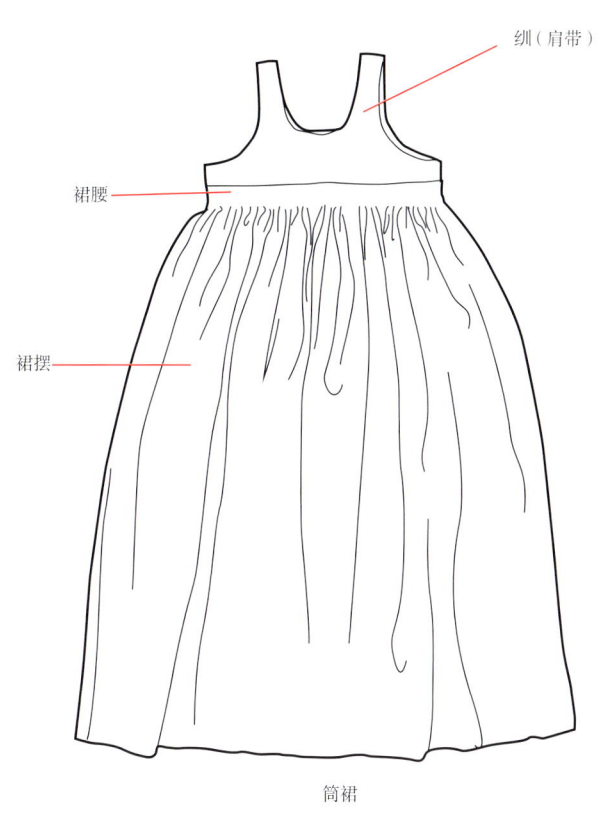

筒裙

图二　朝鲜族筒裙结构分析图

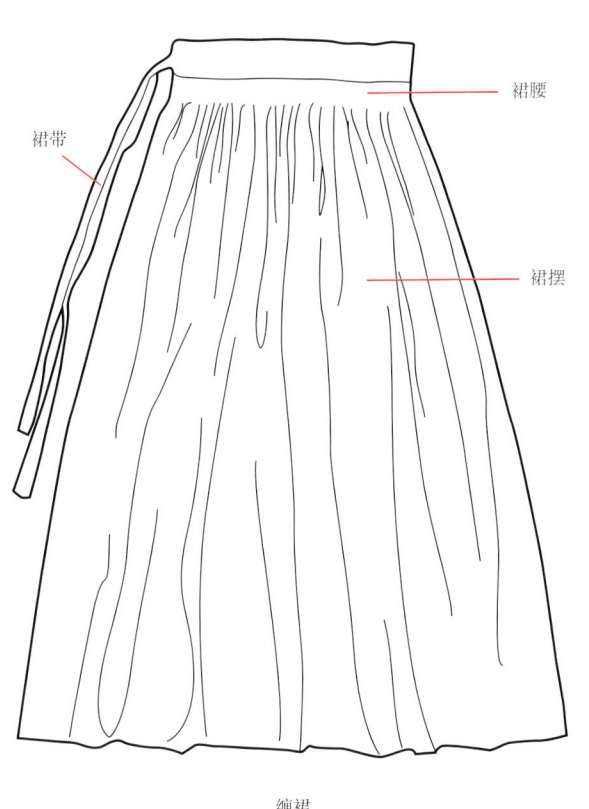

缠裙

图三　朝鲜族缠裙结构分析图

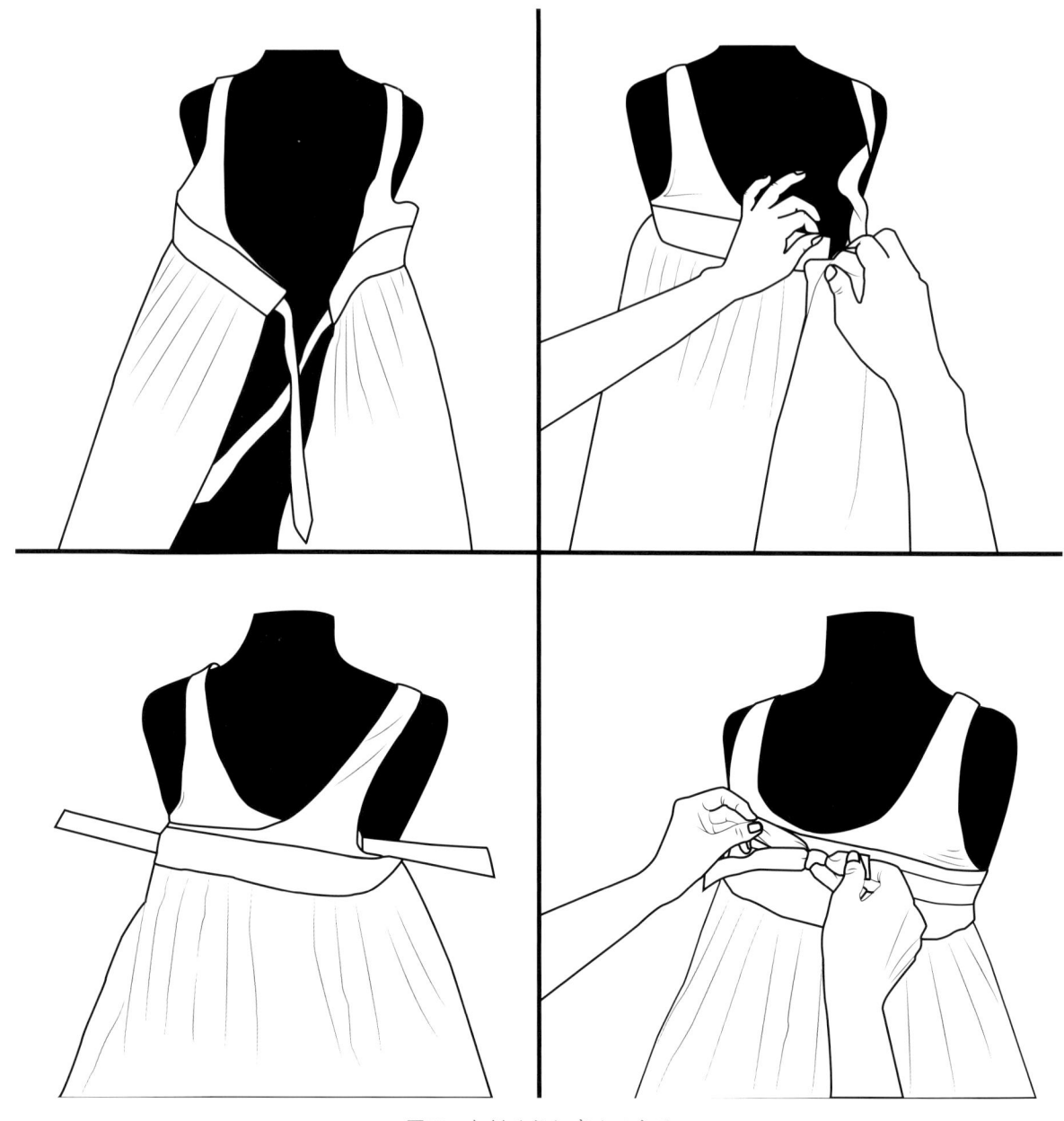

图四　朝鲜族长裙穿法示意图

朝鲜族布袜

图一　朝鲜族布袜主图

布袜是朝鲜族传统的用棉布缝制的袜子。因为穿在脚上，又称"足衣"。朝鲜族穿布袜的习俗源远流长，早在朝鲜三国时期已出现类似于布袜的足装。15世纪后，普遍用棉布缝制。20世纪50年代后，随着西式袜子的传播，传统的布袜只在老年人中沿用，逐渐在朝鲜族日常生活中消失。

过去因为朝鲜族主要生产棉布和麻布，因此布袜的材质也主要是白色棉布，还有麻布等布料。布袜按脚的形状设计，勾鼻尖，袜筒呈长靴子型，口宽、脖窄。布袜通常由手工缝制，其形状男女老少基本相同。布袜的种类也较多。按季节有单层布袜、夹层布袜、细缝布袜、夹棉布袜、绣饰布袜等。绣饰布袜是专给小孩设计的在布袜面上绣有吉祥花纹的袜子。还有礼服用的袜子，其形状较大，袜口末端有双层带，颜色与衣服颜色相谐，用棉、小纹绫及毛织物等制作。另外，在民间比较富裕的人家，制作小巧精致的专门的布袜柜，女儿出嫁时做嫁妆。

朝鲜族自古就有以露脚为耻的习惯，且不管四季，天气寒冷酷暑，外出或在家接待客人时都得穿布袜，并且以此来保持脚型。布袜也是在朝鲜族传统生活文化中比较有代表性的设计案例之一,对研究朝鲜族传统习俗有着较高的历史价值、艺术价值、文化价值。

图片来源
图一　延边博物馆
图二至图四　董海英　制图

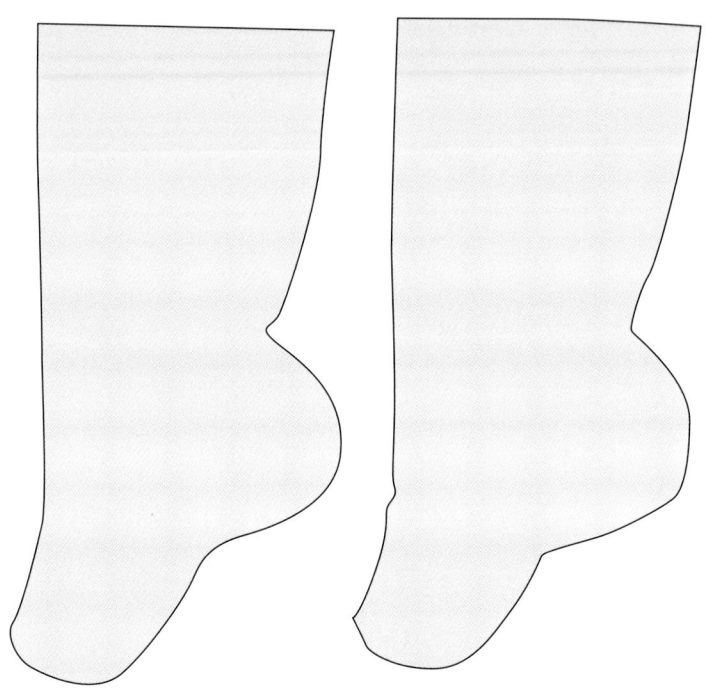

图二　朝鲜族布袜效果图

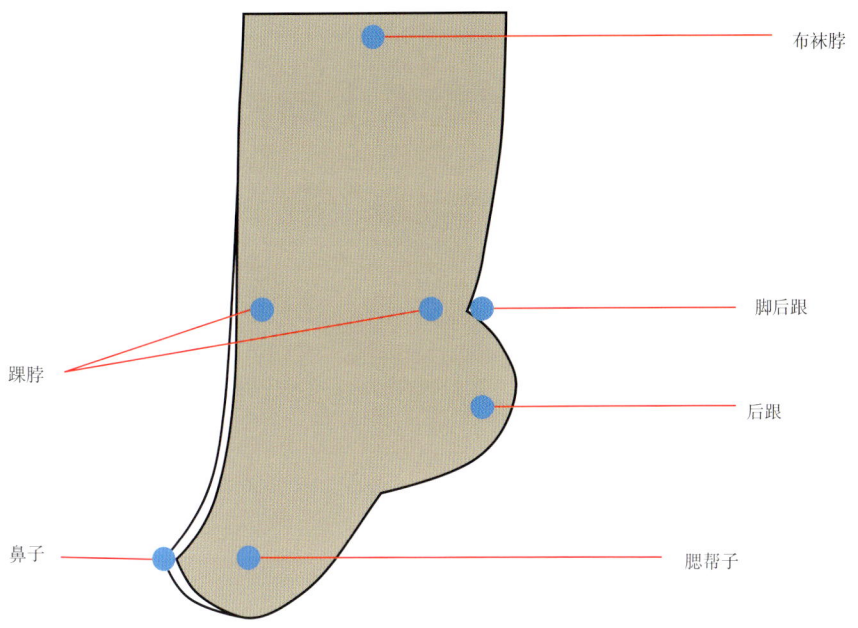

图三　朝鲜族布袜结构分析图

图四　朝鲜族布袜穿着示意图

朝鲜族米土丽

图一　朝鲜族米土丽主图

　　米土丽是民间普遍穿用的朝鲜族传统的麻鞋。米土丽的历史很久远,到了20世纪中叶,随着皮革、胶皮等材质制作的鞋的出现逐渐消失。

　　米土丽的材质主要是麻线。其规格,长27.5厘米,宽7.8厘米,高6厘米。在朝鲜族聚居地普遍种植大麻,便于取材。麻的用途比较广泛,可以纺线织成粗麻布,另外用于制鞋。制作麻鞋必须具备相应的制作工具和制作技艺。先加工麻皮搓细绳,然后在制鞋架上,固定4道比较粗的基绳,根据脚的大小选择相应的脚尖模具,利用细绳编织成型。麻鞋比起草鞋更为精致、干净、漂亮,穿起来比较舒服、结实。米土丽一般在不种水稻的地方比较流行,做工精致的米土丽,富裕阶层的人们也穿用。加细纸绳线编织的麻鞋和染漂亮颜色的米土丽,主要是儿童和妇女喜欢穿用。出远门时,多带几双米土丽,破了及时换掉。

　　过去在民间米土丽是必不可少的生活用品之一,在百姓生活文化中根深蒂固、广为流传,虽然现代逐渐消失,但可以说是又朴实、又有生活风趣的设计案例之一。它为研究朝鲜族传统生活文化和民间手工技艺提供了可靠的资料依据。

图片来源
图一　延边博物馆
图二至图五　董海英　制图

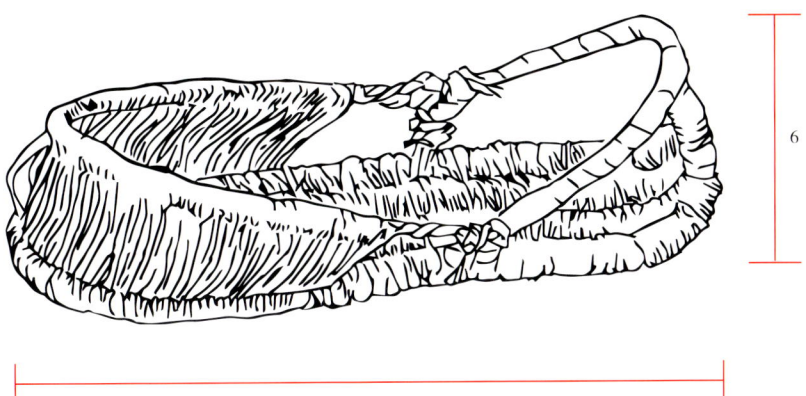

图二　朝鲜族米土丽尺寸分析图（单位：cm）

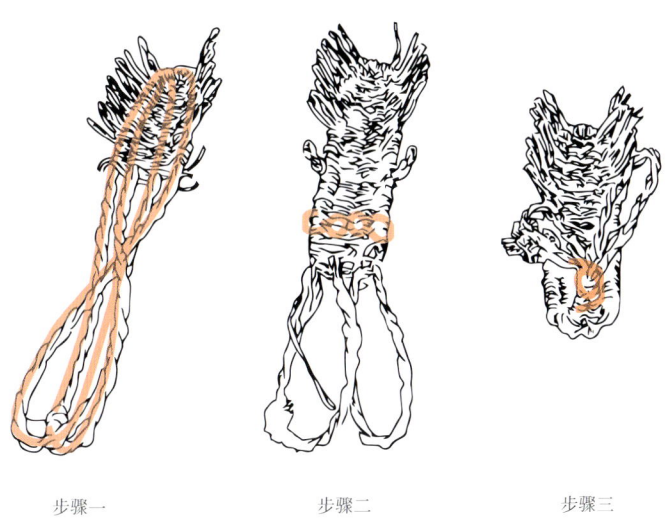

步骤一　　　　　步骤二　　　　　步骤三

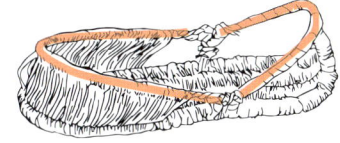

步骤四

图三　朝鲜族米土丽工艺分析图

图四　朝鲜族米土丽穿着示意图

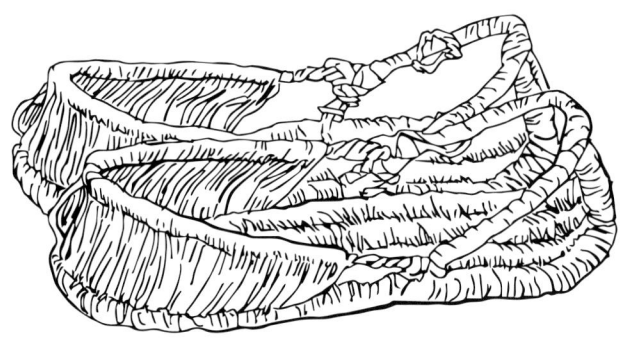

图五　朝鲜族米土丽效果图

朝鲜族油鞋

图一　朝鲜族油鞋主图

油鞋是朝鲜族传统的用牛皮制成的革履之一。革履的历史比较悠久，可以追溯到朝鲜三国时期，到了朝鲜李朝时期制鞋业更为发达，其种类也更繁多。有黑皮鞋、蛇皮鞋、皮草鞋、太史鞋等在干燥地面上穿的皮鞋，还有在下雨天或泥泞的地面上穿的油鞋。19世纪中叶，大批朝鲜人从朝鲜半岛迁入到中国东北地区后，仍然穿用油鞋。到了20世纪50年代，随着胶皮鞋的广泛普及，油鞋逐渐退出了朝鲜族的日常生活舞台。

油鞋的材质主要是牛皮。牛皮在朝鲜族的日常生活当中被广泛应用，是制作油鞋的最佳材料。朝鲜族自古以来就有养牛的习俗，在朝鲜族聚居的地方，饲养着成群结队的牛。役用的牛以外的牛当做肉牛宰杀食用，并把牛皮处理干燥以后，妥善保管，用于制鞋、制作乐器或其他的生活必需品。制作油鞋的工序比较简单，先加工牛皮准备制鞋材料，然后把牛皮浸泡在野苏子油中，再烘干后利用鞋模和工具制作油鞋。油鞋的形状呈船型，勾鼻，在鞋尖、鞋跟和鞋面上饰有特定的花纹，另外为了防止鞋底的磨损，在鞋底钉上不同数量的铁钉子。由于油鞋不易透水，适于阴雨天和道路泥泞的时候穿用，不分男女都可以穿。女用的油鞋其形状和男用的油鞋基本相似，只是更为小巧，纹饰更加华丽漂亮。起初油鞋也是上流阶层或富裕商家的奢侈品之一，到了20世纪初，逐渐推广于民间的普通百姓。其规格为长24.8厘米，宽7厘米，高8厘米。

在朝鲜族传统的日常生活文化中，油鞋是比较独特的生活品之一。虽然没有在普通百姓当中广为推广，但能体现朝鲜族工匠们的智慧和制作技巧，可以说是比较独特的设计案例之一。通过油鞋可以了解朝鲜族传统的手工制鞋技艺和历史发展，以及民间传统的穿着习俗等。

图片来源
图一　延边博物馆
图二至图五　董海英　制图

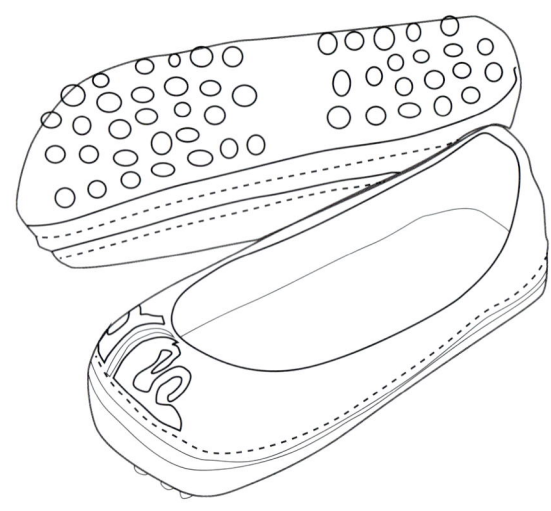

图二　朝鲜族油鞋视图分析图

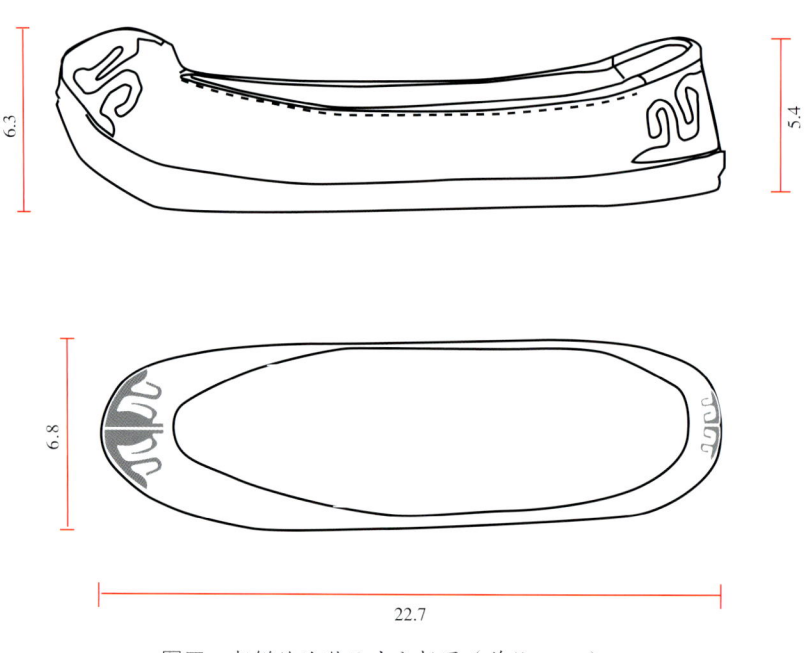

图三　朝鲜族油鞋尺寸分析图（单位：cm）

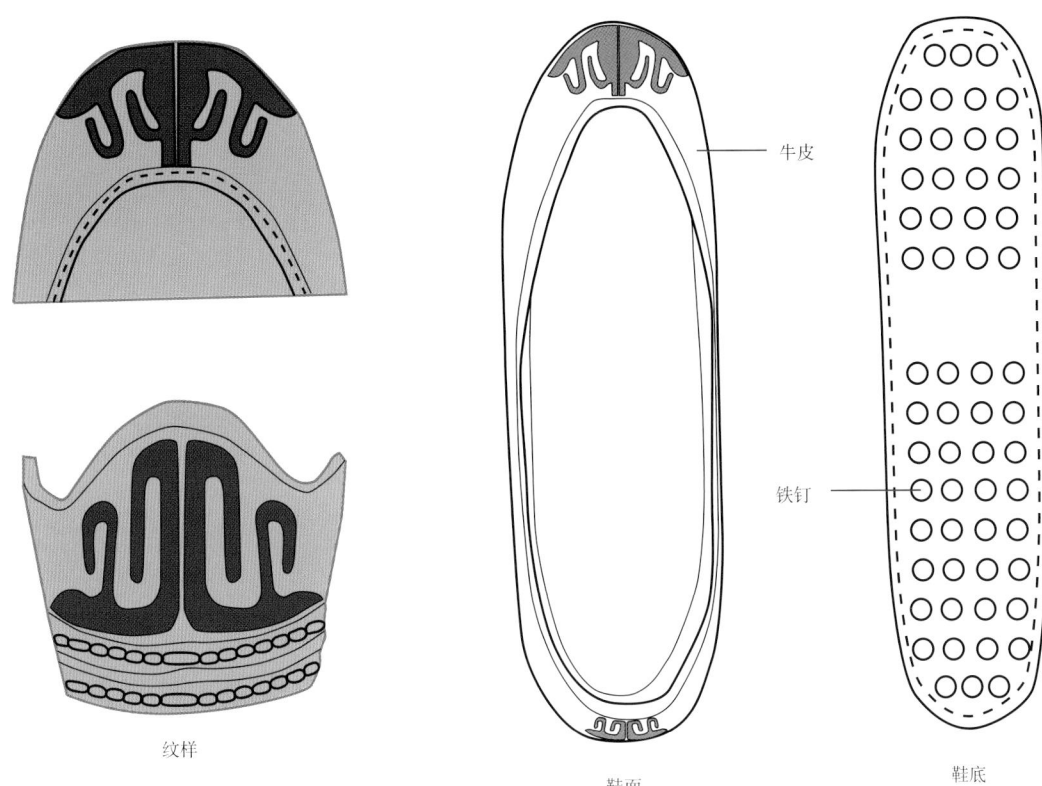

图四　朝鲜族油鞋结构分析图

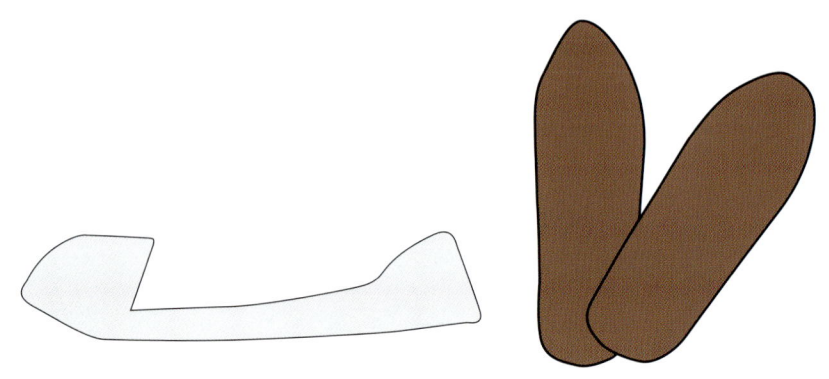

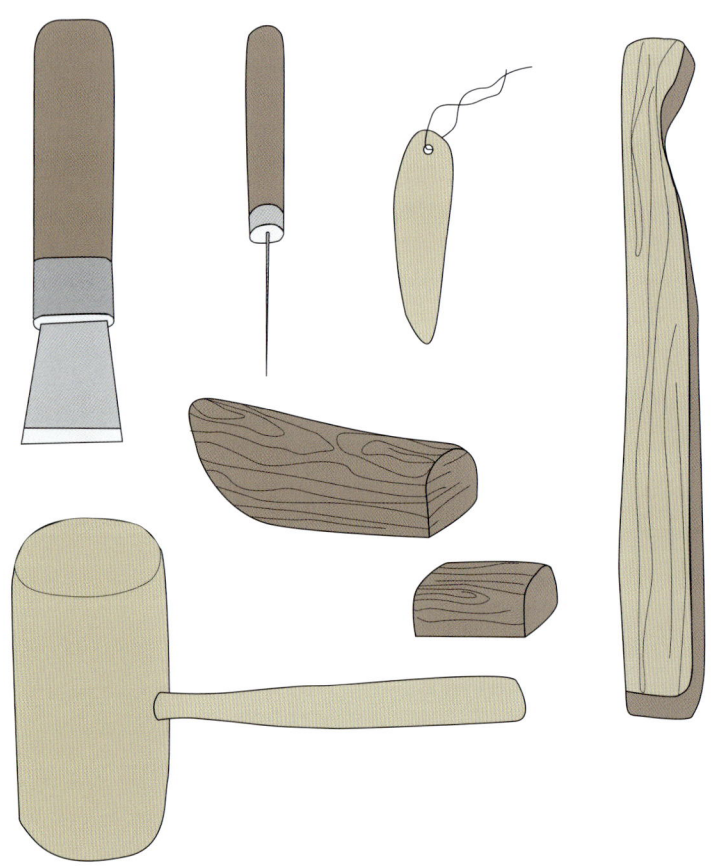

图五　朝鲜族油鞋制作工具图

朝鲜族木屐

图一　朝鲜族木屐主图

木屐是朝鲜族传统的木质鞋。产生于16世纪末，普及于19世纪。20世纪30年代吉林延边地区还有人穿用，随着胶皮鞋的普及逐渐退出了朝鲜族日常生活舞台。

朝鲜族传统的木屐，用轻而结实的赤杨或松木凿制，船形、勾鼻。高高的鞋底和鞋体连成一片，便于在下雨天积水的道路和泥泞的地面上穿用。男式加工粗糙，女式侧面有花纹，鞋鼻儿尖且光滑。其规格，长32厘米，宽11厘米，高15厘米。朝鲜族长年生活在长白山地区树林茂盛的地方，有着便于就地取材的优势。木屐的材质主要是松木和梧桐木等比较轻盈的木材。其制作工序为：准备成块的木料，先加工外形，然后，根据脚的大小和脚型凿挖里面成型，最后通过磨砂、塑雕等工序收尾，制成完成品。有的木屐为了增加防水或防腐蚀效果里外抹一层梧桐油或野苏子油，使木屐更为光亮、干净。

木屐是朝鲜族传统生活文化当中比较特殊的设计案例之一。具有取材容易、制作简便、工艺朴实、实用性强等特点。为研究朝鲜族传统的穿着历史和习俗提供了可靠的实物依据。

图片来源
图一　延边博物馆
图二至图五　董海英　制图

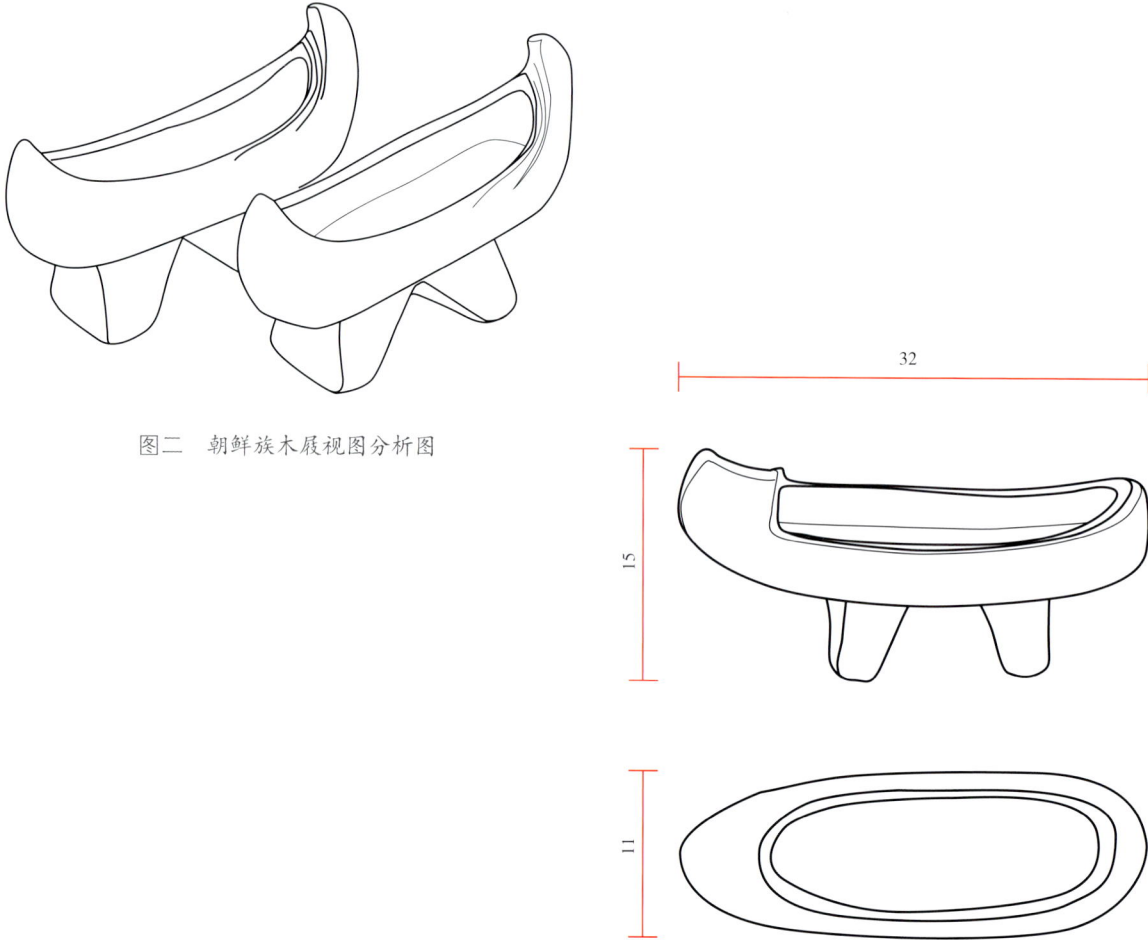

图二　朝鲜族木屐视图分析图

图三　朝鲜族木屐尺寸分析图（单位：cm）

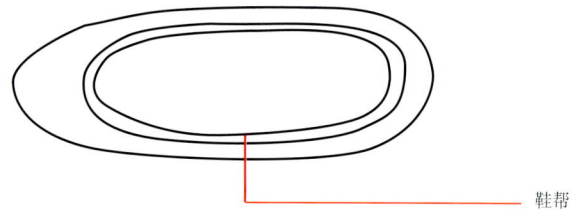

图四　朝鲜族木屐结构分析图

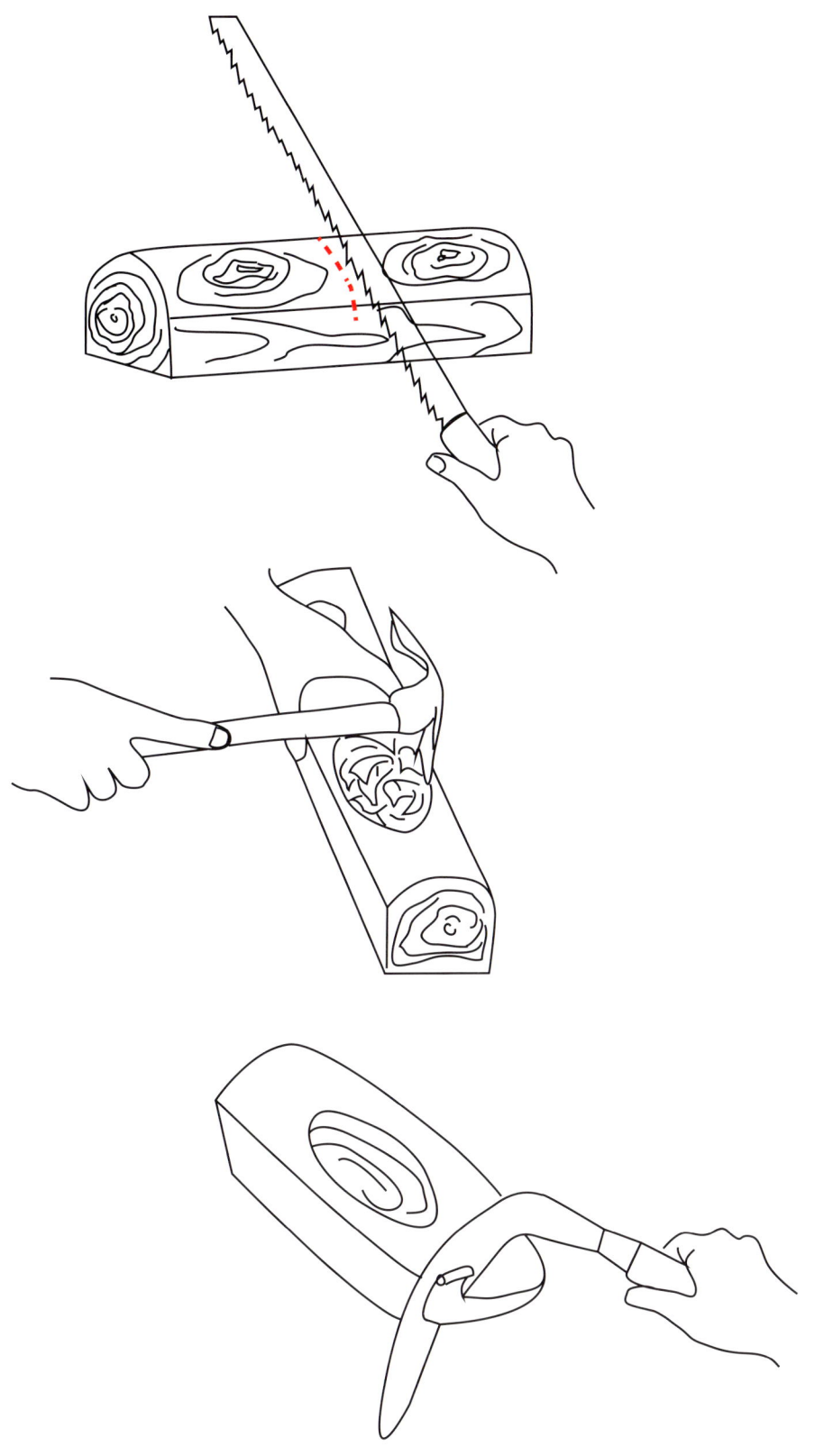

图五　朝鲜族木屐制作工艺图

第二章　朝鲜族传统服饰

朝鲜族钩鼻鞋

图一　朝鲜族勾鼻鞋主图

钩鼻鞋，朝鲜族女子传统鞋具。按材质分为云鞋、胶鞋。云鞋历史悠久，1408年（朝鲜王朝太宗八年）第一次出现有关云鞋的文献记录。20世纪初的中华民国初期，橡胶制品普遍推广，从此在民间出现了以橡胶为原料的钩鼻鞋。钩鼻鞋是朝鲜族姑娘出嫁时穿用的礼鞋，又是妇女们串门时喜爱穿的外出鞋。

云鞋又称"温鞋""花鞋""燕嘴鞋"，用多层绸布粘贴做面，用布纳的鞋底。鞋尖、跟后饰有云纹，故称云鞋。从前，云鞋是士大夫阶层妇女的专用鞋，在节日、喜庆之日或各种礼仪场所都离不开云鞋。女式钩鼻胶鞋，又称钩鞋、鼻鞋，形同小舟，尖稍高于帮，向脚背方向略呈钩状，多为白色、黑色或天蓝色。现在朝鲜族妇女穿的钩鼻胶鞋，就是由云鞋演变、发展而来的。船形的钩鼻鞋是朝鲜族独有的鞋。鞋样像小船，鞋尖向上微翘，用布、人造革或橡胶制成，柔软舒适。通常的规格为鞋总长22.7厘米、鞋底宽6.8厘米、鞋尖高6.3厘米、鞋后跟高5.4厘米。

在朝鲜族传统的日常生活文化中，钩鼻鞋是比较独特的生活品之一。通过此鞋能体现朝鲜族工匠们的智慧和制作技巧，可以说是比较独特的设计案例之一。通过钩鼻鞋可以了解朝鲜族传统的手工制鞋技艺的历史发展，以及民间传统的穿着习俗等。

图片来源
图一　延边博物馆
图二至图四　董海英　制图

22.7

图二　朝鲜族勾鼻鞋尺寸分析图（单位：cm）

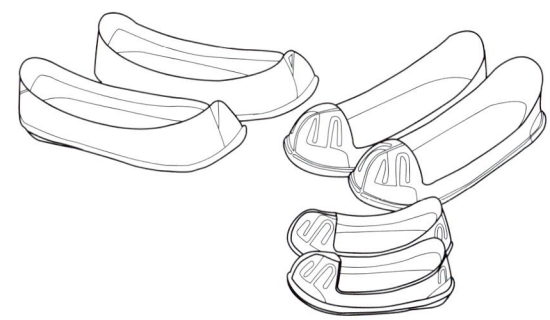

图三　朝鲜族勾鼻鞋样式图

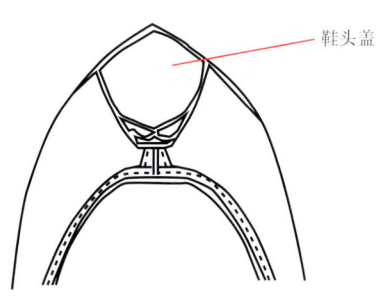

鞋头盖

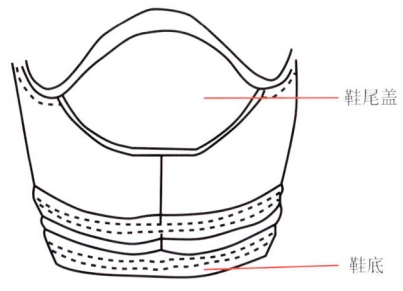

鞋尾盖

鞋底

图四　朝鲜族勾鼻鞋结构分析图

朝鲜族椎髻短簪

图一　朝鲜族椎髻短簪主图

椎髻短簪是朝鲜族成年男子为了防止发髻解开而插在发髻上的一种装饰品。椎髻短簪的使用历史较悠久，可以追溯到朝鲜半岛古代王国时期，一直延续到朝鲜李氏王朝后期。朝鲜族自古以来就有成年男子在头顶梳发结髻的习俗。朝鲜李氏王朝高宗三十二年（1895年），执政的开化党颁布"断发令"，强令国民剪掉椎髻留短发后，很快在朝鲜消失，但居住在中国东北的不少朝鲜族居民仍在使用，直到20世纪30年代还有老年男子插于椎髻上。

椎髻短簪长约4厘米，一端较粗且顶端为球状或稍弯曲的条状，一端尖细。整个簪体一般呈桩形，也有稍弯曲的。在过去小孩年龄到了16岁以上，就行成年礼，即冠礼。其标志就是把小孩时期的发辫解开上梳到头顶结髻插簪，然后头戴网巾和黑笠。或者成婚后，就必须发髻插簪，这标志着已成为成年人。短簪的材质比较多样，按照身份的高低使用不同材质的短簪。比如，上流阶层通常使用金、玉、翡翠、玛瑙等材质的发簪，普通庶民一般使用银、铜、木材质的发簪，可见当时这也是身份的标志。

椎髻短簪是朝鲜族传统生活文化中比较特殊的设计案例之一，其历史渊源比较久远，而且具有针对性的用途和功能，充分反映了朝鲜族男子装束的独特习俗。

图片来源
图一　延边博物馆
图二至图五　董海英　制图

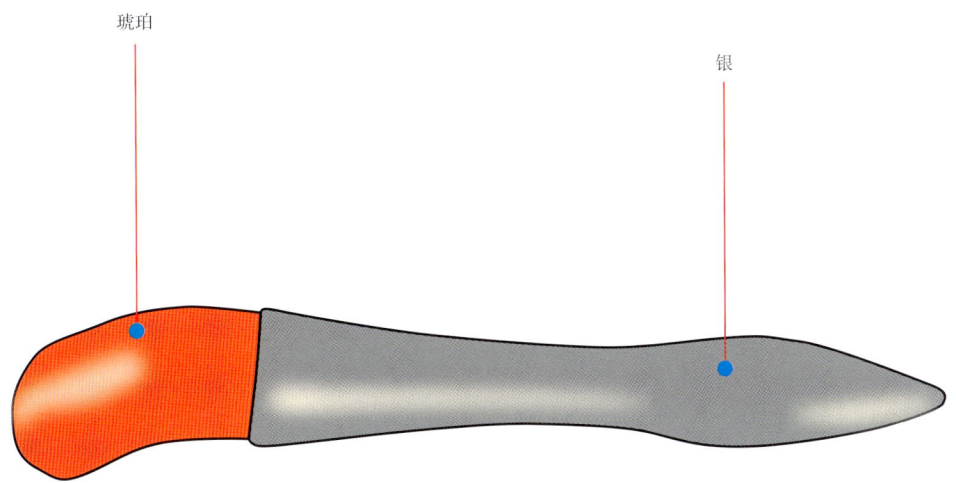

图二 朝鲜族椎髻短簪视图分析图

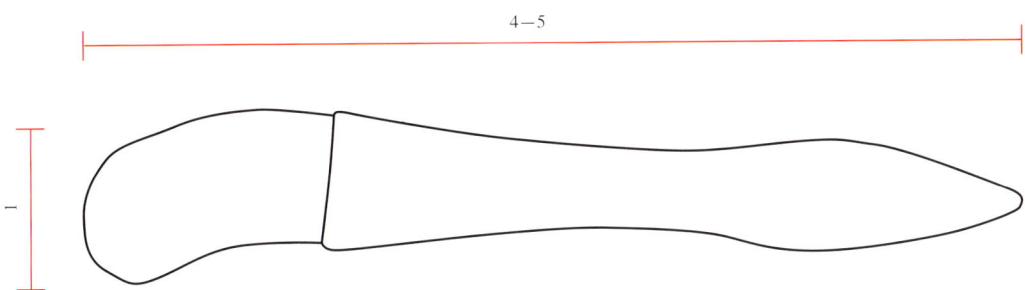

图三 朝鲜族椎髻短簪尺寸分析图（单位：cm）

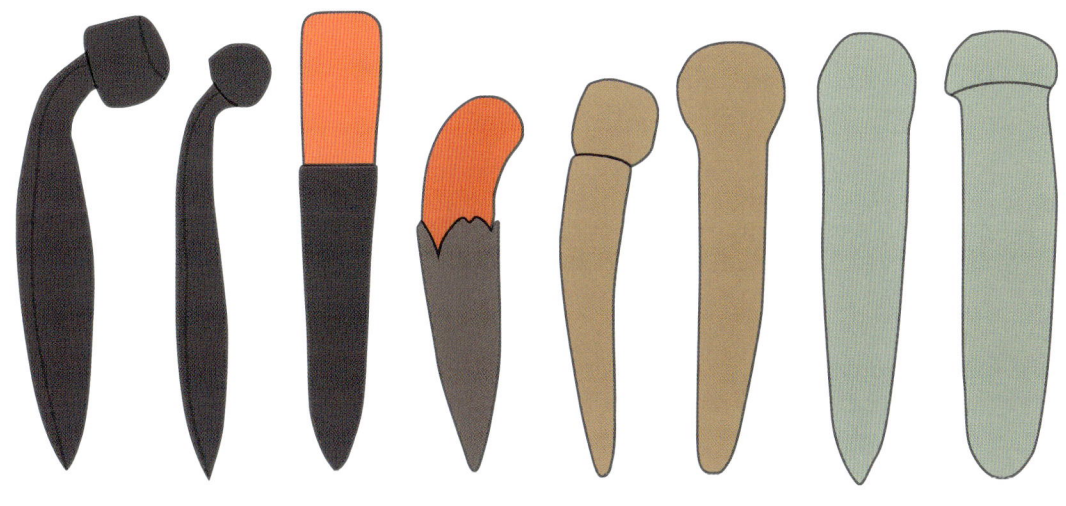

图四 朝鲜族椎髻短簪样式分析图

图五　朝鲜族椎髻短簪佩戴示意图

朝鲜族文字纹银簪

图一　朝鲜族文字纹银簪主图

文字纹银簪是朝鲜族妇女日常的头后梳髻用的簪子。簪子的历史很久远，其材质也非常多样。有金、银、玉、珊瑚、翡翠等材质的簪子。其中银簪子比较普遍，古代一般使用于上流阶层，到了中世纪后期和近代，普通百姓也使用了银簪。

簪头呈晕首方柱体，断面呈菱形，长1.5厘米，边宽1.1厘米，各个面上各刻一字，共四字：康、宁、寿、福。字的下边刻有回纹。顶部两侧刻有圆心圆瓣花朵各一，簪身圆柱状，长12.5厘米，径0.9厘米。佩戴银簪时通常身穿平服，一般在冬季使用率比较多。纹样装饰比较简易，只在簪头上刻有带有吉祥寓意的文字图案和几何纹，体现了人们普遍向往的健康、平安、幸福、长寿的朴实心愿。

文字纹银簪是在朝鲜族传统装束文化中比较独特的设计案例之一。其设计朴素、简易，但很有文化内涵，在艺术表现形式上突出了精巧、华丽的一面，通过簪子的点缀增强了头饰的艺术效果。因此，银簪具有比较独特的历史、艺术、文化价值。

图片来源
图一　延边博物馆
图二至图五　董海英　制图

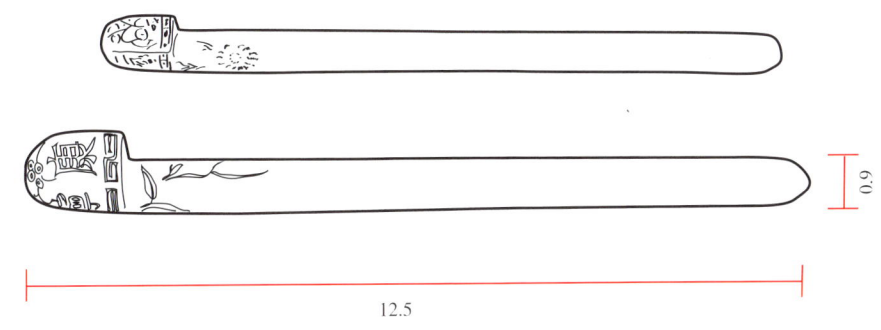

图二　朝鲜族文字纹银簪尺寸分析图（单位：cm）

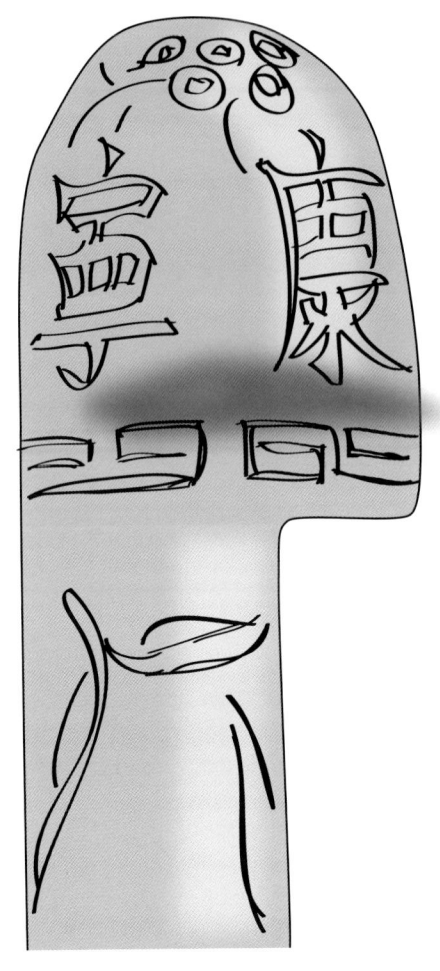

图三　朝鲜族文字纹银簪局部示意图

图四　朝鲜族文字纹银簪示意图

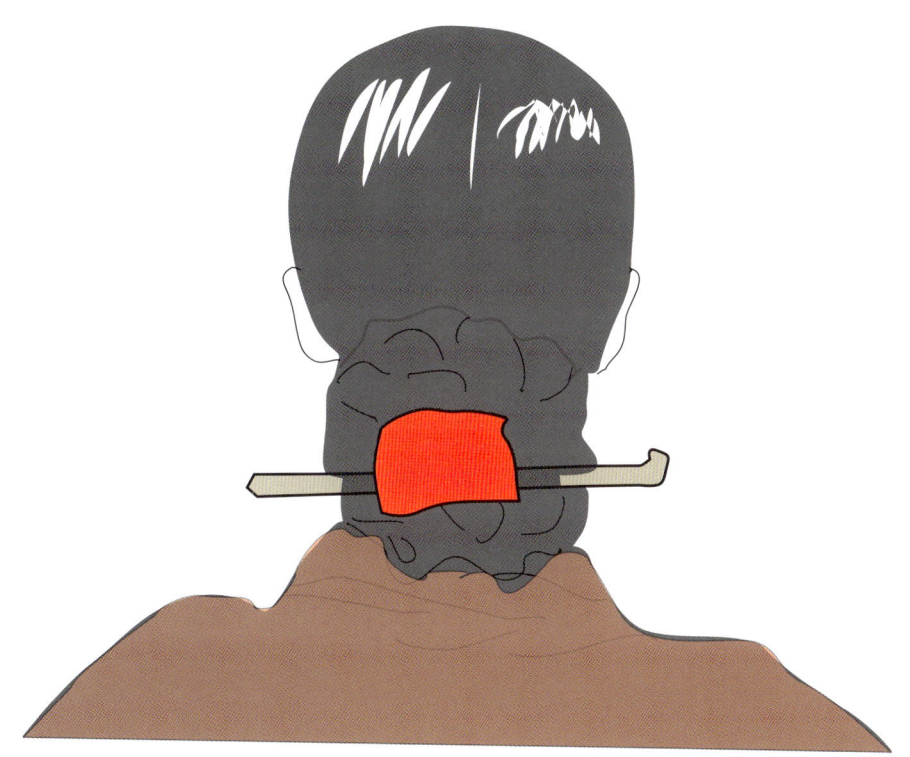

图五　朝鲜族文字纹银簪佩戴效果图

第二章　朝鲜族传统服饰

朝鲜族龙簪

图一　朝鲜族龙簪主图

龙簪是朝鲜族妇女在节日庆典和婚礼上使用的长簪。朝鲜族妇女自古就有头后盘髻的习惯,这样出现了多种多样的簪子。

龙簪是材质、用途、设计、样式比较特殊的簪子之一。材料一般采用白铜或银,簪身空心,簪头为精雕的龙的形状,表面鎏金。在过去龙簪主要流行于上流阶层妇女中,到了朝鲜李氏王朝后期逐渐推广到民间,只使用于婚礼当天,平常装入盒子里妥善保存。佩戴龙簪必须身穿阔衣或圆衫等大礼服。呈现出威严、端庄、华丽的艺术效果。龙也是朝鲜族特别崇拜的神圣想象动物之一,通常用于很有象征意义的物件上。铜质,簪头雕有龙头,刻工精细,外表鎏金。全长32厘米,簪头长3厘米。

龙簪是朝鲜族传统服饰文化中很有艺术价值的设计案例之一。它包含着吉祥如意的寓意,而且在功能上具有特殊、专一的用途,可以说是很有代表性的装饰物件,对研究朝鲜族传统装束文化具有较高的参考价值。

图片来源
图一至图二　延边博物馆
图三至图五　王宏利　制图

图二　朝鲜族龙簪局部图

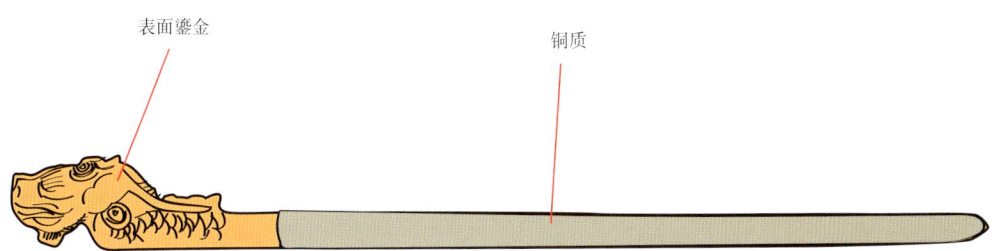

图三　朝鲜族龙簪材质分析图

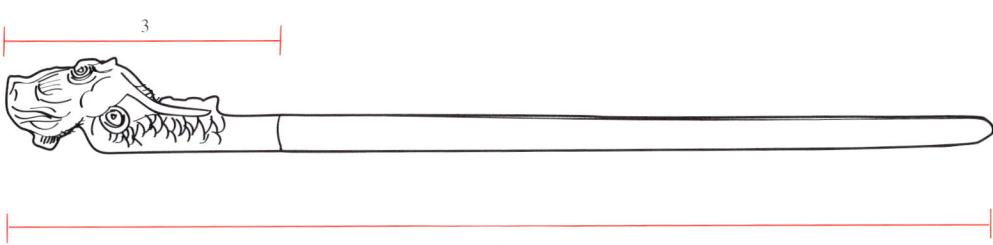

图四　朝鲜族龙簪尺寸分析图（单位：cm）

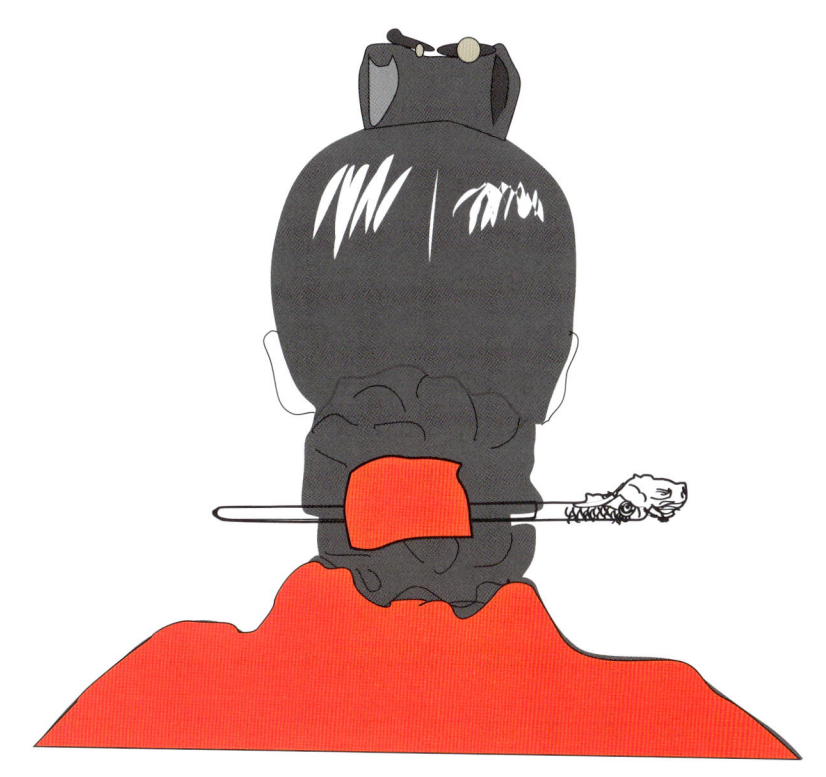

图五　朝鲜族龙簪佩戴效果图

朝鲜族蝙蝠文字纹银环

图一　朝鲜族蝙蝠文字纹银环主图

蝙蝠文字纹银环是朝鲜族女子的专用佩饰。进入14世纪后普遍流行。19世纪后期，朝鲜族迁入到中国后仍然使用银环，到了20世纪50年代，逐渐在日常生活中消失。

蝙蝠文字纹银环的材质是纯银，银环的形状特征比较粗厚，圆圈表面刻画带有吉祥寓意的蝙蝠纹和"多男""寿福"的文字图案。必须成双成对使用。银环虽然具有带在手指的用途，但平常作为身体物件佩戴在腰间和胸口，遇到重要节日和重大仪礼时，戴在同一个手的两个手指上。在过去，姑娘出嫁时，母亲把准备好的一对银环拿出来作为嫁妆送给女儿。成双成对意味着夫妻恩爱、永不分离。

蝙蝠文字纹银环形状比较普通，但却是很有文化内涵的设计案例之一。它一方面体现了功能多样的用途，另一方面表达了幸福、和谐的传统理念，可以说是融艺术和文化于一体的特殊饰品。

图片来源
图一　延边博物馆
图二至图四　董海英　制图

刻有"蝙蝠"纹样或"多男""寿福"等字样

图三　朝鲜族蝙蝠文字纹银环佩带示意图

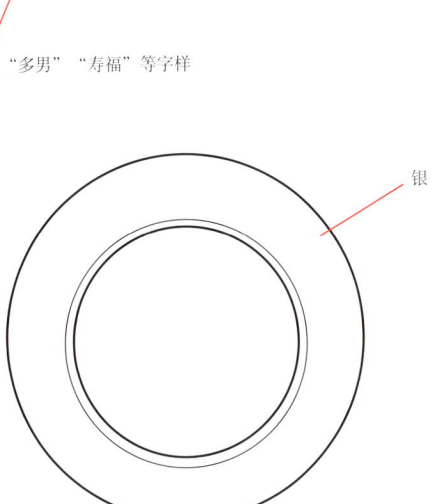

图二　朝鲜族蝙蝠文字纹银环结构分析图

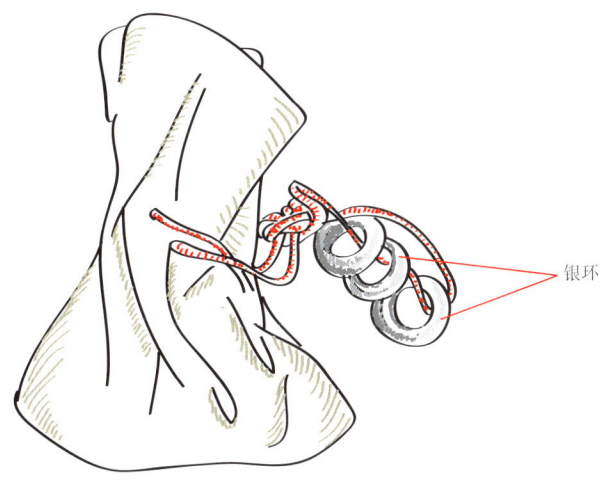

图四　朝鲜族蝙蝠文字纹银环效果图

第二章　朝鲜族传统服饰

朝鲜族鎏金菊花纹银妆刀

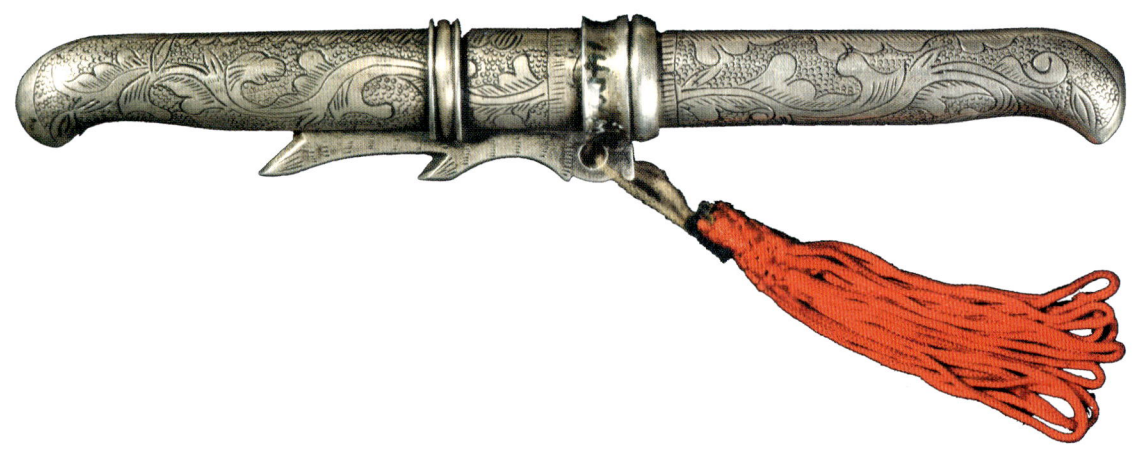

图一　朝鲜族鎏金菊花纹银妆刀主图

　　鎏金菊花纹银妆刀是朝鲜族传统的佩刀。

　　据文献记载，在朝鲜李氏王朝时期比较流行成年男女佩戴妆刀的习俗。妆刀的类型，有圆筒形、四角形、八角形等，男女皆用，材质有银、铜、玉石、玳瑁等，纹饰多种多样。由刀把、刀刃、刀鞘构成，全长12厘米。刀刃铁质，直背弧刃，长7厘米，刀宽1厘米；刀把呈椭圆柱状，银质；刀鞘状似刀把，银质。刀把与刀鞘均为黑色，上刻菊花纹样，以鎏金突出纹饰。刀鞘一侧另有一銎，备插银叉子；近上端一面附有银环，系绳用。此刀兼有装饰和实用两种功用。其中，银质的妆刀最为流行。银妆刀其功能比较多样，第一，外出时作为装饰品佩戴在腰间；第二，妇女们佩戴在前腰上衣和裙子的接合部，用于防身；第三，银妆刀除了刀刃外还有银叉子，民间流行用叉子可以验出饮食里的毒素的传言。

银妆刀是朝鲜族传统生活文化中带有装饰性和实用性的设计案例之一。在制作技艺和艺术表现形式上，力求精巧、亮丽、和谐；在文化内涵方面，通过菊花等纹饰的点缀，表现出优美高雅、高洁气节的象征意义。

图片来源

图一　延边博物馆

图二至图四　董海英　制图

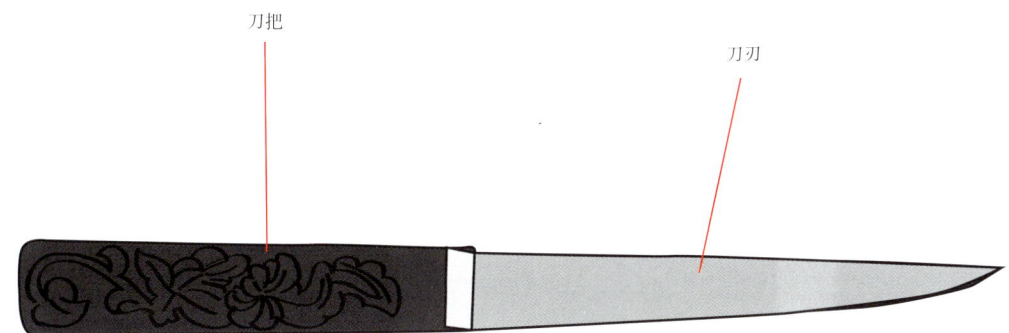

图二　朝鲜族鎏金菊花纹银妆刀结构分析图

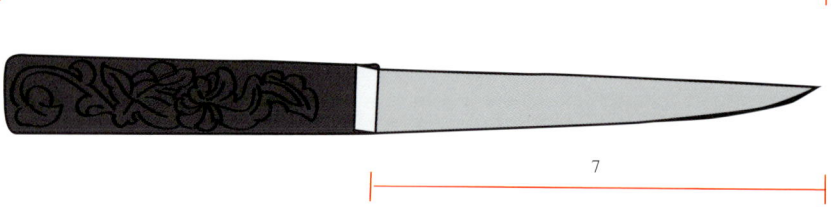

图三　朝鲜族鎏金菊花纹银妆刀尺寸分析图（单位：cm）

图四　朝鲜族鎏金菊花纹银妆刀佩带示意图

第三章 朝鲜族传统餐饮

朝鲜族莲花纹福字有盖瓷碗

图一　朝鲜族莲花纹福字有盖瓷碗主图

莲花纹福字有盖瓷碗是朝鲜族传统的饮食器皿，是盛饭用的"周钵"的一种，质地为陶瓷。朝鲜族使用陶瓷器的历史很悠久，已有2000多年的历史。

莲花纹福字有盖瓷碗，其形制为敞口，直壁，低圈底，有盖，子母扣，表面和里面的釉色呈深土黄色。碗体外表由上至下阴刻5圈5层重叠的莲花瓣。盖口部位阴刻3圈3层莲花瓣，中间圆圈内阳刻一"福"字。其规格为通高13厘米，口径11厘米。莲花纹是朝鲜族非常喜爱的传统纹饰之一。莲花作为佛教标志，代表"净土"，象征"纯洁"，寓意"吉祥"。莲花还象征着"生殖崇拜"，如"鱼戏莲"。同时也有"莲生贵子"之意，在民间广为流行。

莲花纹福字有盖瓷碗是朝鲜族传统生活文化中比较罕见的饮食器皿之一。此物一方面体现了比较发达的朝鲜族传统陶瓷技艺，另一方面反映了朝鲜族传统的生活习俗和审美意识。可以说是融艺术性、技艺性、实用性特征为一体的较完美的设计案例之一。

图片来源
图一　延边博物馆
图二至图四　董海英　制图

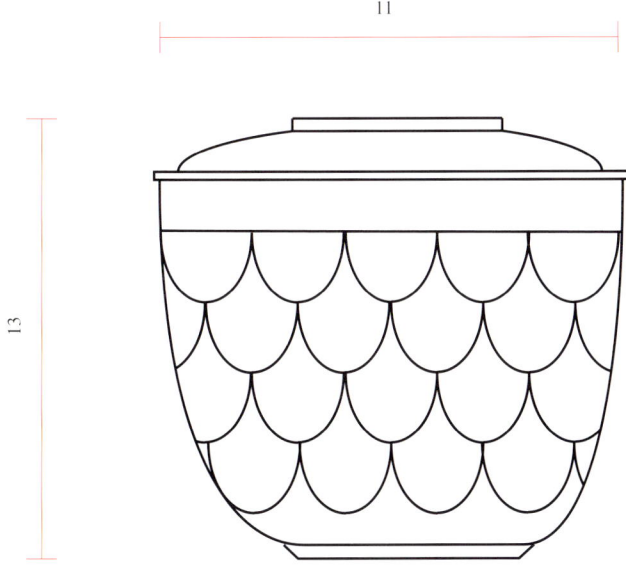

图二 朝鲜族莲花纹福字有盖瓷碗视图分析图

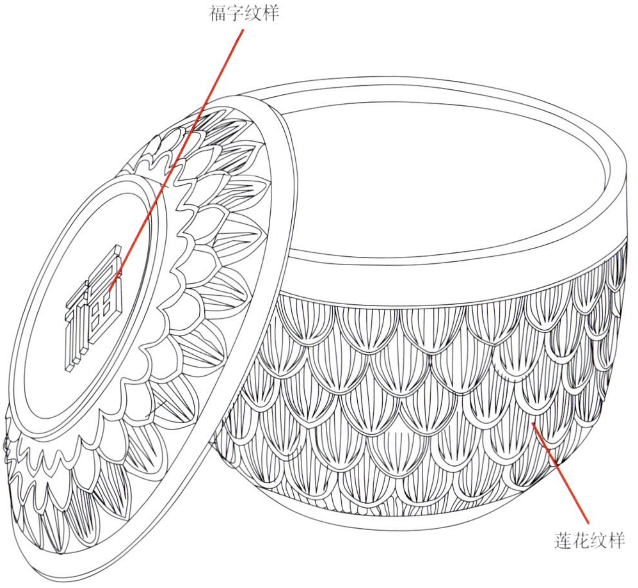

图三 朝鲜族莲花纹福字有盖瓷碗结构分析图

图四 朝鲜族莲花纹福字有盖瓷碗尺寸分析图（单位：cm）

朝鲜族青花白瓷缸

图一　朝鲜族青花白瓷缸主图

青花白瓷缸是朝鲜族传统的生活用具之一。青花白瓷出现于15世纪,是朝鲜李氏王朝时期盛行的以青花绘画为特征的"李朝白瓷"的一种。到了17—18世纪得到更广泛的发展,其纹饰从初期简洁细微的绘法,演变为生动活泼的绘画风格。朝鲜族迁入到中国东北后,仍然使用此类物品,一直沿用到20世纪80年代。

青花白瓷缸,其形制为敛口、平底、鼓腹,肩有双耳,腹部表面上白色釉,以青色颜料绘出两朵对称的木槿花纹样图案,口沿部位有青色圆圈,绘有对称的波浪纹。有大、中、小规格的器物。此物规格为高55.5厘米、口径22.0厘米。此青花白瓷缸为19世纪烧制的用于米、酱等饮食材料保管的装具。

青花白瓷缸是以李朝白瓷的制作技法，突出白色釉底，以青花纹饰为主要表现形式的设计案例之一。此物形状圆润，釉色透亮，青花纹饰清晰大方，突出了李朝白瓷色彩清澈，装饰技法自由芬芳的特征，而且从侧面体现了崇尚白色，追求完美的民族心理。它对研究朝鲜族传统的陶瓷制作技艺和生活风俗以及民族审美意识提供有价值的实物资料。

图片来源
图一　延边博物馆
图二至图四　董海英　制图

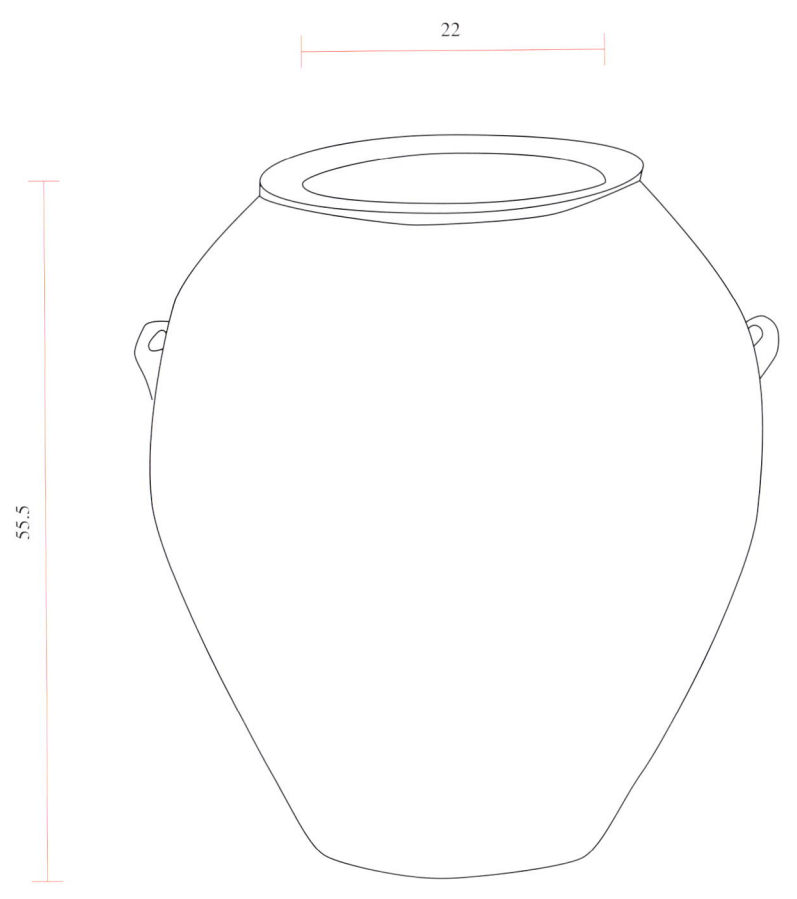

图二　朝鲜族青花白瓷缸尺寸分析图（单位：cm）

波浪纹

木槿花纹

图三 朝鲜族青花白瓷缸纹样分析图

图四 朝鲜族青花白瓷缸视图分析图

朝鲜族淘米盆

图一　朝鲜族淘米盆主图

淘米盆是朝鲜族传统的洗米时淘出米中沙子等杂物的炊具。朝鲜族历来就有以米饭为主食的饮食结构，因此出现了淘洗谷米的饮食器具。朝鲜高丽王朝时期的遗址中出土过盆状的淘米器具，里边有层层的隆起的轮纹。15世纪陶制和木制的淘米盆广为流行，称为"淘米齿瓢"。19世纪后期朝鲜族移居到中国东北以后，仍然使用黑灰陶淘米盆，到了20世纪80年代，民间黑灰陶制作业基本衰退，加上出现塑料制品，这样陶制的淘米盆退出了日常的生活舞台。

淘米盆材料有木质、陶器等，其中黑灰陶淘米盆在民间普遍使用。中国朝鲜族使用的淘米盆也大部分都是陶制品，形似盆状，大敞口，斜壁，小平底，口沿外缘施一周凹弦纹，内壁施19道左右的同心凸弦纹，截面成三角形，口沿下外壁施一弧形桥状横耳。其规格为高14厘米，口径44厘米，底径16.5厘米。朝鲜族的黑灰陶制作技艺历史悠久，各个村落一般都有制陶作坊，制作盆、罐、壶、缸等各类生活器具。

在朝鲜族传统的饮食生活中，米饭作为主食具有很重要的位置。所以自古以来，淘米盆等饮食器具在朝鲜族家庭里成为必不可少的厨具。通过淘米盆可以领略朝鲜族独具的黑灰陶制作技艺以及饮食器具发展史。它对研究朝鲜族传统饮食生活习俗具有较大的参考价值。

图片来源
图一　延边博物馆
图二至图五　董海英　制图

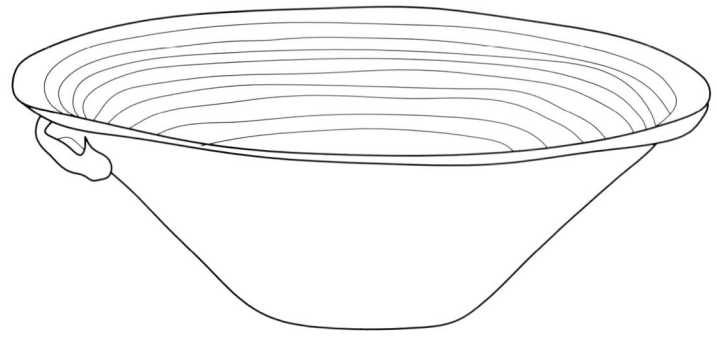

图二　朝鲜族淘米盆视图分析图

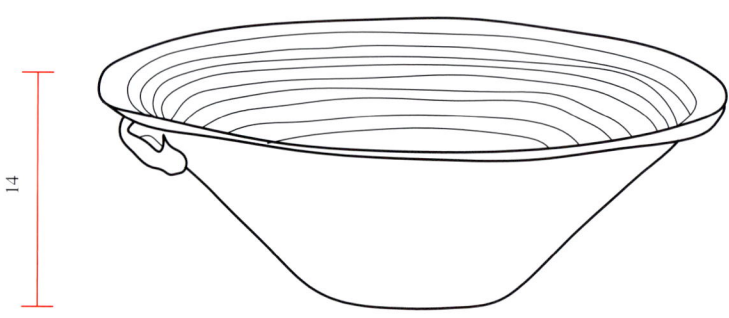

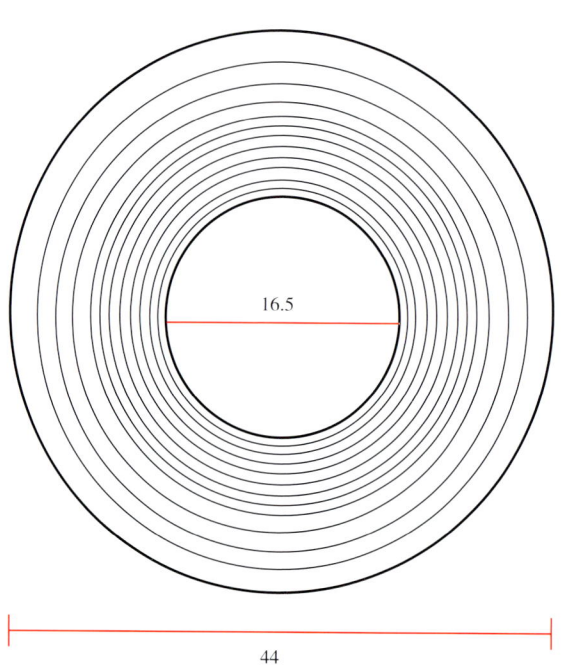

图三　朝鲜族淘米盆尺寸分析图（单位：cm）

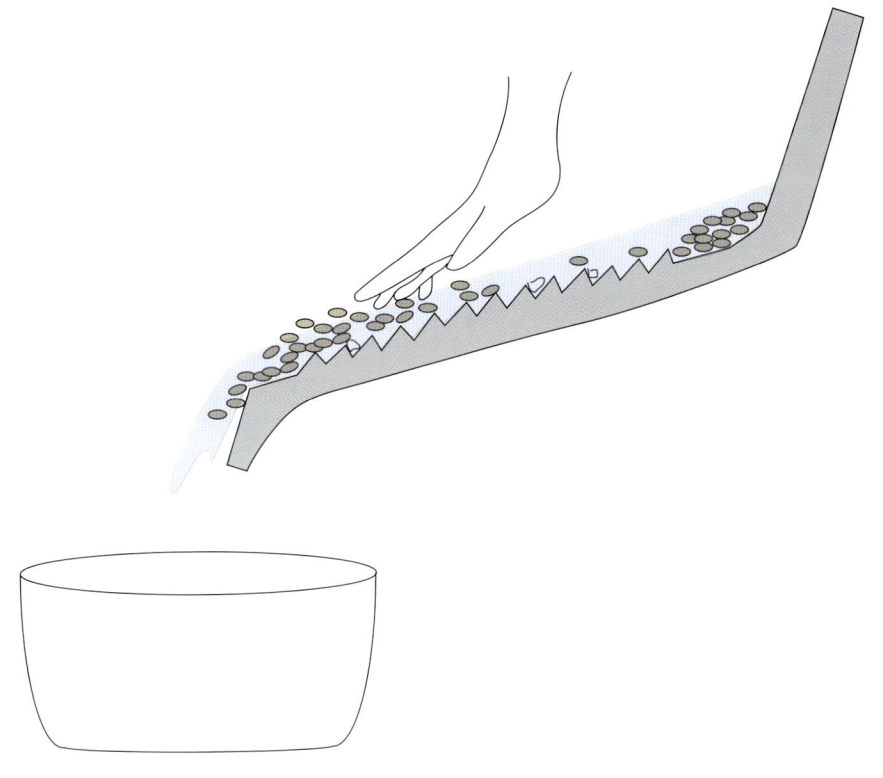

图四　朝鲜族淘米盆工艺分析图

图五　朝鲜族淘米盆使用示意图

第三章　朝鲜族传统餐饮

131

朝鲜族鳞纹有盖饭碗

图一　朝鲜族鳞纹有盖饭碗主图

鳞纹有盖饭碗是朝鲜族传统的饮食器皿之一。朝鲜族使用木制饮食器具的历史比较悠久，朝鲜李氏王朝时期广泛普及于民间。朝鲜族迁入到中国东北后的一百年间，利用当地森林资源的优势仍然袭用朝鲜半岛固有的木器制作技艺，使木器成为比较普遍的日常生活器具。到了20世纪70年代以后，随着铝制器具、珐琅器具、塑料器具的普及，木制器具逐渐消失。

鳞纹有盖饭碗的材质是在朝鲜族聚居区比较丰富的椴木等轻盈、柔实的木料。制作鳞纹有盖饭碗也有一定的工序。首先采伐圆木，锯成想要制作的木器大小的木块。然后不经过木料的干燥过程，直接把湿木块用斧子砍平表面，再用锛子挖出木块里面，使木块基本成型。紧接着用弯刃锛子和挖槽刀精心加工成木饭碗。碗盖也单独制作。最后把经过干燥的木器抹颜料再抹野苏子油成为深栗色的完成品。此物形制为敛口、平底、弧壁、稍鼓腹。用小斧子在腹面和盖面削出鱼鳞纹饰。盖中间稍凹陷，刻出纽扣状小盖把。此物通高12.3厘米、口径17.5厘米、底径14.7厘米。

鳞纹有盖饭碗是朝鲜族传统的生活文化

中比较罕见的木器之一。此物工艺精细，形制朴实，色彩深亮，可以说是历史性、艺术性、实用性特征浓郁的设计案例之一。

图片来源
图一　延边博物馆
图二至图四　董海英　制图

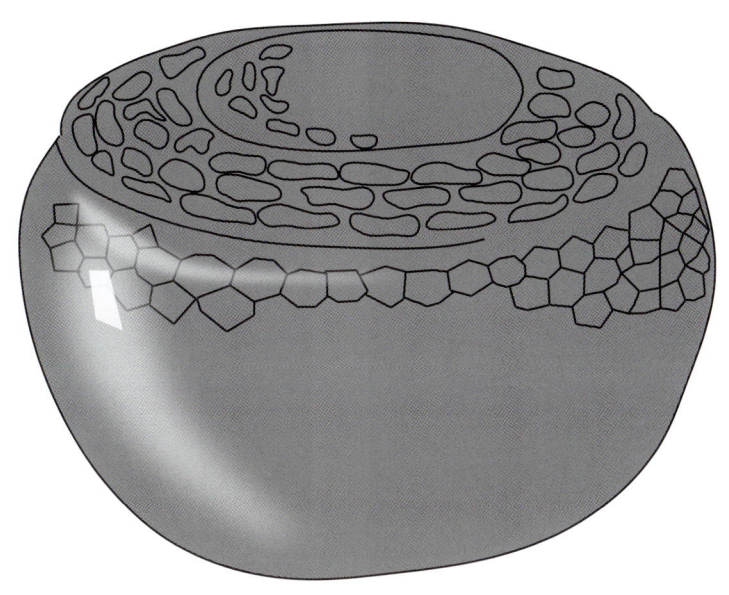

图二　朝鲜族鳞纹有盖饭碗视图分析图

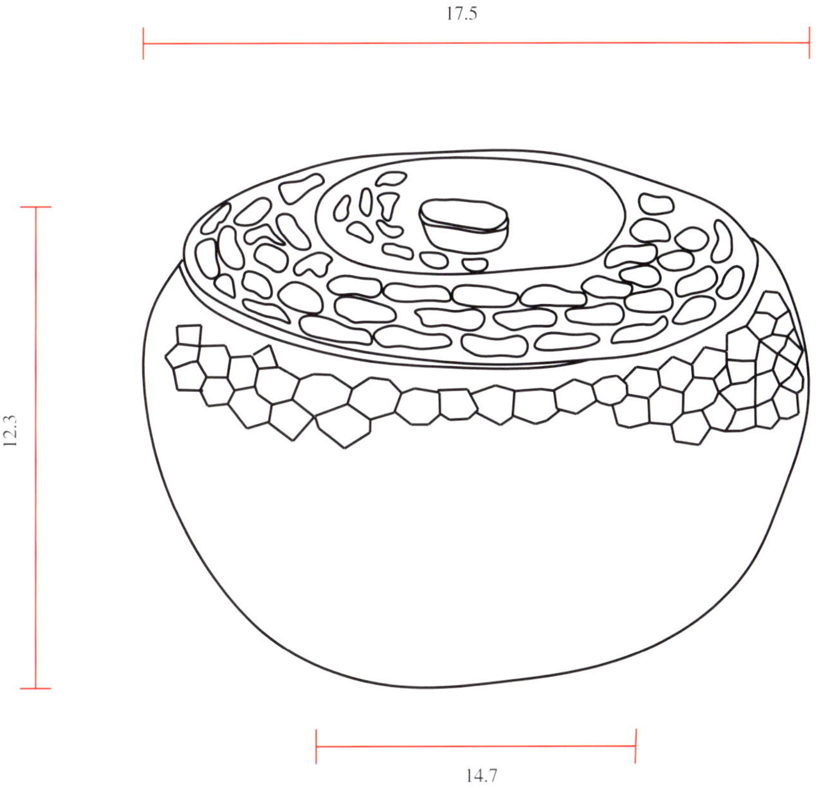

图三　朝鲜族鳞纹有盖饭碗尺寸分析图（单位：cm）

1 选材　　　　　　　　2 加工

3 涂色　　　　　　　　4 上油

图四　朝鲜族鳞纹有盖饭碗制作工艺图

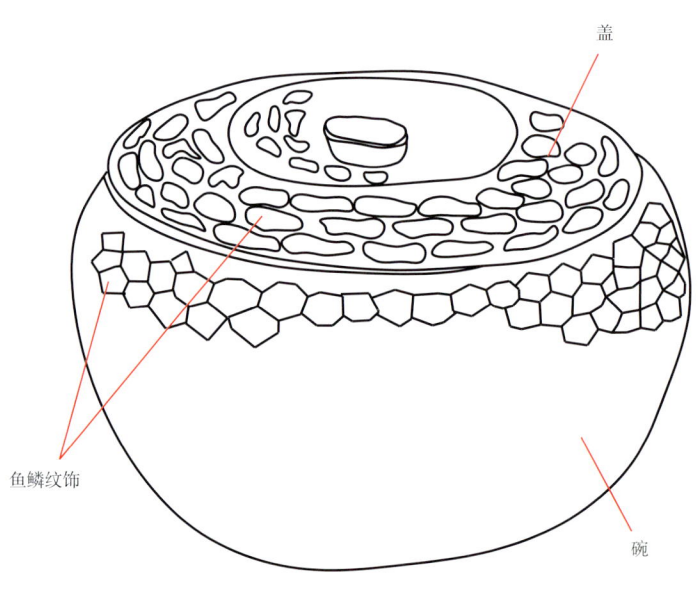

图五　朝鲜族鳞纹有盖饭碗结构分析图

朝鲜族木盆

图一 朝鲜族木盆主图

朝鲜族使用木盆的历史比较悠久，朝鲜李氏王朝时期的文献《林源十六志》里就有关于木盆的记载。朝鲜族迁入到中国东北后的一百年间，利用当地森林资源的优势仍然袭用朝鲜半岛固有的木盆制作技艺，使木盆成为比较普遍的日常生活器具。到了20世纪70年代以后，随着铝制器具、珐琅器具、塑料器具的普及，木盆逐渐消失。

木盆的材质一般采用椴木和柳树等木料。木盆的形状有椭圆形和圆形，分大、中、小型器具。一般大木盆其直径或长短80—120厘米，中小木盆为30—60厘米不等。木盆其形状为大敞口，平唇，斜弧壁，小平底，呈深褐色。木盆的制作也有一定的工序。首先采伐圆木，锯成想要制作的木盆大小的木块。然后不经过木料的干燥过程，直接把湿木块用斧子砍平表面，再用锛子挖出木块里面，使木块基本成型。紧接着用弯刃锛子和挖槽刀精心加工成木盆。最后把经过干燥的木盆抹朱砂再抹野苏子油就成为深褐色的完成品。木盆的功能和用途比较多样，根据需要用于装粮食和蔬菜、盛饮食，还用作水盆和洗衣盆，比较小的木盆有时用作腌菜缸和酱缸的盖。

木盆是朝鲜族传统的生活文化中使用普遍、用途广泛的生活器具之一。木盆其材质易取，制作流程简易，工艺既精细又朴实，呈现出其器具的历史性、工艺性、实用性特征。

图片来源

图一　延边民俗博物馆

图二至图五　柳星　制图

图二　朝鲜族木盆视图分析图

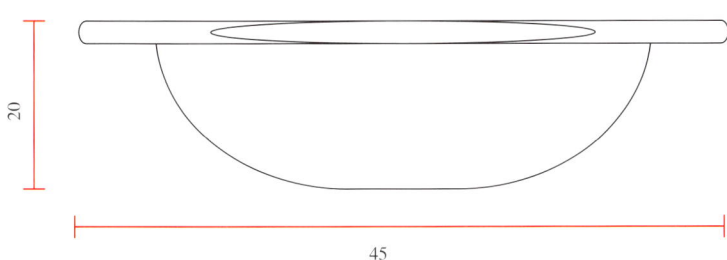

图三　朝鲜族木盆尺寸分析图（单位：cm）

图四　朝鲜族木盆使用示意图

| 圆形 | 椭圆形 | 方形 |

图五　朝鲜族木盆样式分析图

朝鲜族铜碗

图一　朝鲜族铜碗主图

铜碗是朝鲜族传统饮食器皿之一，分为饭碗和汤碗。铜饭碗又称"鍮周钵"或"鍮钵盂"。汤碗又称"鍮大碟"。鍮是铜和锡的合金。朝鲜族使用铜器皿的历史比较久远，早在朝鲜三国时期已经出现青铜器皿。到了朝鲜李氏王朝时期铜器制作业高度发展，铜器皿成为日常生活中的较贵重的物品之一。20世纪50年代前，中国朝鲜族也普遍使用包括铜碗在内的各类铜器皿。到了20世纪70年代后随着瓷器皿的普及，铜器皿的使用率逐渐降低，如今已基本在饮食生活中消失，成为文化遗产。

铜碗的主要材质是朱铜和锡金属的合金，叫"鍮"。朝鲜族合金锻造技术由来已久，早在公元前后已经掌握了青铜器制作技艺，到了朝鲜李氏王朝时期，民间的手工合金锻造技艺广为流传，称之为"方字"鍮器，出现了专门的民间工坊。鍮器工艺关键在于铜和锡的合金比例，必须保持铜78%、锡22%的精确比例。"周钵"主要用于盛饭，其形制为直口、弧壁、平底，有盖，子母扣，其规格为口径13.9厘米，高9厘米。"周钵"，盖很紧，不易透气，便于保温，因此多用于冬季。"大碟"主要用于盛汤或饮水。直口，弧壁，平底，圈足，口径17厘米，底径8.5厘米，高6.9厘米。在朝鲜族传统婚俗中，新娘一方作为嫁妆必须准备新郎和新娘的食具各一套，其中饭碗、汤碗、饭匙、筷子不可缺少。

铜碗是朝鲜族非常喜爱的传统饮食器皿之一。它充分体现了朝鲜族古老而精湛的鍮器制作技艺，而且反映出具有浓郁民族特色的传统饮食文化。包括铜碗在内的各种饮食器具，可以说是传统锻造技艺和传统生活文化融合在一起的比较成功的设计案例之一。

图片来源
图一　延边博物馆
图二至图四　柳星　制图

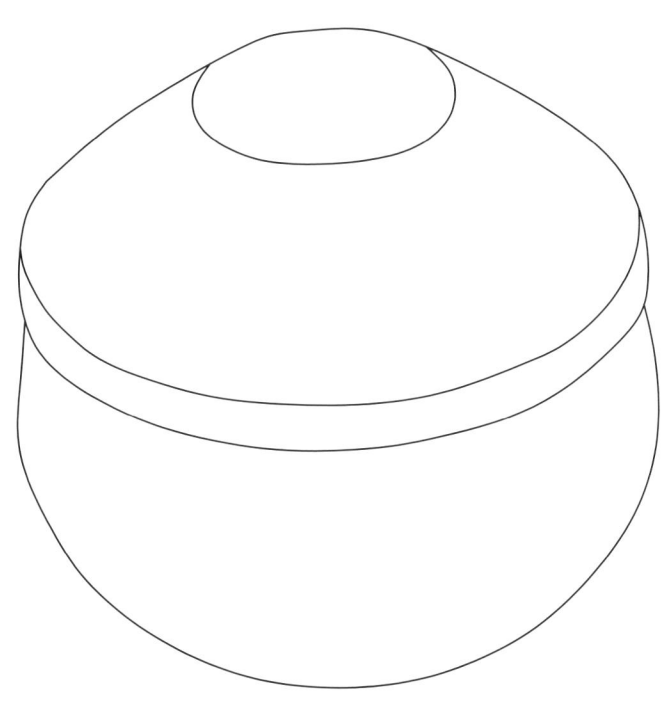

图二　朝鲜族铜碗效果图

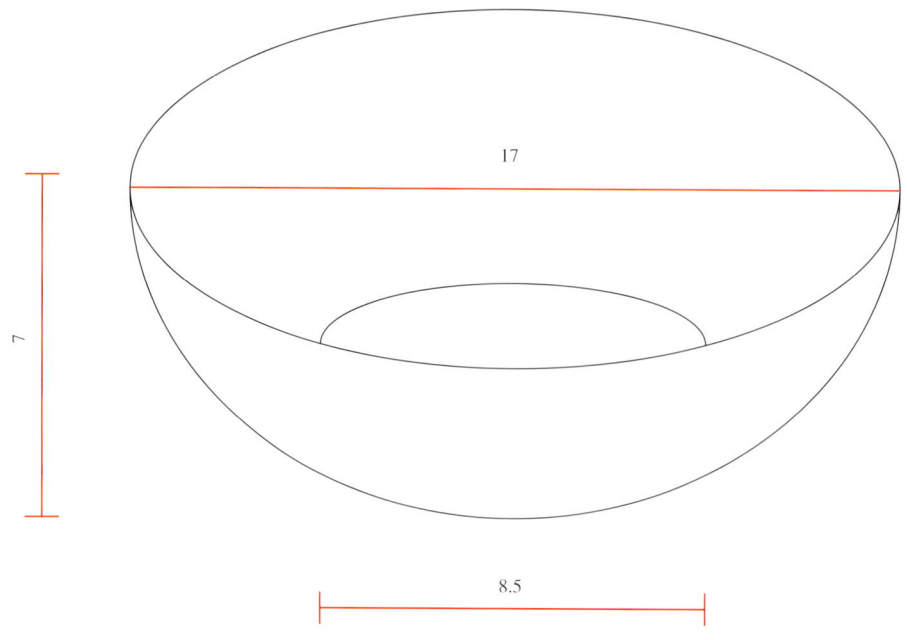

图三　朝鲜族铜碗尺寸分析图（单位：cm）

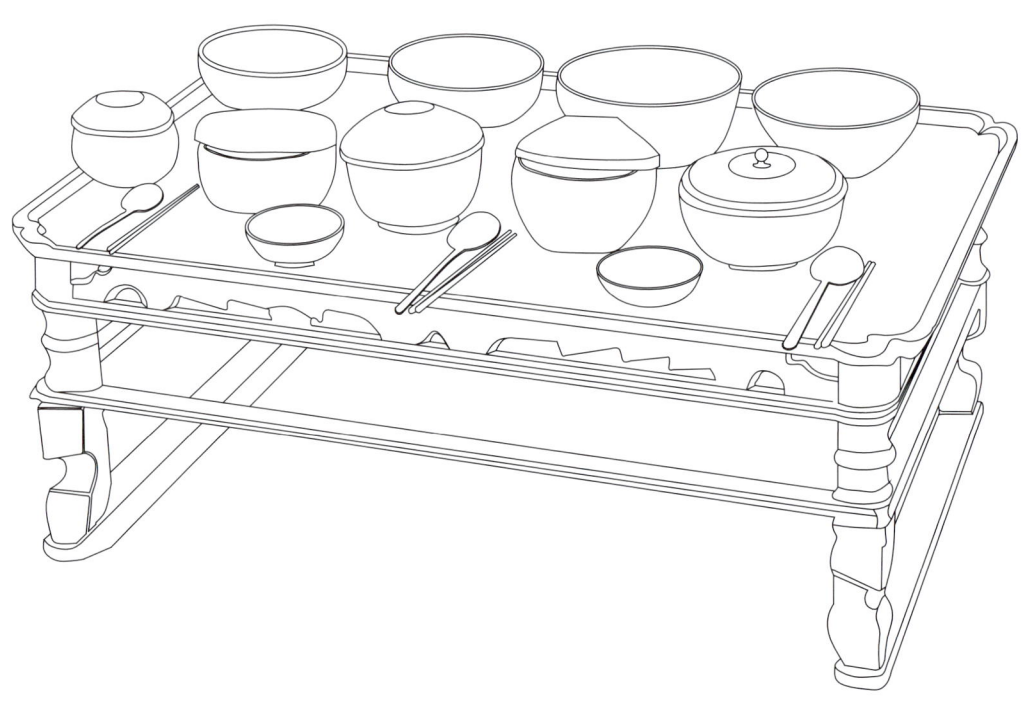

图四　朝鲜族铜碗样式图

朝鲜族茶食板

图一　朝鲜族茶食板主图（用茶食板制作的食品）

茶食板是朝鲜族传统的饮食制作器具。朝鲜族自古就有用谷米、栗子、苏子与糖稀或蜂蜜搅拌的方法做糖果的饮食习俗。此糖果称"茶食"，通常作为点心在喝茶时食用，而且特别用作红白喜事的摆设品。茶食板就是制作糖果的压印模具。

茶食板的材质一般采用梨树、枣木、檀木等比较硬实不易裂开的木料。其形制为长条形，由底板和按板组成。上部的按板凿出圆形或花叶形空洞，下部的底板凸刻与按板空洞相对应的圆柱条，在圆柱条表面还刻有花纹和文字纹。茶食板一般有4—8个圆空。此物有4个空洞，圆柱条表面刻有"寿、福、康、宁"四个字。其规格为长39.2厘米、宽5.5厘米、高2.6厘米。茶食的制作方法：先把谷米、栗子、野苏子等食物材料与糖稀或蜂蜜搅拌、揉和成柔软的粒团，然后把粒团塞进上板的空洞里，再把上板对接到底板往下按压就能推出空洞里的粒团楔子，就成了多个带有漂亮纹饰的糖果。

茶食板是在朝鲜族传统的日常生活中经常使用的饮食器具。茶食板制作原理科学，设计巧妙，带有浓郁的工艺性、科学性、文化性特征，可以说是比较有代表性的设计案例之一。

图片来源
图一　延边民俗博物馆
图二至图四　董海英　制图

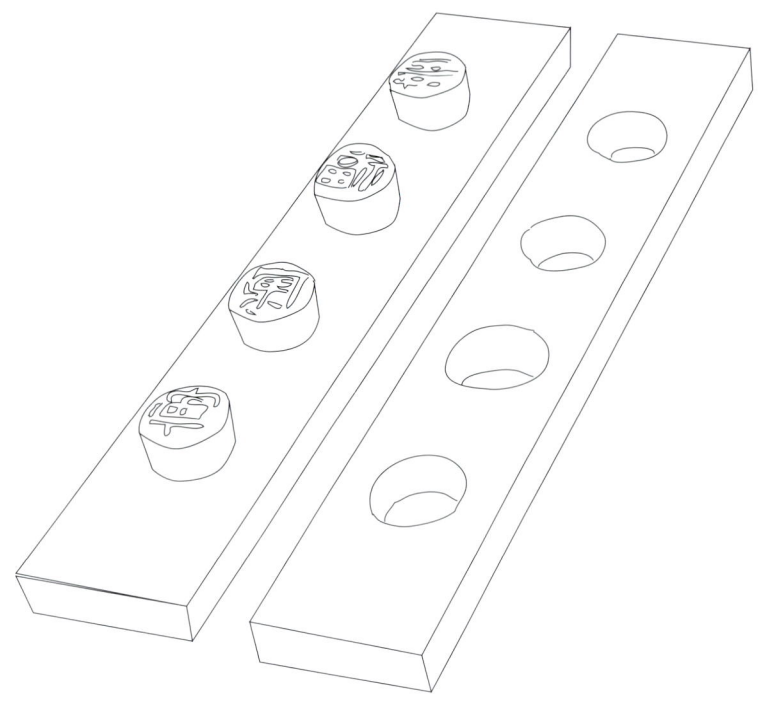

图二　朝鲜族茶食板视图分析图

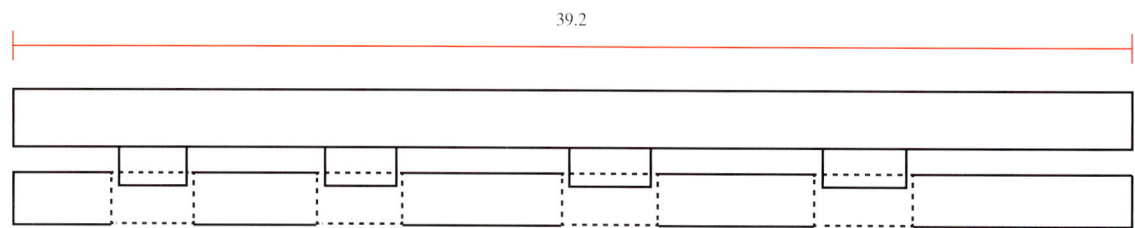

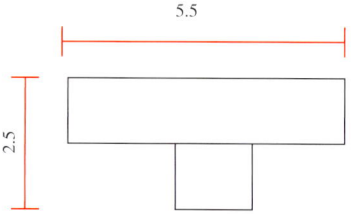

图三　朝鲜族茶食板尺寸分析图（单位：cm）

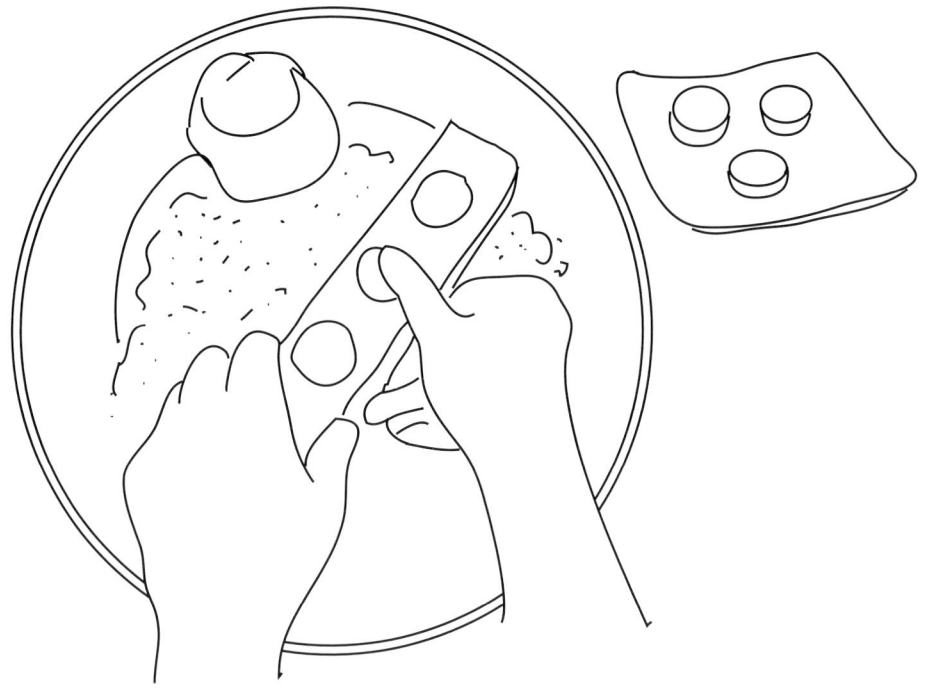

图四　朝鲜族茶食板使用示意图

第三章　朝鲜族传统餐饮

朝鲜族糕点印花板

图一　朝鲜族糕点印花板主图

糕点印花板是朝鲜族传统的饮食制作模具。朝鲜族民间俗称"得萨尔"。印花板是朝鲜族日常生活中比较常用的制作"切糕"时使用的印花纹的工具。家家户户一般备有1—2个印花板，每逢节日或喜庆之日时拿出来制作既好看又好吃的多种花样的"切糕"。切糕又称"白糕"，是朝鲜族具有独特民族风格的食品，用大米面制作，并用此具印出各种纹样。

糕点印花板的材质一般采用枣木、檀木等比较硬实的木料。印花板的造型多样，有圆形的，还有方形的。有些印花板是用陶瓷制作的。此印花板呈长条形，双面各有多种花纹。正面刻有莲花纹、喜字纹、菱形几何纹，背面凹刻几朵菊花纹。其规格为高3.1厘米，长33.2厘米，宽4.5厘米。

糕点印花板是朝鲜族传统的生活文化中比较常见的饮食制作器具。印花板融入了朝鲜族精湛的传统手工技艺，体现了向往美好生活、吉祥如意的朴实心愿，可以说是艺术性、文化性、实用性特征突出的设计案例之一。

图片来源
图一、图四　延边博物馆
图二至图三　董海英　制图

图二　朝鲜族糕点印花板尺寸分析图（单位：cm）

图三　朝鲜族糕点印花板纹样图

图四　朝鲜族糕点印花板制作的糕点

第三章　朝鲜族传统餐饮

朝鲜族小饭桌

图一　朝鲜族小饭桌主图

小饭桌是朝鲜族典型的传统饮食器具。在民间通常称为"小盘",是端茶端饭菜、就餐时使用的用具,过去在民间广泛使用这一生活必需品。朝鲜族在饮食礼节上,流行过成年男子单桌用餐的习俗,所以每个家庭都备有多个小饭桌。几代人生活在一起的大家庭里,厨房的置物架上摆放着3—5个小饭桌都是常见的。到了20世纪80年代,小饭桌完全退出了朝鲜族日常的饮食生活。

小饭桌一般用枣木或槭木等材料制成,个别用铜铸造而成。根据桌面形态分为圆形、长方形、八角形、十二角形、莲花形的小饭桌。按照桌腿的形状分为猫足小饭桌、狗足小饭桌、虎足小饭桌、马足小饭桌、圆足小饭桌、板足小饭桌等。根据材质分为木质小饭桌和铜质小饭桌。常用的有圆形、莲花形、长方形盘面的小饭桌,常见的桌腿形状为狗足形、虎足形、圆形腿等。其中,虎足小饭桌,其桌面呈莲花形,盘面中间画有太极纹,桌底有四个腿,其形似虎爪,故名称"虎足盘",面直径50厘米,桌高24厘米。桌腿中下部刻有唐草纹,雕刻精细。铜饭桌,其桌面呈圆盘状,豆形足,桌面边缘有上折,高2.2厘米,防止器皿滑落。桌面径41.7厘米,通高23.2厘米。桌面中部有阴刻双股弦纹。在过去的日常饮食生活中,妇女是摆饭菜、端饭桌的具体操作者,所以它的大小和重量也应该适合于一人端得动。因此要选用比较轻便的木材质。因为朝鲜族有着在火炕面上盘腿而坐就餐的习俗,小饭桌的高度大致控制在25—35厘米左右。这种形状的桌腿不宜高,那样就影响美观和桌子的稳定性。

小饭桌是反映朝鲜族坐式生活习俗的代表性的日常用具之一。朝鲜族小饭桌通常一人或两人使用,作为朝鲜族传统文化遗产,可以说是很有历史、科学、艺术价值的设计案例之一。

图片来源
图一　延边博物馆
图二至图五　董海英　制图

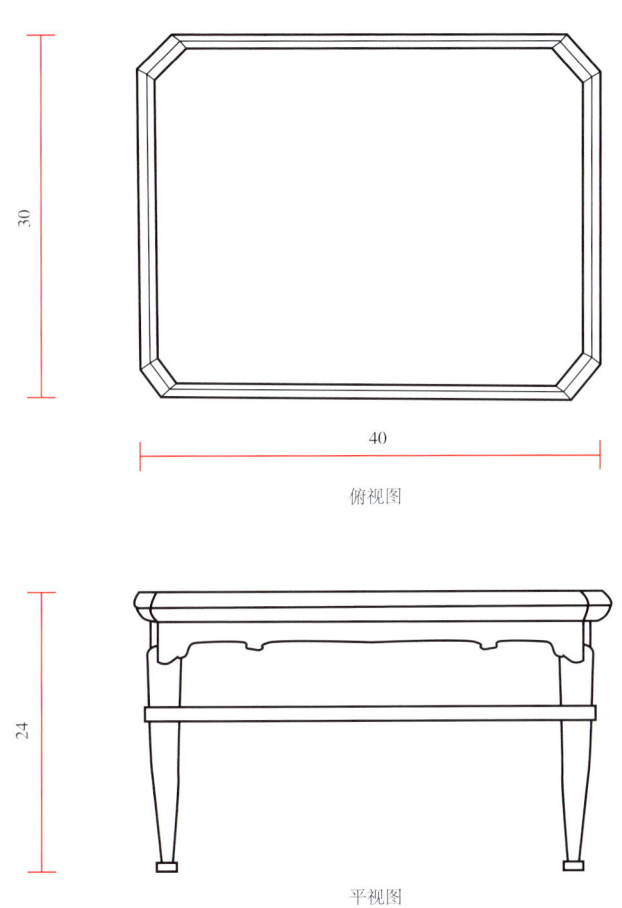

图二　朝鲜族小饭桌尺寸分析图(单位:cm)

图三　朝鲜族小饭桌制作工艺分析图

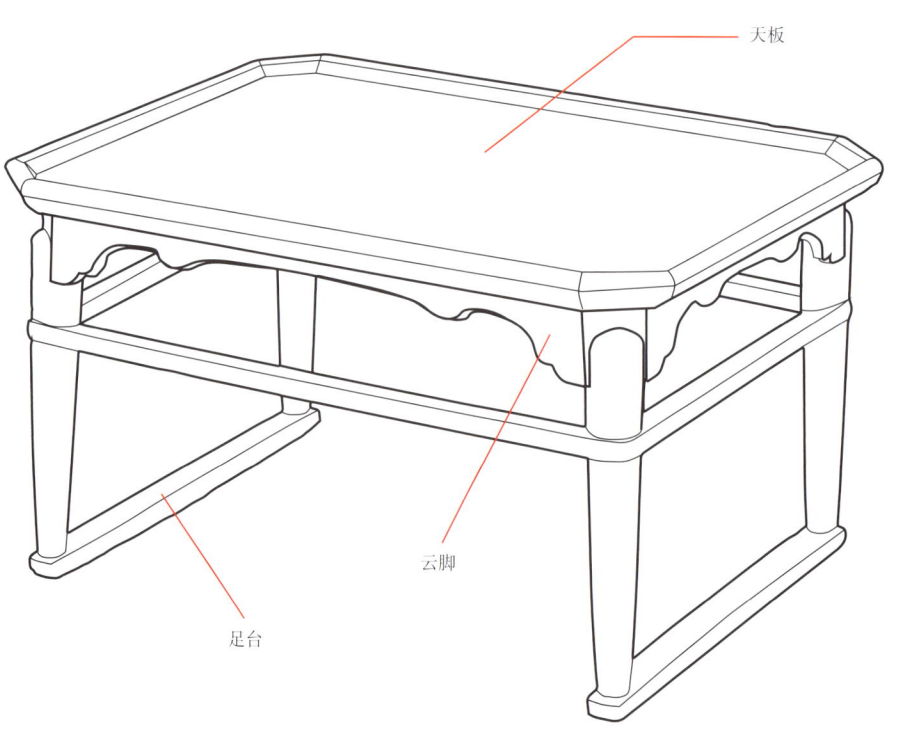

图四　朝鲜族小饭桌结构分析图

图五　朝鲜族小饭桌使用示意图

朝鲜族顶水罐

图一　朝鲜族顶水罐主图

顶水罐是以黑灰陶制作的朝鲜族传统的打水容器。朝鲜族使用顶水罐的历史比较悠久。在古文献中，有高句丽的琉璃王小时候练箭时不慎打碎女人头上的顶水罐的故事。19世纪后期开始，朝鲜族移居到中国东北以后，仍然继承了传统的制陶技术，制作各种陶质生活用具，顶水罐也是民间陶器物之一。20世纪60年代后期，随着水泵和自来水的普及，用顶水罐打水的习俗逐渐消失，顶水罐成了文化遗产。

顶水罐的材质比较多样，有陶瓷、金属等。其中黑灰陶顶水罐普遍流行于民间。顶水罐根据使用人的年龄，大小不一，其形制为高领、微敞口、双唇，鼓腹，腹中部两侧有对称桥状耳，小平底，整体呈黑灰色素面。顶灌打水是朝鲜族妇女日常生活中必不可少的家务，以前打水的时候一般罐里放置水瓢，防止罐里的水往外淌流。在民间故事里也有对妇女用顶水罐抗旱的赞誉，民间艺人也根据此故事创编了在朝鲜族中广为流传的"顶水舞"。

顶水罐是在朝鲜族传统生活文化中比较重要的生活用具之一。因为陶制品容易破碎的弊端，所以平常非常谨慎地使用此物，并且很珍惜地保管在厨房特定的位置上。顶水罐虽是普通的生活物品，但其中凝结着朝鲜族妇女勤劳和贤惠的人格品质，对朝鲜族传统黑灰陶技艺和传统生活习俗的研究具有重要的参考价值。

图片来源
图一　延边民俗博物馆
图二至图四　董海英　制图

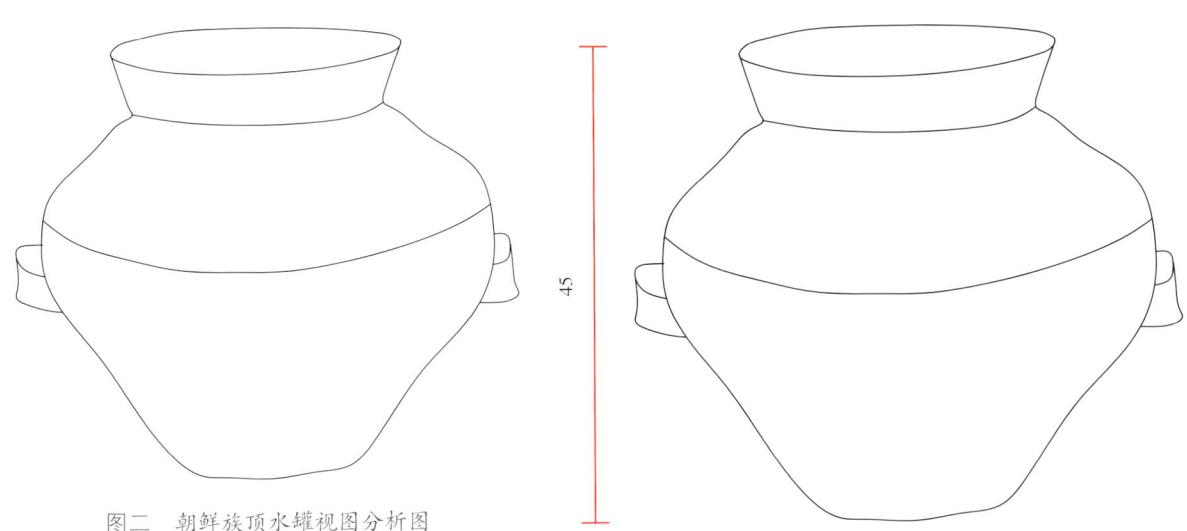

图二　朝鲜族顶水罐视图分析图

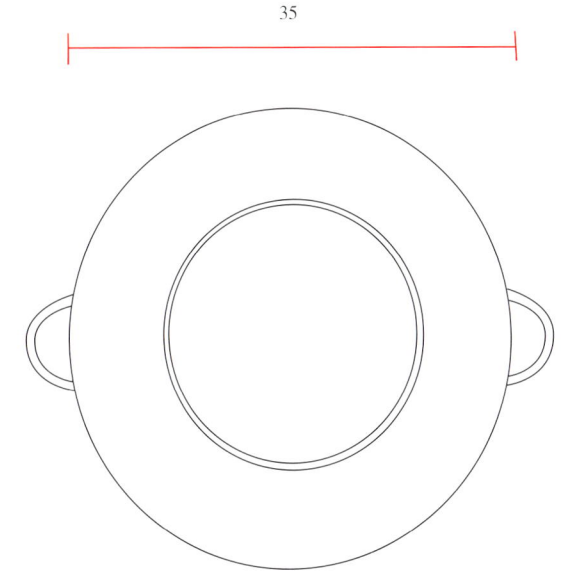

图三　朝鲜族顶水罐尺寸分析图（单位：cm）

图四　朝鲜族顶水罐使用示意图

朝鲜族神仙炉

图一　朝鲜族神仙炉主图

神仙炉是朝鲜族传统的饮食灶具。据古文献《海东竹枝》记载，15世纪，有个叫郑希良的文人隐居在深山中，创制了形状独特的火炉，用各种蔬菜煮汤，其味道香甜，吃起来像是神仙般的感觉。故此把火炉起名为神仙炉。如今，神仙炉仍然传承不断，成为朝鲜族饮食文化中的重要标志。

神仙炉的材质为黄铜，由锅、盖和炉、排烟口组成。锅为海碗形，壁和盖外表饰有游鱼和唐草纹，锅沿两侧和盖上部各有两蝴蝶状耳。锅中部立有烟筒口。炉为翻扣的碗形，底部镂空，一侧有灶口，用木炭作燃料。神仙炉通高12.5厘米、口径19.2厘米。神仙炉系火锅。朝鲜族传统的特制食品"悦口子汤"，就是用此物煮沸。神仙炉一般用于冬天，边煮边吃，可吃热汤。过去老人过花甲礼时，必须摆设寿宴桌，神仙炉是为老人祝寿的最有象征意义的摆设品之一。

神仙炉是在朝鲜族传统饮食文化中具有代表性的风味饮食烹煮器具。利用神仙炉把肉禽蛋、各类蔬菜、坚果等饮食材料组合在一起烹煮，使其成为美观、美味，营养价值丰富的特色饮食。

图片来源

图一　延边博物馆

图二至图四　柳星　制图

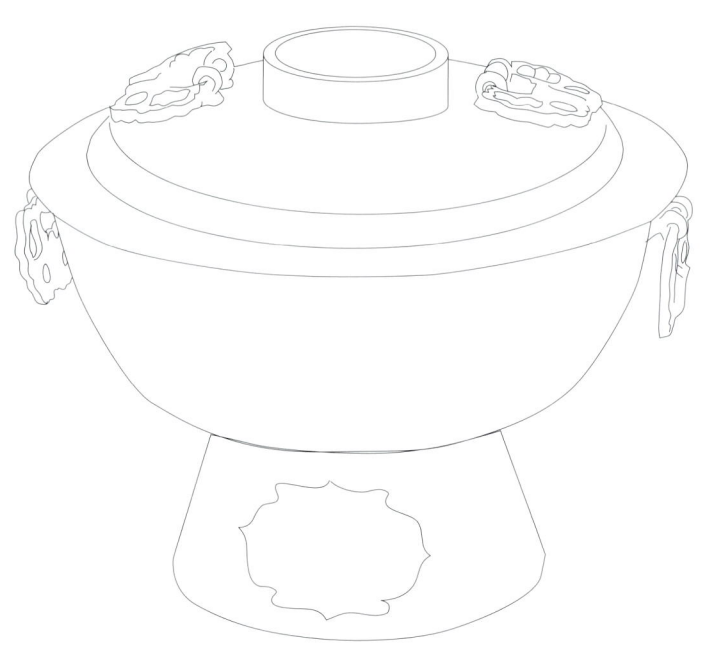

图二　朝鲜族神仙炉效果图

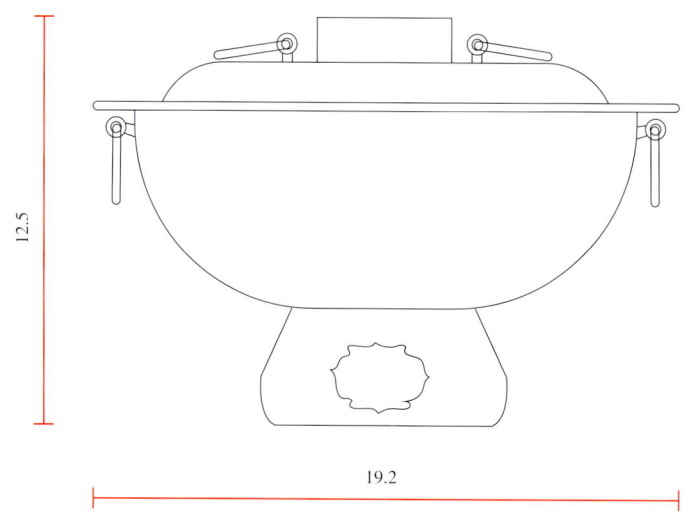

图三　朝鲜族神仙炉尺寸分析图（单位：cm）

图四　朝鲜族神仙炉结构示意图

朝鲜族双耳石锅

图一 朝鲜族双耳石锅主图

双耳石锅是朝鲜族传统的饮食炊具，以腊石为主要原料制作而成，是朝鲜族传统石工艺的重要制品之一。朝鲜族石工艺历史悠久，所采用的的石料也很繁多，其中腊石为上品。如今石锅制作工艺仍然在传承，已成为国家非物质文化遗产代表项目之一。

双耳石锅，其形制为敛口、弧腹、平底，口沿下部有对称的圈状双耳作为手把。整体呈黑色，表面光亮，没有纹饰。其规格为高5.7厘米、口径8.0厘米、底径8.0厘米。制作石锅关键在于成形后的处理工序。先用野苏子油或豆油涂抹在锅体内外，然后掩埋在稻糠里面，紧接着点火烧掉稻糠。这样通过碳化作用使锅体呈现出涂抹黑漆的效果，经过擦洗也不易脱色。石锅厚实、稳重、保温性能特强，主要用于做饭或煮酱汤等。

双耳石锅是形状独特、用途特定的饮食炊具。制作工艺精细，色彩均匀亮丽，而且在日常生活中普遍使用，可以说是实用性、工艺性、历史性特征浓厚的代表性的设计案例之一。

图片来源
图一 延边博物馆
图二至图四 柳星 制图

图二 朝鲜族双耳石锅视图分析图

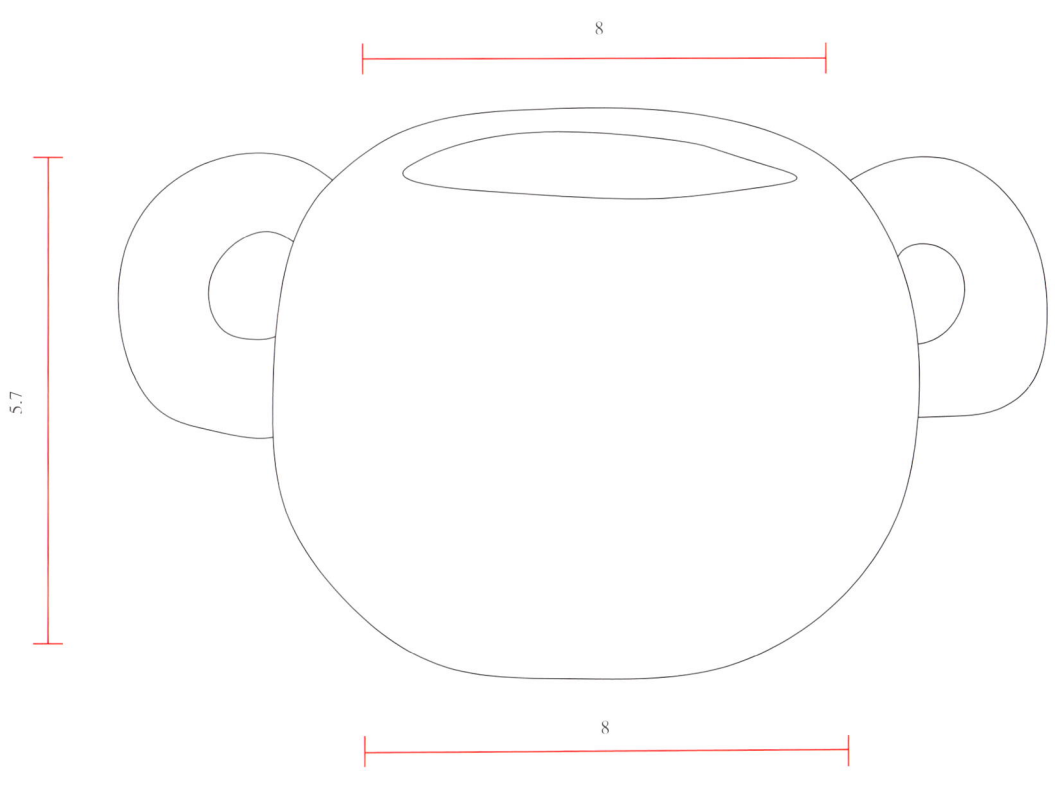

图三 朝鲜族双耳石锅尺寸分析图（单位：cm）

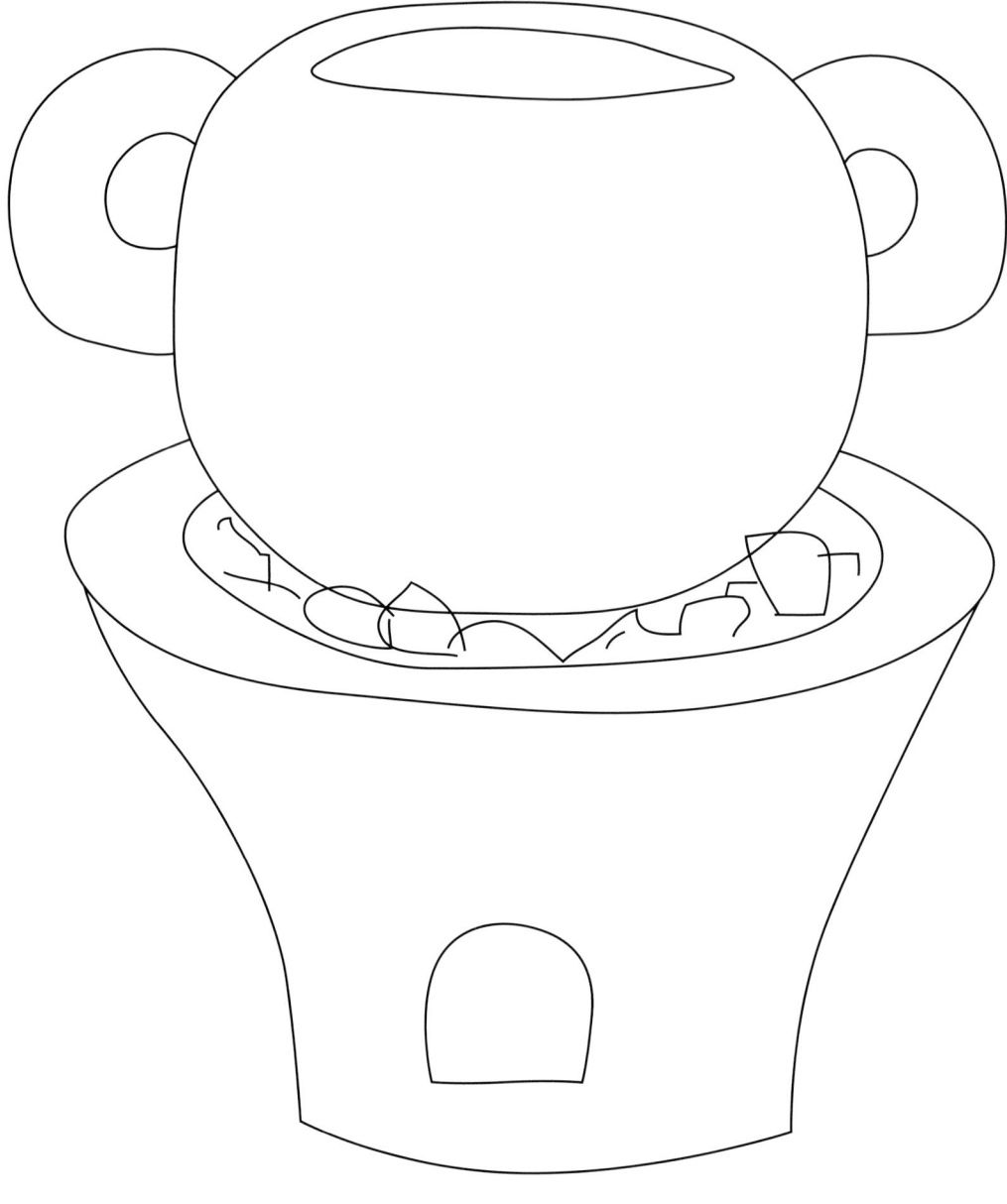

图四　朝鲜族双耳石锅使用示意图

朝鲜族铁水缸

图一　朝鲜族铁水缸主图

　　铁水缸是朝鲜族传统的盛水器具。过去，朝鲜族家庭中一般四世同堂，而且饲养不少猪、牛等家畜，需要大量的饮用水，这样就出现了大容量的铁水缸，普及于民间的家家户户。到了20世纪60年代后，随着家族成员结构和生活方式的变化，铁水缸逐渐失去了实际用途，成为宝贵的文化遗产。

　　铁水缸以生铁铸造，呈黑色。其形制为敛口、弧底、直壁，整体与朝鲜族传统的铁锅比较相似。壁面上下部有三条平行凸起环带纹，中部为凸起的"之"字纹，"之"字纹上下各有凸形圈，圈内饰有菊花纹。其规格为口径81厘米、壁高48厘米。铁水缸配有三足底座，各足均有2朵凸起的菊花纹。三足圈底座高24厘米。

　　铁水缸古朴厚实，乌黑发亮，坚固耐用，具有独特的民族风格。铁水缸盛水量大，稳定性能好，一般能盛入一二百升水。另外，为了避免该器物的单调乏味的感官效果，器物的表面适当地饰有朝鲜族喜爱的纹样图案，以此来表现丰衣足食、美好生活的朴实心愿。

图片来源
图一　延边博物馆
图二至图四　柳星　制图

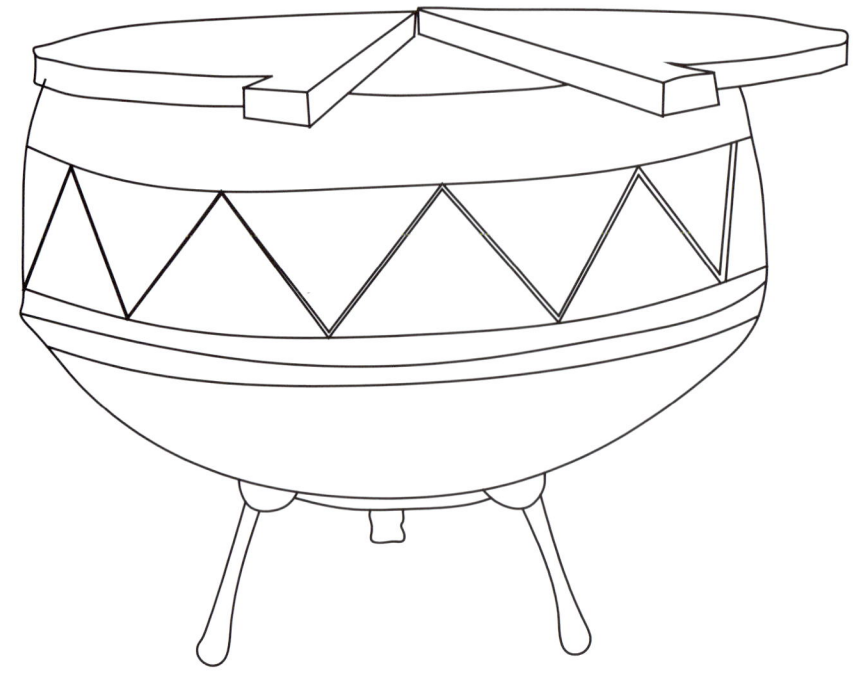

图二　朝鲜族铁水缸视图分析图

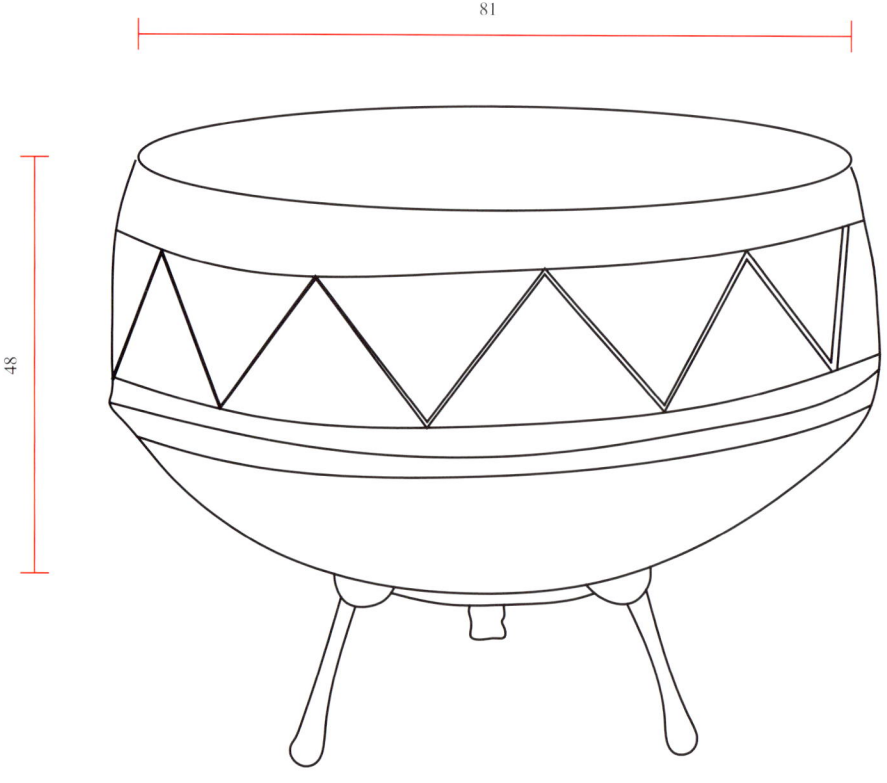

图三　朝鲜族铁水缸尺寸分析图（单位：cm）

图四　朝鲜族铁水缸使用场景图

朝鲜族纸龟瓶

图一　朝鲜族纸龟瓶主图

纸龟瓶是朝鲜族传统的装酒容器。朝鲜族纸工艺源远流长，早在朝鲜三国时期已经出现了简易的纸工艺用品。到了朝鲜李氏王朝时期纸工艺非常发达，成为民间重要的手工行业。中国朝鲜族也继承了传统的纸工艺技术，生产了纸龟瓶在内的各种纸工艺制品。

纸龟瓶的材质是优质宣纸之一的"高丽纸"。"高丽纸"质地柔软、韧性和吸附性强，便于制作轻盈的生活用具。制作纸龟瓶也有一定的工序。首先选择纸张，用细木条制作龟瓶构架。然后从里到外粘糊宣纸十几层，在阴凉处干燥。这样形成比较硬实的瓶状器物。再用野苏子油或黑漆油涂抹器物的里里外外，使其成为既结实又光亮的龟状器物。这种器物防水性能强，装入液体后不易泄漏，而且掉在地上也不易破碎，很有实用性。形制为龟状、直口、扁腹、高圈足、两肩各有两个圈耳，在两个圈耳系结牛皮绳提梁。器物整体呈黑色，较光亮。其规格为高25.7厘米，口径4.5厘米，底径12.1厘米。

纸龟瓶是工艺特异、功能实用的设计案例之一。通过此物可以了解朝鲜族传统的纸工艺历史和技巧，而且能够领略朝鲜族传统生活习俗，可以说是历史性、工艺性、实用性特征浓厚的典型生活器物之一。

图片来源
图一　延边博物馆
图二至图四　董海英　制图

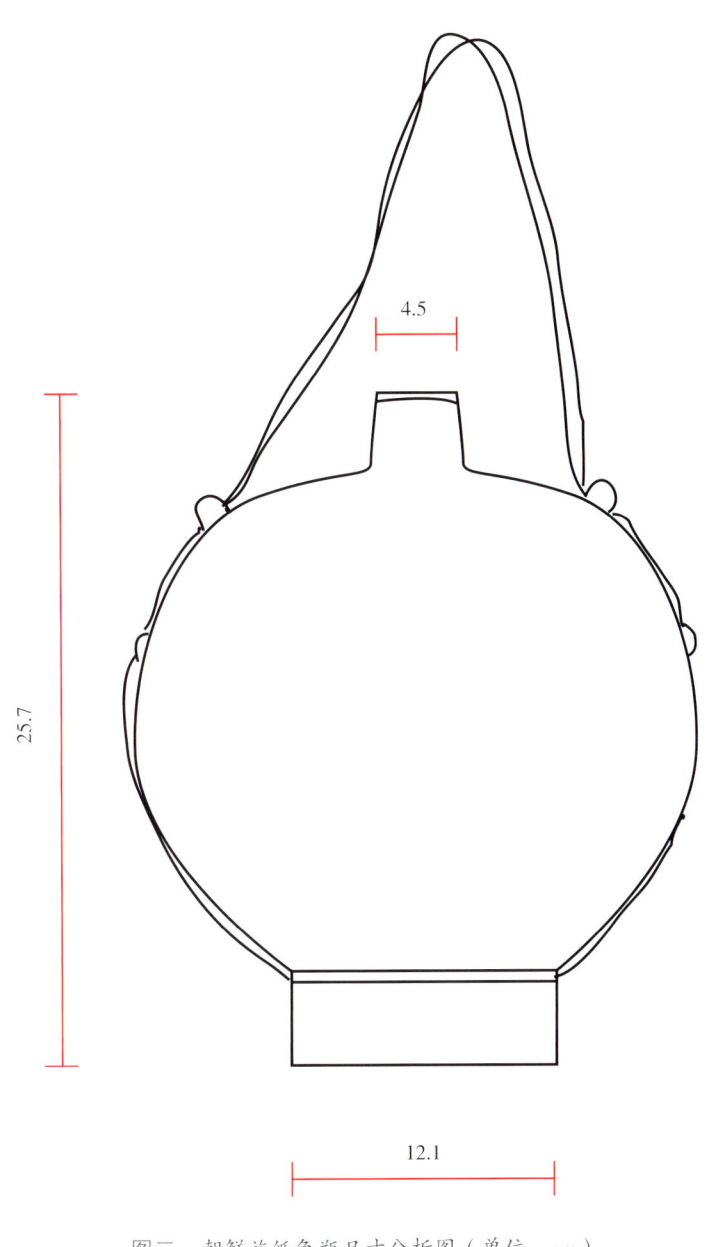

图二　朝鲜族纸龟瓶尺寸分析图（单位：cm）

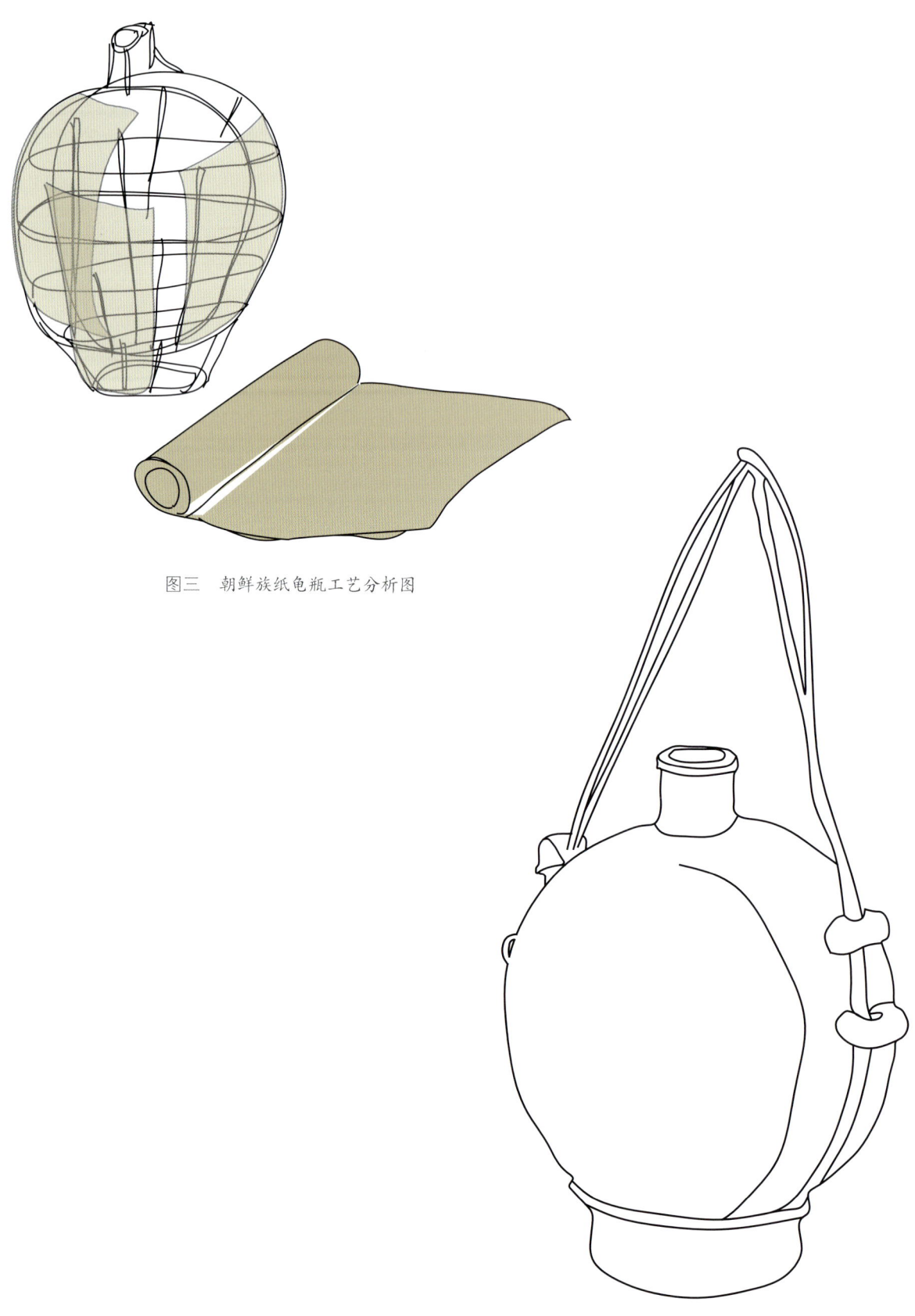

图三　朝鲜族纸龟瓶工艺分析图

图四　朝鲜族纸龟瓶视图分析图

朝鲜族五谷饭

图一　朝鲜族五谷饭主图

　　五谷饭是朝鲜族传统的特色饮食之一，因用五种谷物煮成而得名。所选的谷物各地不尽一致，但是传统的五谷饭通常用大米、黄米、大麦米、黏高粱米、小豆等五种粮食做成。如今延边朝鲜族的五谷饭一般用糯米、黄米、黏高粱米、小米、云豆等五种粮豆做成。五谷饭是正月十五日上元节吃的节日饮食，以此来祝愿五谷丰登、生活美满。

　　朝鲜族的先人们在历史上，长期以农耕作为主要的生产方式，祖先们最初种植了稗子、粟子、黍子、高粱、红豆等农作物，随即懂得了大麦、小麦、大豆、水稻、玉米的栽培。这给五谷饭的产生提供了物质基础。关于吃五谷饭的习俗，民间有这样的传说：朝鲜新罗国时期的毗处王为了报答乌鸦的救命之恩，询问文武百官乌鸦喜欢吃什么谷物，但谁也说不出准确的答案，于是决定用五种谷物祭祀乌鸦。这一天为正月十五日，又称为"乌忌日",这样出现了用五谷做米饭的习俗。

五谷饭历史悠久,蕴含着丰富的文化内涵,而且能够充分体现朝鲜族以米饭为主的饮食结构特征。五谷饭中的五谷代表着民间所推崇的五福,以此来寄托对健康与丰收的愿望。

图片来源
图一　刘载学　摄影
图二　王超义　制图
图三　崔楠楠　制图
图四　王冠　制图

图二　朝鲜族五谷饭效果图

1.泡红豆　　　2.煮红豆　　　3.红豆半成品

4.调配五谷　　　5.煮饭

图三　朝鲜族五谷饭制作流程图

图四　朝鲜族五谷饭食用示意图

朝鲜族打糕

图一　朝鲜族打糕主图

打糕是朝鲜族传统的特色饮食之一，又称"引绝味""引绝饼""粉糍""豆糕"，是朝鲜族在各种节日、仪礼和庆丰收等喜庆日子里最常吃的一种食品，有着悠久的历史。早在18世纪有关文献中已有记载，当时称打糕为"引绝饼"。

打糕，顾名思义，就是用手工打出来的食品。打糕制作工艺具有民族特色，而且纯手工的制作方法给人一种亲切的感觉。首先，选上等北方糯米，也称"江米"，或选择大黄米和小黄米。糯米要经过一天的浸泡才能上锅蒸，蒸熟后反复捶打至糕状。食用打糕时要蘸红豆沙或炒好的黄豆面，口感细嫩、润滑、筋道。朝鲜族民间有句俗话说："三伏天吃乌鸦头大的打糕，全身都有劲。"说明打糕是一种营养价值非常高、具有保健功能的食品。打糕制作器具有几种：用石头做的石板；用木料做的木板；用石头或木头做的臼；用木头做的木槽等，其中木槽在中国朝鲜族当中比较流行。

打糕作为朝鲜族民俗食品，历经几百年的历史，集中反映了朝鲜族的生活习俗，成为朝鲜族具有代表性的饮食文化之一，具有很高的历史价值和文化价值。目前朝鲜族打糕已列入国家非物质文化遗产代表性名录。

图片来源
图一　延边博物馆
图二　崔楠楠　制图
图三至图四　王冠　制图
图五　王超义　制图

俯视图：

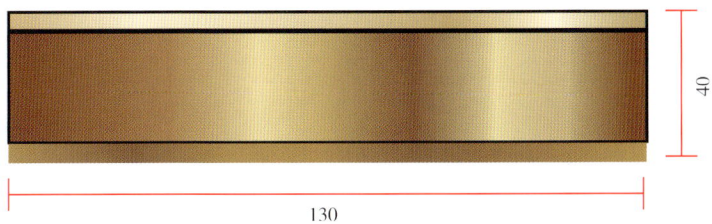

主视图：

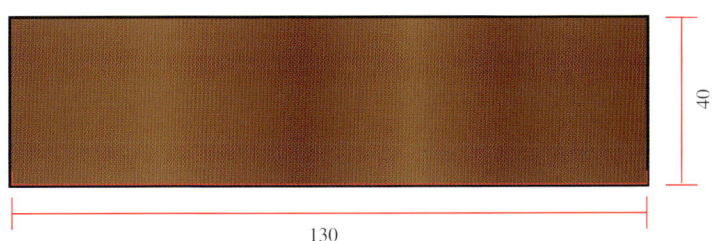

侧视图：

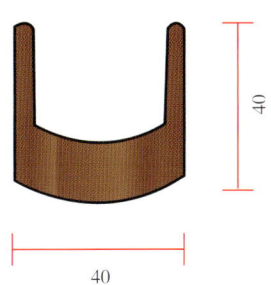

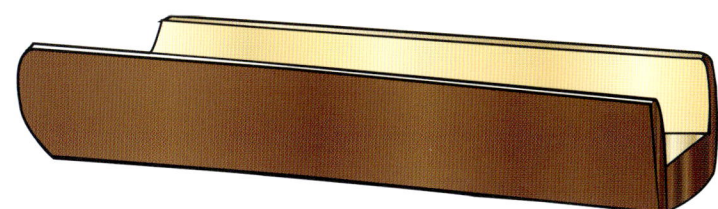

图二　朝鲜族打糕槽尺寸分析图（单位：cm）

主视图:

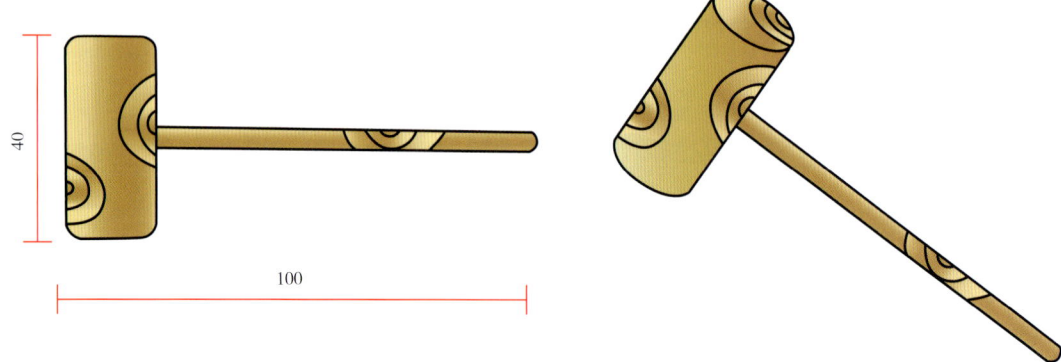

俯视图:

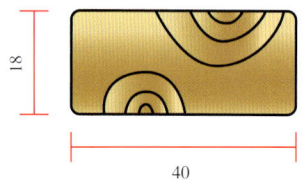

侧视图:

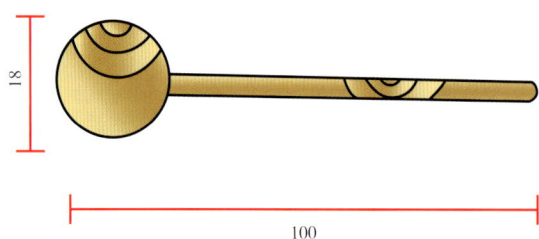

图三　朝鲜族打糕捶尺寸分析图（单位：cm）

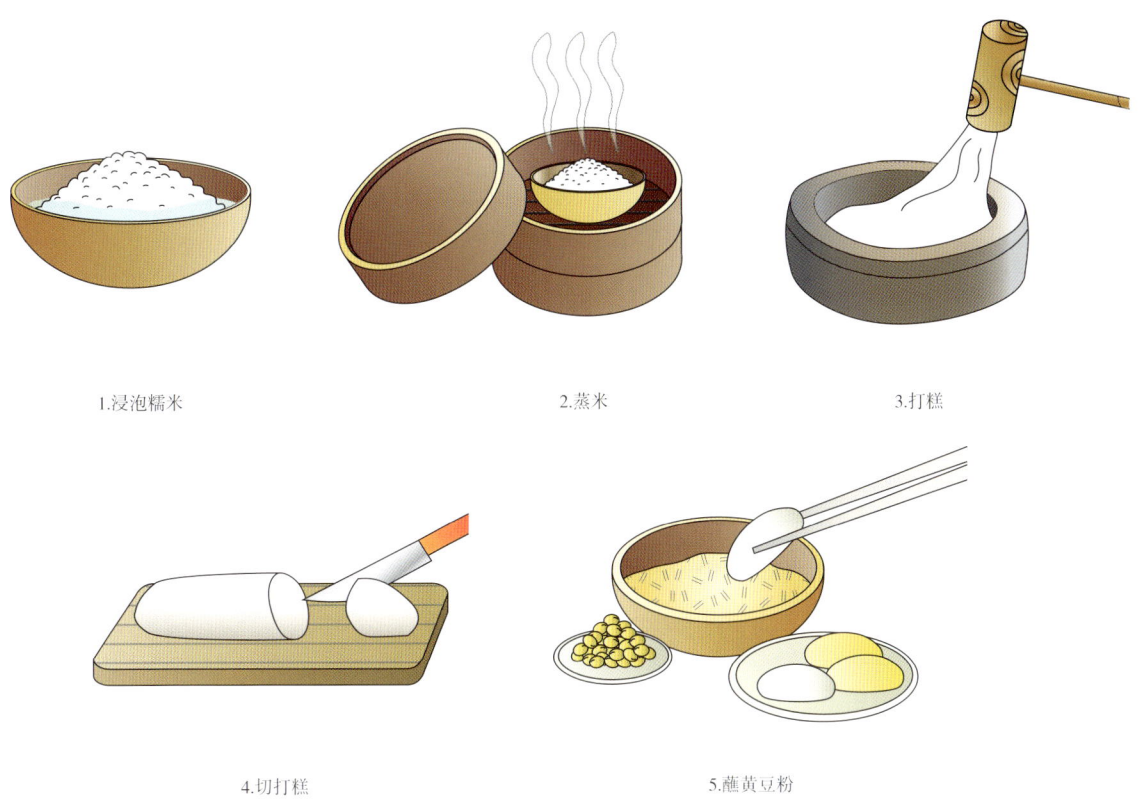

1.浸泡糯米　　　　2.蒸米　　　　3.打糕

4.切打糕　　　　5.蘸黄豆粉

图四　朝鲜族打糕制作流程图

图五　朝鲜族打糕制作示意图

第三章　朝鲜族传统餐饮

朝鲜族切糕

图一　朝鲜族切糕主图

　　切糕是朝鲜族传统的特色食品之一,又称"节片",由大米面制作而成。朝鲜族种植水稻的历史比较久远,由此出现了用稻米面制作的各种糕点,切糕就是其中之一。切糕在朝鲜族的日常饮食中比较常见,也是节日和喜庆之日必选的节庆饮食。

　　切糕的主原料是大米,可加一点糯米。先把大米泡在水里8—10小时,然后沥水捣成米面。用50—60度左右的开水把米面和好,捏成饼状蒸熟。再把蒸熟的面团装在盆里或桌面上用手仔细和好,或者放在糕槽用打糕槌捶打,增加面团的黏性后,切一块面团捏成长长的圆柱条。而后从一端开始一边压扁,一边用刀切成菱形,或切一小块捏成圆形以后,用印糕板压印出各种纹样的切糕,最后涂上一层香油或熟豆油即可。切糕的种类也比较多样,有艾蒿切糕、松皮切糕、五方色切糕等,形状也有菱形、圆形、树叶形、桃形等等。其中,艾蒿切糕是端午节的节日饮食,也叫"车轮饼"。五方色切糕是婚礼、花甲礼等仪礼的摆设物品。

切糕是朝鲜族传统节日和礼仪生活中常见的饮食之一,其历史悠久、手艺独特、形状多样、味道可口,可以说是色香味俱全,且带有艺术性、文化性特征的特色饮食。

图片来源
图一　延边博物馆
图二至图四　董海英　制图

图二　朝鲜族切糕效果图

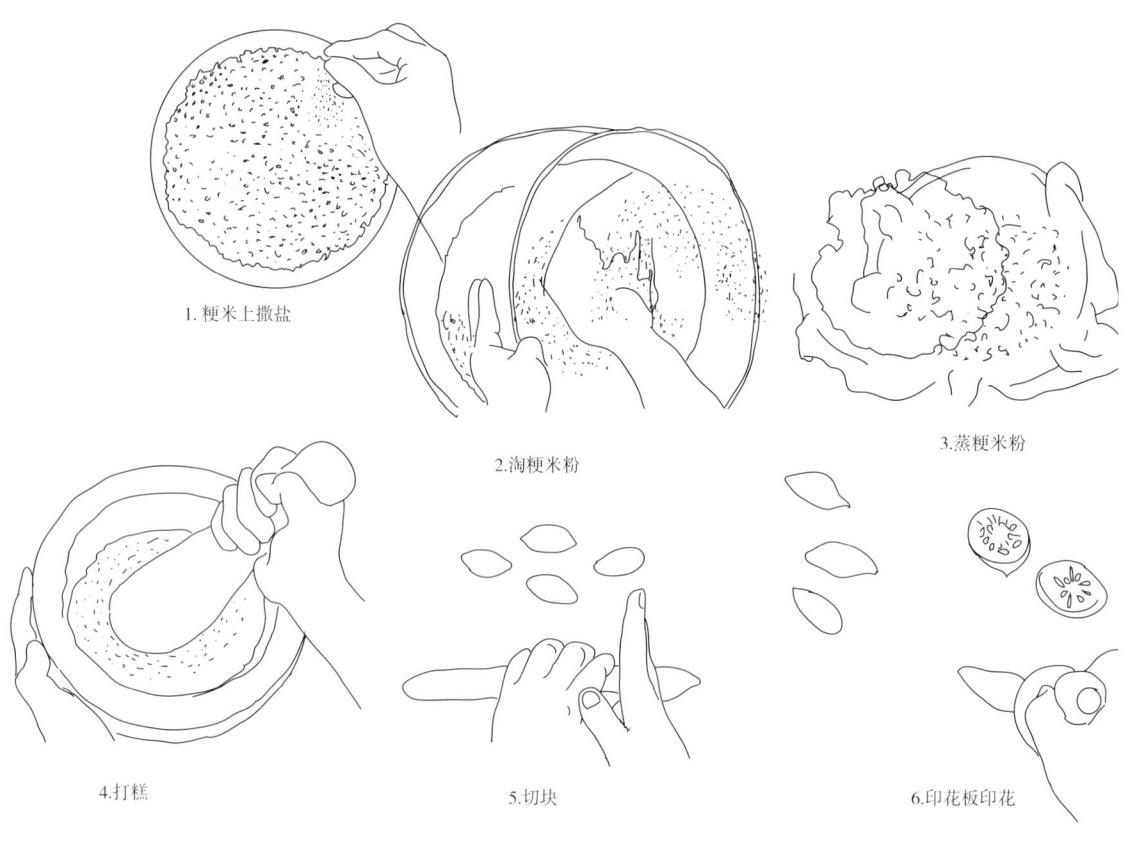

1.粳米上撒盐　　2.淘粳米粉　　3.蒸粳米粉

4.打糕　　5.切块　　6.印花板印花

图三　朝鲜族切糕制作步骤图

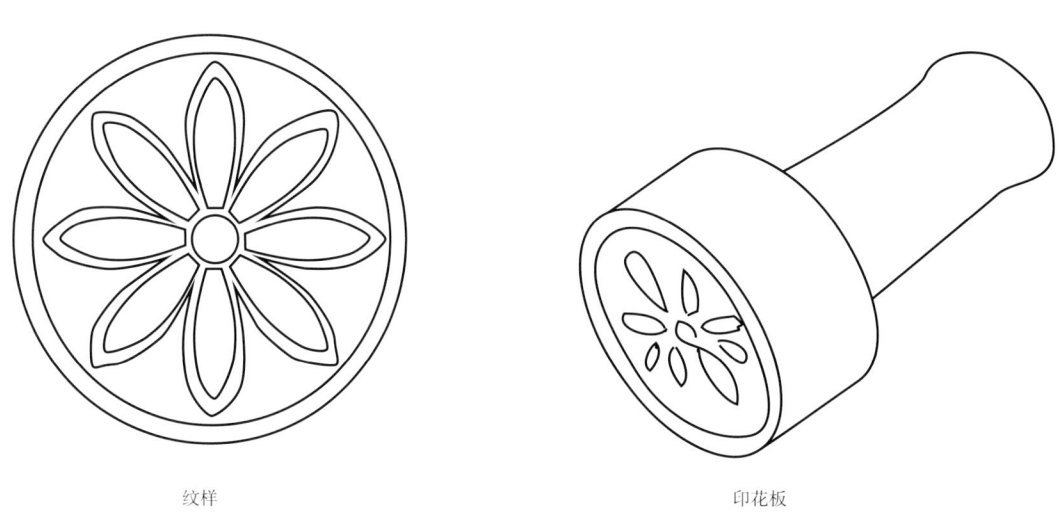

纹样　　印花板

图四　朝鲜族切糕制作工具图

朝鲜族蒸糕

图一　朝鲜族蒸糕主图

　　蒸糕是朝鲜族传统的特色食品，因在铁锅屉子上面蒸出来，所以叫蒸糕。蒸糕一般用大米、小米、高粱等面粉蒸制，也用江米面、黏高粱米面、黏苞米面、黄米面等带有黏性的面蒸制。根据主材料，蒸糕分为纯蒸糕、黏蒸糕，根据上面撒的材料，分为芸豆蒸糕、栗蒸糕、大枣蒸糕、芝麻蒸糕。用大米面或江米面蒸制的蒸糕称做白雪糕。

　　蒸糕的做法也比较讲究。先往面里喷一点水，用手戳一戳，调节湿度，锅里架上屉子，铺屉布，等到锅里的水烧开，热气开始往上窜时，在屉布上面撒一层芸豆，在其上密密地撒一层面，盖上锅盖，等候一二分钟，蒸汽冒出来时再撒入或筛入一层面，如此反复五六次，达到一定厚度后盖上锅盖蒸熟。蒸熟之后，用刀切割成长方形糕块，拿出来盛在碟子上即可食用。

蒸糕是抓周、婚礼等礼仪和节日里常见的特色食品。蒸糕的制作工序比较讲究，比起其他类型的糕点需要更高的手艺。所以蒸糕是朝鲜族妇女高超的饮食制作技艺的具体表现。通过蒸糕可以了解具有悠久历史的朝鲜族饮食加工技术和丰富多彩的朝鲜族传统饮食习俗。

图片来源
图一　延边博物馆
图二至三　董海英　制图
图四　延边民俗博物馆

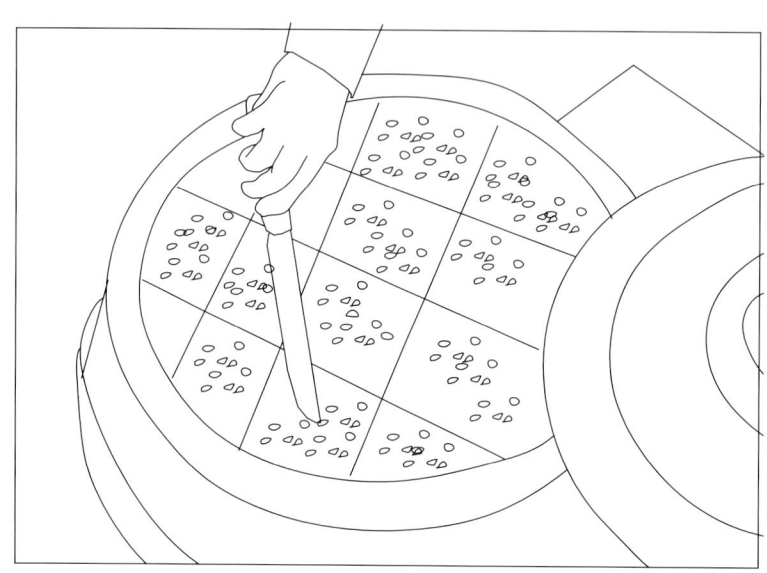

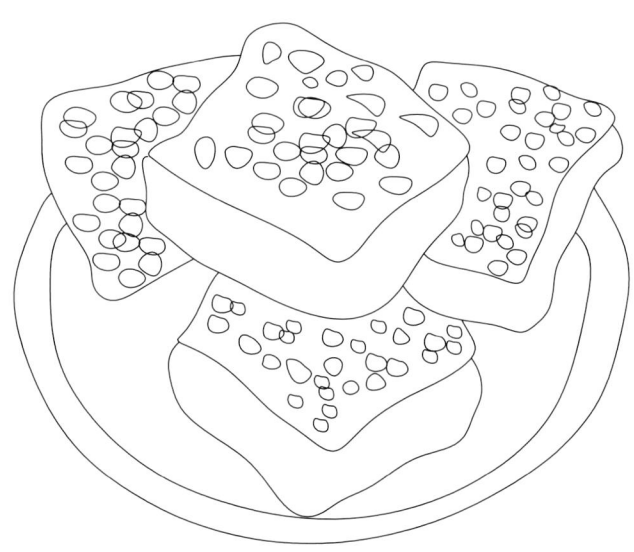

图二　朝鲜族蒸糕视图分析图

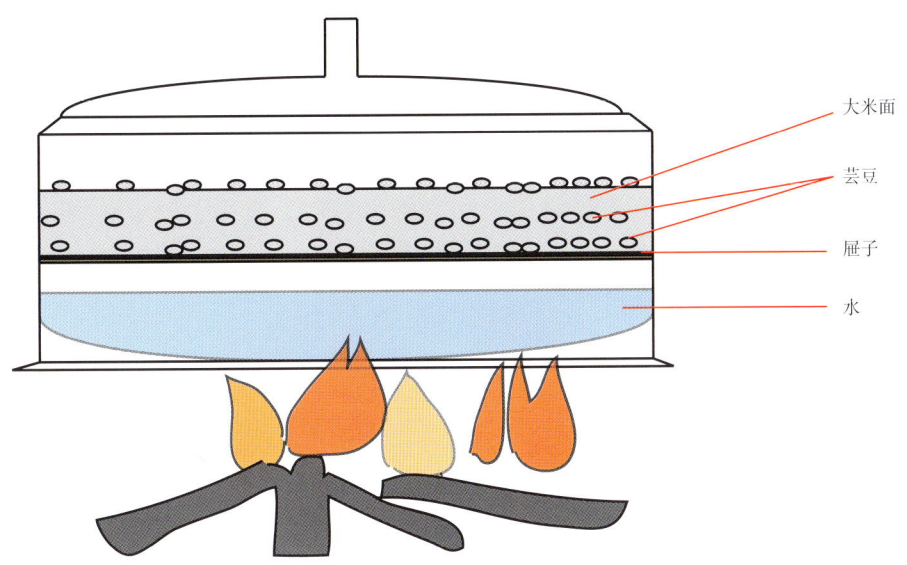

图三　朝鲜族蒸糕工艺分析图

图四　朝鲜族蒸糕制作示意图

朝鲜族蒸饼

图一　朝鲜族蒸饼主图

蒸饼是朝鲜族传统的特色糕点之一。又称"起酒饼""纪正饼"。糕点是朝鲜族喜爱的有特色的民族食品之一，也是节日和喜庆之日不可缺少的民俗食品。朝鲜族制作糕点的历史已有千余年，随着农耕生产的发展，谷物的生产量提高，出现了利用大米、黏米等各种谷物，制作各种各样的糕点的技艺。

蒸饼是用大米制作的。先把大米泡透，碾成面粉，然后用半开的热水把面粉和成稠糊状，接着搅拌进适量的面引子或甜酒，放置于温热的炕上，发酵10多个小时。锅里架上屉子，铺上屉布，屉子底下的水烧开之后，用饭勺把大米面糊一勺一勺地舀在屉布上面，放置成圆状饼，准备蒸熟。为了使蒸饼美观，在表面中心部位，撒上用红、绿、黄等颜料染色的芝麻、小米等点缀，而后盖上锅盖蒸15分钟左右，便成为直径约为5—7厘米的一块一块松软的扁圆形蒸饼。

蒸饼形状圆润，质地松软，味道甜酸可口，是朝鲜族非常喜爱的特色食品，又是在抓周、婚庆、花甲礼、丧祭及各种节日中不可缺少的礼仪食品。蒸饼是朝鲜族在长期的生产和生活中创造出来的智慧的结晶，对研究朝鲜族饮食生活习俗和食品加工技术有独特价值。

图片来源
图一　延边博物馆
图二至图三　柳星　制图

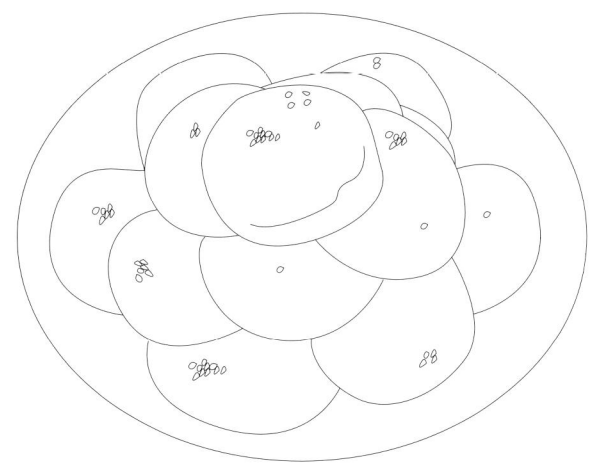

图二　朝鲜族蒸饼效果图

图三　朝鲜族蒸饼示意图

朝鲜族松饼

图一　朝鲜族松饼主图

松饼是朝鲜族传统的特色食品之一。古籍《牧隐集》中就有松饼的记载。19世纪后期，朝鲜族移居到中国东北后，仍保持原有的饮食习惯，喜爱吃包括松饼在内的各类特色饮食。松饼是用大米面做的包子，在锅里蒸松饼时屉布上面及饼间隔放一层松树叶子，使其渗透松树的香味，故称松饼。蒸出来的饼不仅有松树的香味，还印有松叶的纹样。

松饼的做法也比较讲究。先将大米面用半开的热水和好，捏成圆形薄片，包上馅，捏成月牙形。然后装入架屉子的锅内，屉子与饼之间放一层松树叶子，蒸熟之后表面涂一层香油或熟豆油。或者把大米面用半开的热水和好，捏成圆形薄片，撒入松树叶子，蒸熟，然后重新和好，搓成薄片，上面放置备好的豆馅包上。用薄片来包上豆馅以后，用圆形的小碗等器皿摁出半圆形松饼，最后表面涂一层油。松饼是阴历八月十五中秋节的节日食品。

松饼是朝鲜族平常喜爱的特色食品，又是节日和祭礼时使用的礼仪食品。松饼是朝鲜族在长期的饮食加工技术的探索中创造出来的智慧的结晶，对研究朝鲜族饮食生活和食品加工技术有独特价值。

图片来源
图一　延边博物馆
图二至图四　柳星　制图

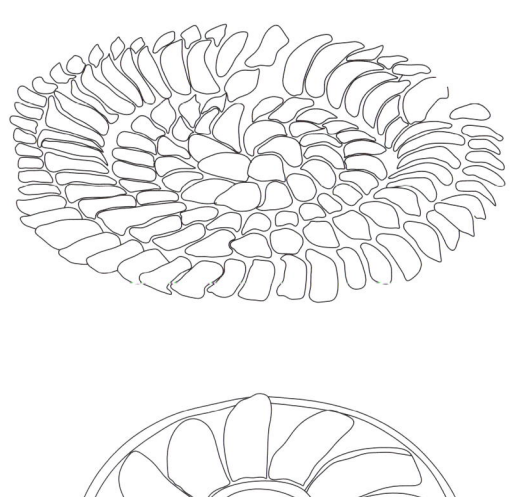

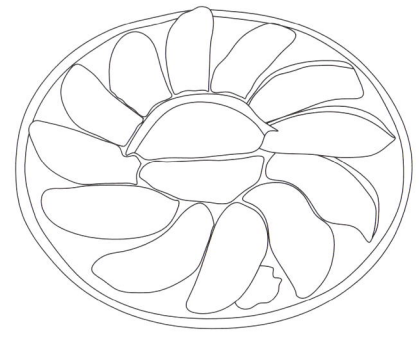

图二　朝鲜族松饼视图分析图

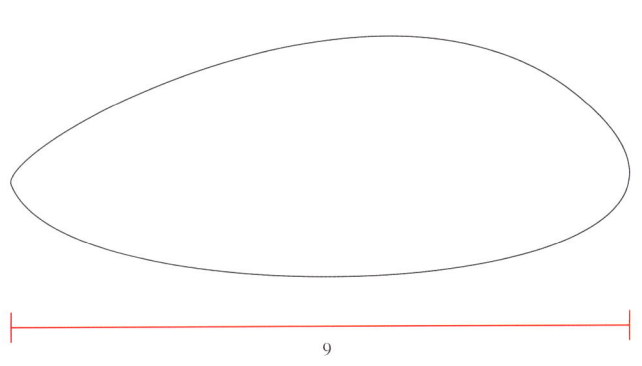

芸豆

大米

图三　朝鲜族松饼材料及尺寸分析图（单位：cm）

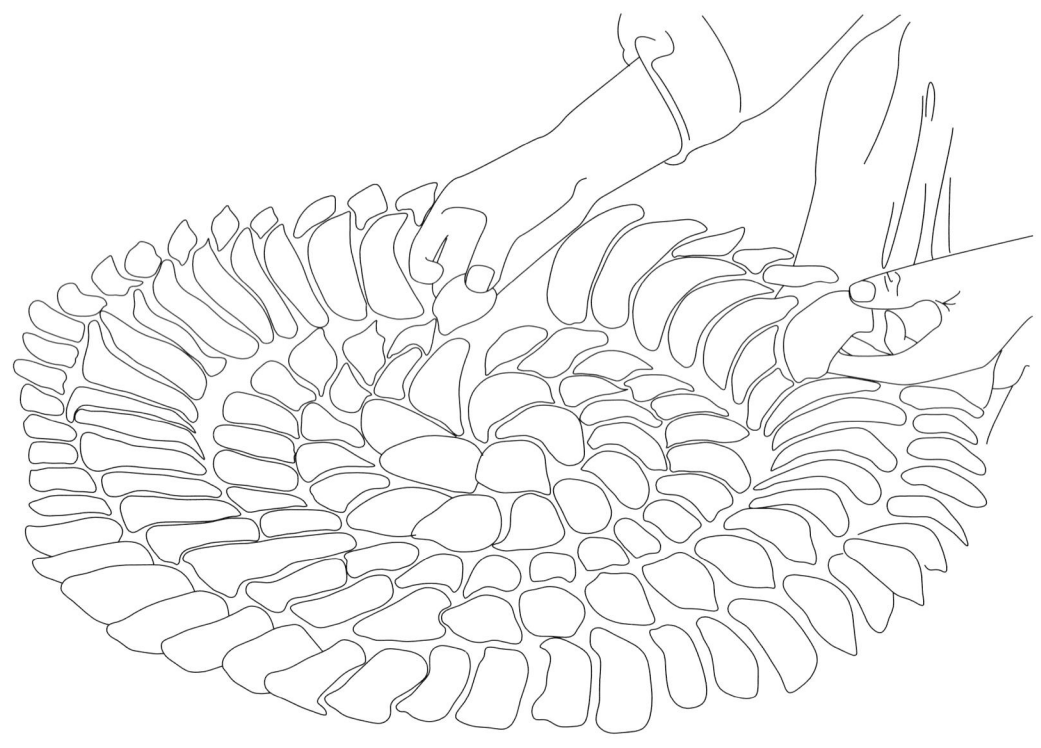

图四　朝鲜族松饼制作示意图

朝鲜族米肠

图一　朝鲜族米肠主图

　　米肠是朝鲜族传统风味饮食之一，是在动物的肠子里灌装以米为主的食材煮熟的食品。米肠的历史比较久远，17—18世纪的历史文献《酒方文》《增补山林经济》《闺合丛书》中就有与米肠有关的记录。即"将牛肠的里外清洗干净切于各一尺长度，灌入雉鸡肉、牛肉、鸡肉以各调料混合，用细绳扎紧两端。然后在锅中放入水用竹子做成板隔开，在其上端放下盖上盖子用中火慢烧。等其熟透后以马蹄的大小切成片，与醋酱一并食用。"朝鲜族米肠的种类较多，有灌入猪肠、牛肠的米肠，有灌入鱿鱼腹、明太鱼腹的米肠，有灌入茄子、辣椒的米肠等等。其中最具特色的是灌入猪肠的米肠。

　　朝鲜族米肠的做法是先提前一天把糯米用水充分浸泡，并准备猪大肠，把猪大肠反过来用面粉、淀粉加盐用力搓洗，直到干净为止。把洗好的猪肠放入清水中浸泡1—2小时。然后把浸泡好的糯米洗净沥干，里面加入生姜末、蒜末、葱末、猪血、熟豆油、干白菜等做成灌肠食材。将搅拌好的食材灌入肠子内，肠子两端用白线扎紧。把一条条灌入食材的肠子放在热锅内煮熟，然后捞出，用刀切成薄片，沾酱油调料食用。米肠的营养成分比较均匀,其味道香喷,可增进食欲。

米肠是由肉类与米类相结合制成的的美食,通过不断的历史演变已经列入朝鲜族传统特色饮食行列,成为朝鲜族具有代表性的饮食文化之一,具有很高的历史价值和文化价值。

图片来源
图一　延边博物馆
图二　董海英　制图
图三　王超义　制图

图二　朝鲜族米肠制作示意图

1. 调制原料
2. 灌米肠
3. 扎线
4. 煮米肠

图三　朝鲜族米肠制作过程图

朝鲜族紫菜包饭

图一　朝鲜族紫菜包饭主图

紫菜包饭是朝鲜族传统的日常饮食之一。紫菜包饭为朝鲜族米饭的主要类型，是别有风味的特色米饭，又称"别味饭"。在朝鲜族日常生活中，米饭是最常见的主食。但它不是单一乏味的。朝鲜族虽然长期在恶劣的自然环境当中过生活，但是非常重视各种农作物的开发和耕作，并且利用这些谷物做出了多种多样的米饭，进而利用米饭设计出像紫菜包饭这样的饮食造型，使其成为饮食文化的重要内容之一。

紫菜包饭的制作方法是，首先把方形紫菜片放在案板上，然后将温热的米饭铺在紫菜片上面。其次放上鸡蛋煎饼条、胡萝卜条、火腿条、菠菜、肉松等，再把紫菜卷起来紧一紧，卷成长25厘米左右的圆形条。最后用刀把卷成条形的紫菜包饭切成1.5厘米厚的小片即可以食用。紫菜包饭营养丰富，包含着碳水化合物、蛋白质、维生素等营养元素，特别是含碘量很高，可以预防缺碘性地方病。

紫菜包饭制作工序简单，营养成分丰富，造型美观，食用方便，可以说是实用性、文化性、艺术性特色浓郁的设计案例之一。

图片来源
图一　延边博物馆
图二至图三　王冠　制图
图四　王超义　制图
图五　王冠　崔楠楠　王超义　制图
图六　王冠　制图

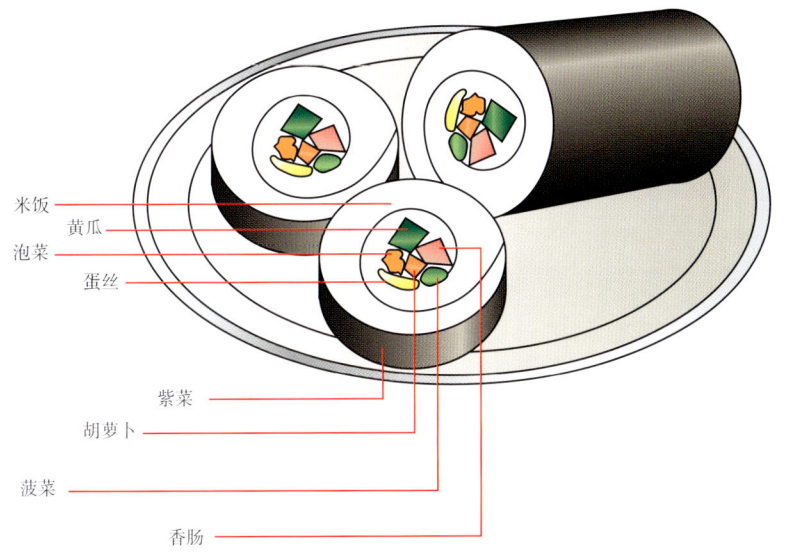

图二　朝鲜族紫菜包饭解析图

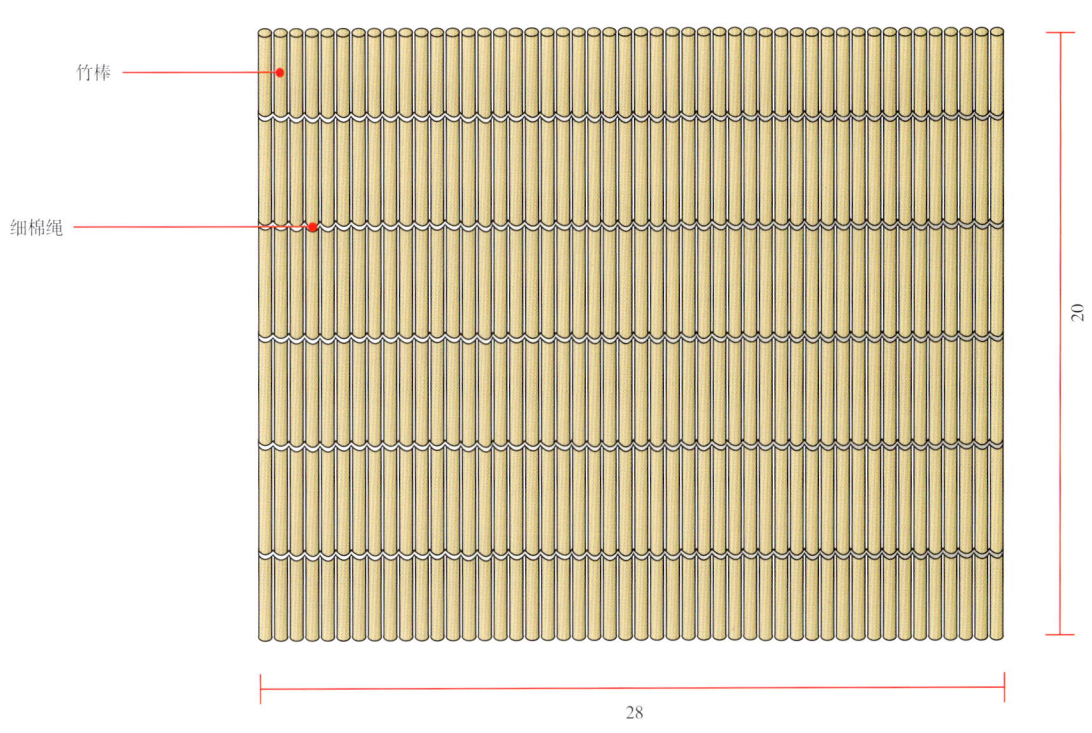

图三　朝鲜族紫菜包饭帘三视图（单位：cm）

图四　朝鲜族紫菜包饭原材料图

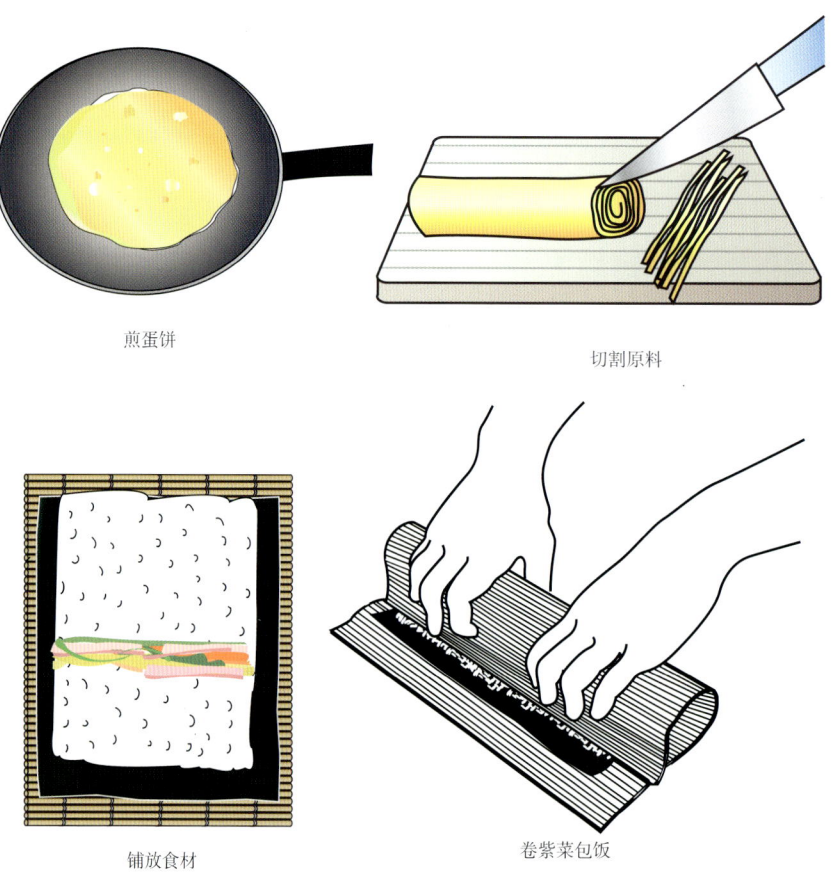

煎蛋饼　　　　　　　　　　　切割原料

铺放食材　　　　　　　　　　卷紫菜包饭

图五　朝鲜族紫菜包饭制作过程图

图六　朝鲜族紫菜包饭食用示意图

朝鲜族冬至红豆粥

图一　朝鲜族冬至红豆粥主图

冬至红豆粥是朝鲜族传统的节日饮食之一。冬至经过数千年发展，形成了独特的节令饮食文化，在我国朝鲜族还保存着冬至做红豆粥的传统。冬至，是农历中一个非常重要的节气，也是一个传统节日，冬至俗称"冬节""亚岁"等。冬至吃红豆粥的习俗由来已久，据18世纪的文献《东国岁时记》中记载："冬至日称亚岁。煮赤豆粥，用糯米粉作鸟卵状，投其中为心，和蜜，以时食供祀，洒豆汁于门板以除不祥。"传说妖魔鬼怪都怕红色，所以古人觉得吃用红豆做的粥，可以驱魔辟邪。朝鲜民族冬至吃红豆粥至少有200多年的历史，而在中国流传的历史也有150年左右。

冬至红豆粥制作材料：红豆500克，大米250克，糯米粉300克。冬至红豆粥制作方法：（1）将红豆淘净，放入锅中，水和豆子的比例大概是1.5比1，先用大火煮沸，再改用小火炖40分钟。（2）将煮熟的红豆，放入筛子中，用木勺子碾碎过筛，弃去红豆皮，把筛子下滤出的红豆水放置一会儿，将淀粉沉淀后，取上面的红豆水。（3）将淘净的大米放入红豆水中，水和大米的比例大概是5比1，煮沸之前，一直用木勺不停地搅拌，防止粘锅底。等粥沸腾，改用小火炖，焖到大米煮成米花，将红豆淀粉放入锅中继续焖。（4）在糯米粉里放入粥里的红豆水搓成团儿，一定要一点儿一点儿地加水，然后搓成鹌鹑蛋大小。（5）最后，在煮的时候放入准备好的糯米团儿，等糯米团儿浮上来说明熟了。

冬至红豆粥由红豆和糯米团制成，色、香、味俱佳，红豆也是秋冬时节很好的补品，有利水消肿、解毒、去湿、健脾止泻等功效。冬至红豆粥具有地域和民俗时令特点。作为朝鲜族传统饮食文化中最具代表性的民俗时令食品，在其传承和发展过程中，综合了朝鲜族的传统文化的特点，集中反映了朝鲜族的生活起居和饮食文化，既具有朝鲜族文化的民族性，又具有历史、民俗文化的学术研究价值。

图片来源
图一　延边博物馆
图二至图三　王超义　制图
图四　《中国朝鲜族民俗写真录》　延边人民出版社 2012年

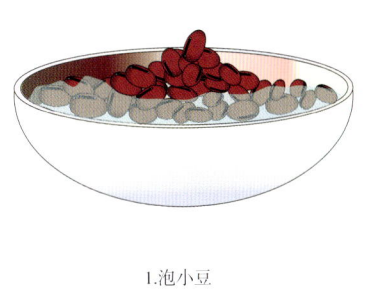

1.泡小豆

2.淘米

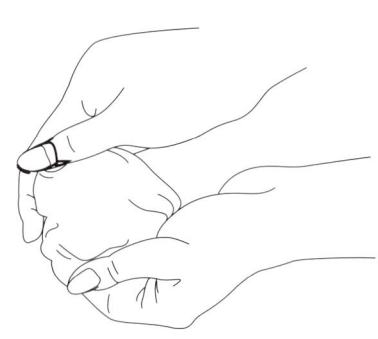

3.揉糯米团

4.煮小豆粥

图二　朝鲜族冬至红豆粥制作过程图

图三 朝鲜族冬至红豆粥效果图

图四 朝鲜族冬至红豆粥食用图

朝鲜族石锅拌饭

图一　朝鲜族石锅拌饭主图

石锅拌饭是朝鲜族传统的特色饮食之一。在朝鲜族日常生活中，米饭是最常见的主食。朝鲜族食用米饭的历史很久远，有千余年的历史。朝鲜族的米饭，其种类和样式上可以说是世界之最，拌饭就是其中之一。石锅拌饭是因其容器为石锅而得名的美食。

石锅拌饭的最大亮点就是石锅。石锅是朝鲜族传统的饮食炊具，以腊石为主要原料制作而成。石锅具有厚实、稳重、保温性能特强的特点。做石锅拌饭时把事先煮好的米饭装入锅内，然后在米饭上面放入调理好的肉丝、山菜、蔬菜、煎鸡蛋等配菜和调味酱，用文火加热即可搅拌食用。石锅拌饭味道香喷，营养丰富，食用时可以较长时间保温，是一种别有风格的特色饮食。

石锅拌饭是朝鲜族饮食文化中别具一格的食品，蕴涵着"五行、五脏、五色"的原理，这是朝鲜族人民经过上百年甚至上千年的辛勤劳动和生活实践，摸索出来的智慧的结晶。可以说是营养均匀、造型美观、美味怡人、内涵丰富的设计案例之一，具有较高的历史、艺术、文化价值。

图片来源
图一　成光虎　摄影
图二至图三　崔楠楠　王冠　制图
图四　王冠　制图

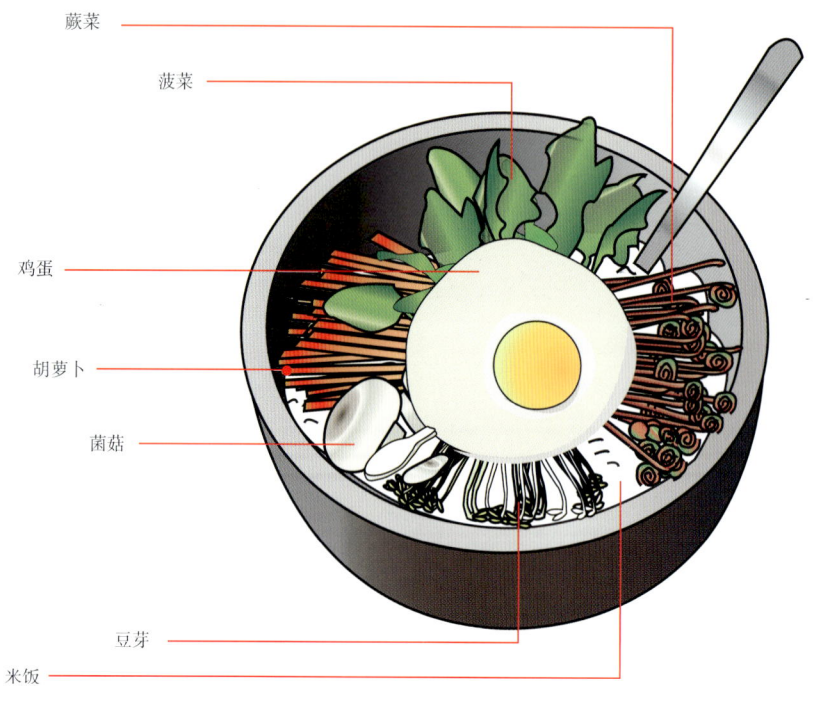

图二　朝鲜族石锅拌饭食材示意图

1.淘米　　　　　　2.石锅拌饭材料

3.蒸米饭　　　　　4.加热

图三　朝鲜族石锅拌饭制作过程图

图四　朝鲜族石锅拌饭食用示意图

朝鲜族冷面

图一　朝鲜族冷面主图

冷面是朝鲜族传统的特色食品之一。冷面古称"做面",由面条发展成的食品。关于朝鲜族面条的记录最早出现在历史文献《高丽图经》中(宋朝时期徐兢撰写)。该书"馈食"条记载:"食味十余品而面食为先。"朝鲜李氏王朝时期,洪锡谟(18世纪末至19世纪初学者)编写的《东国岁时记》"十一月"条有关于冷面的记录,即把荞麦面条放入萝卜泡菜和白菜泡菜里,再放上猪肉片吃叫做冷面。这是冷面最初的形态,就是把压榨的荞麦面条放入泡菜汤里吃,于是便诞生了冷面。朝鲜族冷面的历史至少已有200年。

冷面面条的原料主要有荞麦、小麦、玉米、土豆粉等,其中最具特色的就是荞麦面冷面。其做法:第一,以适当的比例把荞麦粉、面粉、淀粉和在一起做成面团。第二,用压面机把面团压成面条,直接入锅煮熟。第三,捞出煮熟的面条放入凉水里冷却。第四,把冷却好的面条团装入大碗里,倒入特制的冷面汤,配以各种佐料。上乘冷面,面条要筋道,汤要鲜凉,佐料要可口。冷面汤以清炖牛肉汤为上品。冷面的佐料是把酱油、醋、香油、芝麻、胡椒粉、辣椒面、白糖、蒜泥、味精等调味品混拌成稠糊状，吃冷面时适量地放在冷面上面。除此之外还放上鸡肉丸子、酱牛肉片、鸡蛋饼丝、煮鸡蛋、黄瓜丝、苹果片等食品。冷面有酸、辣、鲜、香等特殊味道，通过添加食材丰富了碳水化合物、蛋白质、维生素等营养成分。

朝鲜族冷面是营养丰富、味道鲜美、特色浓厚、文化内涵丰富的传统饮食。冷面已经不仅仅是一种用来饱腹的食品，也是一种文化的传承与发展，俨然已成为朝鲜族具有代表性的饮食文化之一，具有很高的历史价值和文化价值。

图片来源
图一　延边博物馆
图二　王冠　制图
图三至图五　王超义　制图

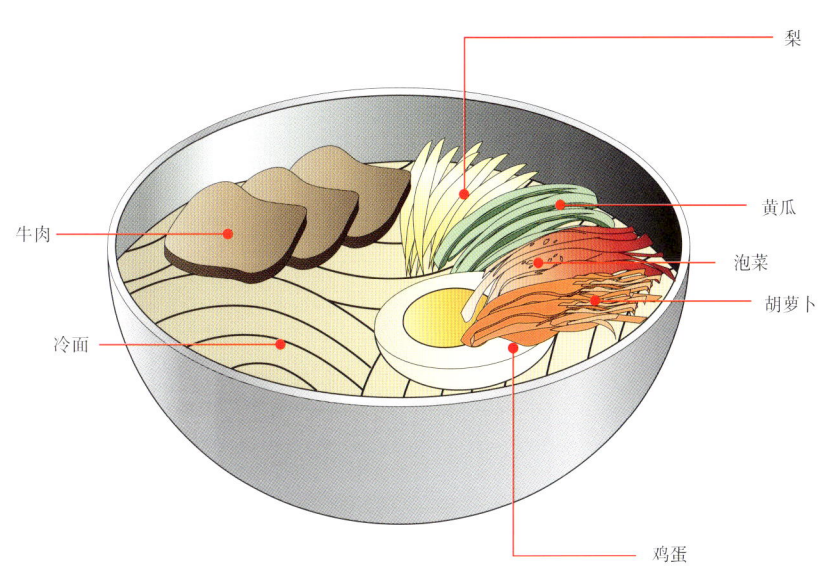

图二　朝鲜族冷面效果图

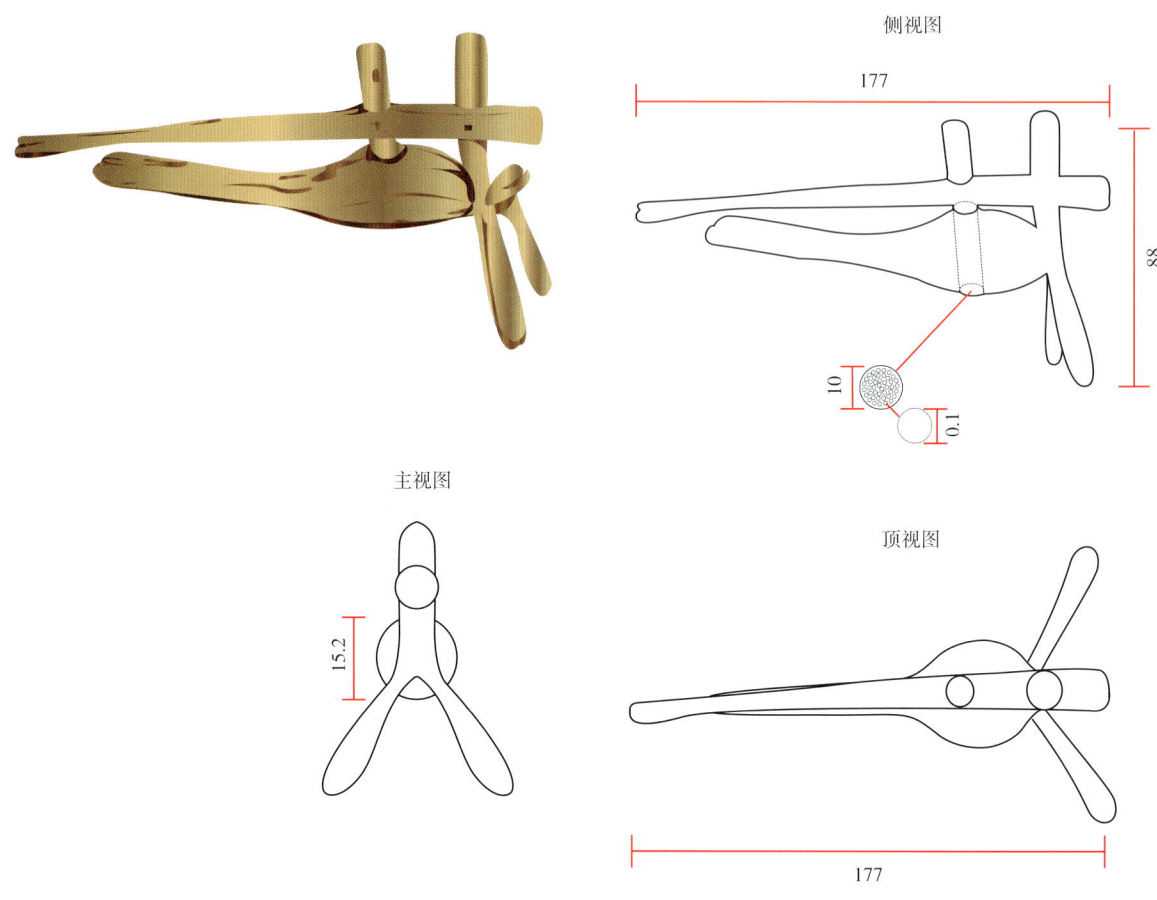

图三　朝鲜族冷面制作工具图（单位：cm）

1.煮冷面　　　　　2.冷面抄水　　　　　3.调制面汁

4.切分食材　　　　　5.摆放食材

图四　朝鲜族冷面制作流程图

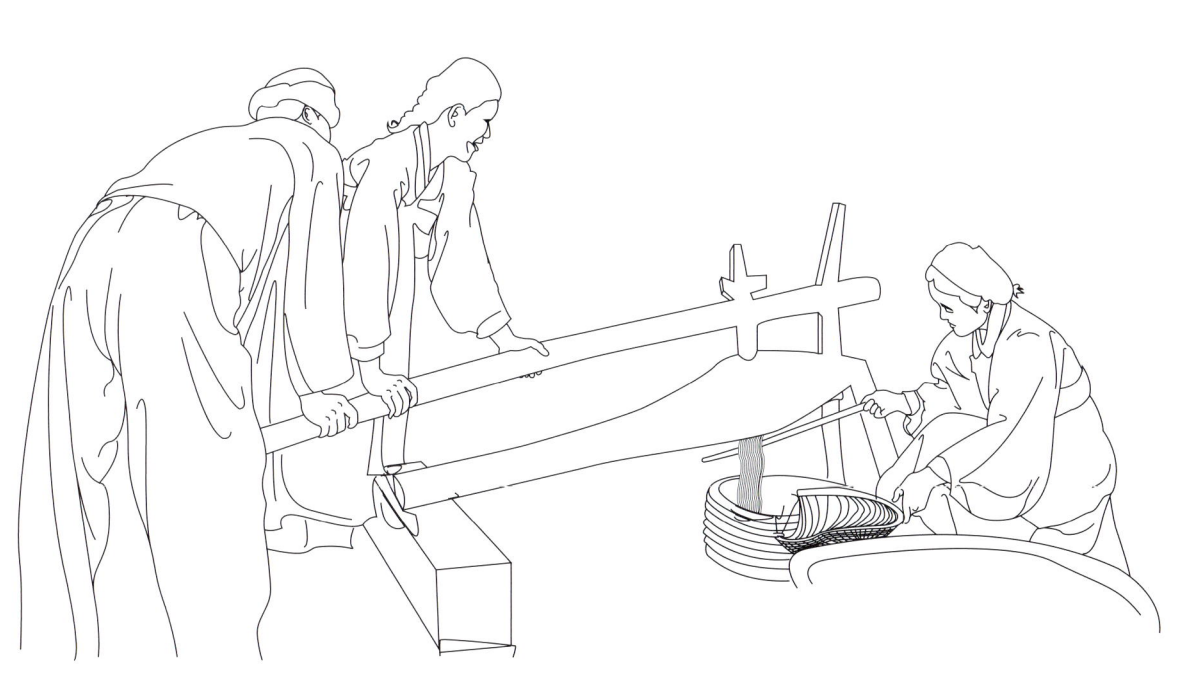

图五　朝鲜族冷面制作场景图

朝鲜族参鸡汤

图一　朝鲜族参鸡汤主图

参鸡汤是朝鲜族传统的特色饮食之一。参鸡汤是在童子鸡腹内装入人参等食材炖煮的滋补汤，因而得名。朝鲜族先人们很久以前就开始散养家鸡，鸡肉成为餐桌上的上品。而且自古就有挖参、植参的生计方式，人参成为极其罕见的滋补特产。过去，参鸡汤只能在上流阶层家庭里享用，如今已成为大众特色饮食，每当三伏季节来临，人们尽情享用参鸡汤，补充体力和气血，成为带有民族特色的岁时饮食。

参鸡汤的制作也有一定的工序。先把童子鸡洗净，把适量糯米、栗子、白果塞入鸡腹中，待用。把童子鸡放入锅内，加适量水后，将人参、鹿茸、红枣和调味料放入锅内，小火炖煮3小时左右。为了增加营养成分和更加美观，把鸡蛋摊成饼切成丝，和葱丝一起摆在煮好的鸡身上。最后为这道汤配上三个调味碟：生菜酱、胡椒粉和盐、红绿尖椒丝和大蒜片等，即可食用。参鸡汤具有良好的补气、养颜、安神、抗癌、延寿之功效，其味道清淡鲜美、营养价值极高，四季食用皆宜。

参鸡汤是带有地方特色和民族特点的传统饮食之一。它采用了人参、童子鸡等数十种滋补药材和食材，可以说是食疗的好配方。在制作工序上药材、食材的营养搭配合理，通过长时间炖煮的烹饪方式，使必要的营养成分和药效成分充分地渗出，显现出食而不腻、滋补效果佳的特征。

图片来源
图一　延边博物馆
图二　王超义　制图
图三　董海英　制图
图四　王冠　制图

糯米　　　　　　　　　　　鹿茸

红枣　　　　　　　　　　　鸡蛋

童子鸡　　　　　　　　　　人参

图二　朝鲜族参鸡汤制作材料图

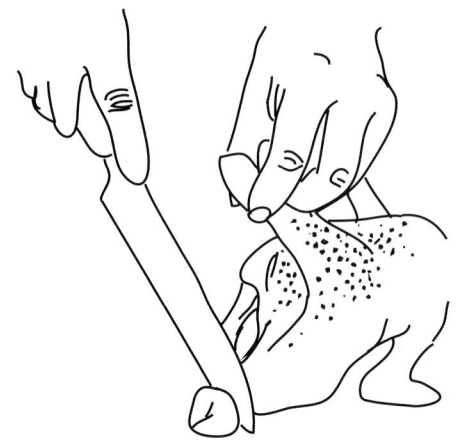

1. 切除屁股脂肪部位，洗净童子鸡

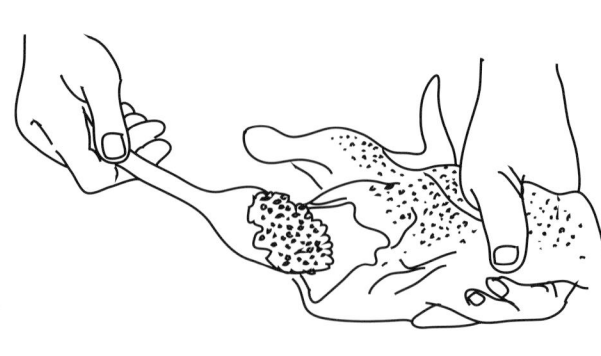

2. 适量糯米、栗子、白果、人参等塞入鸡腹中

3. 把鸡腿交叉后用棉线或牙签绑定

4. 锅内放入黄芪，清水煮成黄色后取出

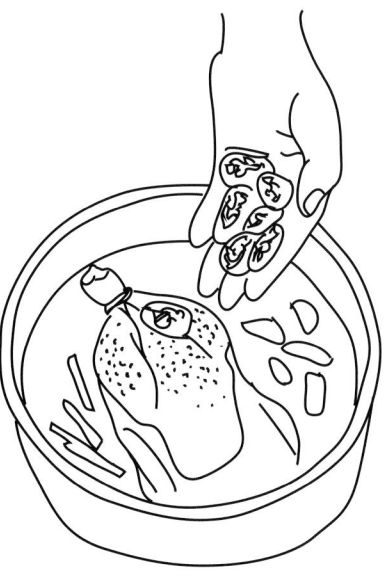

5. 再放入备好的童子鸡和大枣等调料后煲汤

图三　朝鲜族参鸡汤制作流程图

图四　朝鲜族参鸡汤食用示意图

朝鲜族海带汤

图一　朝鲜族海带汤主图

海带汤是朝鲜族传统的日常饮食之一。海带是朝鲜族喜爱的食材。朝鲜族长期生活在三面环海的地区,很早就懂得海带的食用价值。在朝鲜族的传统生活中,家人过生日必须做海带汤食用。朝鲜族采集海带的生计方式由来已久,15世纪的地理志《东国舆地胜览》中有各地盛产海带的记录。19世纪中叶,中国朝鲜族移居中国东北后,仍然袭用节日或特殊日子食用海带汤的习俗,如今依然经久不衰。

海带汤制作方法比较简单,首先把干海带浸泡一定时间,然后切成丝或片放入锅里,接着放入适量水和大酱煮沸,最后盛碗食用。在日常生活当中,孕妇分娩前后食用海带汤,以为喝了海带汤分娩顺畅,产后滋补身体。朝鲜族人认为藻类有益于产后的调理,于是有食海带的传统,海带汤被视为滋补圣品,价格便宜又营养丰富。

海带汤历史悠久,取材容易,烹饪简单,滋补效果佳,可以说是历史性、实用性、文化性特征浓厚的代表性饮食。

图片来源
图一　成光虎　摄影
图二　董海英　制图
图三　成光虎　摄影
图四　王冠　制图

海带

1.备料

牛肉

2.炒肉

3.放入海带煮汤

图三　朝鲜族海带汤制作流程图

大蒜

图二　朝鲜族海带汤主原料图

第三章　朝鲜族传统餐饮

图四　朝鲜族海带汤食用示意图

朝鲜族辣白菜

图一　朝鲜族辣白菜主图

辣白菜是朝鲜族世代相传的特色食品之一。辣白菜为朝鲜族泡菜种类之一,其历史比较悠久。朝鲜族的泡菜是世界上独一无二的蔬菜腌制食品,已有一千多年的历史。朝鲜李氏王朝时期用盐腌制的蔬菜食品叫"沉菜",朝鲜语发音叫"积木气",如今称泡菜。16世纪辣椒(朝鲜语叫苦椒)传入到朝鲜以后,泡菜有了很大的改进,到了19世纪基本定型,品种增多,据史料记载有80多种,目前流传的也有二三十种,其中,最受人们喜爱的是辣白菜。辣白菜这一名称出现在历史文献《闺合丛书》(19世纪初的女性生活百科)和《是仪全书》(19世纪末的烹饪书籍)中。辣白菜是一种发酵食品,特点是辣,且脆、酸、甜,色白中带红,四季皆宜。

辣白菜的食材就是大白菜,又叫结球白菜、黄芽菜或包心白等,其栽培历史悠久,产量高,栽培容易,适应性强,耐贮运,品质鲜嫩,营养丰富,既可鲜食,又能加工腌渍,为北方冬春的主要蔬菜。辣白菜主要用鱼酱、辣椒、蒜、姜、香料等作料腌制而成。首先将白菜洗净,在盐水里侵泡两天时间,然后再次洗净。其次备好配料,把作料涂抹在白菜叶和芯上。最后装进菜窖里的大缸里,压上石头,将缸口密封,发酵一周以上之后，随时可以取出食用。通常和米饭一起食用。辣白菜中含有钙、铜、磷、铁等丰富的无机物，能促进维生素C和维生素B的吸收。泡菜发酵产生酸味的乳酸菌，不但可以净化胃肠，而且能够促进胃肠内的蛋白质分解和吸收，抑制肠内的其他有害菌滋生。

辣白菜不但味美、爽口，而且具有丰富的营养，是朝鲜族餐桌上不可缺少的重要食品。随着时代的发展，辣白菜将逐渐被越来越多的人们所认识和接受，具有很高的经济效益，很受各族人民的喜爱。如今包括辣白菜在内的朝鲜族泡菜已列入非物质文化遗产代表性名录。

图片来源
图一　成光虎　摄影
图二　李光平　摄影
图三　王冠　石健　制图
图四至图五　王冠　制图

图二　朝鲜族辣白菜制作图

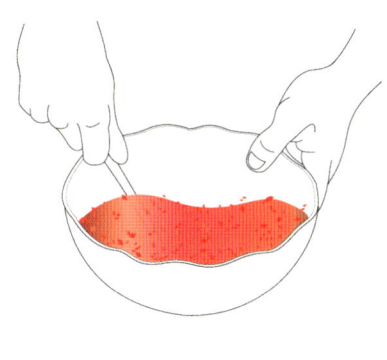
1. 调制辣酱

2. 腌渍辣白菜

3. 封坛发酵

4. 切割完成

图三　朝鲜族辣白菜制作步骤图

图四　朝鲜族辣白菜制作示意图

图五　朝鲜族辣白菜食用示意图

第四章 朝鲜族传统生活用具

朝鲜族螺钿装饰二层橱

图一　朝鲜族螺钿装饰二层橱主图

　　螺钿装饰二层橱是朝鲜族传统的藏衣家具。在朝鲜族的火炕生活文化中，此家具属于比较高档、华丽的一种，一般放置在传统八间瓦房的里屋（闺房或新婚夫妇住的房间），主要存放日常的衣物和贵重物品。本案例实物制作年代约为20世纪20年代。

　　橱是朝鲜族传统藏衣家具的一种，其特点为用木条先置骨架，然后上板材。螺钿装饰二层橱由上下两层组成，配底座。整个家具呈栗色，上层柜高88.5厘米、长89.5厘米、宽42.5厘米。上端有4个规格相同的抽屉，每个抽屉中部钉有半球形白铜片，并有蝙蝠形白铜抓环，下端有4个螺钿饰"福、寿"图案。正面安装对开门，两柜门和左右两侧与门同等大小的板面上，均镶有半椭圆形镜片，镶镜片的木框上部饰有花枝形螺钿纹样。下层柜高67厘米，长89.5厘米，宽42.5厘米。上部有四个规格相同的格面，每个格面上都饰有蝙蝠纹白铜片和抓环。正面中间安装对开门，门面上有螺钿饰梅花枝图案。底座高19厘米，呈虎爪型腿，其正面两端和腿正面角饰有白铜饰片。长白山脉所属地区里，森林资源丰富，适于制作家具的树木颇多。制作此家具可以采用多种木料，但必须是质地柔软、轻盈、结实，木纹清晰的木材，一般采用松木、椴木、水曲柳等木料。这种家具的用途比较广泛，在存放妇女用的上下衣、袜子、冠巾的同时，还存放婚书、一些重要文书以及各类装饰品、刺绣品、钱财等贵重物品。

螺钿装饰二层樻是朝鲜族典型的传统家具之一。在设计理念上，既考虑了火炕生活的习惯，又考虑了家具的稳定性和装饰效果，使家具在用途上便利、多样，而且增加了房间的古典、华丽的氛围。它对研究朝鲜族传统居住文化和木工技艺有着非常重要的历史、艺术、科研价值。

图片来源
图一　延边博物馆
图二至图四　柳星　制图

图二　朝鲜族螺钿装饰二层樻视图分析图

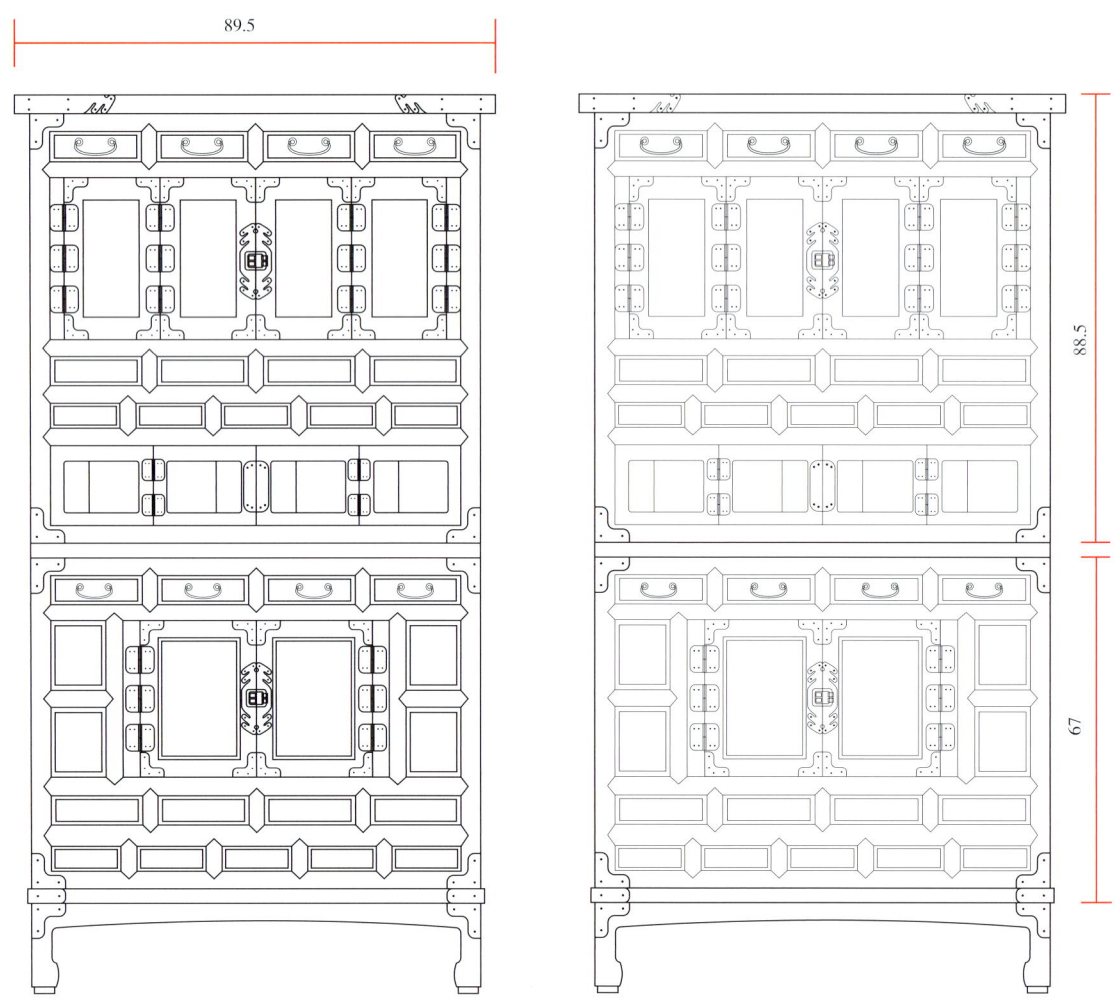

图三　朝鲜族螺钿装饰二层橱尺寸分析图（单位：cm）

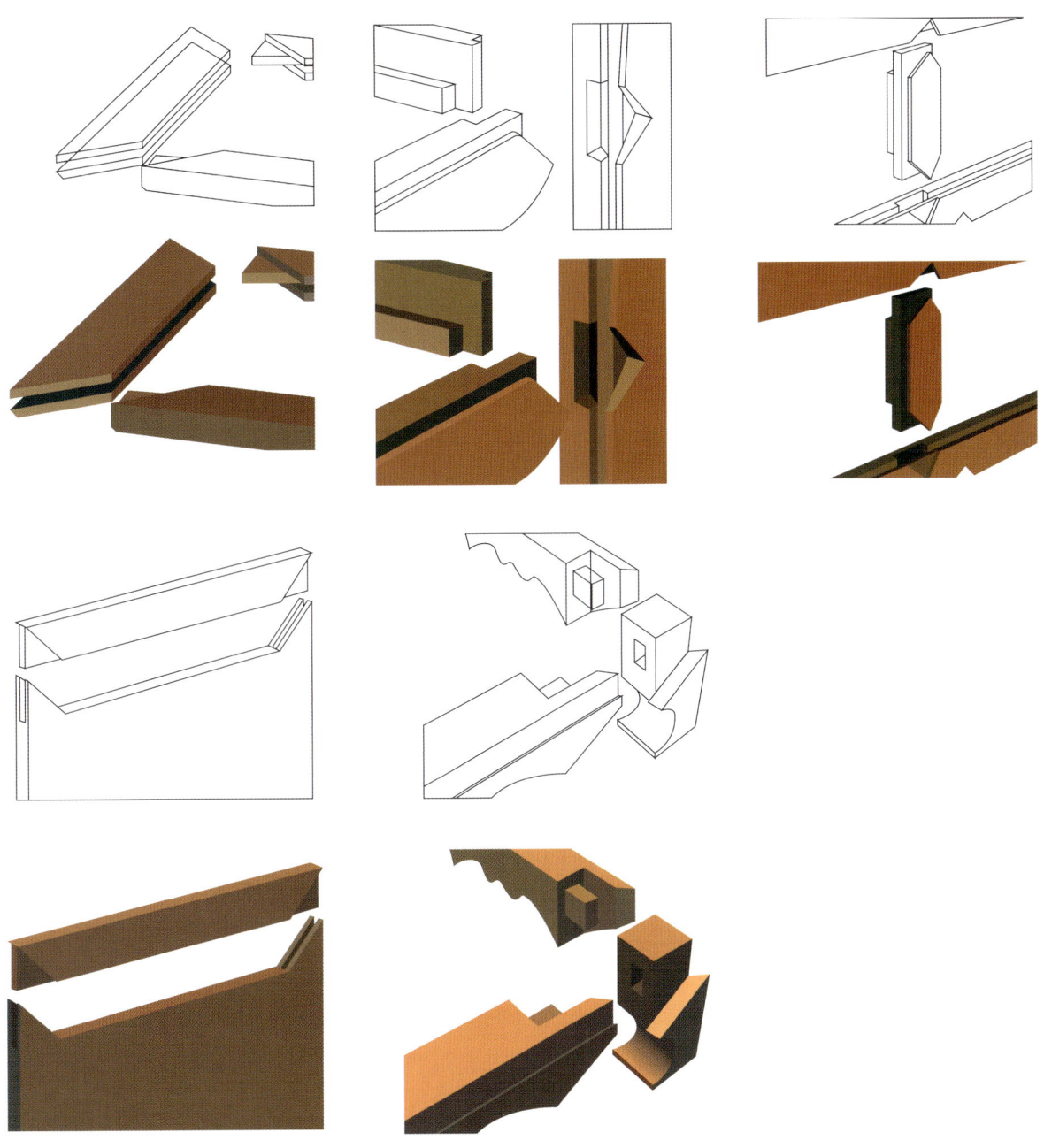

图四　朝鲜族螺钿装饰二层橄结构分析图

朝鲜族输片装饰衣柜

图一　朝鲜族输片装饰衣柜主图

　　输片装饰衣柜是朝鲜族传统藏衣家具。在过去的朝鲜族日常生活当中，此类衣柜是比较贵重的家具之一，很适合在火炕面上置放使用。本案例实物制作年代为20世纪30年代。

　　输片装饰衣柜，整体呈长方形，以水曲柳木板制作，呈栗红色。其规格为长92厘米、宽44厘米、高89厘米，板厚2厘米左右。家具正面中上部有一扇上下拉开的门，用铜质的合页按门，有一把铜制鱼形锁头，门上部两侧有两个蝙蝠纹把手。在衣柜面上顶有铜质祥瑞图案和吉祥文字。如松、鹤、竹、鹿、参花、太阳和"福""寿"等十长生图案和文字图案。朝鲜族的木工家具，历史悠久，15世纪的李朝时期，木工技艺已达到很高的水平。在民间最为普遍的木工家具是偏方型的衣柜。朝鲜族的居室里，满屋都是炕，衣柜一般摆放在居室的靠墙之处。制作衣柜最讲究的是木料，其木质坚硬，纹理细密。衣笼多涂漆油，显露出木纹，呈茶色或栗色。最有特色的是，衣柜的金属饰件，钉装在柜前和边角，起美化与加固作用。金属饰件多达50—60片。金属饰件上面，用凿刻的技法做出点、圈、线组成丰富多彩的图案。这些图案构成了朝鲜族民间美术的重要部分。朝鲜族衣柜以它独特的造型、精湛的工艺、多彩的雕绘而形成了自己的独特风格。

输片装饰衣柜是朝鲜族典型的设计案例之一。通过此物可以领略朝鲜族传统火炕文化，能够了解精湛的民间手工技艺。此衣柜既是文化理念和传统技艺的完美结合，又是生活宿愿和日常习俗的综合反映。现在虽然已退出朝鲜族日常生活舞台，但仍有传承和发扬的现实意义。

图片来源
图一　延边博物馆
图二至图四　柳星　制图

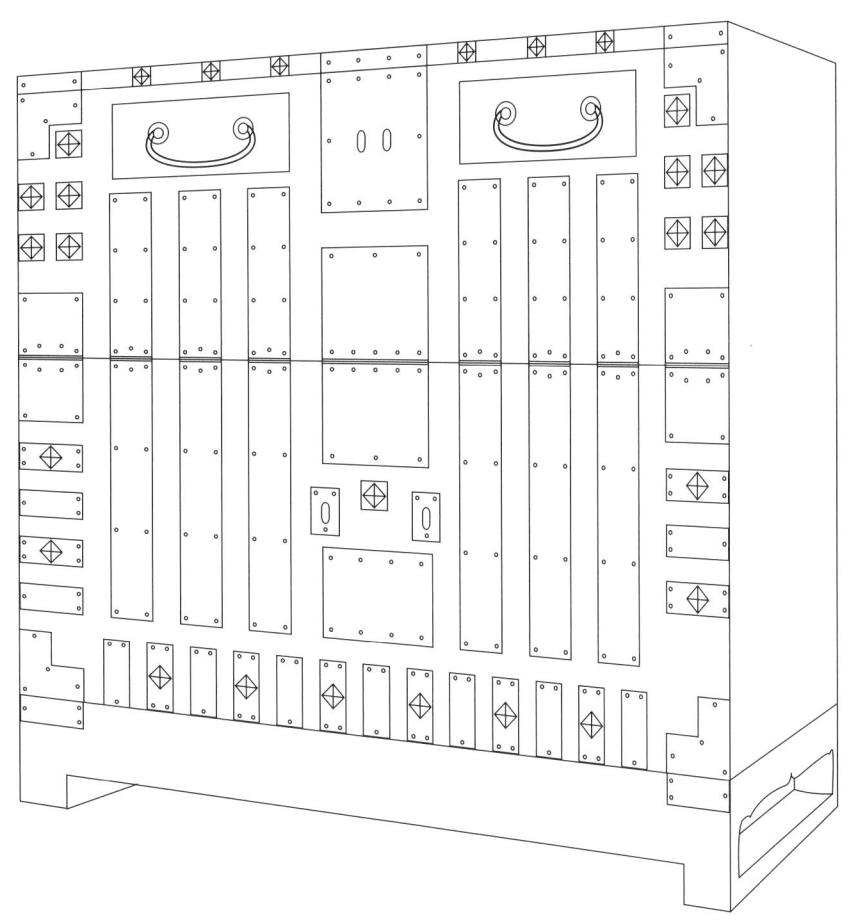

图二　朝鲜族输片装饰衣柜视图分析图

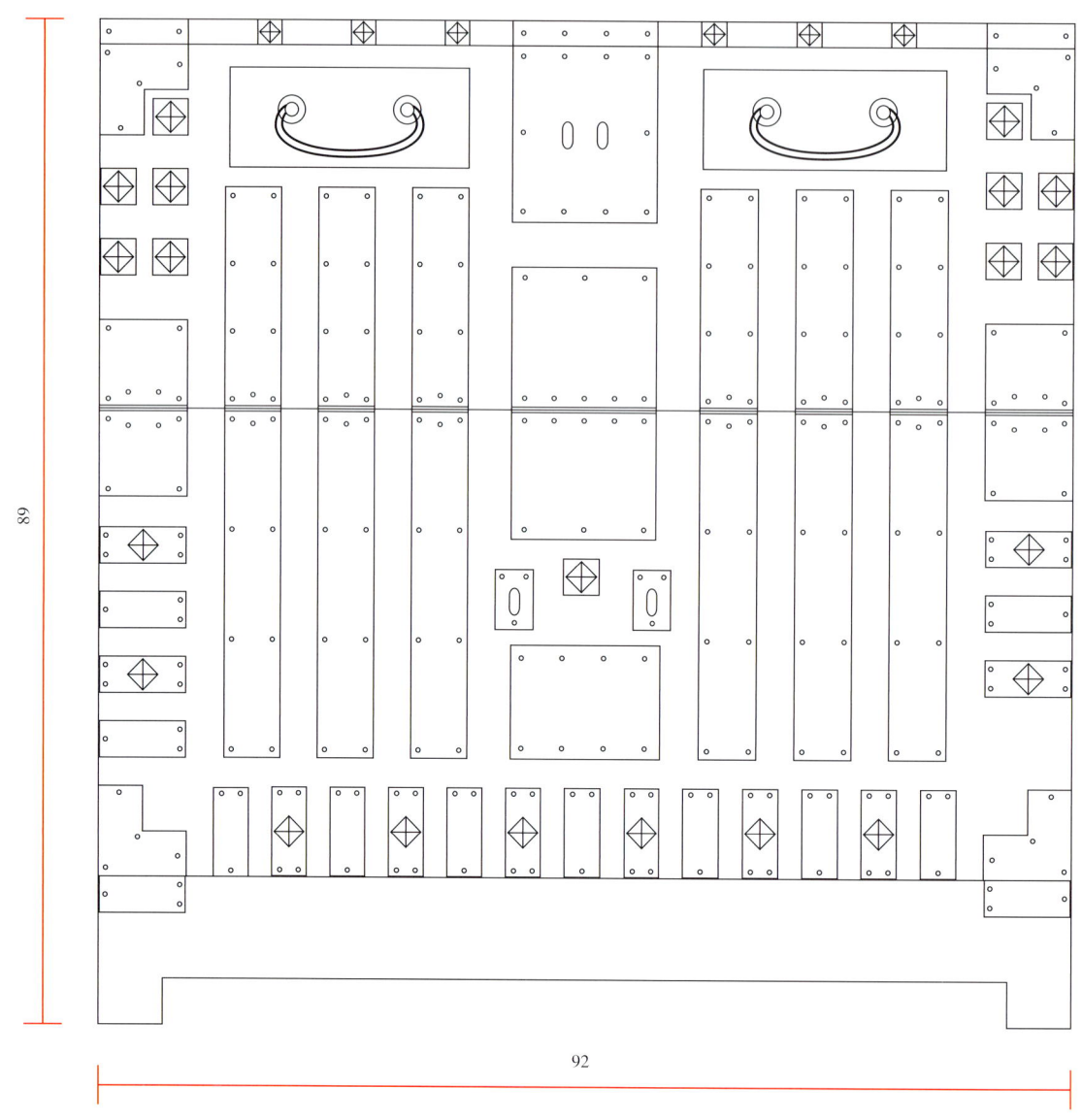

图三　朝鲜族输片装饰衣柜尺寸分析图（单位：cm）

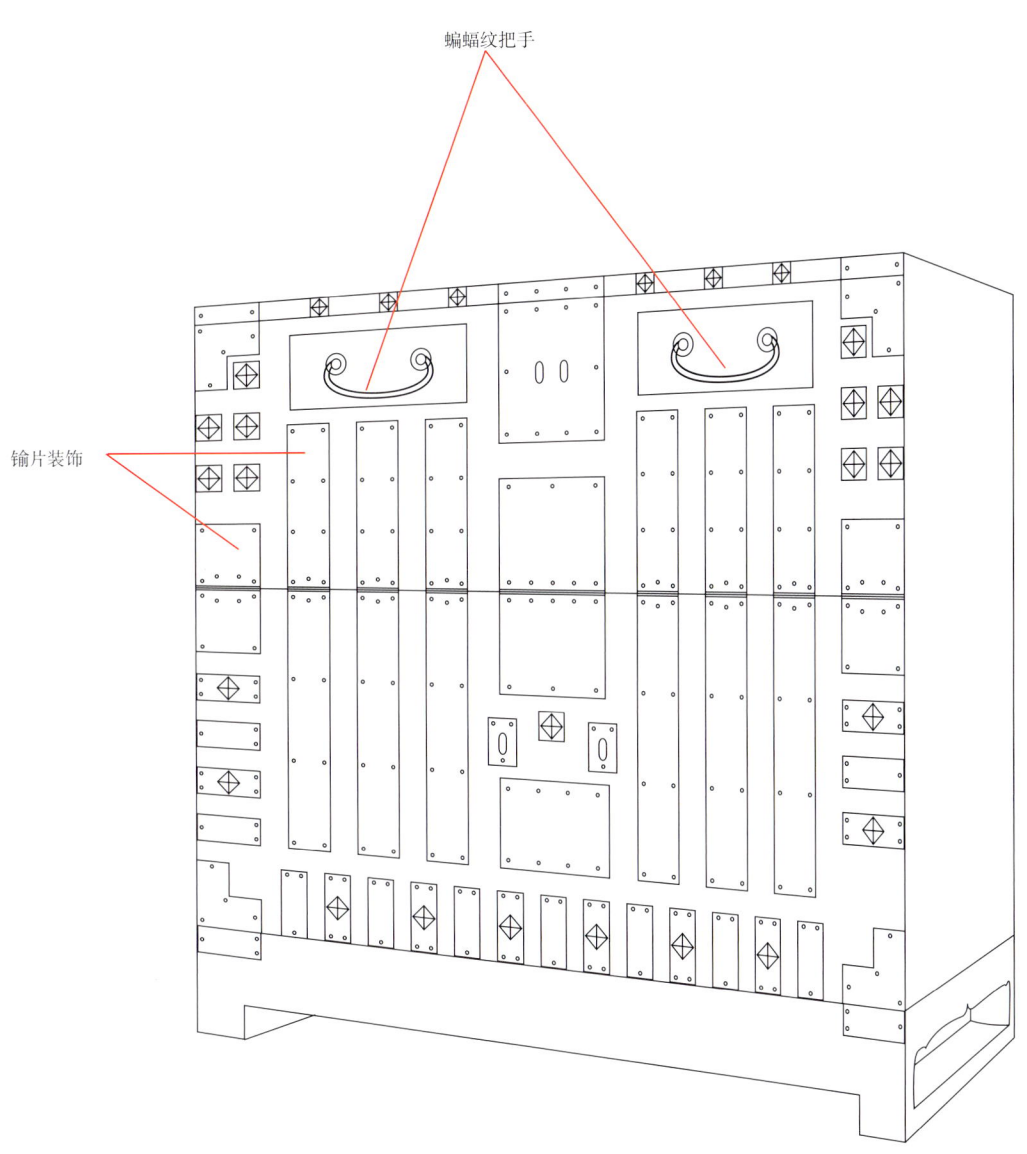

图四　朝鲜族输片装饰衣柜结构分析图

朝鲜族铁片装饰衣笼

图一　朝鲜族铁片装饰衣笼主图

铁片装饰衣笼是朝鲜族传统的藏衣家具。朝鲜族的木工家具，历史悠久，15世纪的朝鲜李朝时期，木工工艺已达到很高的水平。朝鲜族从朝鲜半岛移居到中国东北后仍然使用此类衣笼，20世纪60年代后，逐渐退出朝鲜族日常的生活舞台。朝鲜族的居室里，满屋都是炕，衣笼一般摆放在居室的靠墙之处，主要存放各类衣物和鞋帽、贵重物品等。

笼是朝鲜族传统藏衣家具的一种，其特点为直接用板材组合而成。铁片装饰衣笼，呈长方形，表面为浅栗色。正面上部有上下拉开的木门，在柜面上钉有合页、抓环、角、榫绊钉等铁装饰片，装饰片上施有"十长生""四君子"等具有民族特色的图案。衣笼一般成双成对，使用时，一上一下，置放在居室的角落。此类衣柜主要在平民阶层使用，是姑娘出嫁的嫁妆，主要用于放入衣服及衣料等。在衣笼上面则存放被褥枕头等。朝鲜族衣笼以它独特的造型、精湛的工艺、多彩的雕绘而形成了自己的独特风格。其中十长生纹样中的鹤的造型比较常见。鹤，特别是丹顶鹤，被称为仙鹤，主要栖息在我国吉林、黑龙江省及朝鲜半岛、俄罗斯东部，躯体白色，飞羽黑色，头顶朱红。相传仙人驾鹤升天，又谓鹤长寿，深受朝鲜族人民的喜爱，将鹤作为吉祥的象征，在漫长的岁月中形成了鹤崇拜。

铁片装饰衣笼是在朝鲜族传统生活文化中，既朴素又实用的日常家具之一。它充分体现了朝鲜族传统火炕生活习俗，在设计理念上，考虑了家具的实用性和装饰性，反映了朝鲜族生活美满、家庭幸福的朴素心愿。因此，此衣笼很有历史、艺术、科研价值。

图片来源
图一　延边博物馆
图二至图四　董海英　制图

图二　朝鲜族铁片装饰衣笼视图分析图

图三　朝鲜族铁片装饰衣笼尺寸分析图（单位：cm）

图四　朝鲜族铁片装饰衣笼装饰纹样分析图

朝鲜族蝙蝠纹砚台

图一　朝鲜族蝙蝠纹砚台主图

　　蝙蝠纹砚台是朝鲜族传统的用于研墨的重要文房用具之一。朝鲜族使用砚台的历史很久远，可以追溯到朝鲜三国时期。朝鲜族自古就有重教尚文的优良传统，砚台等文房用具成为显示文人风范的重要标志。如今，砚台仍然受到书画爱好者的青睐，成为经久不衰的宝贵文化遗产。

　　砚台的材质比较多样，有瓦陶、铁、铜、银、木、石等质地的砚台。其中石砚为上品，在民间广泛普及，受到很多文人墨客的喜爱。砚台的形状也有很多种类，有长方形、四角形、椭圆形、圆形、葫芦瓢形等，其中长方形的砚台比较普遍。另外砚台所采用的纹饰也很多样，有龙凤、十长生以及各类动植物纹饰。此物是以蝙蝠纹饰为主题的砚台，采用了民间比较流行的青石材质，其形状呈立方体，很巧妙地把蝙蝠的纹饰，采用阴刻和透刻技艺表现在砚台的上面和四周。蝙蝠纹是朝鲜族比较喜爱的传统纹样图案之一。蝙蝠的"蝠"与"福"谐音，寓意着福气满堂。其规格为长35厘米、宽25厘米、高11厘米。

　　蝙蝠纹砚台是设计巧妙、工艺精美、内涵丰富的文房用具。通过此物可以领略朝鲜族传统的手工技艺和崇尚教育的传统美德，可以说是集历史性、艺术性、文化性、实用性为一体的较成功的设计案例之一。

图片来源
图一 延边博物馆
图二至图四 柳星 制图

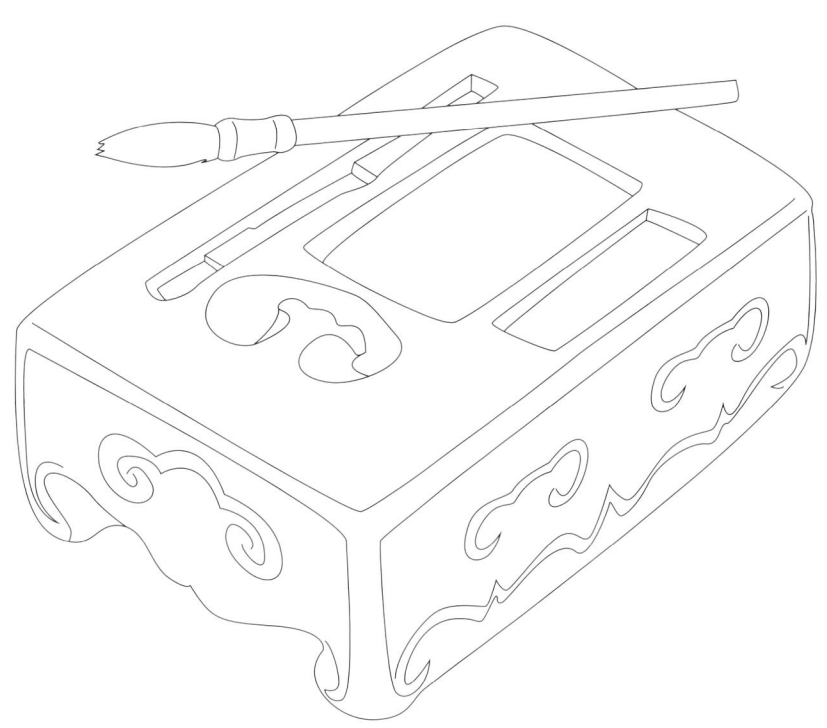

图二 朝鲜族蝙蝠纹砚台视图分析图

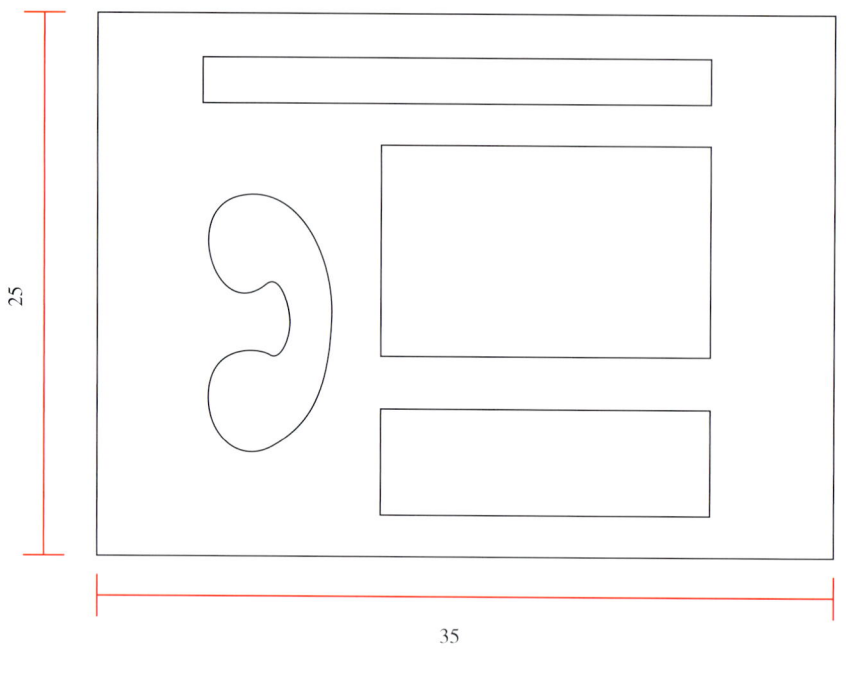

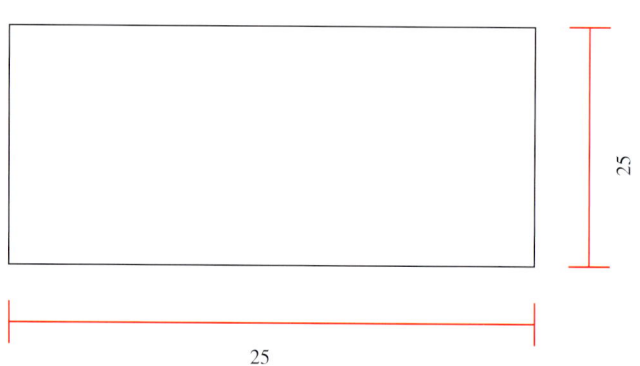

图三　朝鲜族蝙蝠纹砚台尺寸分析图（单位：cm）

图四　朝鲜族蝙蝠纹砚台纹样分析图

朝鲜族砚箱

图一　朝鲜族砚箱主图

砚箱是朝鲜族传统的保存砚墨、毛笔、宣纸等文房用具的居室用具。砚箱的前身是砚匣，是专门保管砚台的装具。朝鲜李氏王朝后期的学者洪万选（1643—1715）编撰的《山林经济》中有关于砚匣的记载，从中可以断定砚箱出现于近代。朝鲜族自古以来就有重教尚文的风俗，迁居于中国东北后仍然袭用了传统的砚箱，一直延续到20世纪60年代。

砚箱，其材质为松木、椴木等木料。用木板组合成木箱，其形状呈立方体，由2层组成。上层上部为装入砚台的盒子，有盖，可以防尘；下部为抽屉，可以存放砚滴、毛笔、墨等。下层为底座，四个面板中间挖孔相互贯通，可以存放纸张。砚箱的规格通常为长50厘米、宽35厘米、高30厘米。砚箱的表面上桐油或苏子油，呈栗色，可以防止腐烂。砚箱一般没有太多的纹样图案装饰，只是在抽屉外面中间钉了桃形或圆形手把。砚箱是在过去的传统生活中，男人居住空间的摆设物品，一般放置在书房或舍廊房（男人居室）。

砚箱是设计合理、功能多样、装饰朴实的传统文房家具之一。它具有一定的历史发展过程，而且成为在传统的日常生活中深受喜爱的居室用具。可以说是历史性、实用性特征突出，具有朝鲜族传统文化内涵的设计案例之一。

图片来源
图一　延边博物馆
图二至图四　柳星　制图

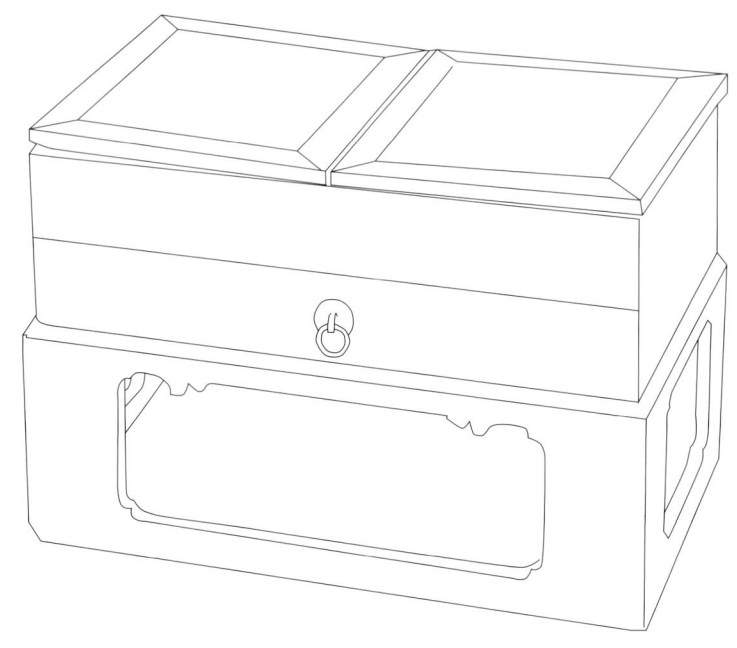

图二　朝鲜族砚箱视图分析图

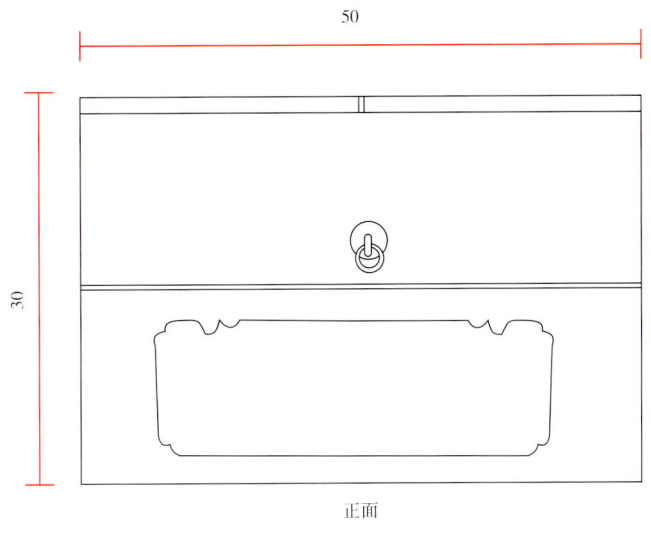

正面

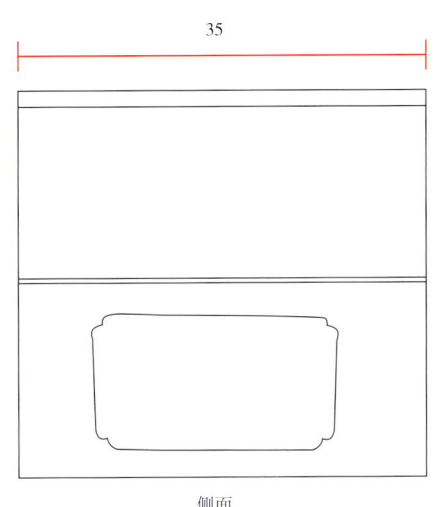

侧面

图三　朝鲜族砚箱尺寸分析图（单位：cm）

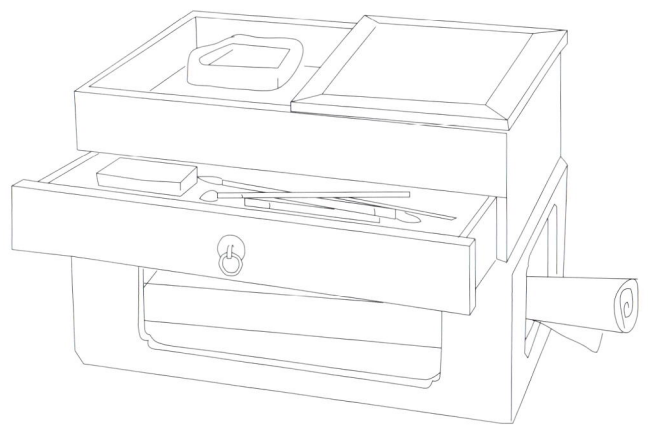

图四　朝鲜族砚箱使用示意图

朝鲜族缠线板

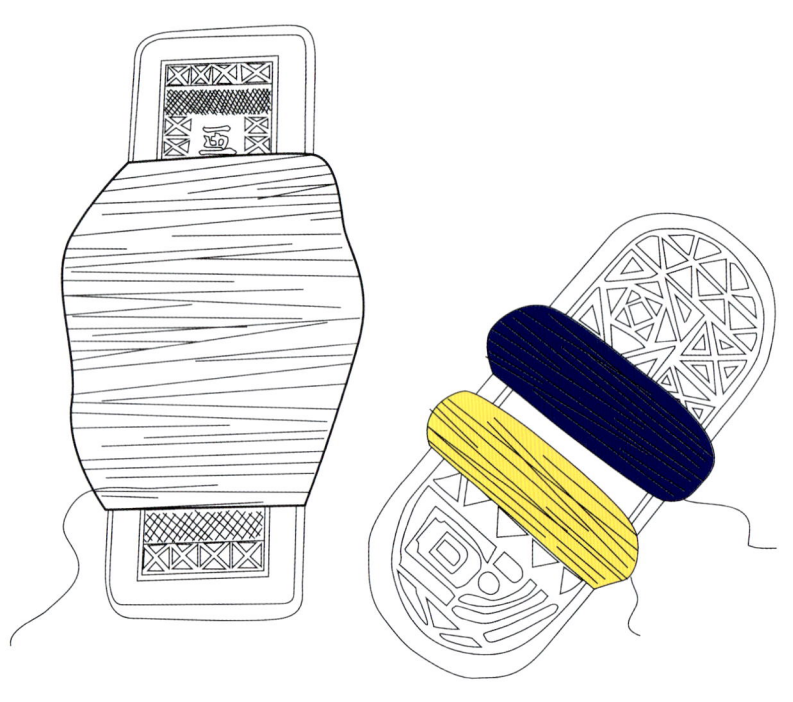

图一　朝鲜族缠线板主图

缠线板是缠绕细线的朝鲜族妇女针黹工具。自古以来，针线活是家庭妇女最为重要的家务。因此，平时须备好各类针黹工具，缠线板就是其中之一。随着生活水平的不断提高，新的生活方式的出现，像缠线板这样的许多家用工具，已失去了实际的用途，逐渐退出了日常的生活舞台。

缠线板的材质通常选择质地柔韧、轻盈的木料。其形状各异，一般有两种形制。其中一种为椭圆形，正反两面刻有相同的图案，一端为几何形图案，另一端为雷纹和几何纹图案，呈紫黑色，长16.2厘米，宽6厘米，厚0.9厘米；另一种为长方形，正反整个板面刻有席纹和几何形组成的图案，两端各有一长方形小平面，分别刻有"一贵""多男""富""心康宁"字样，长17.7厘米，宽5.5厘米，厚0.9厘米。缠线板平时保管在针线筐或针线盒里，缝制衣物时拿出来使用。另外，人们以为保管缠线板时如果没有绕线，就不吉利，所以，妇女们平时想尽方法在缠线板上多绕上几圈线。而且，因为板面上刻画了各类吉祥图案，使之提升了艺术品位，体现了祈求多福多贵、平安康宁的朴实心愿。

缠线板虽然是比较普通、不起眼的日常生活用具，但是作为传统针黹家务的必需品，起了实用性的作用。从中还包含着朝鲜族妇女贤惠、纤细的人格品性和向往美好生活的宝贵意愿。可以说是集实用性、艺术性、文化性为一体的设计案例之一。

图片来源

图一至图三　柳星　制图

图二　朝鲜族缠线板视图分析图

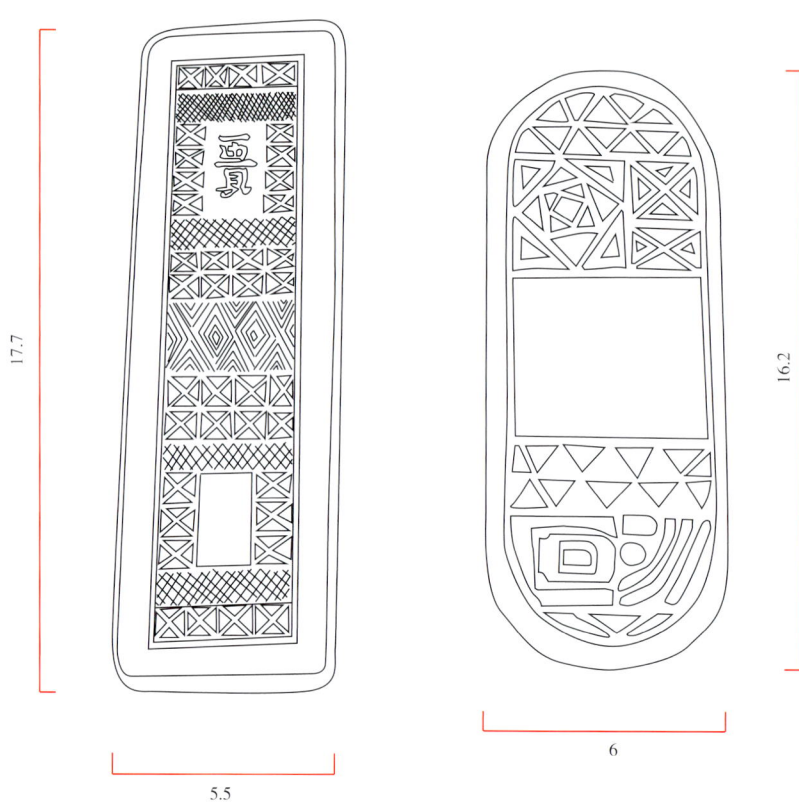

图三　朝鲜族缠线板尺寸分析图（单位：cm）

朝鲜族针盒

图一　朝鲜族针盒主图

　　针盒是收纳缝制用针的小盒子。针一般插在针囊或绕线板上，但为了便于使用，装在针盒里随身携带。针盒流行于20世纪初，20世纪80年代后，妇女的日常针黹家务明显减少，包括针盒在内的很多针线工具失去了实际用途，不再使用。

　　针盒由上下两部分组成，上部分是盖，下部分用于装针，呈龟鳖状或蝙蝠状。上下左右都有一些打结、垂穗、刺绣等装饰，也可当佩饰使用。针盒一般用布料制成，也有银、白铜、黄铜材质的。本案例是用白铜制作的装针用具，呈蝙蝠形状。蝙蝠纹饰是朝鲜族日常生活器具中普遍采用的装饰纹样。蝙蝠的"蝠"字，与"福"字谐音，象征着福气多多。此针盒用途虽然是装针，但也有穿着装扮的效果，妇女外出时常把针盒佩在上衣飘带打结处或腰部。其规格：总长11厘米，宽3.6厘米。

此针盒是朝鲜族传统的生活文化中比较特殊的设计案例之一。它不但设计奇特，而且功能巧妙。其中还包含着朝鲜族人民追求幸福生活的美好心愿，可以说是艺术性、实用性、科学性、文化性内涵俱全的工艺品。

图片来源
图一　延边博物馆
图二至图四　柳星　制图

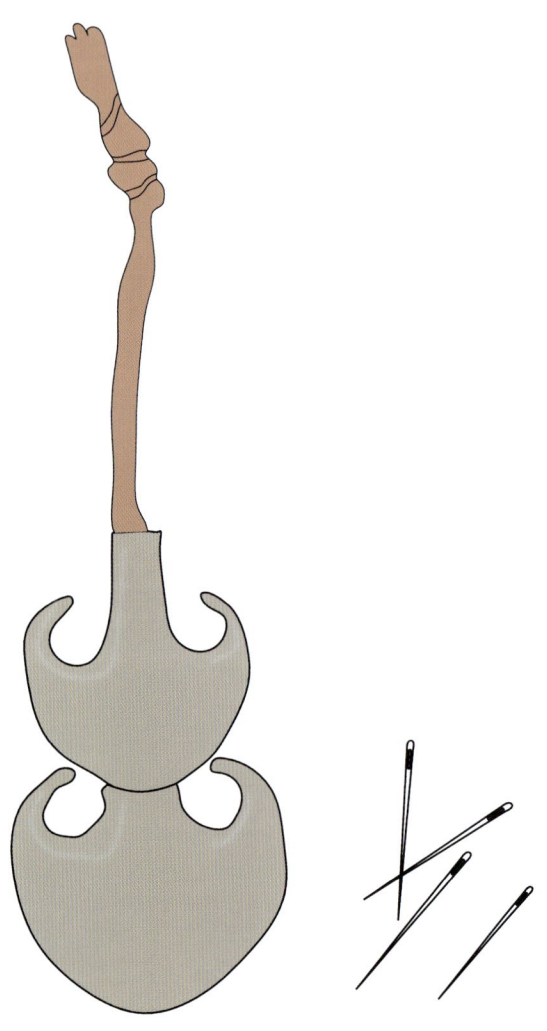

图二　朝鲜族针盒视图分析图

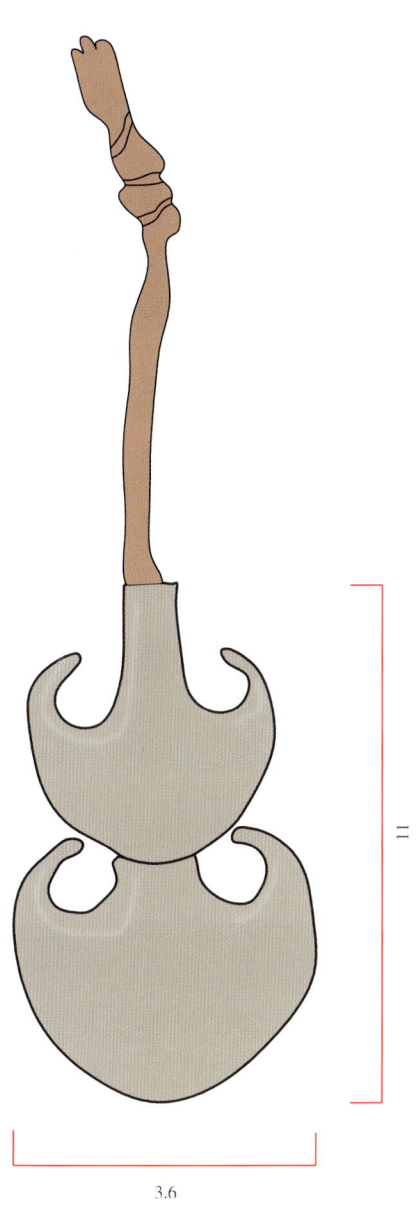

图三　朝鲜族针盒尺寸分析图（单位：cm）

图四　朝鲜族针盒使用示意图

第四章　朝鲜族传统生活用具

235

朝鲜族顶针指套

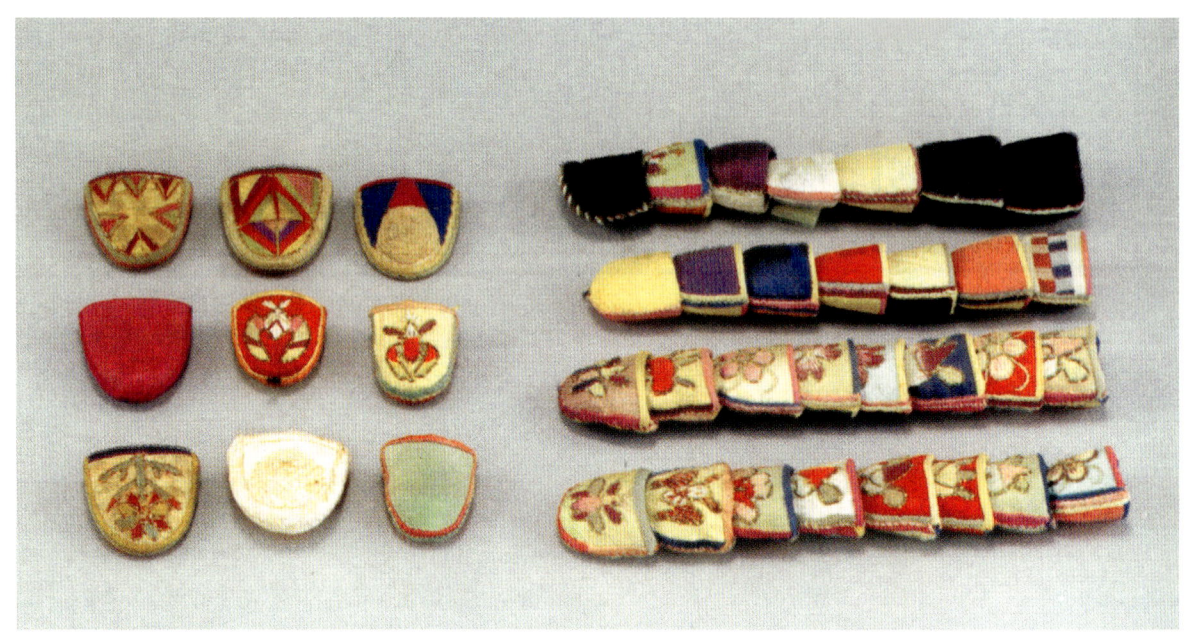

图一　朝鲜族顶针指套主图

顶针指套是朝鲜族传统的针线工具。自古以来，在日常生活中针线活是妇女的主要家务。做针线活时，为了防止被针刺伤，并使针易于穿透布料，就创制了顶针指套。到了20世纪90年代，随着机械、电动裁缝机和刺绣机的出现，手工裁缝技艺以无形文化遗产的形式存在，像顶针指套这样的传统针线工具，在民间生活中失去了实际用途。

顶针指套的材质是布料，使用时一般套在食指上。其形制呈半月形，表面为绸缎，里面垫皮块或厚棉布块使其坚韧，不易穿透。顶针指套采用五颜六色的彩缎，顶针表面绣有梅花、牡丹、莲花、蝙蝠、蝴蝶、天桃、太极、十长生等吉祥纹，增加了艺术效果。过去，朝鲜族传统服装是通过手工裁缝来完成的。因此自古以来针线活成为朝鲜族女性最为关心的事情。通过她们精湛的手艺能够领略到柔和细腻的情意。

顶针指套虽然是很小的一件针线工具，但它的用途和功能很到位，成为具有艺术性、实用性、文化性等特征的比较成功的设计案例之一。

图片来源
图一　延边博物馆
图二至图四　柳星　制图

图二　朝鲜族顶针指套视图分析图

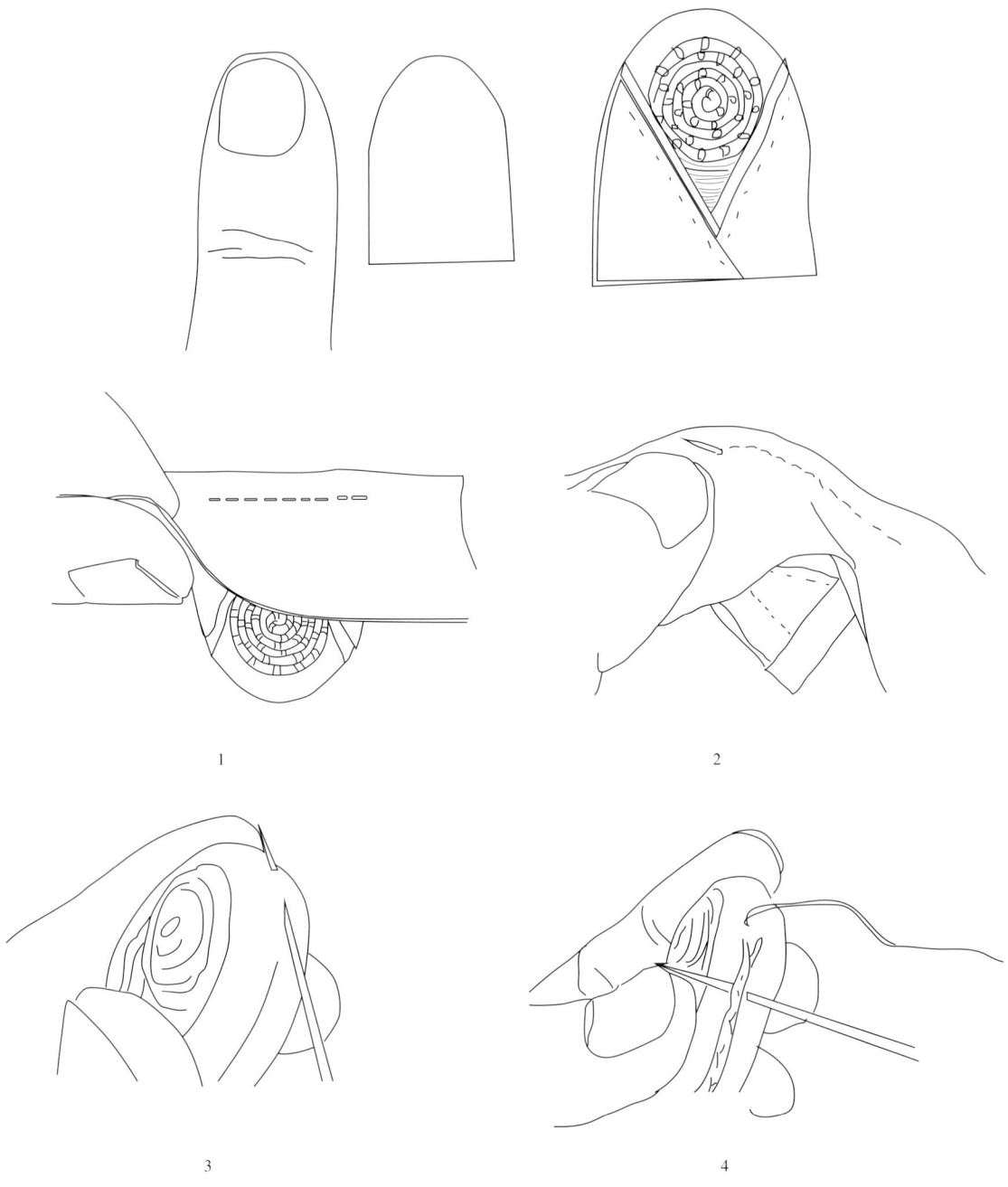

图三　朝鲜族顶针指套工艺分析图

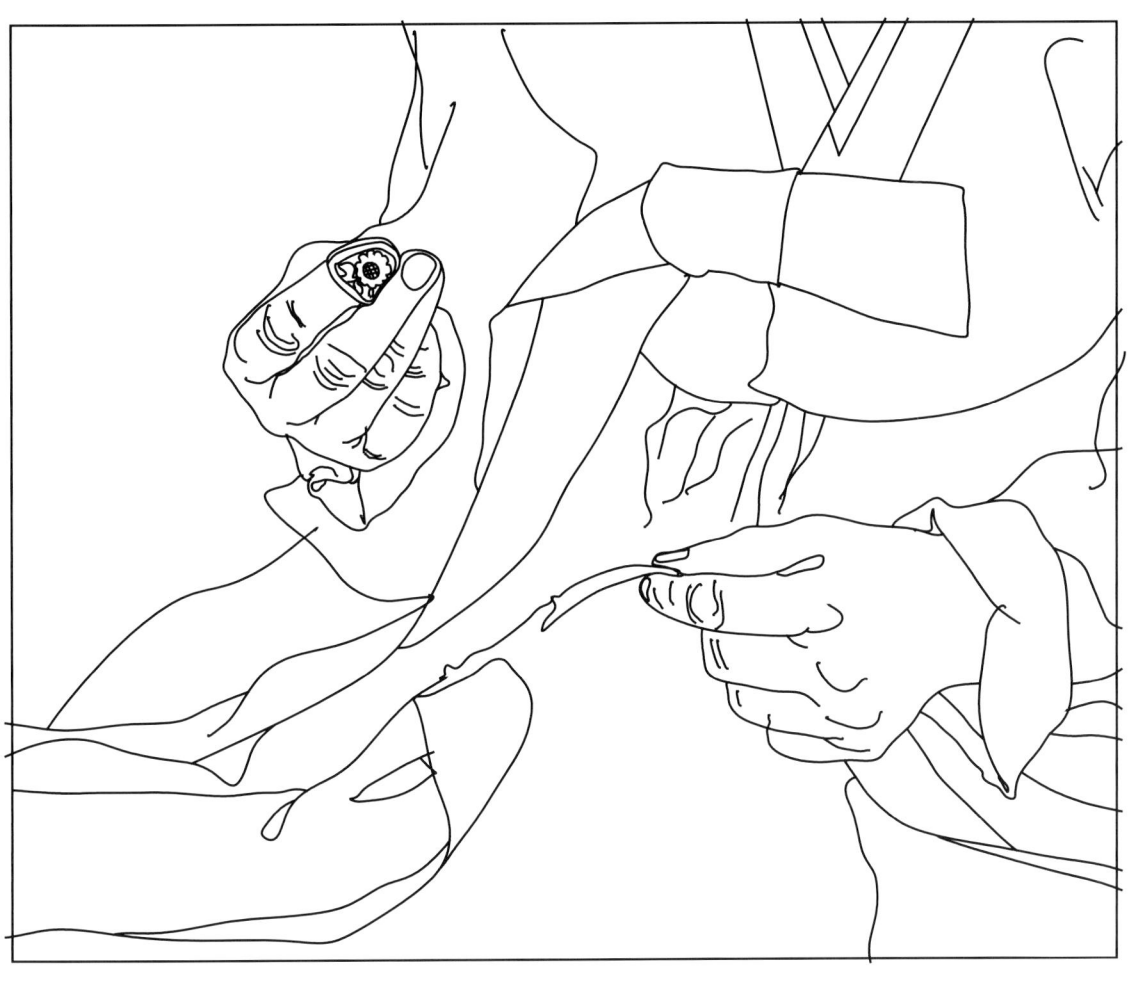

图四　朝鲜族顶针指套使用示意图

朝鲜族灯盏和灯台

图一　朝鲜族灯盏主图

灯盏和灯台是朝鲜族传统的比较古老的照明用具。20世纪50年代以前，很多朝鲜族村屯还没有普及电灯，仍然使用灯盏和灯台等照明用具。20世纪70年代后，随着电灯的普及，逐步在民间生活中消失。

本案例灯盏的材质为白瓷，敛口、短颈，有肩，直壁，平底，有盖，子母扣，盖中心有灯心管。腹部一侧附有小耳环型把柄，便于抓灯盏。灯盏里面倒灯入油，用棉花或麻线搓成条线来做灯芯，灯油通过灯芯往上渗透，即可点火。灯台由底盘和撑杆组成。底盘为木质，呈方形，边长32厘米，中间竖钉35.5厘米高的铁杆，铁杆上端有两条铁钩圈，铁圈下端有直径12.5厘米的钵形托盘。在钵形托盘上可以放置灯盏，两条铁钩圈可以横串点火照明用的麻杆。

灯盏和灯台是在过去的朝鲜族日常生活中必不可少的照明用具。此物在设计上考虑周全，功能上突出实用性和简便性，可以说是比较有特色的设计案例之一。通过此物可以领略朝鲜族传统生活风俗以及家庭照明发展史。

图片来源
图一　延边博物馆
图二至图五　柳星　制图

图二　朝鲜族灯盏视图分析图

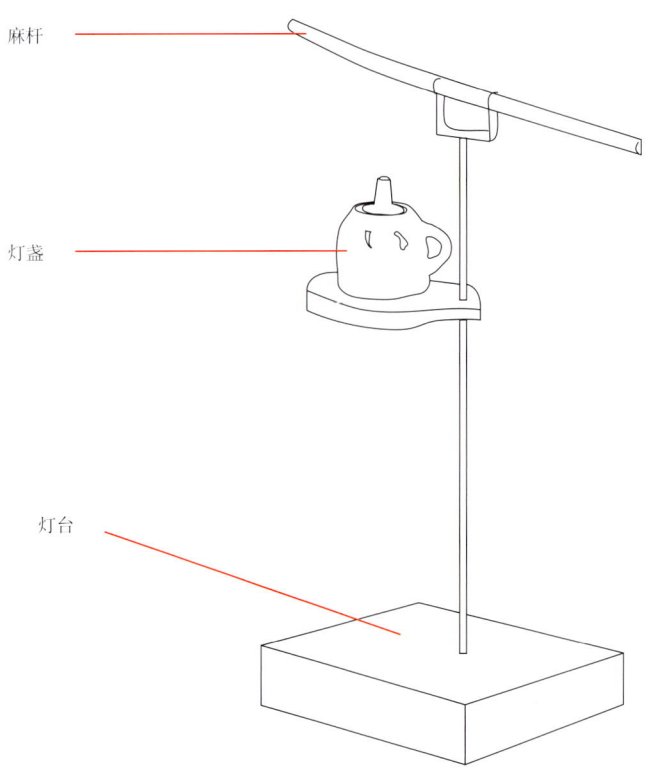

图三　朝鲜族灯盏与灯台结构分析图

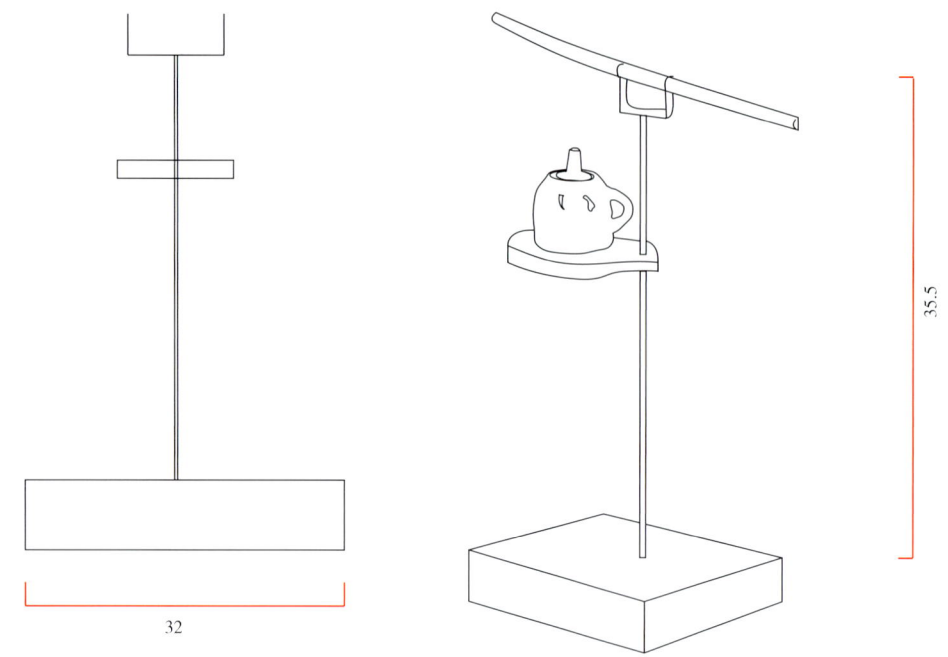

图四　朝鲜族灯盏与灯台尺寸分析图（单位：cm）

图五　朝鲜族灯盏与灯台使用示意图

朝鲜族火盆

图一　朝鲜族火盆主图

　　火盆是朝鲜族传统的取暖炉具。火盆的历史很久远，可以追溯到原始共同体时代。朝鲜族长期生活在冬季非常寒冷的北方地带，作为火炕取暖的辅助性器具，火盆起了重要作用。20世纪70年代以前，在偏远的山村仍然使用火盆，后来随着现代取暖方式的普及逐渐消失。

　　火盆的材质比较多样，有陶瓷、石、铁、铜等。其中，使用比较普遍的火盆有铁火盆和铜火盆。铁火盆其样式比较多样，但其结构比较一致，通常由炭盆和炉足组成。此铁火盆，敛口，沿内折，直腹，盆身上部有一对兽面透孔耳，耳上各套一铁环；底部有三足。盆高21.2厘米，口径35厘米，底径30厘米。火盆腹外壁镶嵌多种纹样，有雷纹、云纹以及日、月、海、寿等纹饰。此铜火盆，盆身呈盆状，直口，大敞沿，口沿微向内折，平底，底部有虎足状三足，足上部与盆相接处施花纹饰片，盆体与足用铆钉连接，通高23厘米，口径43厘米，底径27.7厘米，沿宽7厘米，足高9厘米。过去，火盆是朝鲜族日常生活中必备的取暖用品。虽然普遍采用火炕取暖方式，但是因为火炕面的大小，不能每个房间都有取暖效果。所以每个家庭都备有用铁或铜、瓷等制作的火盆做为辅助性取暖设备来使用。一到寒冷的冬天，家家户户都拿出火盆，放在各自的房间。把土豆、地瓜等埋在火盆里等着烤熟；又在火热的火盆上面横置铁支子，烧烤干鱼和牛肉，或放置石锅熬煮香喷喷的酱汤等。

火盆在朝鲜族居室生活文化中，是既朴素又实用的日常炉具。它充分体现了朝鲜族传统火炕生活习俗，在设计理念上，考虑了炉具的实用性和装饰性，反映了朝鲜族生活智慧和工艺技巧。因此，火炉不愧是朝鲜族日常生活中极其珍贵的宝物。

图片来源
图一　延边博物馆
图二至图四　柳星　制图

图二　朝鲜族火盆视图分析图

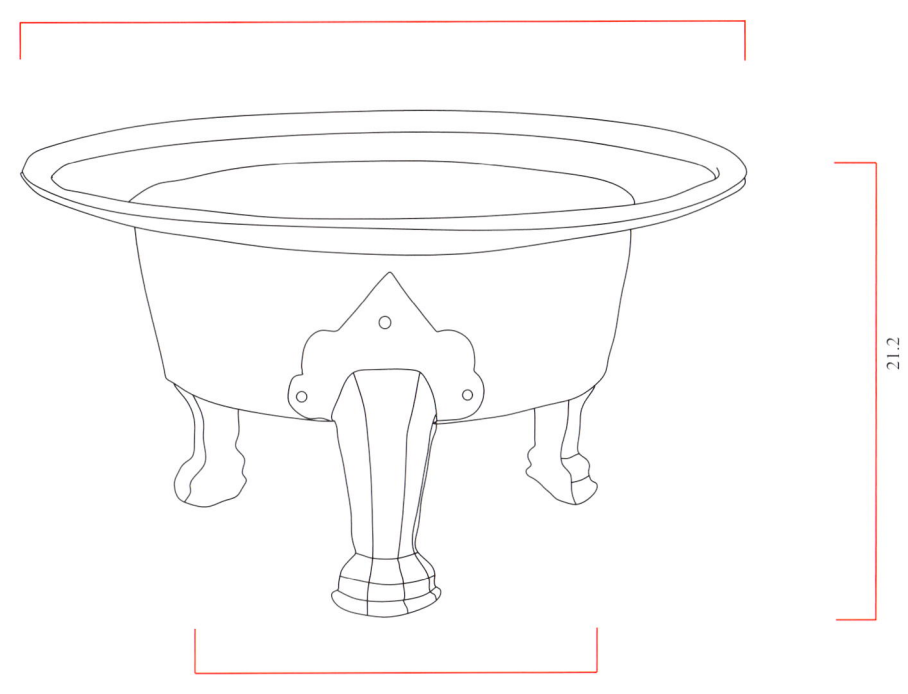

图三　朝鲜族火盆尺寸分析图（单位：cm）

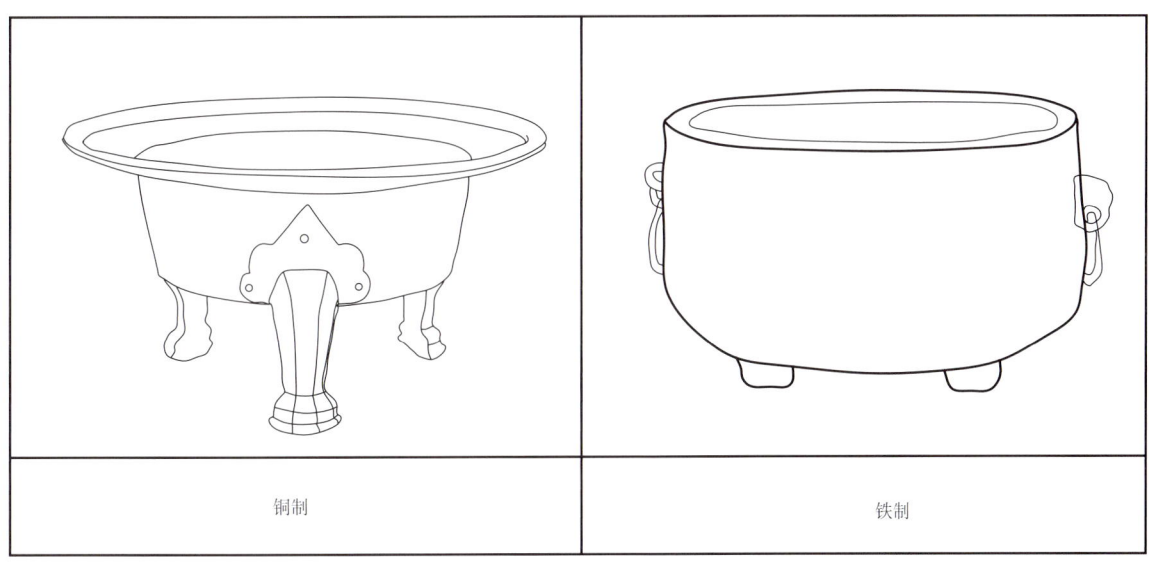

| 铜制 | 铁制 |

图四　朝鲜族火盆材质分析图

朝鲜族梳妆盒

图一　朝鲜族梳妆盒主图

梳妆盒是近代出现的妇女爱用的小型家具。在过去朝鲜族传统的家庭生活中,生活比较富裕的人家一般都配有梳妆盒。此物作为比较奢侈的家具,通常摆设在传统八间瓦房结构的闺房或里屋。20世纪80年代以后,随着房屋结构的改变和生活方式的变化,传统的梳妆盒不太适合现代生活模式,因此,逐渐从日常生活中消失。

梳妆盒材质主要是木料,其形状呈长方形,由镜片和小型抽屉组成。镜片安装在上面盒盖的里面,使用时打开盒盖,镜片就斜置在上面,可以坐在炕面上直接使用。盒身分2—3层抽屉,存放各种化妆品和化妆工具等。盒的表面涂红色天然漆,在棱角和接木处饰有带有吉祥寓意的漂亮的金属片花纹。在过去梳妆盒是女子出嫁时必备的嫁装，可以说是非常适合火炕坐式生活的精美工艺品。

梳妆盒是朝鲜族传统生活文化中，比较华丽奢侈的装饰家具之一。此物制作工艺精巧，使用简便灵活，对房屋的装饰效果比较突出。通过梳妆盒可以领略朝鲜族传统的家庭生活习俗，对研究朝鲜族传统手工艺发展和设计理念具有可靠的实物价值。

图片来源
图一　延边博物馆
图二至图四　柳星　制图

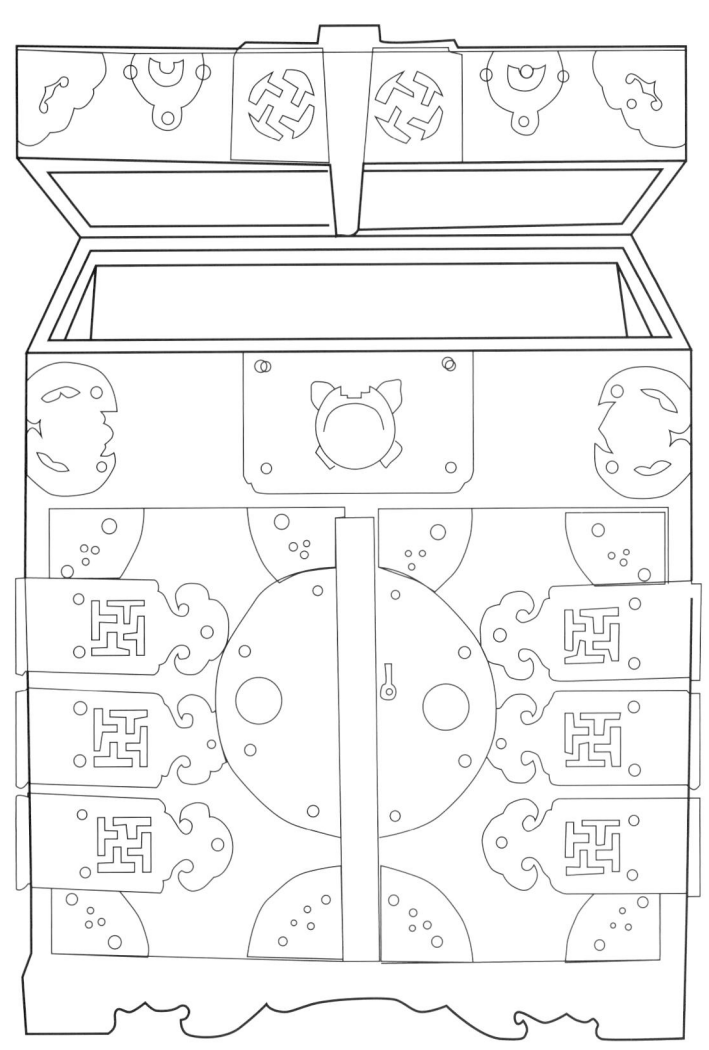

图二　朝鲜族梳妆盒视图分析图

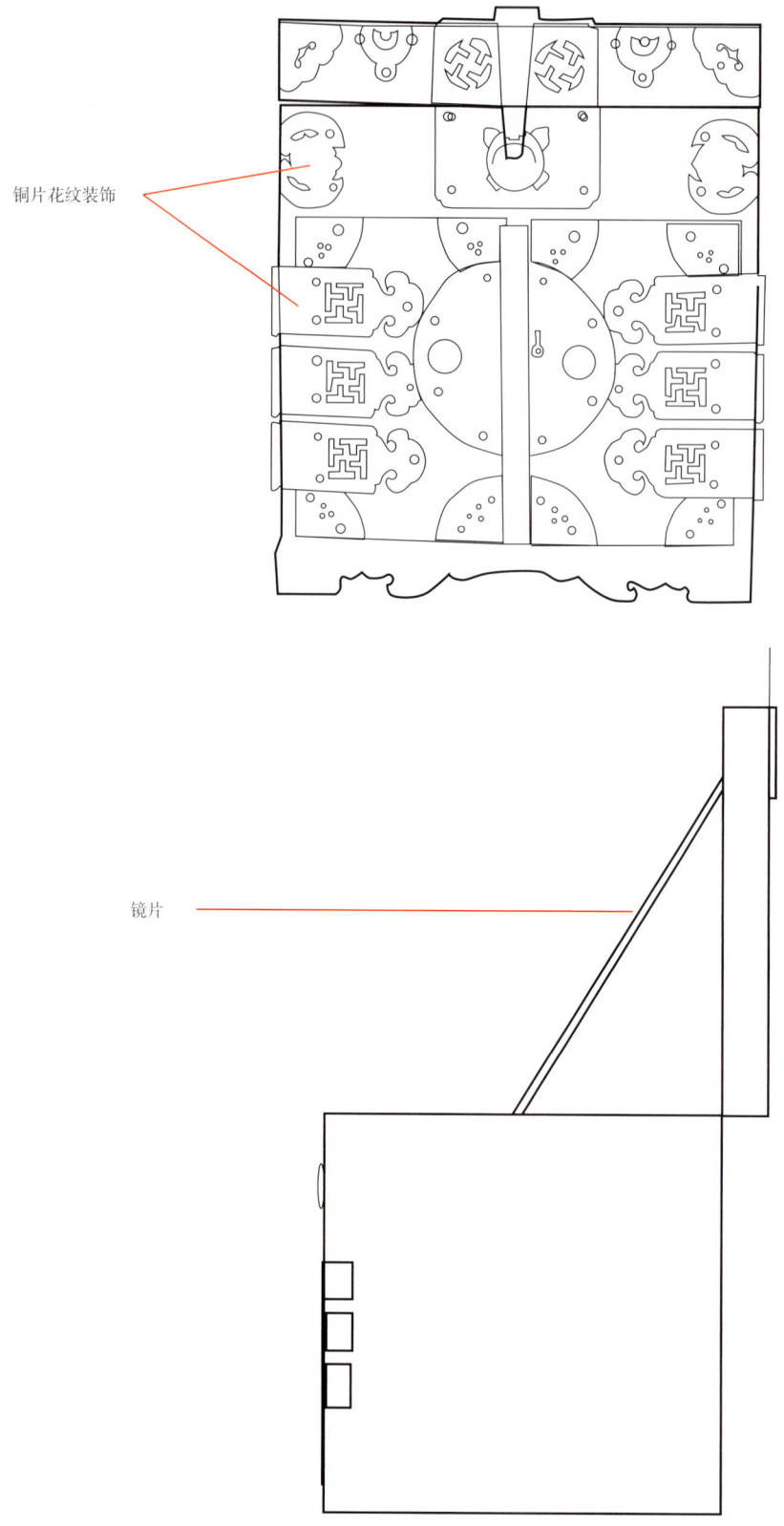

图三 朝鲜族梳妆盒结构分析图

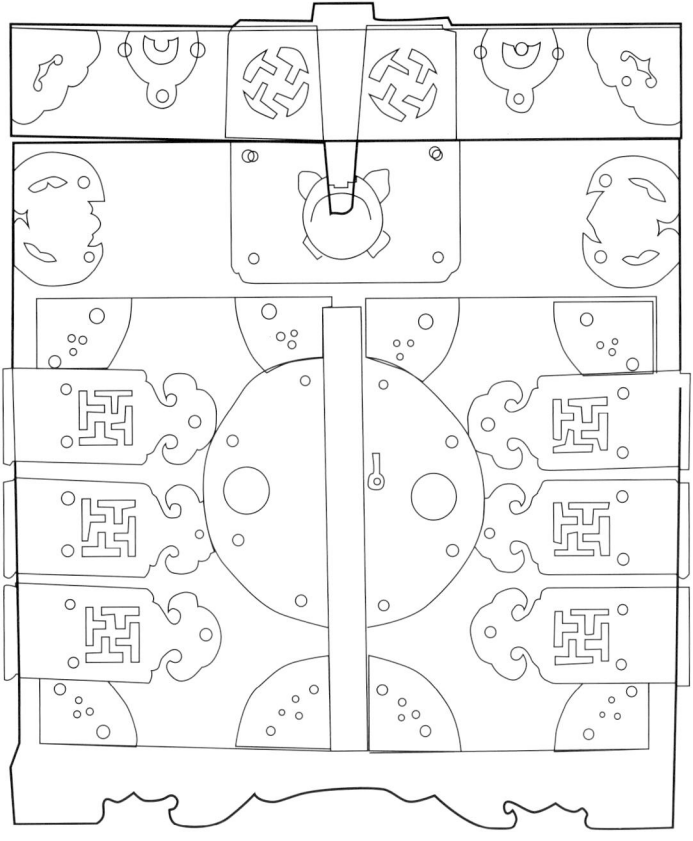

图四　朝鲜族梳妆盒纹样分析图

朝鲜族十长生纹地毯

图一　朝鲜族十长生纹地毯主图

十长生纹地毯是朝鲜族传统的居室用品。朝鲜族使用毛毯的历史很久远，可以追溯到古代封建王朝时期。到了朝鲜高丽国时期出现了专门从事编织高品质毛毯的工匠。朝鲜李氏王朝时期，毛毯编织业得到持续的发展，上流阶层普遍使用毛毯制品，毛毯成为居室装扮的奢侈品。到了近现代因为在朝鲜族生产生活中，毛绒的来源比较有限，毛毯编织技艺和生产处于失传状态，其制品成为价值昂贵的工艺品。

毛毯的材质一般采用毛绒和棉花，先纺粗线，然后织成毛茸茸的地毯，其特点为质地柔软，能隔离寒气，房屋装饰效果突出。其中用毛绒编织的地毯为上品。十长生纹地毯呈长方形，其规格为长180厘米，宽90厘米。中间有长160厘米、宽73厘米的白色矩形框，框内绣有两棵松树、一只鹤、一只鹿、五只蝴蝶。四边为浓咖啡色框，框内绣白、蓝、土黄、红色的菱形、三角形等几何图案，地毯边缘均有1.5厘米宽的深蓝色饰线。本案例为19世纪末生产的手工制品。地毯一般铺在书斋或居室的炕面上作为装饰品使用。

十长生纹地毯，其质地优良，图案华丽，手工精巧，保存完好，堪称朝鲜族民间工艺品中的精品。地毯中间部位描绘的在一棵粗大松树前，一只正警觉地竖起耳朵的鹿，在另一颗枝密叶茂的松树上面展翅飞过的一只仙鹤，构成写实又夸张的一幅仙境。此物可以说是艺术性、工艺性、装饰性价值较高的设计案例之一。

图片来源
图一　延边博物馆
图二至图四　柳星　制图

图二　朝鲜族十长生纹地毯视图分析图

图三　朝鲜族十长生纹地毯尺寸分析图（单位：cm）

图四 朝鲜族十长生纹地毯纹样分析图

朝鲜族枕顶

图一　朝鲜族枕顶主图

枕顶是缝补枕头两边的装饰物件，又称"枕边"。朝鲜族使用枕头的历史比较悠久，宋朝的古文献《高丽图经》中就有关于朝鲜高丽时期的精美枕头边的记载。如今，枕顶仍然在民间生活中使用，成为带有民族风格的文化遗产。

枕顶材质比较繁多，有布、木、玉石、华角等，其中在民间普遍流行的是用布料做的枕顶。枕顶必须是成双成对的。其形状通常有圆形和方形（有正方形和长方形）。其规格为：圆形枕顶直径15厘米左右；正方形枕顶一般边长为12厘米；长方形枕顶长12厘米、宽8厘米。枕顶的贵重之处不在于其材质，而在于枕顶面上的带有吉祥、安康等寓意的各类纹饰。枕顶的纹饰一般用刺绣的方式表现出来。纹饰种类也非常多样，在表现方法上，采取文字图案、动植物花纹合理搭配的方式，突出了人们所向往的朴素愿望。经常使用的文字图案有富贵寿福、康宁、多男、五福、卍字、亞字；动植物花纹有牡丹、莲花、石榴、四君子、十长生等。

枕头是在朝鲜族家庭生活中必不可少的就寝用具，枕顶做为民间刺绣作品，其线条简洁、色彩协调、构图精细，具有较高的艺术价值。它不仅反映出民间生活中的朝鲜族妇女的传统美德和细腻手艺，而且体现了其追求美满幸福生活的朴实心愿，具有深厚的文化内涵。

图片来源
图一　延边博物馆
图二至图四　柳星　制图

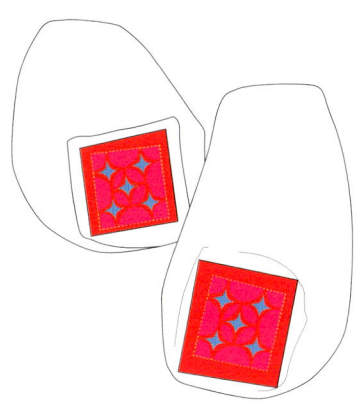

图二　朝鲜族枕顶视图分析图

图三　朝鲜族枕顶样式分析图

第四章　朝鲜族传统生活用具

文字纹样

四方连续纹样

图四　朝鲜族枕顶纹样分析图

朝鲜族坐垫

图一　朝鲜族坐垫主图

坐垫是在朝鲜族传统日常生活中广泛流行的席子的一种。纵观朝鲜族古代历史可以看出，朝鲜族的火炕文化由来已久，形成了朝鲜族坐式生活习俗，从而出现了包括坐垫等便于在火炕面上使用的各类居室用具。因为朝鲜族的坐式生活习俗仍然存在，所以在如今的现代生活中，坐垫经久不衰地传承了下去。

坐垫按形状分为方形坐垫和圆形坐垫，按材质分为布料坐垫和莞草坐垫。其规格为，方形坐垫长宽50—60厘米，圆形坐垫直径40—50厘米。其中用布料做的坐垫用途更为广泛。选择色彩鲜艳的绸缎等布料做外套，然后往里装进柔软的棉花团，使用起来有种非常轻舒、软绵绵的感觉。冬季用的比较厚实，夏季用的比较单薄。坐垫外套表面一般绣有带有吉祥寓意的花草、动物、文字等纹饰，使其成为精美的装饰品。朝鲜族在长期的坐式生活中经常使用坐垫。从前不分贫富贵贱，家家户户都使用形状和色彩多样的坐垫。坐垫可谓是朝鲜族日常生活中必不可少的日用品，也是生活礼节的一部分。每当亲戚、朋友来访时，按照礼节互致问候之后，首先拿出坐垫递给客人，以示亲切。即将出嫁的姑娘也会利用空闲时间为了新婚生活亲手缝制漂亮的坐垫。

坐垫是朝鲜族传统生活文化中富有实用性、艺术性、文化性的设计案例之一，所以，坐垫可以说是佐证朝鲜族火炕文化特征的代表性物品。其中还包含着朝鲜族传统的手工技艺风格和朝鲜族妇女贤惠、智慧的文化内涵。

图片来源
图一　延边博物馆
图二至图五　柳星　制图

图二　朝鲜族坐垫视图分析图

40

图三　朝鲜族坐垫尺寸分析图（单位：cm）

图四　朝鲜族坐垫使用示意图

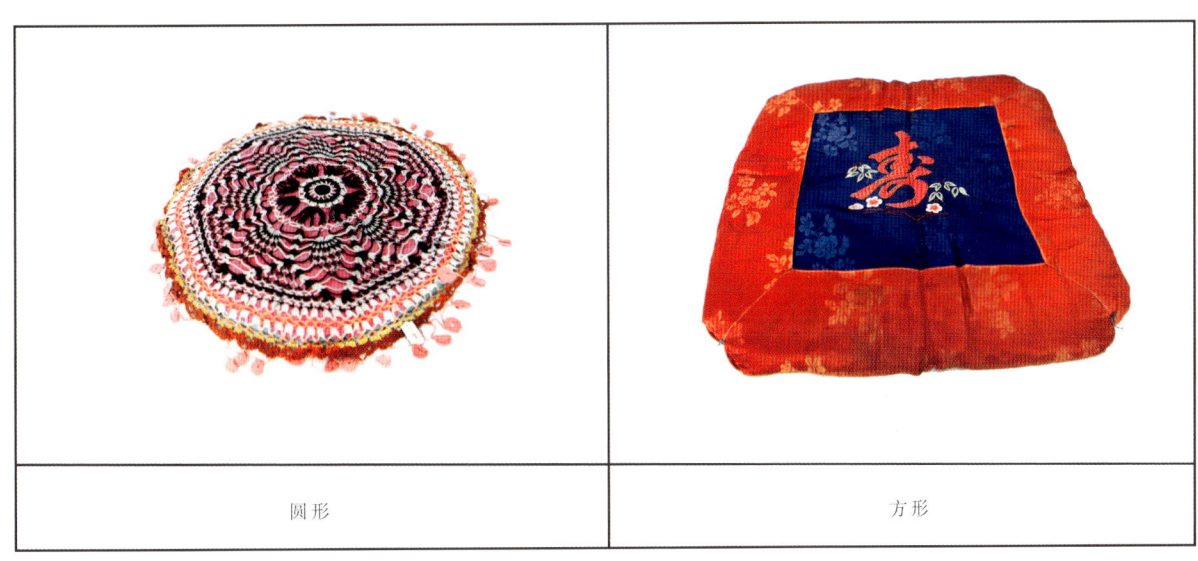

| 圆形 | 方形 |

图五　朝鲜族坐垫样式分析图

第四章　朝鲜族传统生活用具

259

朝鲜族砧台、棒槌、卷衣棒

图一　朝鲜族砧台主图

图二　朝鲜族棒槌主图

图三　朝鲜族卷衣棒主图

砧台、棒槌、卷衣棒是朝鲜族传统的捣衣工具。朝鲜族的传统捣衣技术，其历史比较久远，在朝鲜三国时期已经广为普及。朝鲜族移居到中国东北后服饰的原料以自种自织的麻布和棉布为主，仍然使用此捣衣工具，一直使用到20世纪60年代。到了20世纪70年代以后，随着电熨斗的使用及各种化学纤维衣料的大量出现，捣衣工具的使用率明显下降，逐渐退出日常生活舞台。

砧台、棒槌、卷衣棒等捣衣工具，其材质通常为木料。木砧形状一般为直四角形，底部四角各有一方柱形足。其规格为长63厘米，宽24.4厘米，厚9厘米。棒槌，呈圆柱状，头粗尾细，长41厘米。卷衣棒俗称"红都盖"，用檀木制作，圆柱状，中部较粗，两端渐细，长79厘米，直径8厘米，一端有4厘米长的把手。用砧台捶打衣服、布料，虽然可以捶平布面，但折叠的部分无法整平。用卷衣棒卷起衣服或布料，再次用棒槌捶打，即可除掉褶子，捶打时用一手握住把手边打边转。捣衣、熨平是朝鲜族妇女经常做的平整衣物的主要家务。每个家庭都配备砧台、棒槌、卷衣棒和熨斗等平整工具，随时拿出来使用。捣衣用的工具有砧台和棒槌，衣服和衣料上糊以后，平铺在砧台上，用棒槌捶打。有时用一个棒槌，有时用两个棒槌，捶起来很有节奏感。

传统的捣衣工具是朝鲜族每个家庭必备的居室用具。朝鲜族捣衣风俗由来已久，捣衣工具普及到千家万户，成为独特的文化现象。此物为研究朝鲜族传统生活文化发展史提供了可靠的具有历史性、科学性价值的实物资料。

图片来源

图一至图三　延边博物馆
图四至图八　柳星　制图

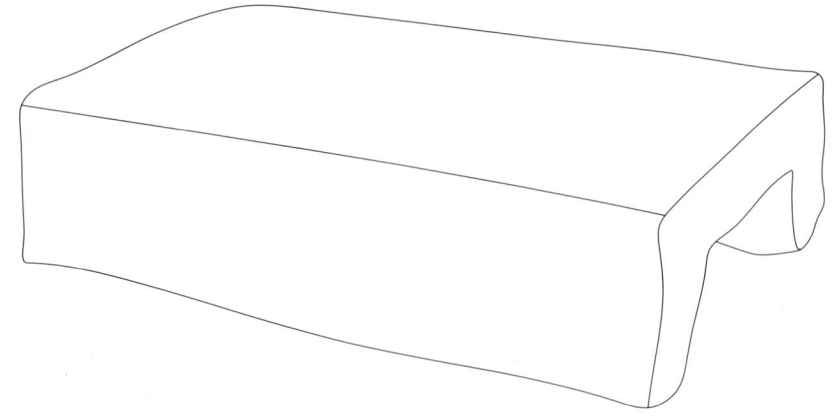

图四　朝鲜族砧台视图分析图

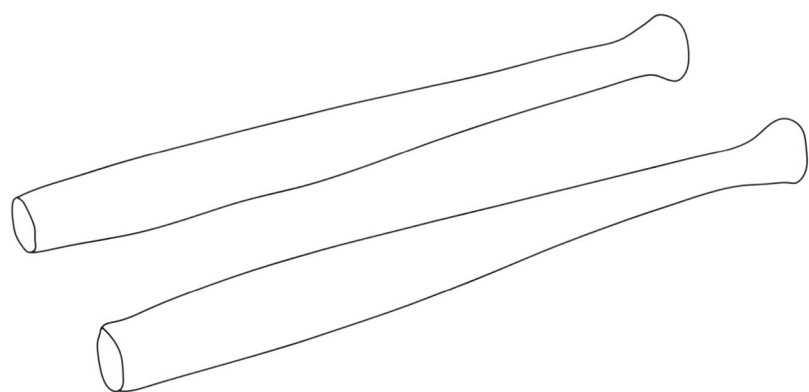

图五　朝鲜族棒槌视图分析图

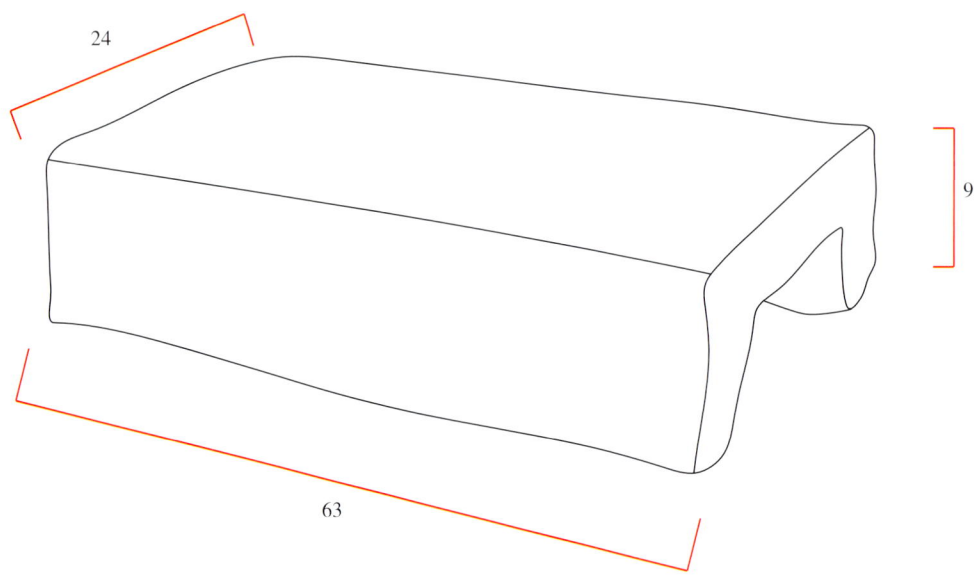

图六　朝鲜族砧台尺寸分析图（单位：cm）

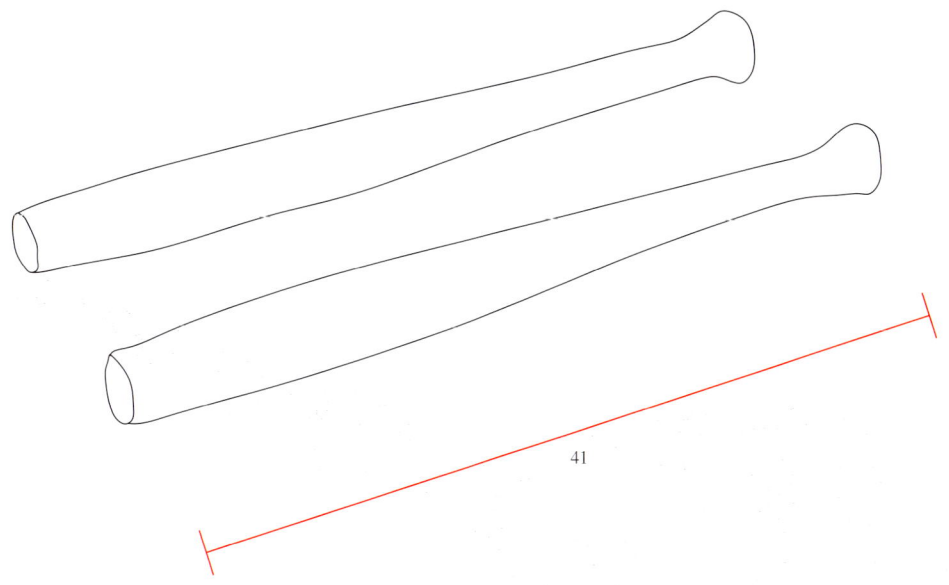

图七 朝鲜族棒槌尺寸分析图（单位：cm）

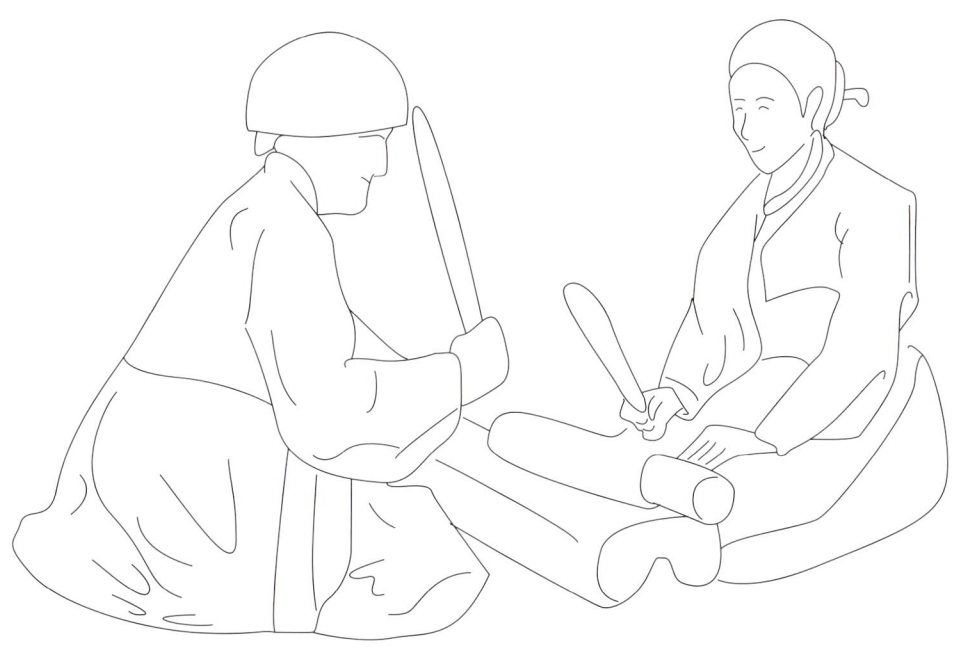

图八 朝鲜族砧台、棒槌、卷衣棒使用示意图

朝鲜族熨斗

图一　朝鲜族熨斗主图

　　熨斗是朝鲜族传统的熨烫和平整衣服、布料皱褶的工具。民间俗称"打里咪"。朝鲜族熨斗的历史比较久远，17世纪就在民间广为流传。因为当时的麻、棉、绸等衣料容易皱褶，因此熨斗在日常生活中比较普遍，其使用也比较频繁。到了20世纪80年代，随着电熨斗的普及，传统的熨斗逐渐消失。

　　朝鲜族熨斗，由生铁铸造，利用了火盆加热的原理。其形制有两种：一种为式样比较古老的锅形熨斗，其形状为敞口、斜壁、大平底，有镙金铁把，铁把上再安入木柄。其规格为口径19厘米，底径11.2厘米，总长44.3厘米，底部施有四环圈纹。另一种为舟形熨斗，其形状为上有盖，盖上面固定手把，盖前角钉鸡状固定扣，熨斗总长20.3厘米，头部最宽10厘米，高10.6厘米。熨平衣服也是朝鲜族妇女必不可少的家务。对已经洗净晾干的衣物，除了捶平以外，还要熨平。棉布和麻布用稍高的温度熨平，苎麻布和绸缎用文火熨平。为家人提供干净、平整、舒适的衣服，是朝鲜族妇女引以为荣的事。

　　熨斗是朝鲜族传统的日常生活中不可缺少的居家用具。传统熨斗种类比较多样，带有创意性的设计理念和工艺技巧，追求简便性和实用性，从中可以了解传统的铸铁技术和朝鲜族传统的生活习俗。

图片来源
图一　延边博物馆
图二至图四　柳星　制图

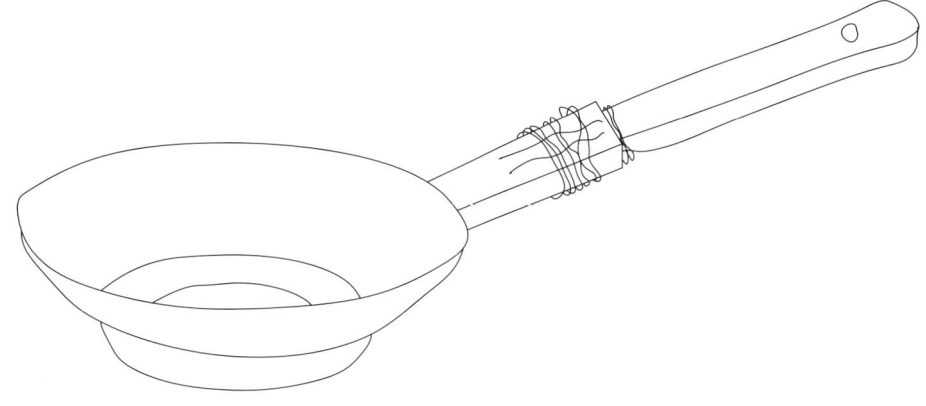

图二　朝鲜族熨斗视图分析图

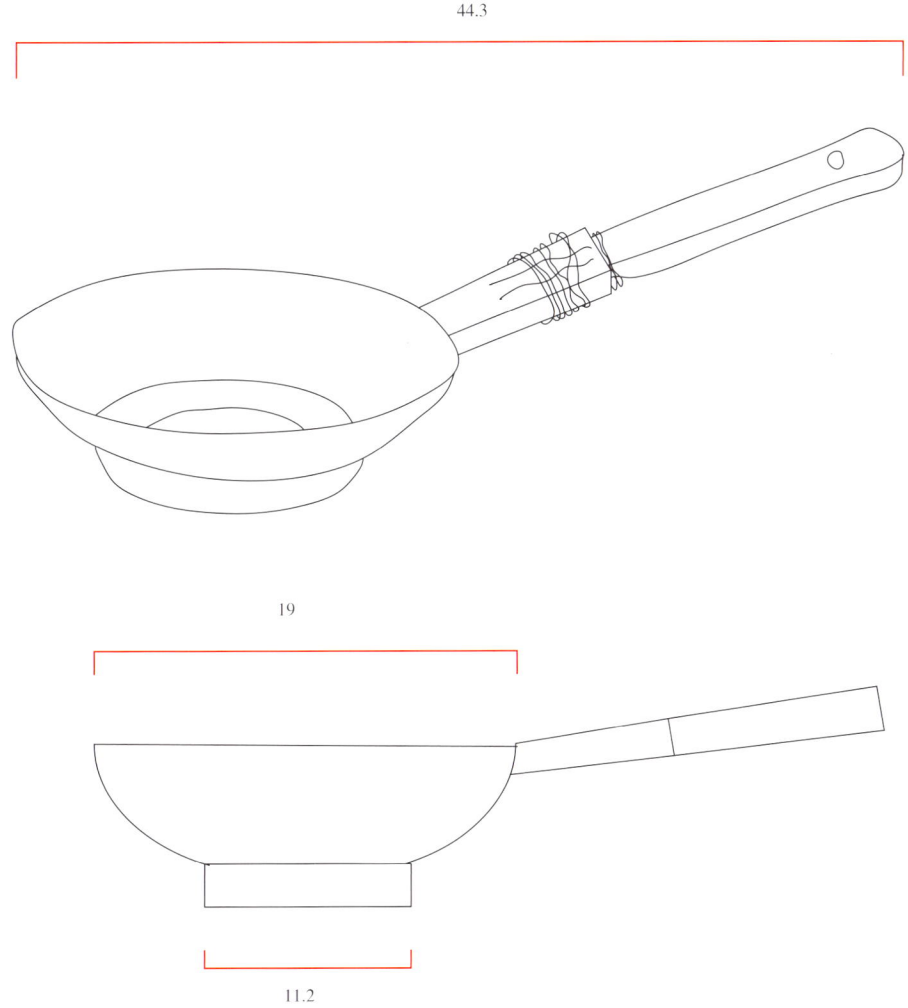

图三　朝鲜族熨斗尺寸分析图（单位：cm）

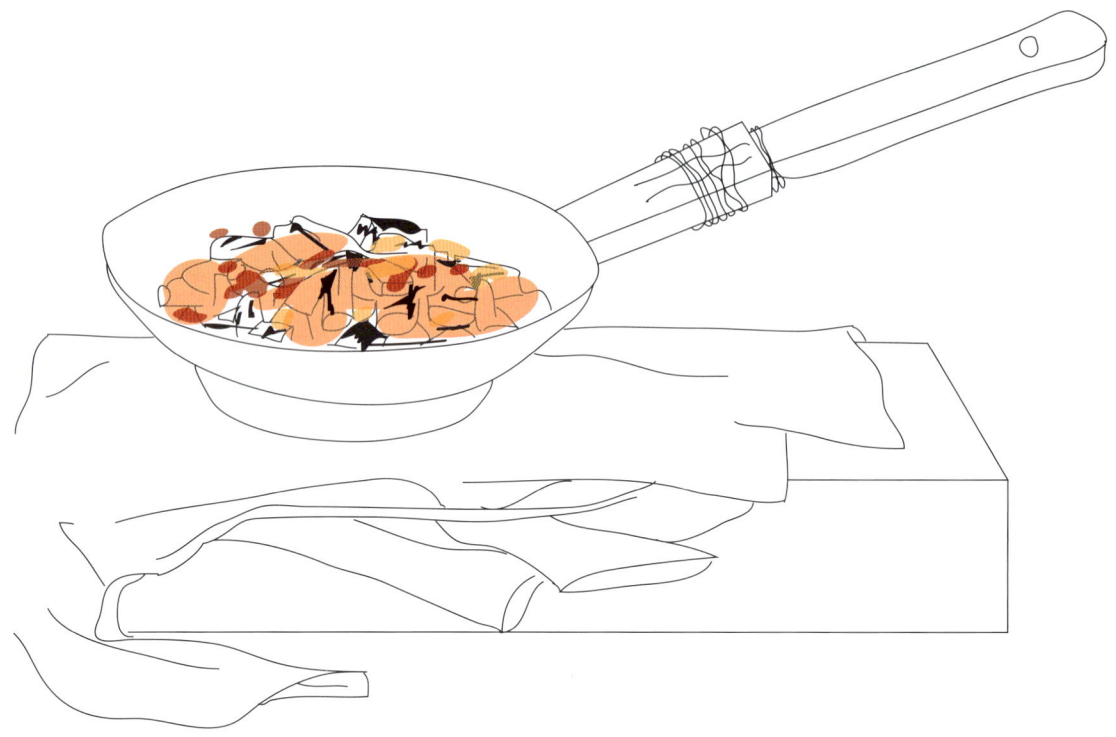

图四　朝鲜族熨斗使用示意图

朝鲜族柳条筐

图一　朝鲜族柳条筐主图

柳条筐是民间普遍使用的用细柳条编织的生活用具。柳条筐的使用历史比较悠久,是农家不可缺少的日常用具。流行于20世纪80年代前,如今在农村很少使用。

朝鲜族是典型的农耕民族,通常居住在水边和木材资源比较丰富的地带,柳树等树种随处可见。到了夏季柳树嫩枝细长柔韧,此时采集柳条后,及时脱皮,在阴凉处晾干,并妥善保管,一到农闲季节就拿出来编筐。编筐技艺难度不大,容易学会。先准备编筐用的柳条,以"十"形编织筐底,然后往上斜编筐壁,最后收尾筐口。编织后其形制为敞口、斜壁并稍圆弧、腹部呈交叉的斜纹、平底。柳条筐的大小不一,通常用作饮食器具。大型筐一般用于装入各种蔬菜和鱼肉等。小型筐一般用于装入糖果等饮食,有时用作针线筐。柳条筐形状优美,使用起来轻便不易摔碎。在农忙季节可以经常看到头顶装入饮食的柳条筐的妇女形象。

柳条筐是朝鲜族典型的生活用具,其历史悠久,工艺朴实,流行广泛,很有生活风趣。通过柳条筐可以领略朝鲜族朴素而智慧的生活文化。

图片来源
图一　延边博物馆
图二至图五　柳星　制图

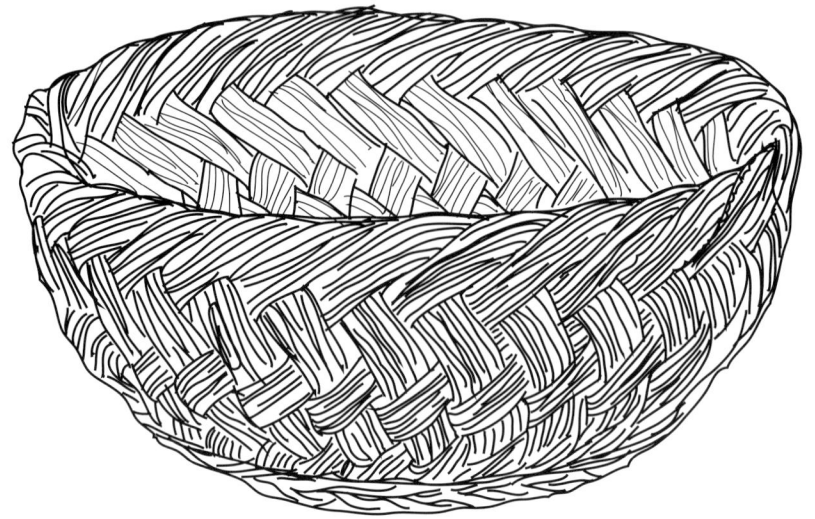

图二　朝鲜族柳条筐视图分析图

图三　朝鲜族柳条局部图

图四　朝鲜族柳条筐制作示意图

| 框边 | 框底 |

图五　朝鲜族柳条筐工艺分析图

第四章　朝鲜族传统生活用具

朝鲜族匙箸袋

图一　朝鲜族匙箸袋主图

　　匙箸袋是在过去的日常生活中普遍使用的装入铜匙和铜筷的袋子。在朝鲜族的传统生活文化中，非常重视匙箸等饮食用具的配备，并将其视作"私人财产"，装入匙箸袋等用具妥善保管。朝鲜族使用匙箸袋的历史比较久远，始于封建王朝时期，一直延续到20世纪50年代。

　　匙箸袋的材质通常为绸布。其形状呈长方形，长31厘米，宽9厘米。其制作工序为：首先用多张宣纸粘接成厚纸板，把它作为袋芯。然后用红色的绸缎（按照个人喜好可以选择其他颜色的布料）包裹袋芯形成长方形的袋子。最后在两个面上，刺绣各类花纹。此物正面绣有岩石、参花、鹿、龟、松、鹤、太阳、白云、水、竹等十长生图案，背面绣有"子孙昌盛""富贵多男"八个字，上下绣有四君子花纹中的梅花、竹子、菊花等纹饰。顶部有袋绳和穗。在朝鲜族婚俗中，新娘一方必须准备新郎和新娘的食具各一套作为嫁妆，其中饭碗、汤碗、饭匙、筷子不可缺少。匙箸袋里可以装入两套匙箸，平时挂在居室的墙壁上，外出时携带在腰间，成为穿着装扮的饰品。

在过去很多家庭主妇虽然其手艺并不高超，但尽量用自己的双手亲自制作匙箸袋，从中可以看得出家庭主妇们为了自己一家老小的健康和幸福所倾注的心血。匙箸袋设计合理、功能独特、工艺精美，具有实用性、艺术性特征，其中还包含着追求美满、幸福生活的朴实心愿。

图片来源
图一　延边博物馆
图二至图四　柳星　制图

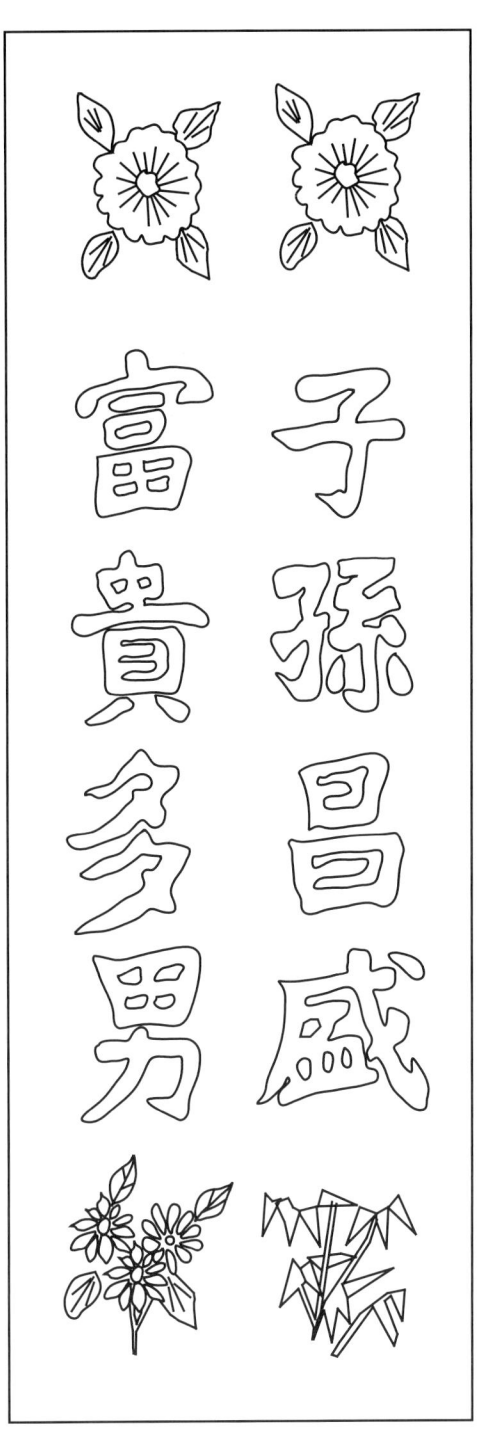

图二　朝鲜族匙箸袋视图分析图

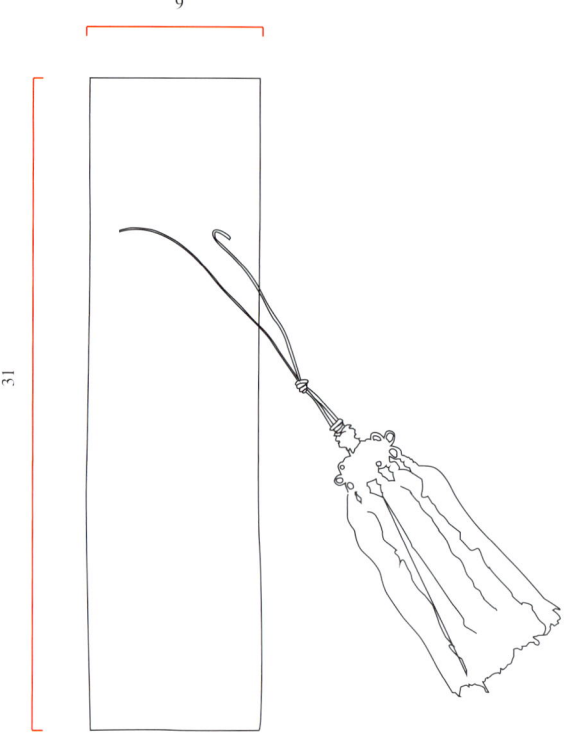

图三　朝鲜族匙箸袋尺寸分析图（单位：cm）

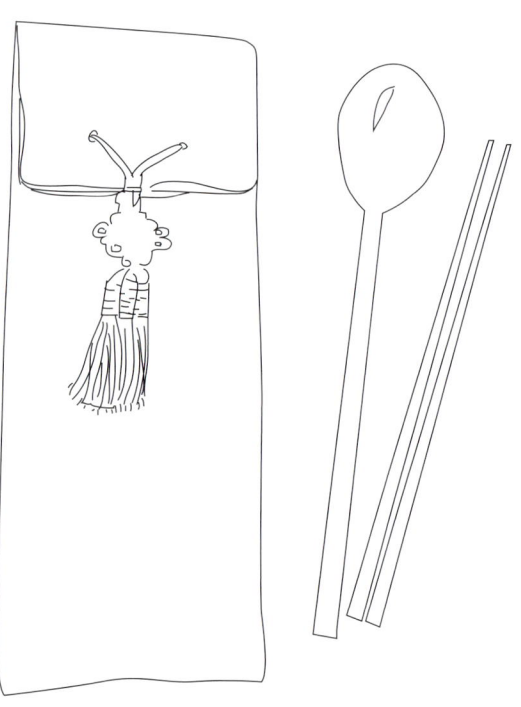

图四　朝鲜族匙箸袋使用示意图

朝鲜族象帽

图一　朝鲜族象帽主图

象帽是朝鲜族传统农乐中跳象帽舞时戴在头上的道具，也称"象毛"。象帽指的是封建王朝时期"战笠"的顶部钉上的可以转动的羽毛装饰，后来演变成传统象帽舞的道具，把此道具统称为"象帽"。朝鲜族农乐舞来源于朝鲜古代"舞天"的宗教仪式，到了朝鲜李氏王朝时期，将象帽用作农乐舞的一种道具。19世纪中叶，大批朝鲜族从朝鲜半岛迁入到中国东北后，仍然继承了传统的农乐仪式，象帽舞成为最具魅力的民间舞蹈，象帽自然成为能够表现传统农乐舞蹈精髓的必不可少的艺术道具。

象帽的材质通常是布料，有些地方采用鲍瓜。象帽的种类比较繁多，有线象帽、羽象帽、尾巴象帽、火花象帽等，其中线象帽的使用率比较高，其结构由圆顶窄檐帽子、连珠串、飘带组成。根据象帽飘带的长短分为短象帽、中象帽、长象帽。长象帽是在象帽舞高潮阶段使用的道具，其彩带长度达到28米长，成为目前世界上最长的象帽彩带。旋转长象帽时，飘带上下左右转动，仿佛是无穷无尽的旋涡，把天地万物之灵气集于一身。象帽的色彩也有几种，一般采用的是黑色，在帽筒和帽檐的连接处、帽檐边镶1—2厘米宽的红色布条。还有红底黄边的象帽。象帽的甩动普遍采用的有"平甩""左右甩",还有"立甩""抖甩""旋甩""飞甩""抖露珠""穿圈技法""三彩带齐甩法"等技巧。象帽舞,其舞姿活泼优雅,节奏欢快舒畅,充分反映了朝鲜族人民在劳动、生活中的喜悦之情和活泼大方的民族气质,是朝鲜族劳动人民在长期的劳动和生活中创造出来的宝贵文化财富。

象帽是朝鲜族人民在长期的生产、生活当中创制的艺术精品,象帽虽然没有那么华丽,但通过象帽的舞动能够体现天地融合、情趣欢快的艺术魅力,把朝鲜族传统的民间舞蹈推向了世界的艺术殿堂。

图片来源
图一　延边博物馆
图二至图四　柳星　制图

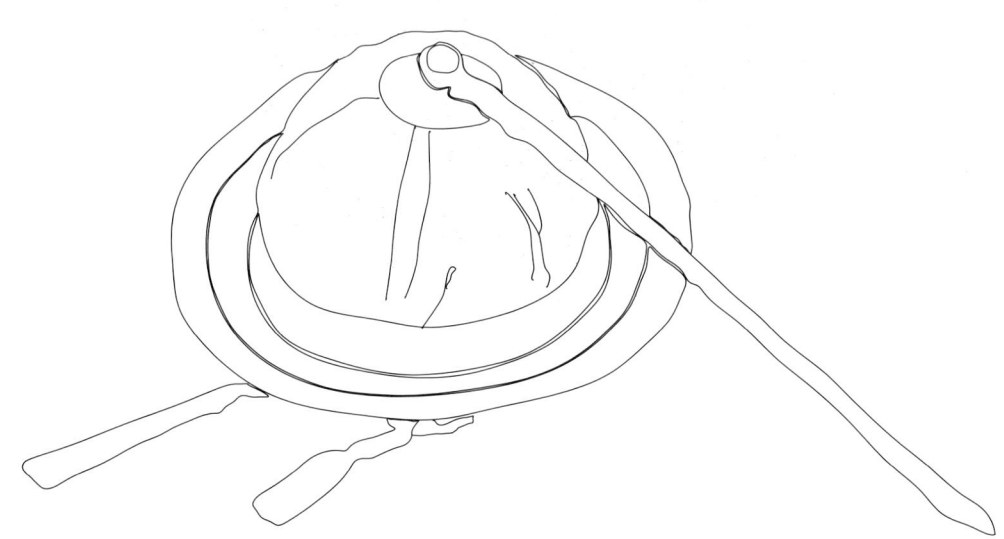

图二　朝鲜族象帽视图分析图

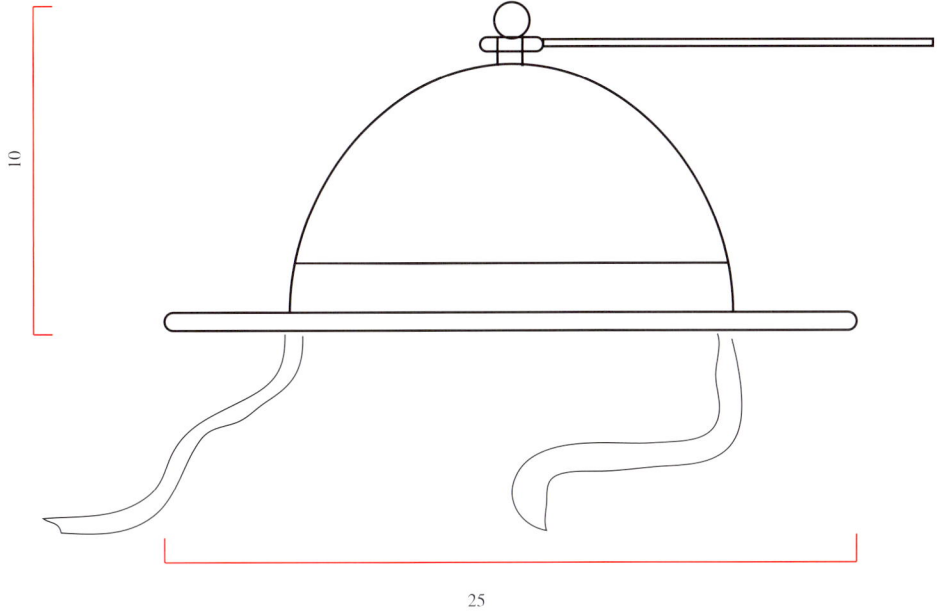

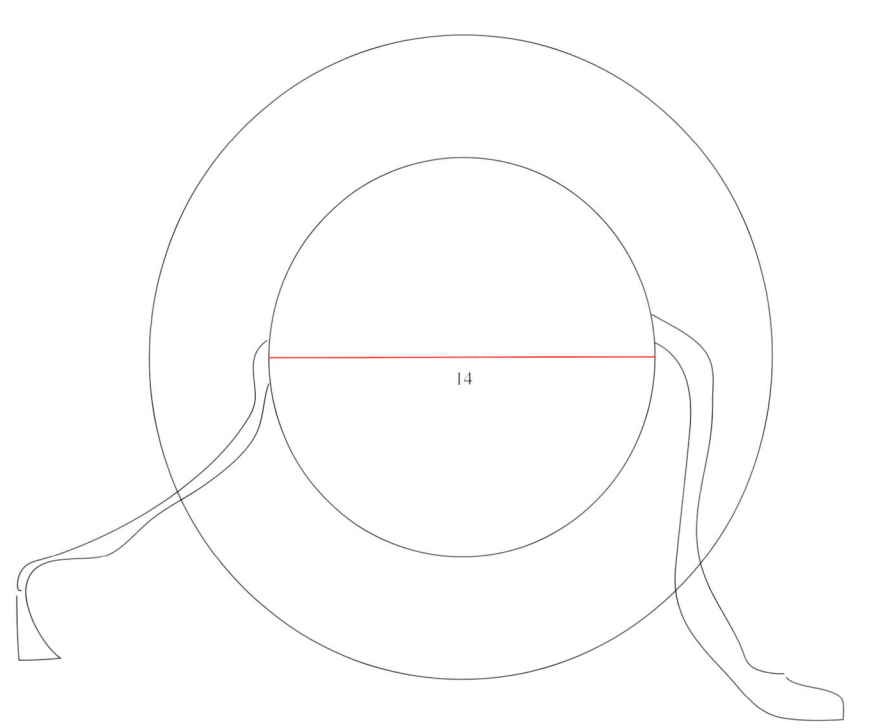

图三　朝鲜族象帽尺寸分析图（单位：cm）

图四　朝鲜族象帽使用示意图

朝鲜族唢呐

图一　朝鲜族唢呐主图

　　唢呐是朝鲜族传统的吹奏管乐器，亦称"太平箫"。唢呐，其历史悠久，据史料记载朝鲜高丽王朝末期已广为流传。唢呐在高丽时期主要用作军队的吹号乐器，到了朝鲜李氏王朝时期用作宫中乐器。李朝后期在民间盛行农乐艺术，从此把唢呐用作农乐的吹奏乐器。中国朝鲜族也传承了朝鲜半岛固有的唢呐乐器，作为农乐舞的吹奏乐器广泛使用，流行于辽宁、吉林、黑龙江等省，尤以延边朝鲜族自治州最为盛行。

　　唢呐，由喇叭、音管、吹口组成。喇叭呈圆锥形，其材质为铜或铝等金属，音管的材质为檀木或紫椴、黑椴木，吹口部位安装用铜制作的哨片。音管正面部位有7个音孔，背面有1个音孔。其规格为长29厘米。演奏时，管身竖持，左手无名指、中指、食指按五、六、八孔，拇指按背孔，右手小指、无名指、中指、食指按下方一至四孔。唢呐的音色清脆悦耳，很有号召力。唢呐用作农乐舞的旋律乐器。农乐舞队在小锣手的带领下形成舞蹈队形后，舞者伴随唢呐手吹响的悦耳动听的民谣旋律欢快起舞，把农乐舞蹈推向第一轮高潮。如今，唢呐作为民俗乐器使用于民乐演奏，形成了具有时代美感和民族情趣的音乐艺术，发挥出其独特的演奏效果。

　　唢呐是历史性、艺术性、实用性特征比较突出的设计案例之一。唢呐在朝鲜族传统农乐艺术和民乐演奏中起着举足轻重的作用,通过其独特的音色和节奏,充分体现了劳动人民欢快愉悦的心境和豪放强烈的感情,从侧面反映了其向往美好生活的朴实心愿。

图片来源
图一　延边博物馆
图二至图四　柳星　制图

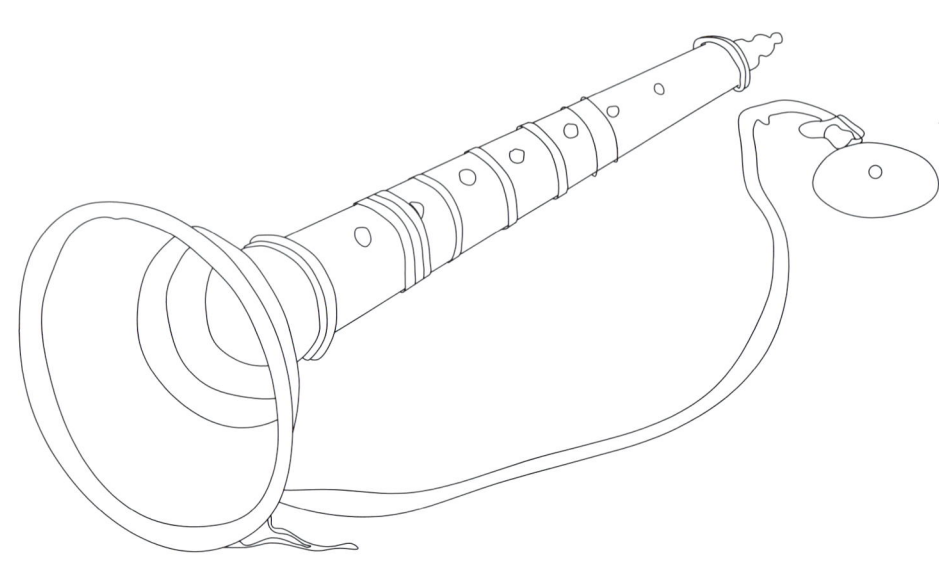

图二　朝鲜族唢呐视图分析图

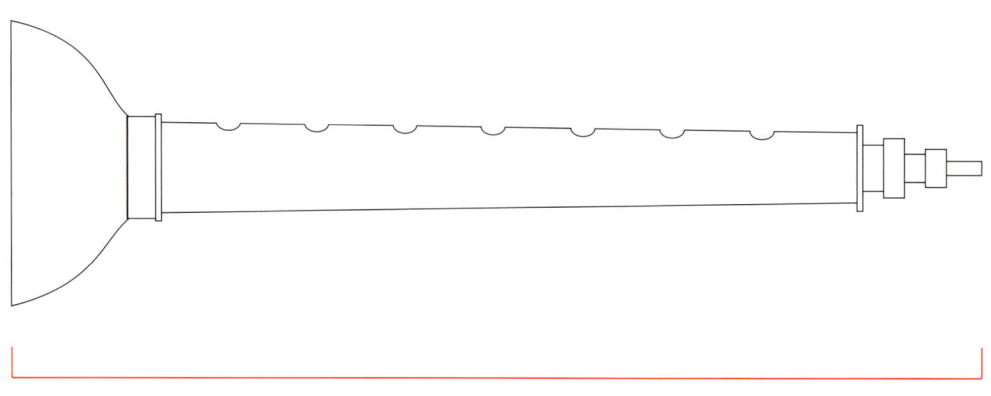

29

图三　朝鲜族唢呐尺寸分析图(单位:cm)

图四　朝鲜族唢呐演奏示意图

朝鲜族洞箫

图一　朝鲜族洞箫主图

洞箫是朝鲜族传统的管乐器。朝鲜族洞箫源于中国古老的"箫",高句丽时期也有形似洞箫的叫"长篴"的乐器,到了高丽成宗时期,改制成如今的"洞箫",流传到现在。如今洞箫音乐已成为国家级非物质文化遗产代表。

洞箫的材质一般选用黄竹,其形状为长筒形,长度为55厘米,上端至清孔之距为13厘米,后面的第一个孔离上端19厘米,前面的孔随着往下排列。洞箫的制作也有一定的工序。(1)选材:竹子连根部截取约80厘米长的竹材。(2)烤竹:用火将竹子烤热,以拗直弯曲的部分。(3)打通:用特制的钢条将竹节打通。(4)打磨:用长的圆锉及砂纸条打磨竹子内膛,以达到标准尺寸。(5)定位:按需要的长度锯取竹材,根据不同的口径标准,在竹材上将指孔和吹孔的位置画好。(6)开吹口:用刀开出标准的吹口,并将吹口及洞箫顶端打磨光滑。(7)钻孔:在已经定位之处钻出指孔和出音孔,钻孔次序由下至上,边钻孔边测试音准。(8)调音:反复吹奏以将音准和演奏性能调整至最佳。(9)上漆、雕刻、抛光:对洞箫表面进行美化。

洞箫是蕴含着鲜明民族特色的代表性演奏乐器,对丰富中国传统音乐宝库具有重要意义。也是普及性非常广泛的大众乐器，可以说是欣赏性和艺术性兼备的设计案例之一。

图片来源
图一　延边博物馆
图二至图四　柳星　制图

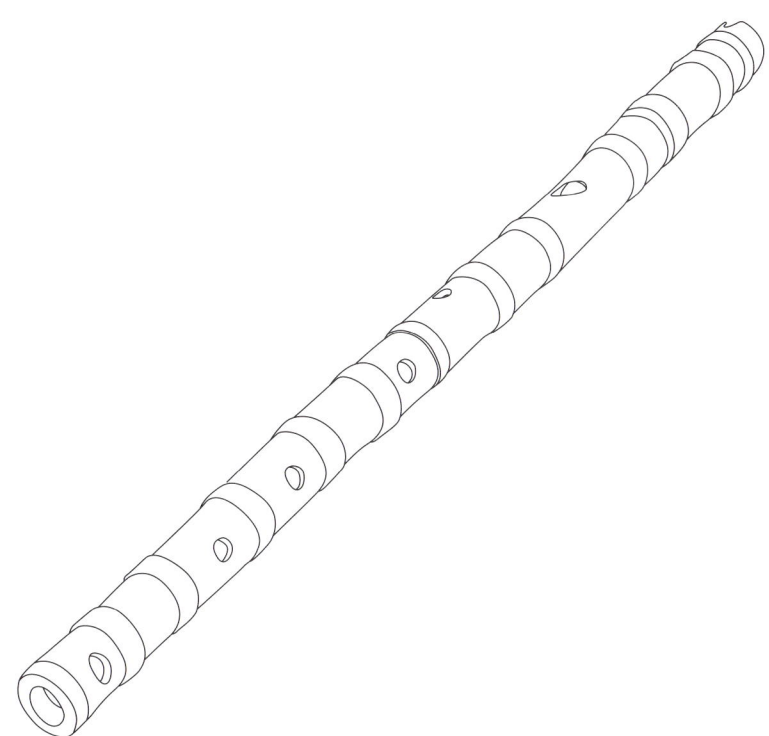

图二　朝鲜族洞箫视图分析图

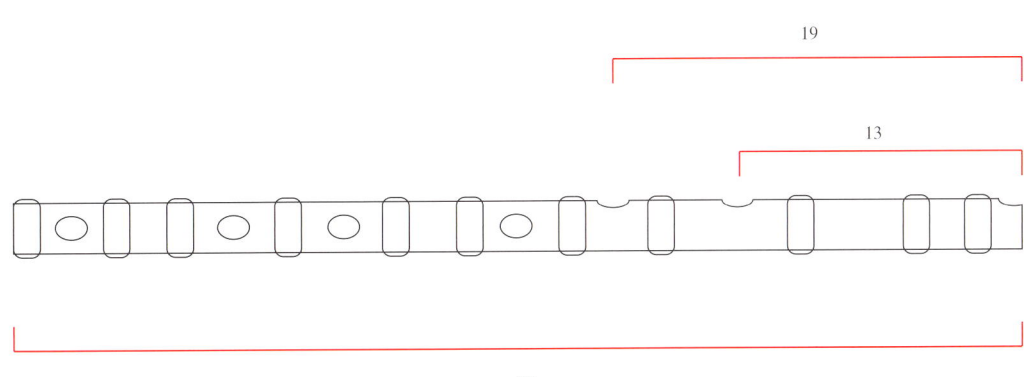

图三　朝鲜族洞箫尺寸分析图（单位：cm）

图四　朝鲜族洞箫演奏示意图

朝鲜族横笛

图一　朝鲜族横笛主图

横笛是朝鲜族边棱气鸣乐器，朝鲜语称"则待"。流行于辽宁、吉林、黑龙江等地，尤以吉林省延边朝鲜族自治州最为盛行。古代的横笛，又称"大咸"，又通称"三竹"，是用长短不同的竹子制成的。长者称大笒，中者称中笒，小者称小笒。朝鲜三国时期，是宫廷三大乐部(唐乐、雅乐、乡乐)中乡乐的主要吹奏乐器之一，并在民间广泛流传。长期以来，民间较难见到中笒和小笒，现在朝鲜族的横笛大部分就是民间流传的大笒系列。

传统的横笛，用两节竹管套接而成，管身全长70厘米左右，管身上开有一个吹孔、一个膜孔（有的无膜孔）、六个按音孔。开孔均呈椭圆形，较一般笛子的音孔稍大，孔距2厘米。用芦苇内膜为笛膜，贴于膜孔上，使低音深厚、中音坚实、高音圆润。演奏时，笛身横置，右手按一至三孔，左手按四至六孔。有颤音、滑音、顿音和晃奏等技巧。用于合奏或歌舞伴奏。每逢春耕插秧、秋收或娱乐等场合，常和杖鼓、洞箫、短箫等乐器一起演奏。

横笛造型简洁雅致，七个音孔之间错落有致，再现了视觉重复的美学规律。管身两端镶嵌的铜箍，相互呼应，显得华贵而秀美。管哨的底部套有红环，突出重点，显示了梯形管哨特有的艺术魅力，构成了整体的协调统一。天然的竹管形材，给人以原生态的自然和谐美，极大地满足了人们的视觉美感需要。

图片来源
图一　延边博物馆
图二至图五　董海英　制图

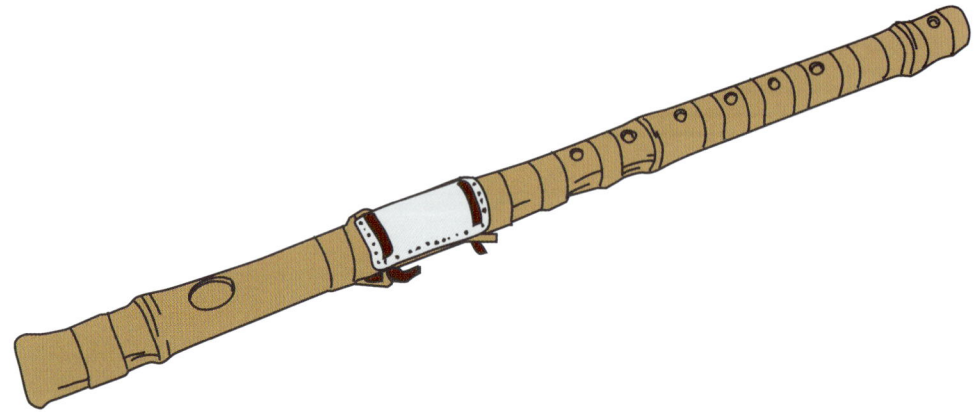

图二　朝鲜族横笛示意图

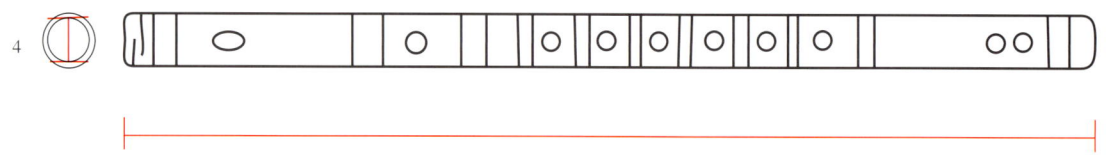

图三　朝鲜族横笛尺寸分析图（单位：cm）

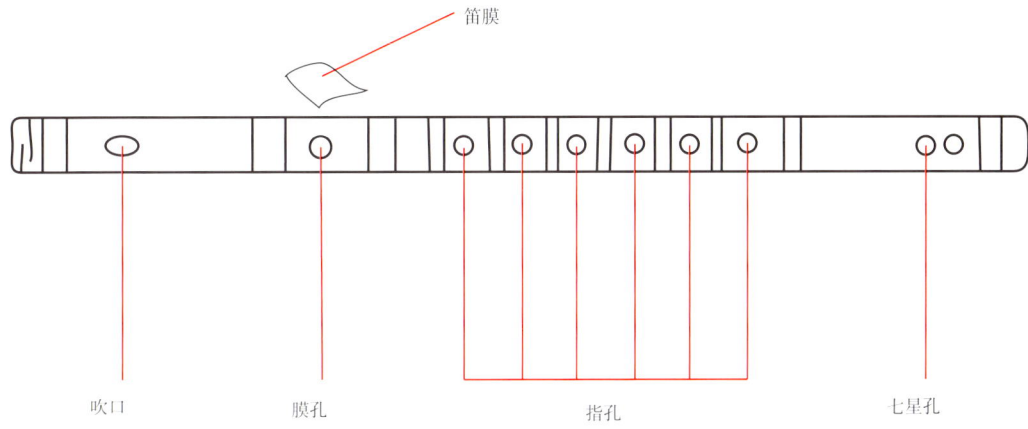

图四　朝鲜族横笛结构分析图

图五　朝鲜族横笛演奏示意图

第四章　朝鲜族传统生活用具

285

朝鲜族伽倻琴

图一　朝鲜族伽倻琴主图

伽倻琴是朝鲜族弹拨弦鸣乐器，已有1500多年历史，相传是公元6世纪朝鲜半岛伽倻国嘉悉王命乐师于勒仿照中国汉筝制作而成的。形制与筝相似，也是一弦一柱。19世纪中叶，朝鲜族迁移定居于我国东北地区后，仍然沿用传统的伽倻琴。

伽倻琴由琴框、面板、底板、琴柱和琴弦构成。琴身长约152厘米、宽17—21厘米。琴框是长方形的边框，右为琴首，左为琴尾，采用长白山生长的细纹质松、鱼鳞松或梧桐木制作。琴底有底板和琴脚，底板用栗木，琴框和琴柱使用红木或花梨木等质地较硬的木料制作。琴首一端有凸起的岳山支弦，有12—21根琴弦。琴柱安置在面板中部，排列呈雁行。每琴弦一柱，移动可以调节音高。演奏时，琴的一端放于膝上，一端着地，左手按弦，右手取音。经过一系列改造，从原先的12弦发展到21弦。音阶排列有七声及五声两种，所用右弹左按的技法和筝基本一致。伽倻琴具有独特的艺术风格特点和丰富的演奏技巧，既可以独奏、重奏、合奏，还可以弹唱、歌唱伴奏。

伽倻琴的整体造型，多采用直线与曲线相融合的方式，琴框显得古朴庄重，面板大气华美、舒展流畅，显得高雅而华贵。伽倻琴的造型特征，反映了明朗激昂、细腻委婉、含蓄深沉的朝鲜族审美格调。它是凝结了民族文化的设计经典，是形制技术与设计美学的完美结合。

图片来源
图一　延边博物馆
图二至图三　田润益　制图
图四至图五　耿宁　制图
图六　赵亚琦　制图
图七　于佳　制图
图八　田润益　制图

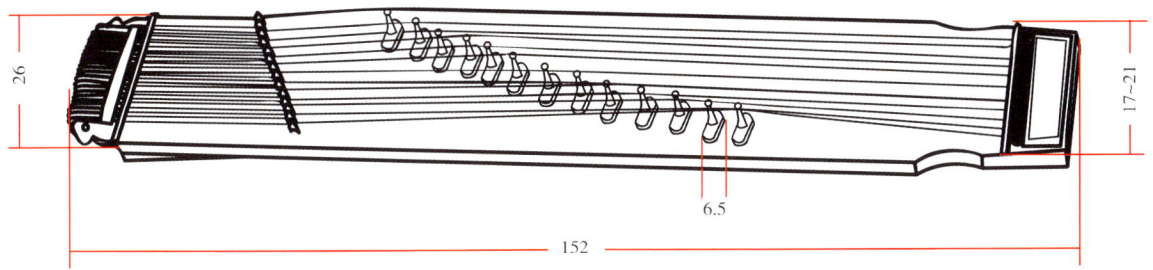

图二　朝鲜族伽倻琴尺寸分析图（单位：cm）

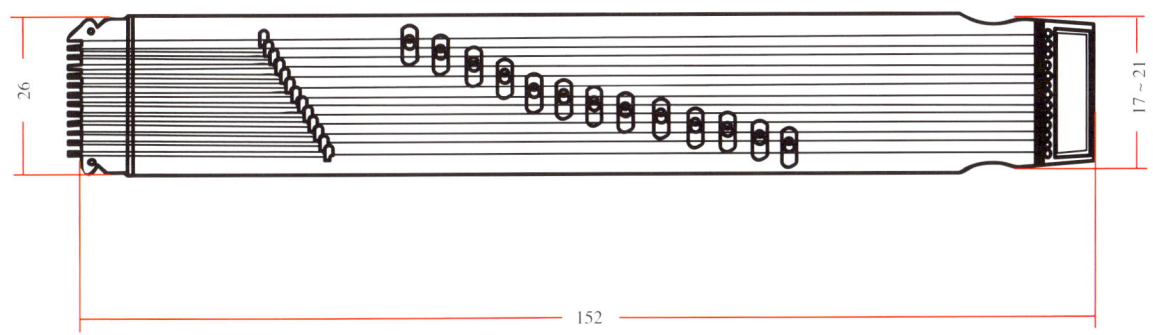

图三　朝鲜族伽倻琴主视图（单位：cm）

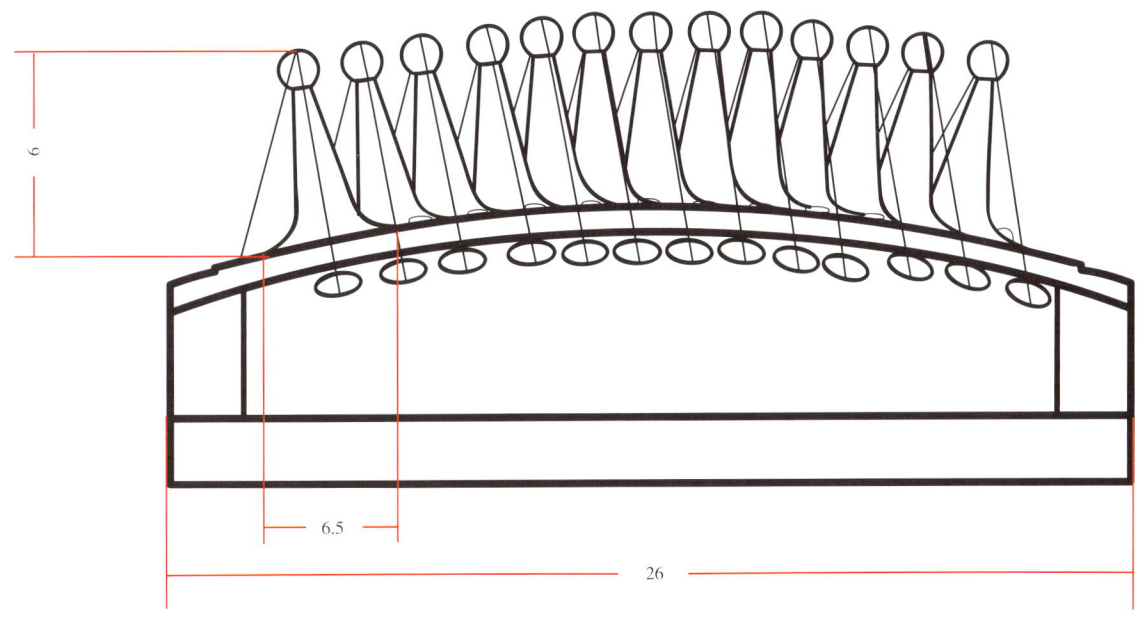

图四　朝鲜族伽倻琴左视图（单位：cm）

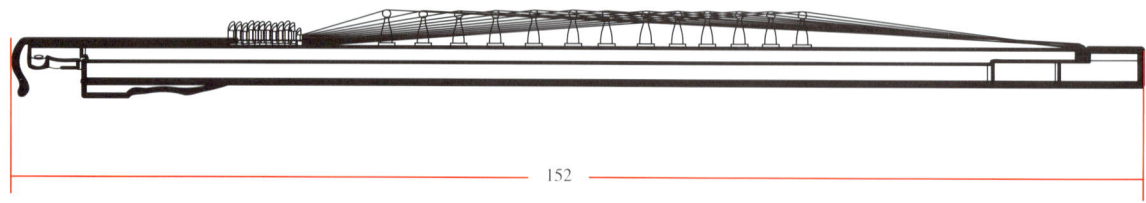

图五　朝鲜族伽倻琴前视图（单位：cm）

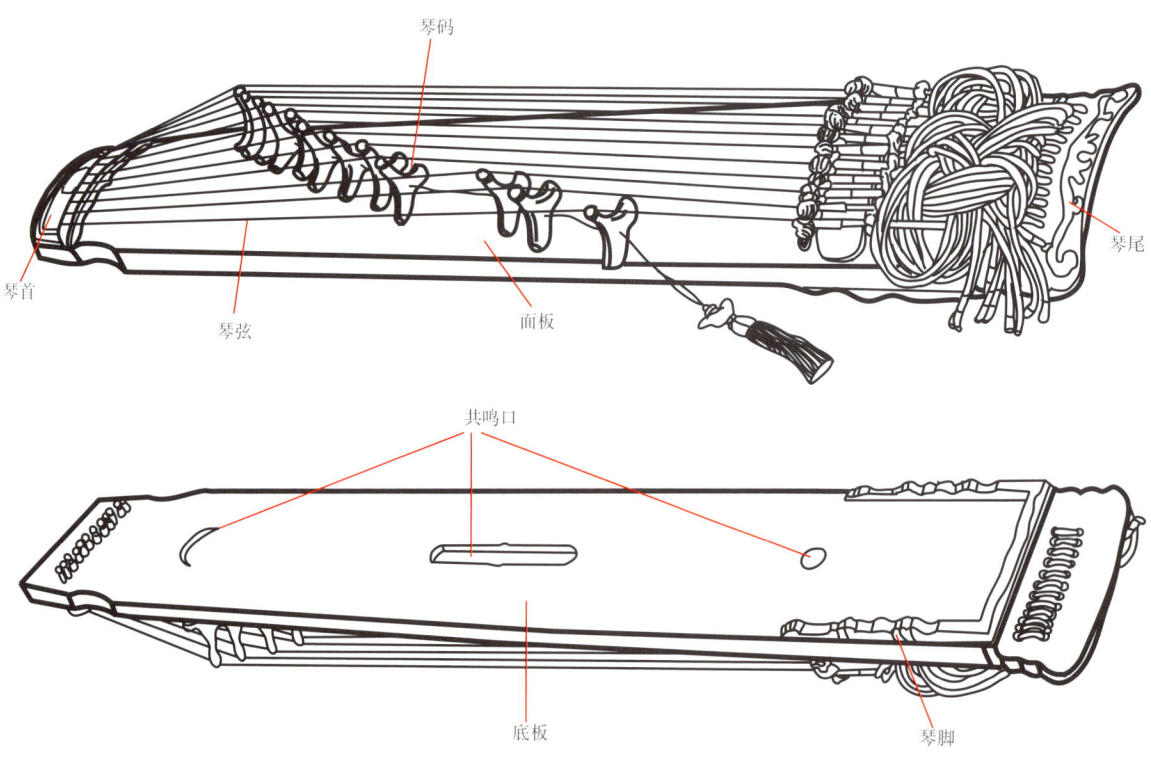

图六　朝鲜族伽倻琴结构分析图1

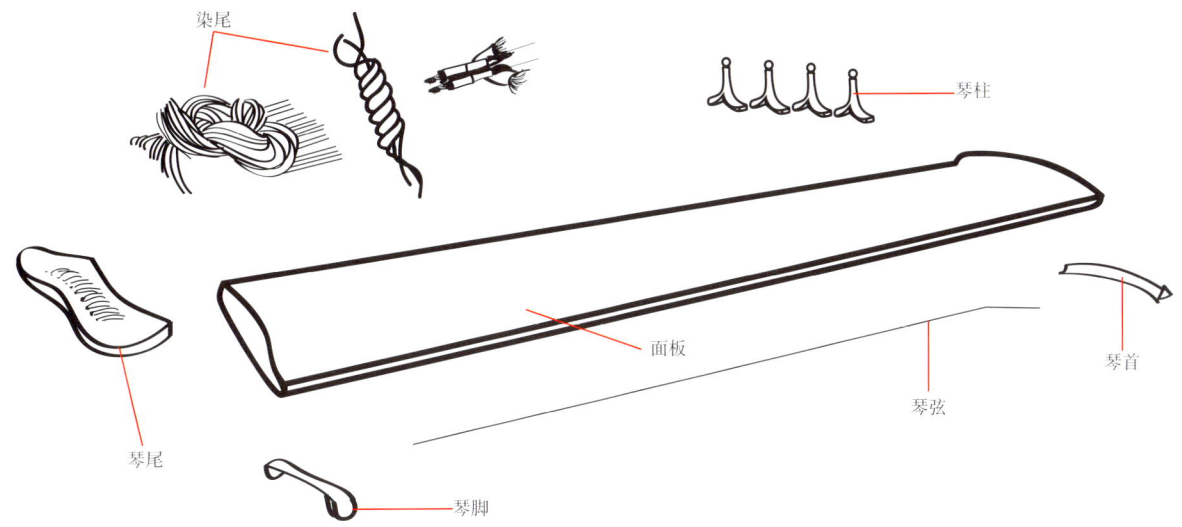

图七　朝鲜族伽倻琴结构分析图2

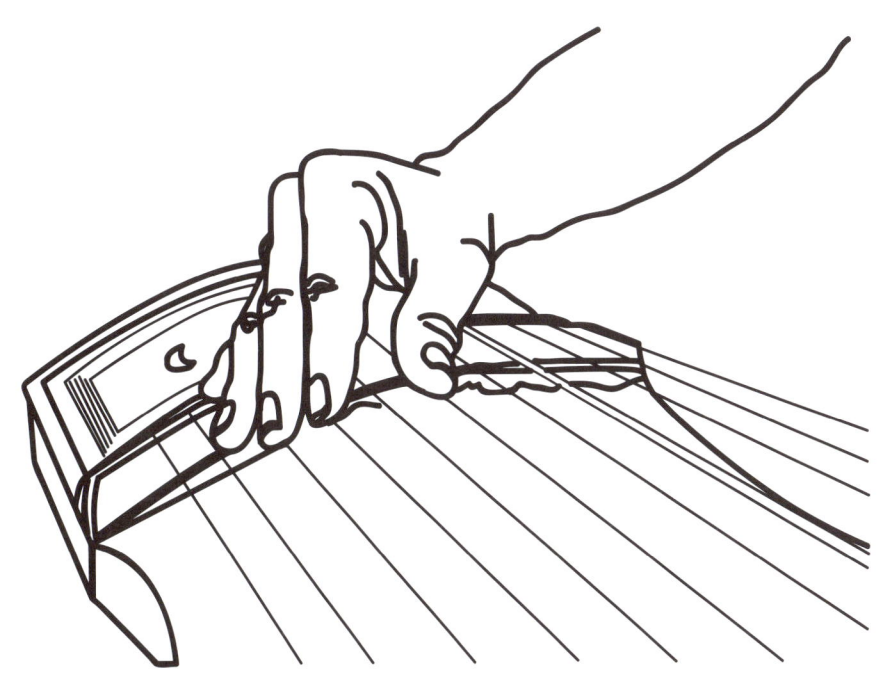

图八　朝鲜族伽倻琴演奏示意图

朝鲜族牙筝

图一　朝鲜族牙筝主图

牙筝是朝鲜族传统的拉弦乐器，其历史较为悠久。隋唐时期，在朝鲜半岛已形成"乡乐""唐乐""雅乐"等三部乐。公元12世纪以后，根据中国传入的古筝，创制了富有特色的牙筝乐器。朝鲜族迁入中国东北定居后仍然用于民族器乐演奏。牙筝具有优美、清丽的民歌演唱风格，节奏缓慢、抒情，在民间广为流传，深受朝鲜族人民的欢迎和喜爱。

牙筝由共鸣箱、岳山、琴柱、琴弦和琴弓等部分组成。木制共鸣箱稍微凸起呈长梯形。琴体的两端、琴头和琴尾共同设立两个岳山，并安置了箱琴弦插孔。琴弦首尾相接系置孔内。中间的琴柱用紫檀或花梨木制成。人形琴柱支起琴弦。弦尾系有深棕色丝绳，称为染尾。弓杆和弓毛构成了琴弓，弓杆用木或竹制作，两端系以马尾为弓毛。牙筝通常有大、中、小三种形制。大牙筝，外形与伽倻琴相似，琴身全长125—145厘米、首宽25—28厘米、中高6厘米，拉紧八或十条丝弦；中牙筝，琴身全长95—105厘米、首宽23—25厘米、中高4.5厘米，拉紧八或十条丝弦；小牙筝，琴身全长75—85厘米、首宽25—31厘米、中高2厘米，拉紧八条丝弦或十二对(设弦轴)钢丝弦。

牙筝形体古朴端庄、精巧秀美，整体多采用直线、曲线、曲面和平稳小圆弧过渡的造型风格。长方拱形共鸣箱的凸出变化，具有较强的层次感和立体感。轻巧伶俐的琴柱组合列队，托起根根丝弦。岳山、琴头、琴尾交相呼应，有如静态的雕塑，似如凝固的音乐。曲面的琴弓在古韵中透视出厚重的文化内涵，外观光亮、雅致。筝体多涂以棕色油漆，传承了含蓄深沉、明朗激昂的民族风格。与现代民族拉弦乐器相比，虽缺乏现代时尚元素，略显呆板，但从朝鲜族设计风格角度出发，基本符合华贵与古韵的设计美学规律。

图片来源

图一 延边博物馆
图二 赵亚琦 制图
图三至图五 田润益 制图
图六 赵亚琦 制图
图七 于佳 制图
图八 田润益 制图
图九 赵亚琦 制图

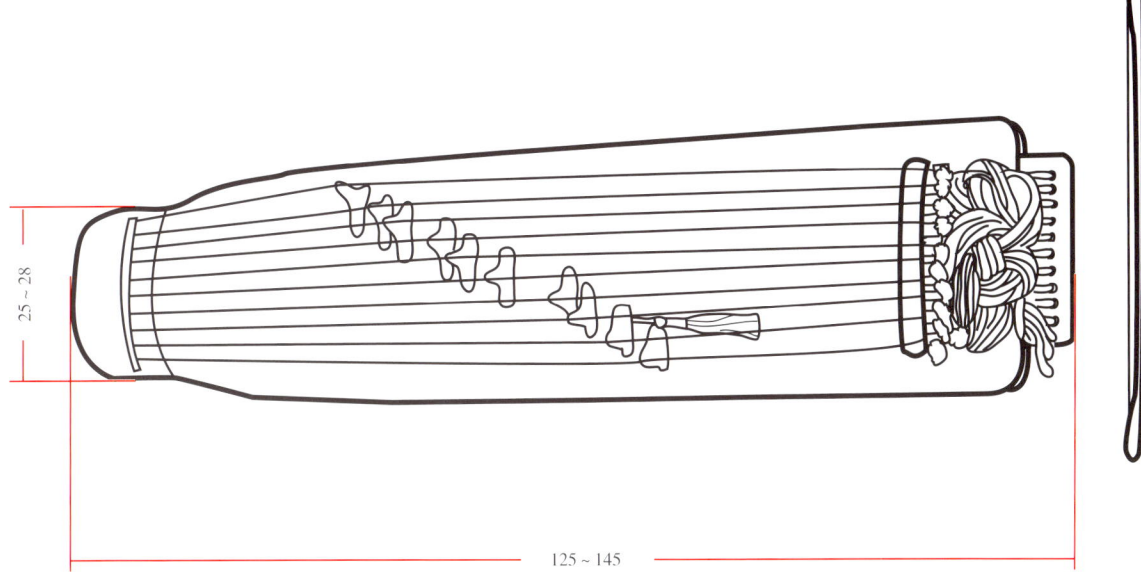

图二 朝鲜族牙筝尺寸分析图（单位：cm）

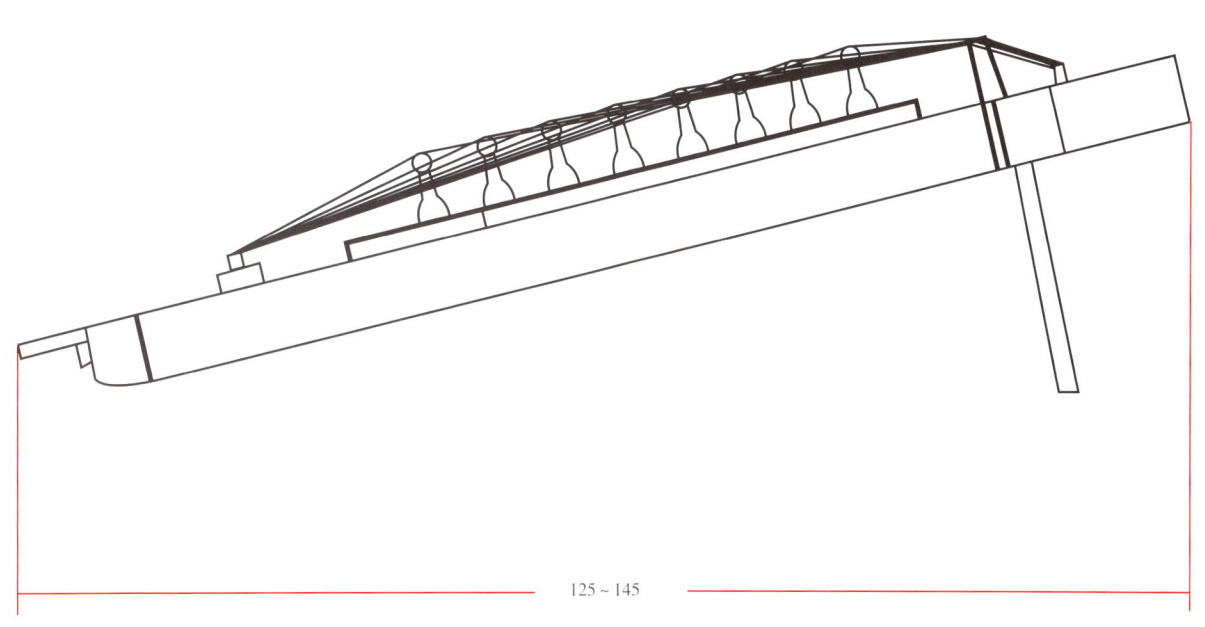

图三 朝鲜族牙筝前视图（单位：cm）

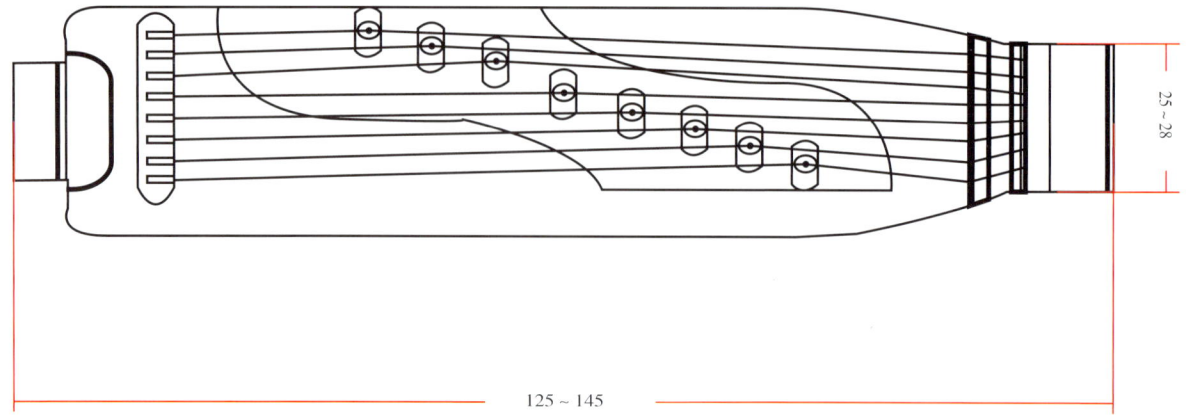

图四　朝鲜族牙筝俯视图（单位：cm）

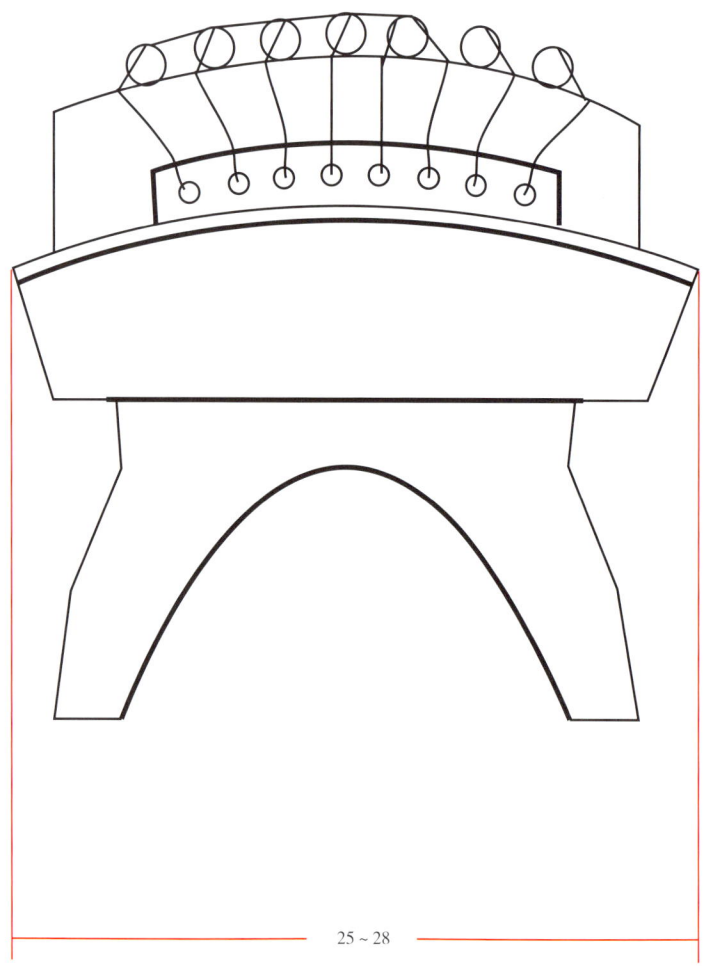

图五　朝鲜族牙筝左视图（单位：cm）

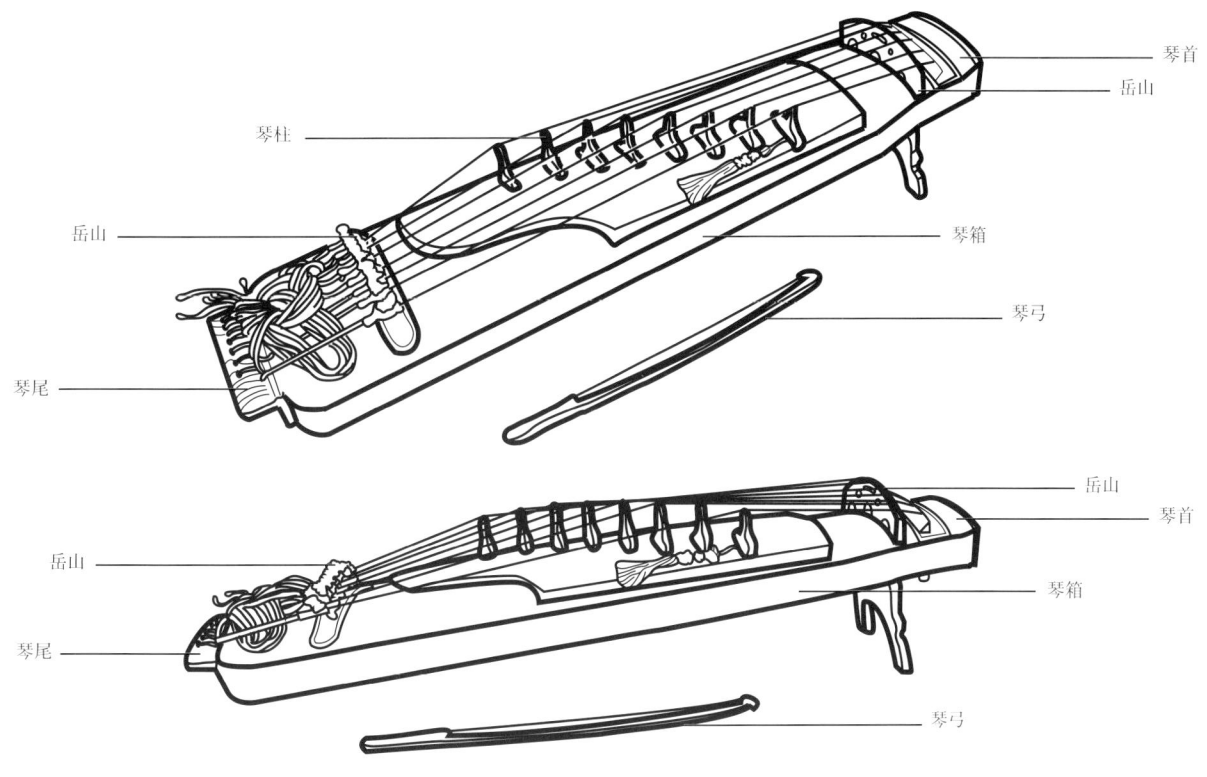

图六　朝鲜族牙筝结构分析图1

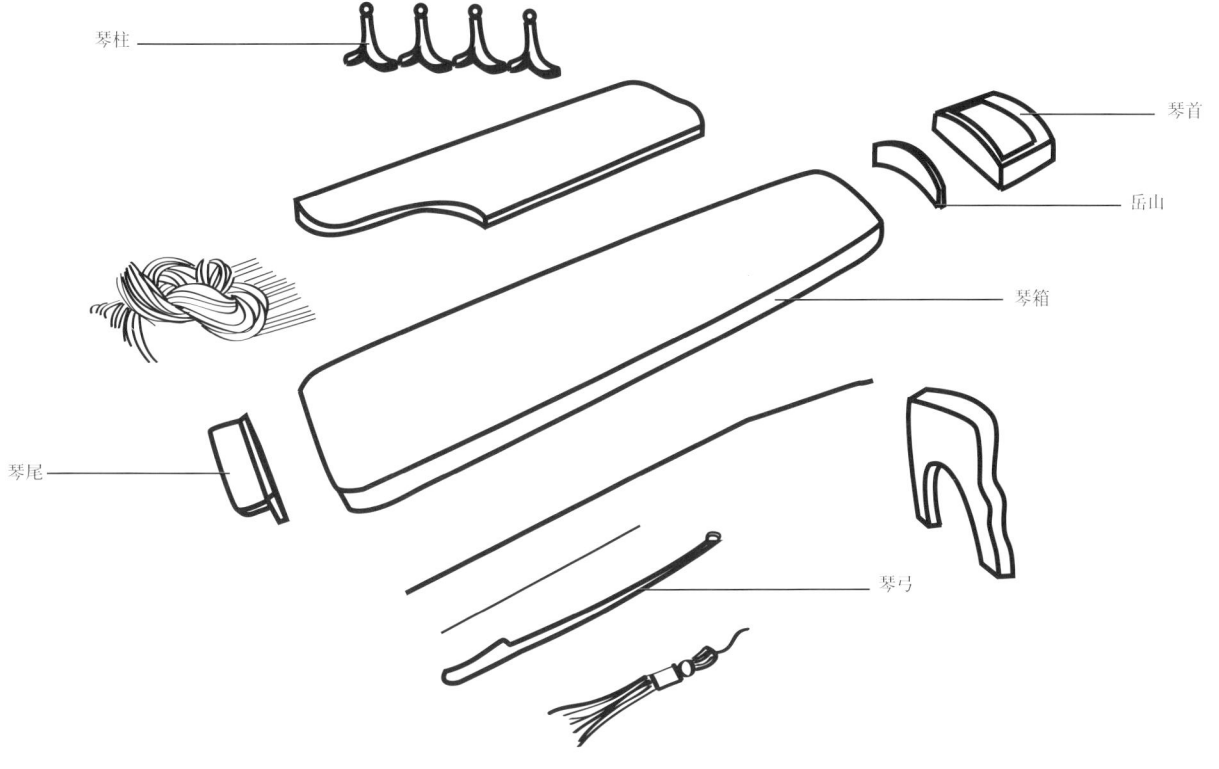

图七　朝鲜族牙筝结构分析图2

图八　朝鲜族牙筝演奏示意图1

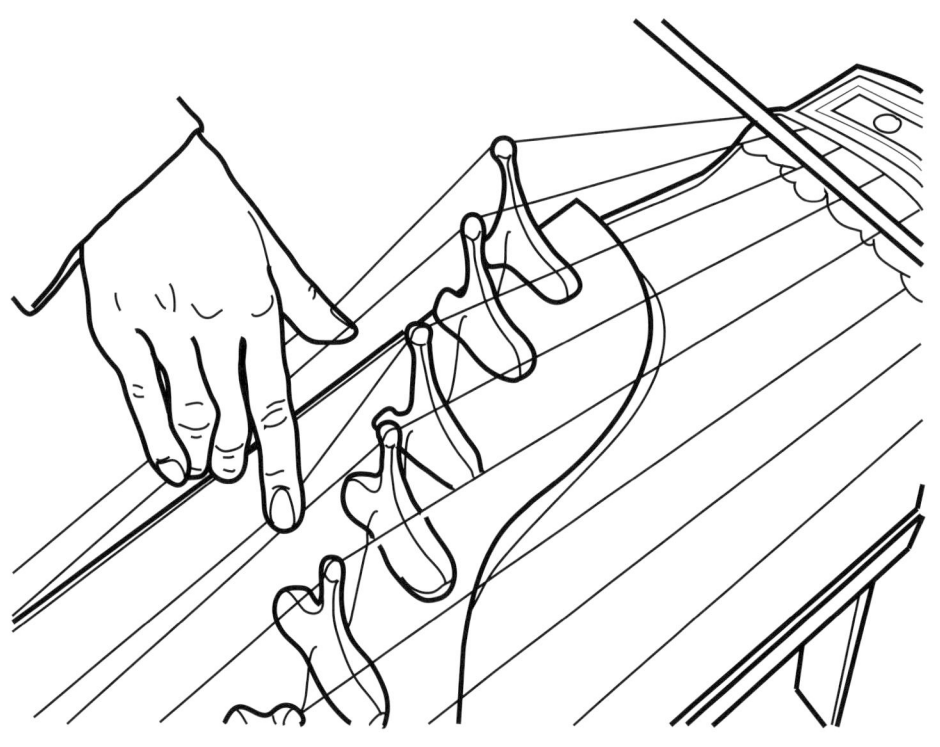

图九　朝鲜族牙筝演奏示意图2

朝鲜族奚琴

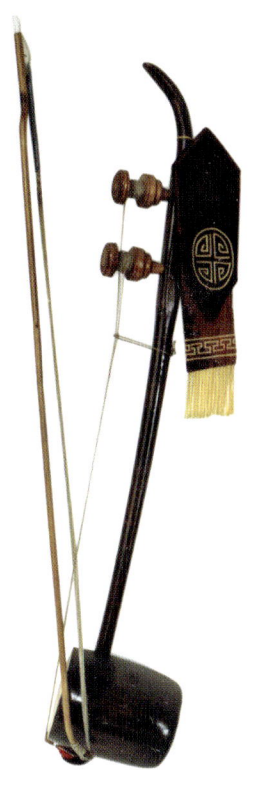

图一 朝鲜族奚琴主图

奚琴是朝鲜族拉弦乐器,又称胡琴、乡胡、稽(同奚)琴、奚胡等。相传是我国宋代东北一带的奚部族创造的,故而得名。奚琴历史悠久、音色动听,在日本侵略中国时期,奚琴乐器曾一度被践踏,禁止演奏。中华人民共和国成立以后,朝鲜族人民重新恢复了这门古老的奚琴艺术,并使其传承和发展。如今的奚琴乐器,形制古朴、发音明亮、圆润柔美,能惟妙惟肖地展演出人们的各种情感,颇受朝鲜族人民的喜爱。

奚琴由琴头、琴杆、弦轴、琴马、琴弦、琴筒、琴弓和振动面板等部分构成。奚琴的形制同现代板胡相似。全长85厘米,琴头用较粗的乌斑竹根部制成,呈弧形,显得自然而厚重。琴杆采用乌斑竹节制作,给人以简洁挺拔的视觉感受。琴筒选用桦或毛竹制成半球形与长筒形两种形体,表现出圆润浑厚的美感。弦轴为木制圆锥体或葫芦形,琴弦采用钢丝,振动面板用梧桐木,琴弓用马尾和细竹竿制作。

奚琴的琴杆与琴头是造型的主题标志,也是琴体的灵魂。简洁挺拔的琴杆与自然而厚重的琴头交相呼应，体现力量和美感。奚琴振动面板的造型庄重、稳定，产生了宽广的音域。奚琴发出柔美的音色、动听的乐感，表达出深沉、稳健、豪爽的情感效果。琴弦排列有秩序，使变化多端的节奏与琴体融合统一。琴弓的形态如马尾，发出舒缓的节奏，使乐声洒脱飘逸。奚琴的整体造型精巧细腻，其旋律细腻委婉，代表着明朗激昂、含蓄深沉的朝鲜族文化底蕴。

图片来源

图一　《中国朝鲜民俗写真录》　延边人民出版社 2012年
　　图二至图四　田润益　制图
　　图五　于佳　制图
　　图六　田润益　制图
　　图七　刘波　制图
　　图八　耿宁　制图

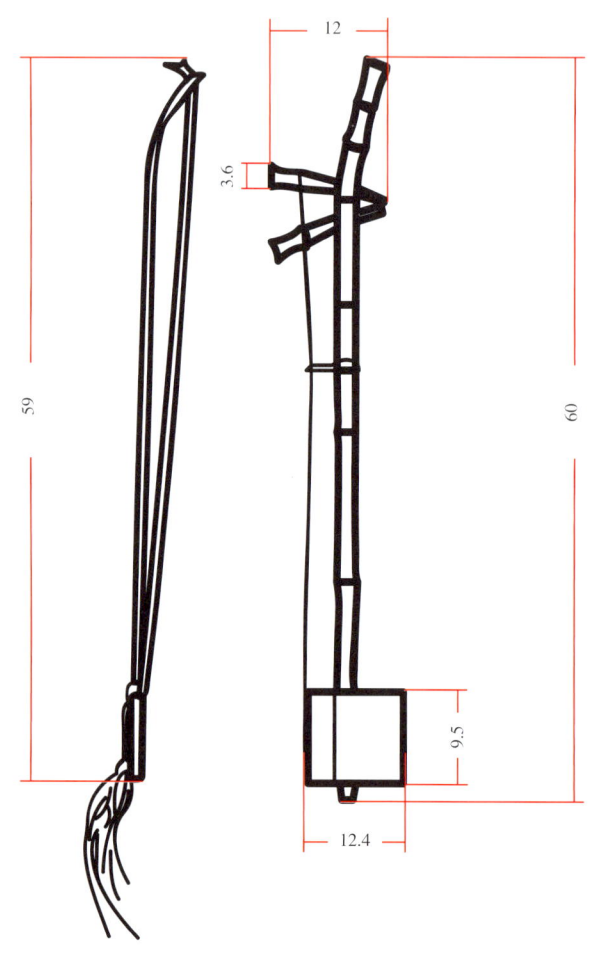

图二　朝鲜族奚琴尺寸分析图（单位：cm）

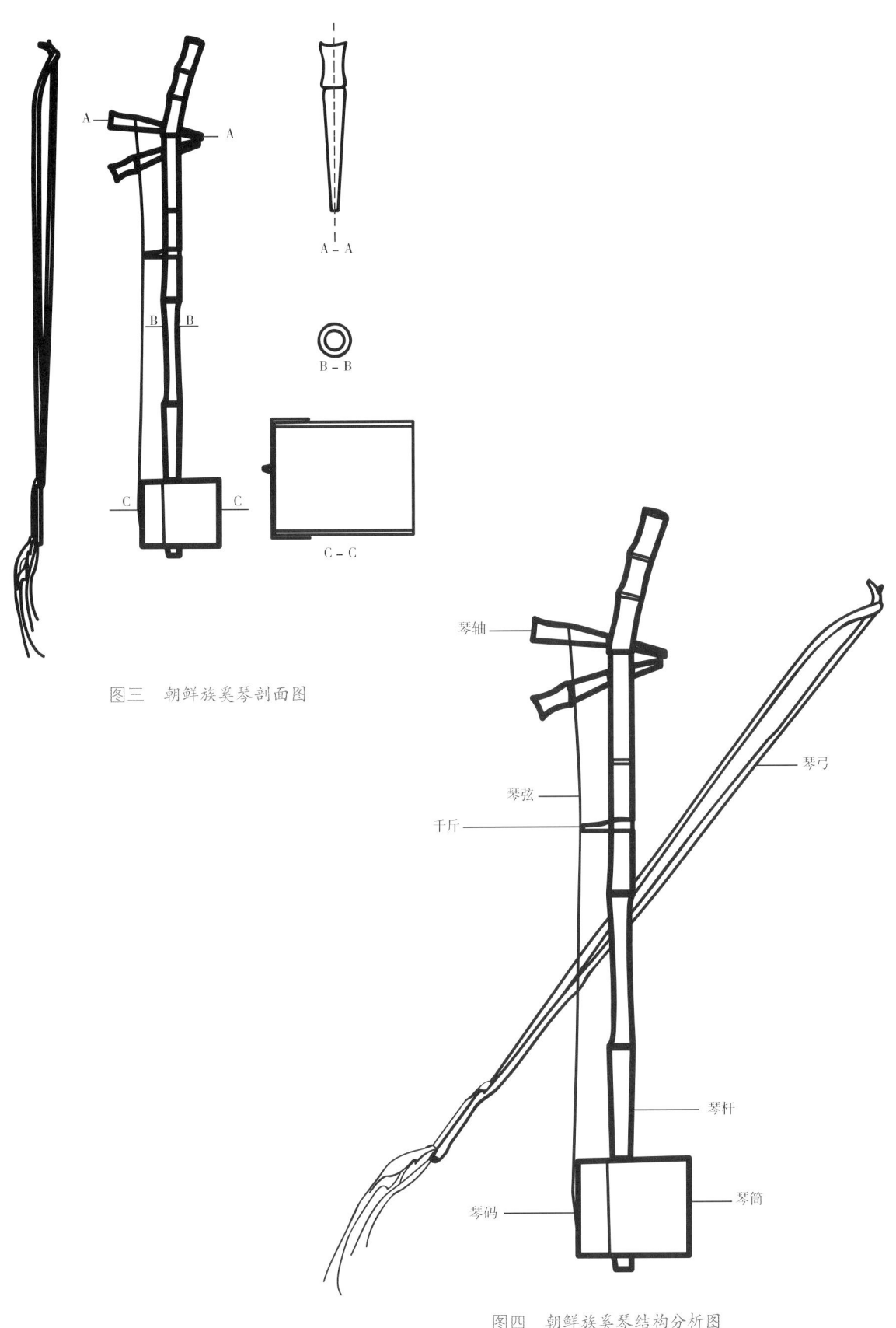

图三 朝鲜族奚琴剖面图

图四 朝鲜族奚琴结构分析图

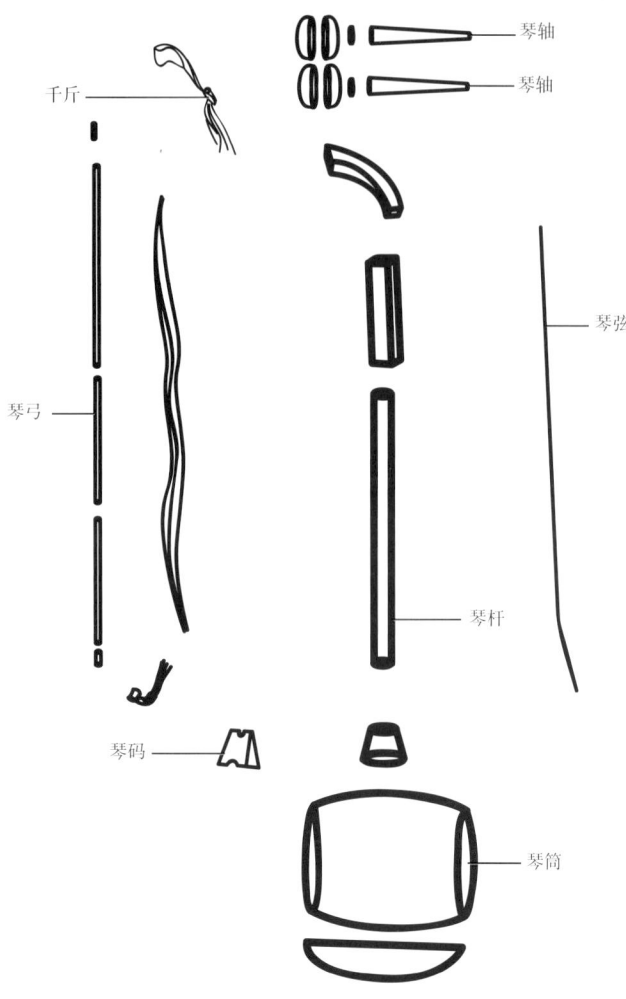

图五　朝鲜族奚琴解析图

图六　朝鲜族奚琴细节图1

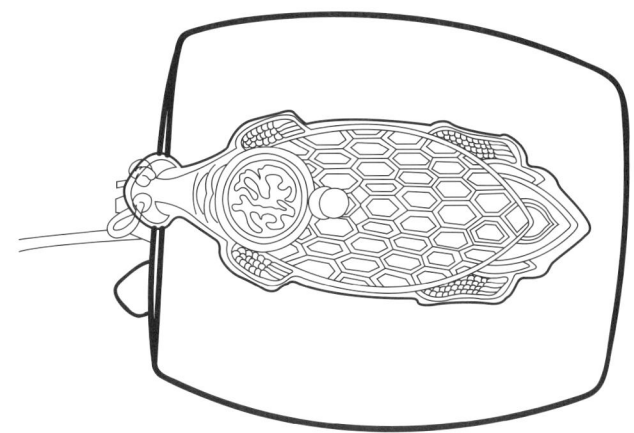

图七　朝鲜族奚琴细节图2

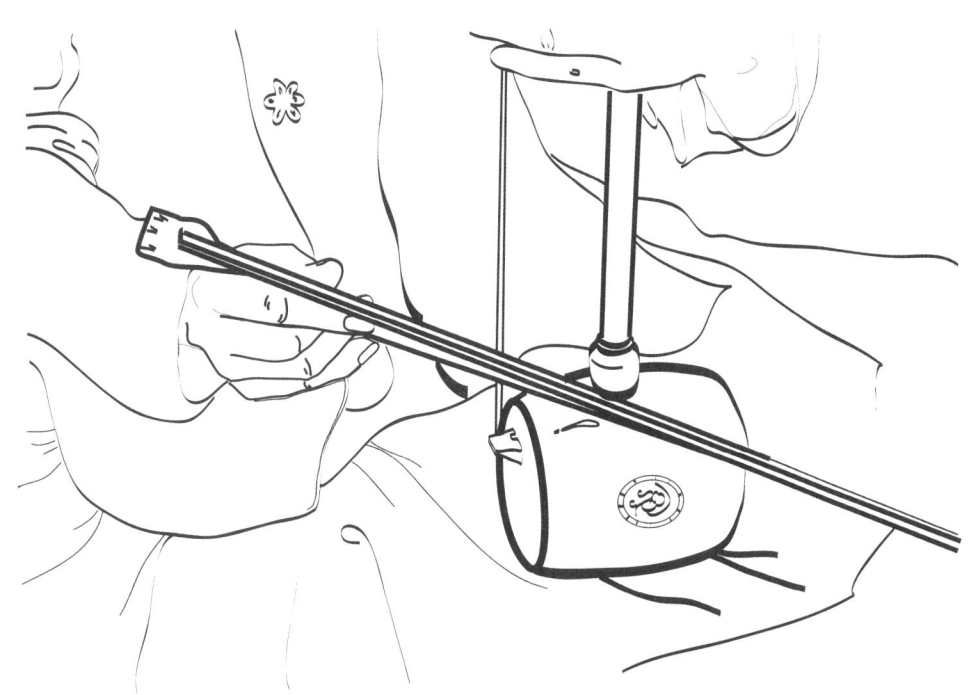

图八　朝鲜族奚琴操作示意图

第四章　朝鲜族传统生活用具

朝鲜族小锣

图一　朝鲜族小锣主图

锣是朝鲜族传统的敲击类鸣乐器。民间因其锣面较小而称之为小锣。流行于辽宁、吉林、黑龙江等省,在吉林省延边朝鲜族自治州尤为盛行。《旧唐书·音乐志》在"铜拔"条目中曰:"铜拔,亦谓之铜盘,出西戎及南蛮。"这条记载中所说的铜盘是关于"锣"的最早记载。秦汉以后,随着民族间的交往,铜锣逐渐向内地流传。古代锣曾称为"金",并用于战争,两军交战,常以锣来指挥,有鸣"金"收兵之说。进入20世纪以来,铜锣已广泛用于地方戏曲、民间音乐、民间娱乐和节庆活动中,参加各种乐队的演奏。

朝鲜族小锣为圆形,铜制,锣面较小,直径约20厘米、锣沿宽5厘米,锣面比起锣口稍大些,中部稍突起。锣棰为木制。小锣在演奏时用左手提锣身,右手拿棰击锣。用于农乐舞的乐器民间称之为"风物",与朝鲜族的信仰、观念有密切联系。其中,锣是农乐舞最主要的乐器,象征着"阳"气,其声音犹如霹雳,具有很强的冲击力,因此,通常把它比喻成"雷"。锣是色彩性乐器,音色柔和、清亮,常围绕着铜钲的重音,作各种引导性的演奏。

朝鲜族铜锣的历史悠久、特色鲜明,并且其音色明亮清脆,音响宏亮,是个传统农乐艺术必备乐器，深受朝鲜族人民喜爱。锣虽然是普通的打击乐器，但它从音乐节拍来体现朝鲜族人民活泼、开朗、乐观的民族个性，是个历史性、艺术性突出的文化载体。

图片来源
图一　于佳　制图
图二　耿宁　制图
图三　赵亚琦　制图
图四　于佳　制图
图五至图六　刘波　制图

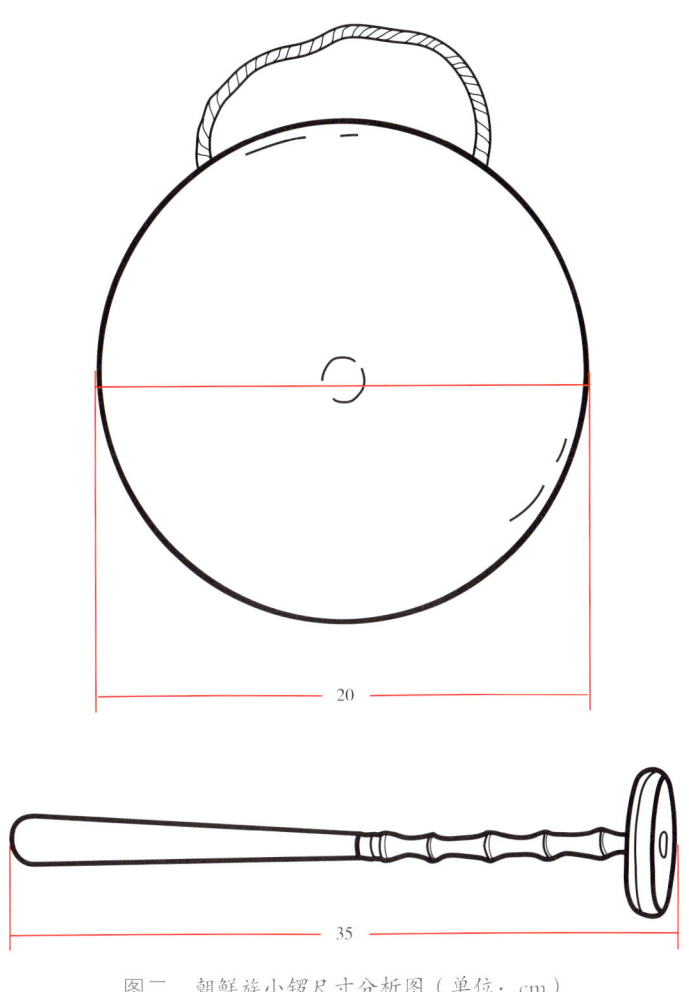

图二　朝鲜族小锣尺寸分析图（单位：cm）

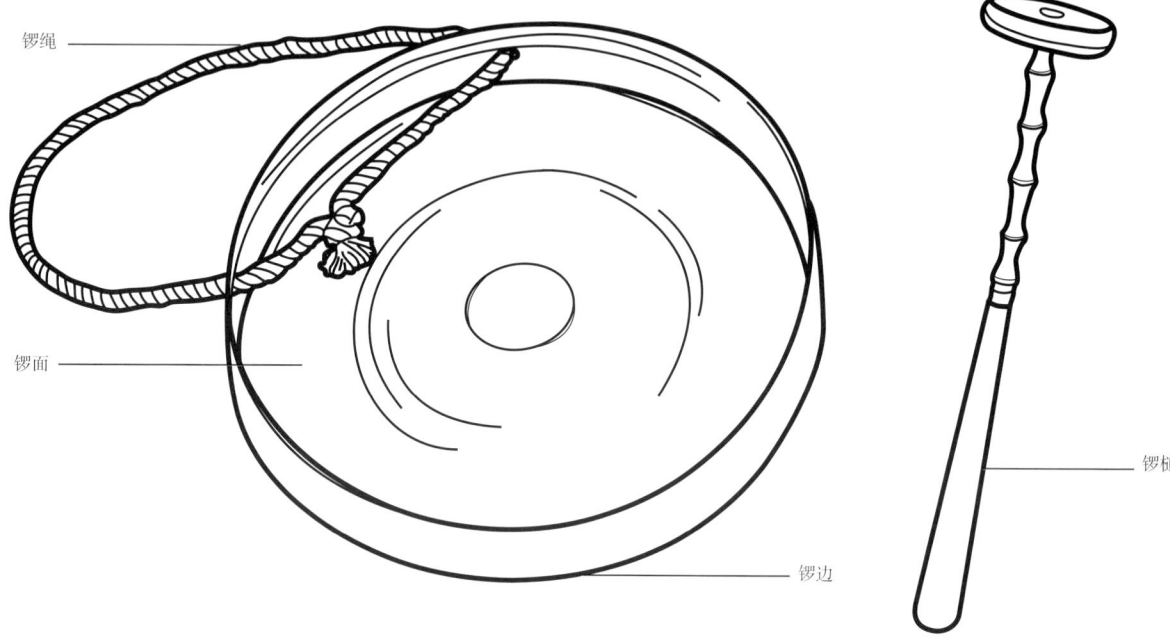

图三　朝鲜族小锣结构分析图

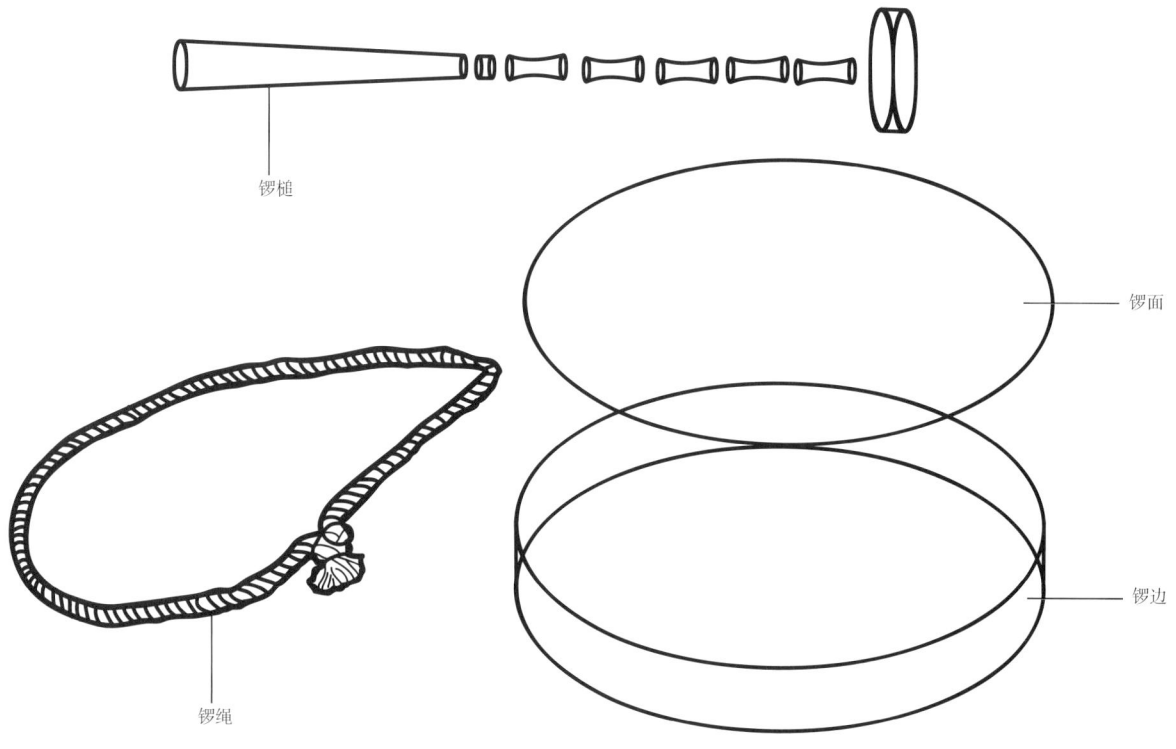

图四　朝鲜族小锣解析图

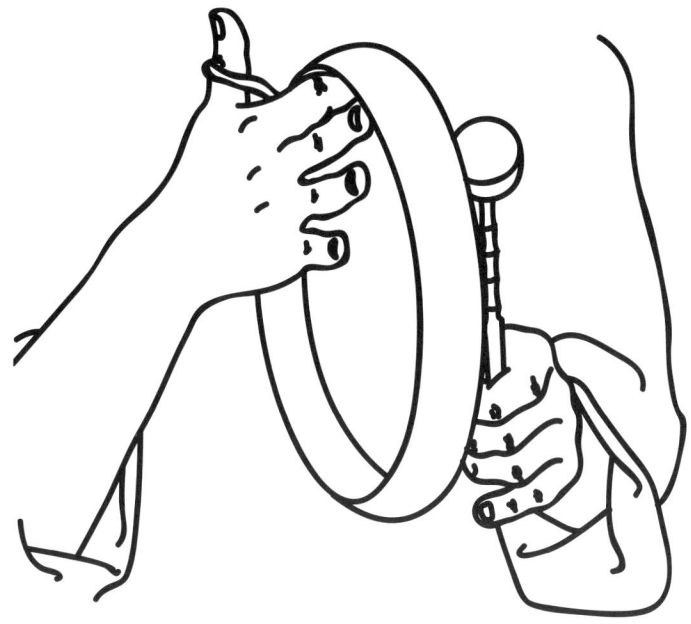

图五　朝鲜族小锣演奏示意图1

图六　朝鲜族小锣演奏示意图2

303

朝鲜族钲

图一　朝鲜族钲主图

钲是朝鲜族传统的敲击体鸣乐器。其形状与锣相似，但比锣大一些，民间也称大锣。钲的历史很悠久，起源于原始共同体时代。公元前后的吉林省集安高句丽壁画墓中描绘了古代敲击钲乐器的情景。在民间农乐表演当中仍然使用钲乐器，如今成为民间艺术团体的必备乐器。

钲的形态和大小，有着地方性的差异，但大体上整体呈圆形，边缘倾斜稍宽大，钲面比钲口大一些。钲的主要材质是朱铜和锡金属的合金，叫"鍮"。朝鲜族合金锻造技术由来已久，早在朝鲜三国时期已经掌握了青铜器制作技艺，到了朝鲜李氏王朝时期，民间的手工合金锻造技艺广为流传，称之为方字鍮器，出现了专门的民间工坊。鍮器工艺关键在于铜和锡的合金比例，必须保持铜78%、锡22%的精确比例。钲的直径一般为40—50厘米，边缘宽6—8厘米。在演奏时用左手提钲身，右手拿槌击钲面。钲是用于农乐舞的乐器，与朝鲜族的信仰、观念有密切联系。钲是包容性很强的打击乐器，具有余音缭绕的特性，因此，被比喻成"风"。

朝鲜族钲乐器历史悠久、特色鲜明，并且其音响低沉、宏亮而强烈，余音悠长持久，是传统农乐艺术必备乐器，深受朝鲜族人民喜爱。

图片来源

图一　延边博物馆

图二　刘波　制图

图三、图五　耿宁　制图

图四、图六　赵亚琦　制图

图七　于佳　制图

图八　田润益　制图

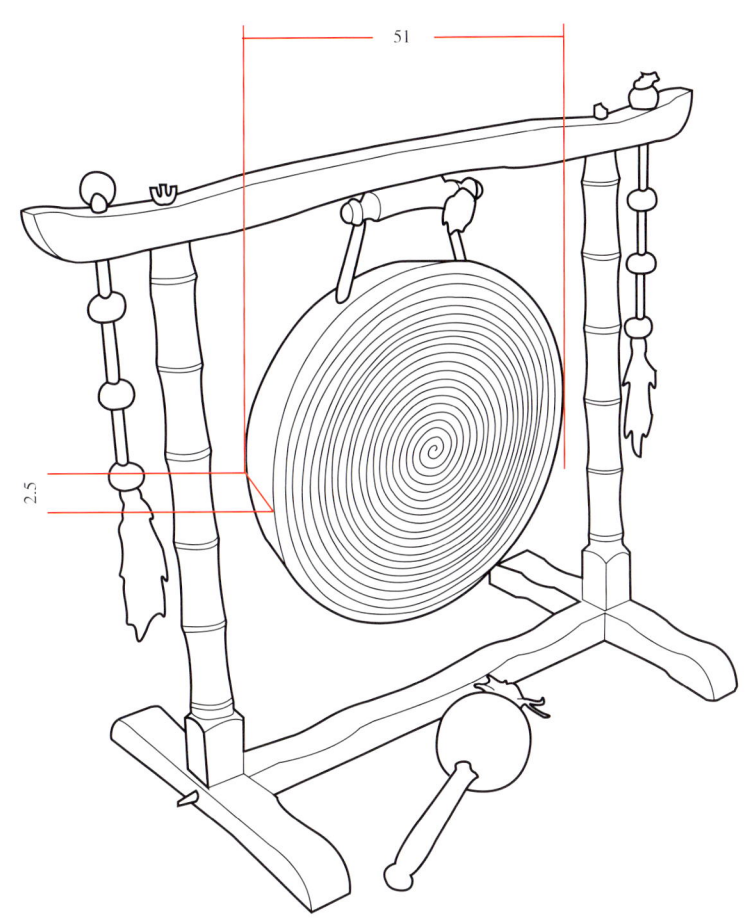

图二　朝鲜族钲正面尺寸分析图（单位：cm）

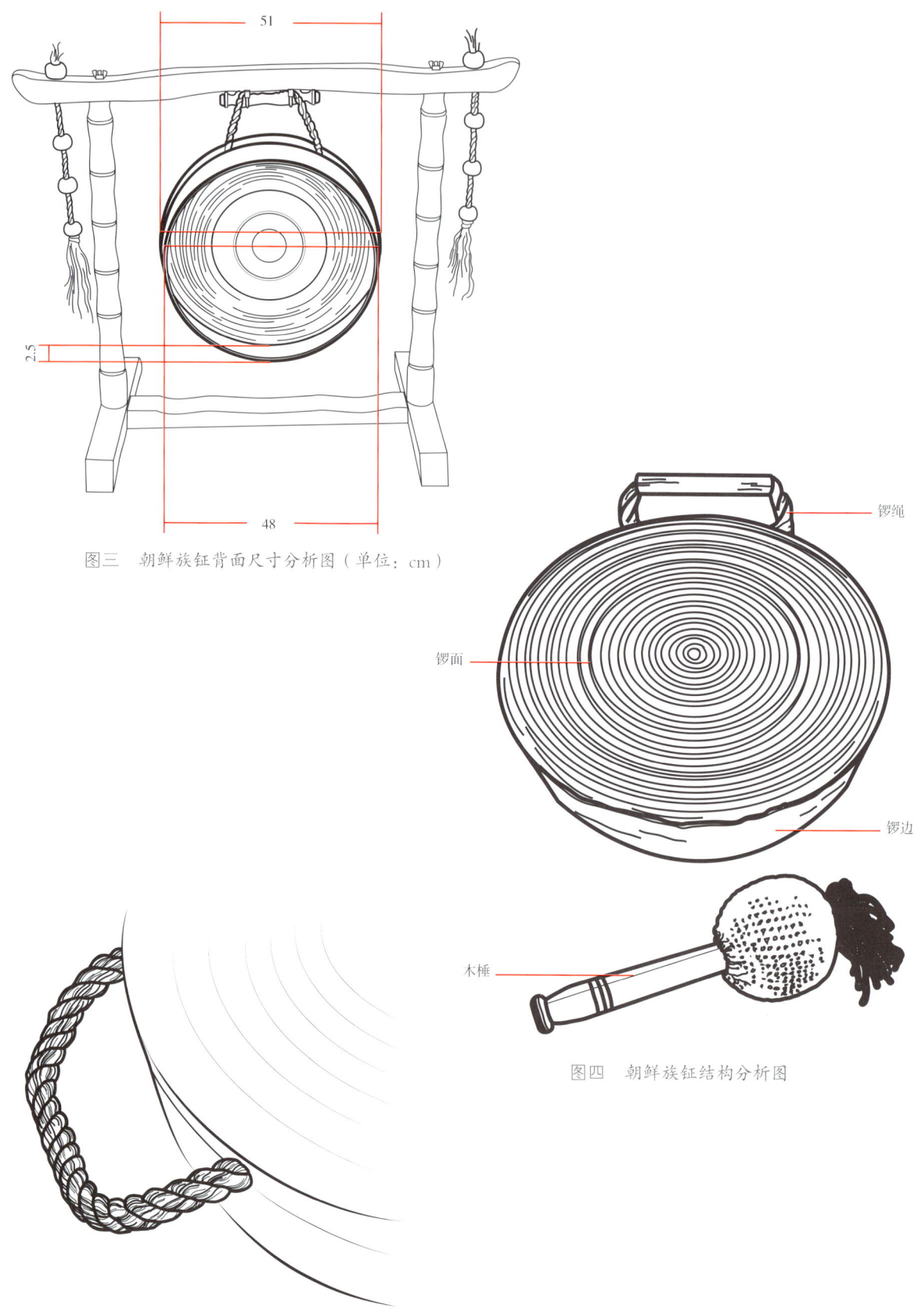

图三　朝鲜族钲背面尺寸分析图（单位：cm）

图四　朝鲜族钲结构分析图

图五　朝鲜族钲绳细节图

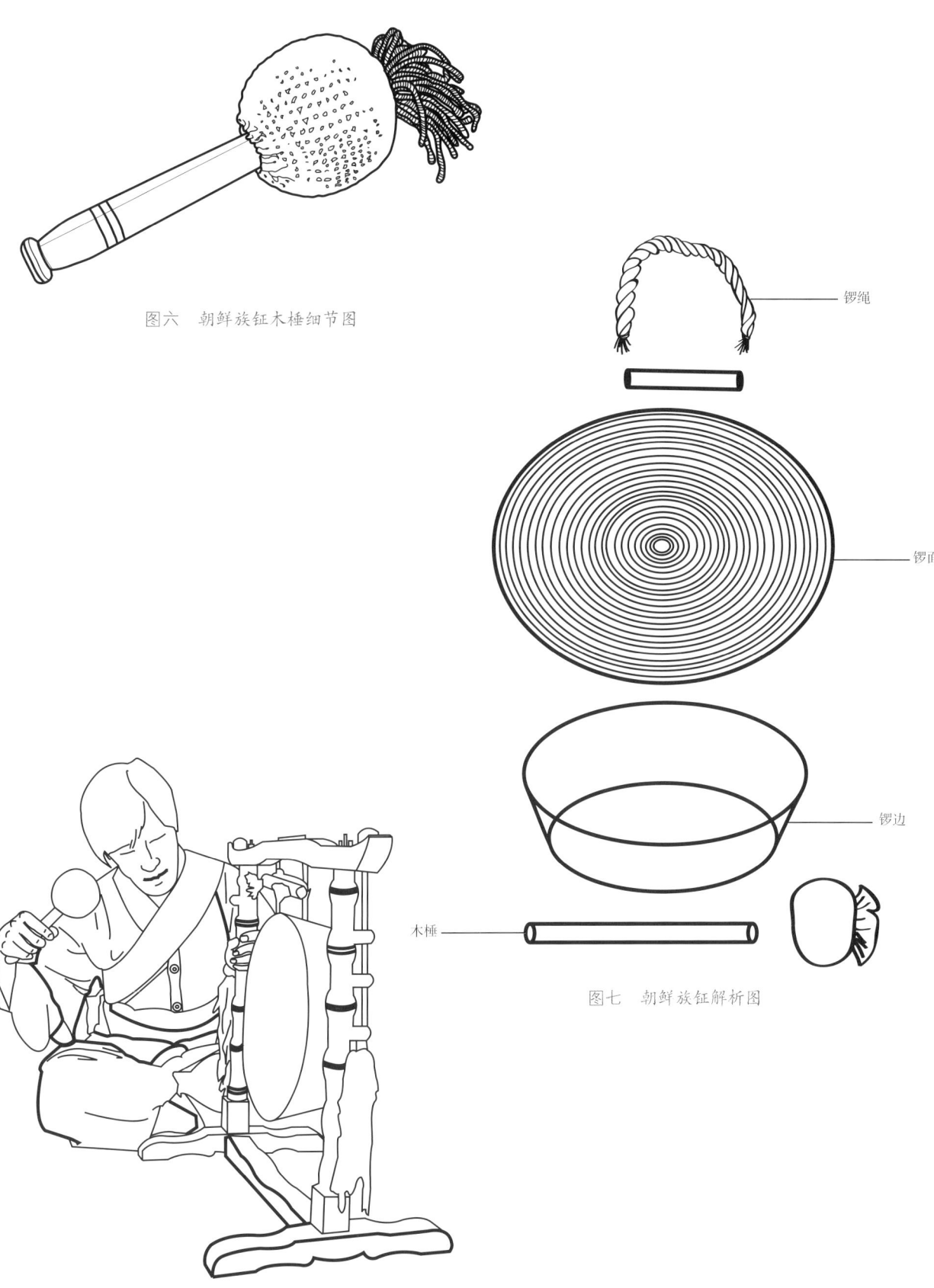

图六　朝鲜族钲木槌细节图

图七　朝鲜族钲解析图

图八　朝鲜族钲演奏示意图

第四章　朝鲜族传统生活用具

朝鲜族圆鼓

图一　朝鲜族圆鼓主图

圆鼓是朝鲜族传统的打击乐器之一，又称抬鼓、扁鼓、民鼓。圆鼓的历史较为久远，发源于满族萨满教伴奏乐器，后传入朝鲜半岛，成为有朝鲜族特色的民族乐器。演奏风格与长鼓近似，节奏变化较多。圆鼓形制工艺精细，携带方便，广泛流行于吉林延边朝鲜族自治州及其他朝鲜族聚居地区，是节日和喜庆场合以及农乐舞蹈艺术表演离不开的节奏性乐器。

朝鲜族圆鼓外形呈扁圆形，鼓框用多层木板烘烤弯曲定形而成，两面蒙以兽皮，通常采用羊皮或牛皮。先将皮面缝于圆形藤圈之上，用绳索穿入交叉的两藤圈中，勒紧绳索使两端鼓面绷紧，余绳缠绕于鼓框中部，鼓皮张力可松紧。鼓面直径30—45厘米，使用红色线绳勒紧鼓皮。鼓框高15—20厘米，常涂以红漆，象征吉祥、喜庆，并配以朝鲜族传统图案。演奏时在圆鼓框上缠捆红布带，将鼓竖挂于胸前，左手拍击左边鼓面，右手执木槌敲击右边鼓面或鼓边。发音柔和响亮，无固定音高。演奏风格与杖鼓近似，节奏变化较多。演奏者情绪激动时，上下飞动鼓槌，表情幽默、活泼。也可将圆鼓置于左脚背上，以伸屈左脚控制击鼓部位，左手扶鼓,右手拍击或执槌击奏。常用于民间器乐合奏或歌舞伴奏。

圆鼓的整体形态厚重沉稳。厚重中折射出鼓身的文化底蕴,沉稳中透视出鼓体的张力与鲜活。鼓框与圆形胶圈及蒙皮的有机结合,表现出由内到外的膨胀、舒展状态,使其产生较强的视觉冲击力与艺术的感染力,构成圆润与浑厚的视觉美感。用于农乐舞的圆鼓乐器民间称之为"风物",圆鼓的节拍感很强,而且气势雄厚,在农乐舞中起着定调的作用,所以,被比喻成"云"。

图片来源

图一、图六　于佳　制图
图二　赵亚琦　制图
图三、图四　刘波　制图
图五　耿宁　制图
图七　田润益　制图

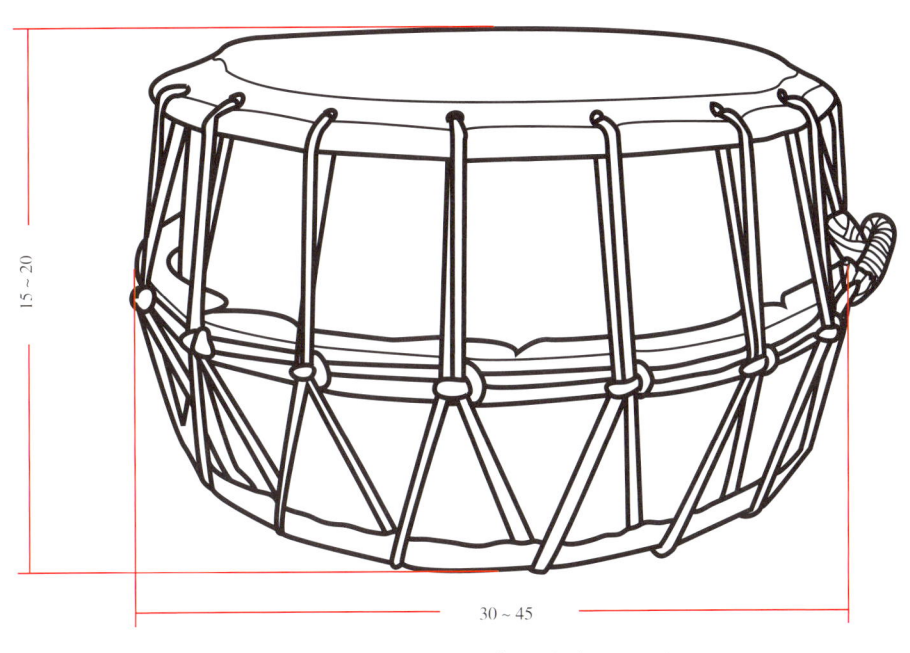

图二　朝鲜族圆鼓尺寸分析图(单位:cm)

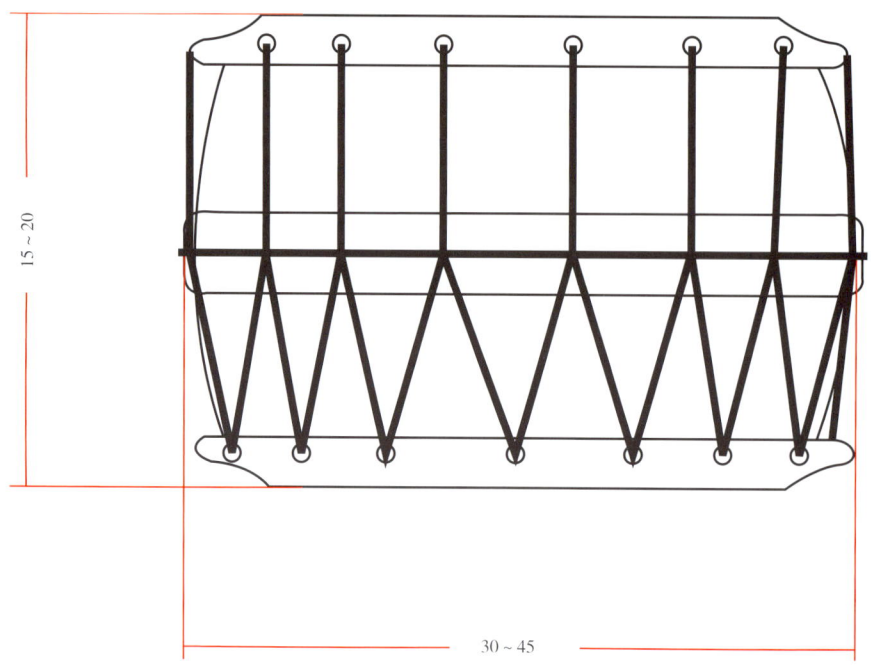

图三　朝鲜族圆鼓主视图（单位：cm）

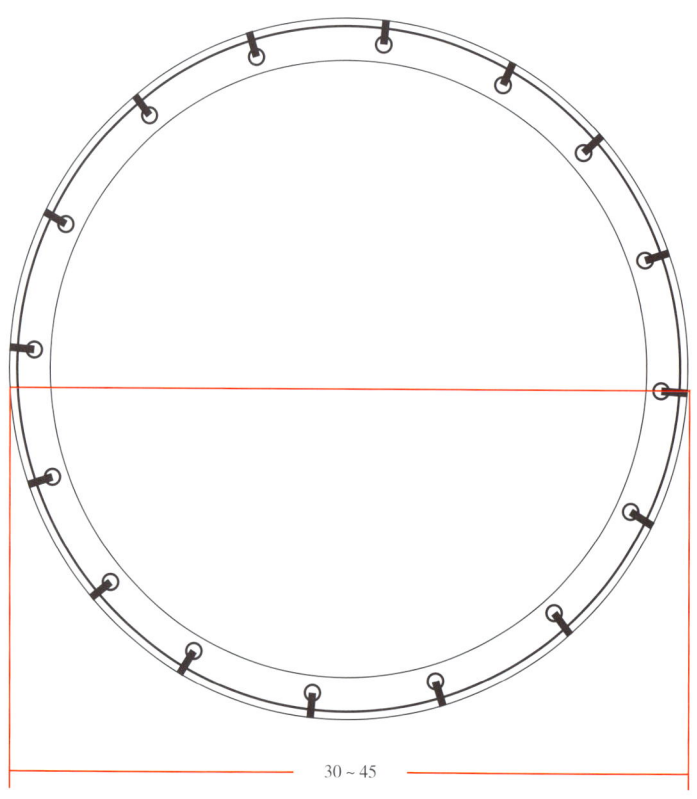

图四　朝鲜族圆鼓俯视图（单位：cm）

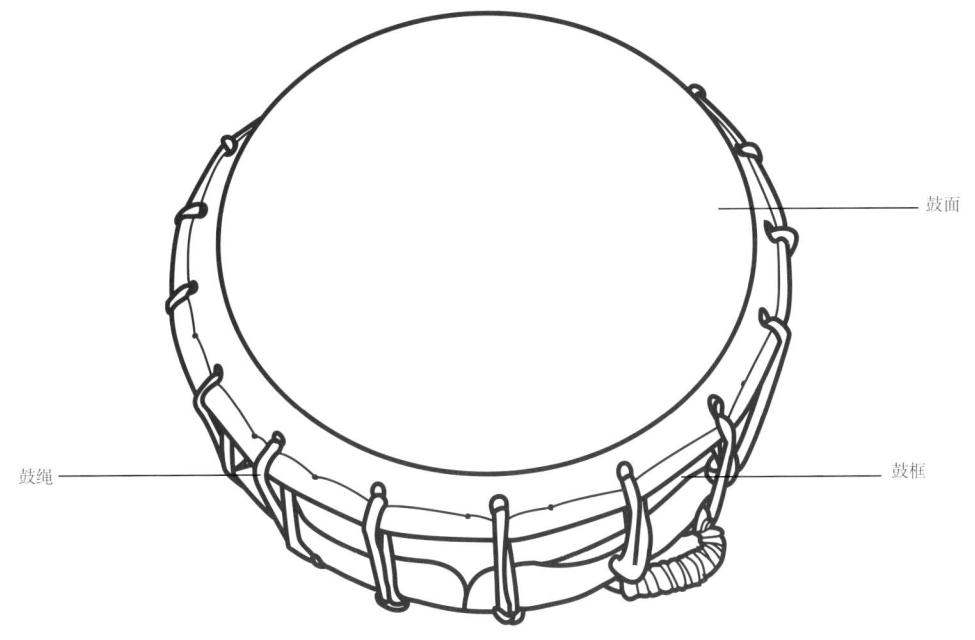

图五　朝鲜族圆鼓结构分析图

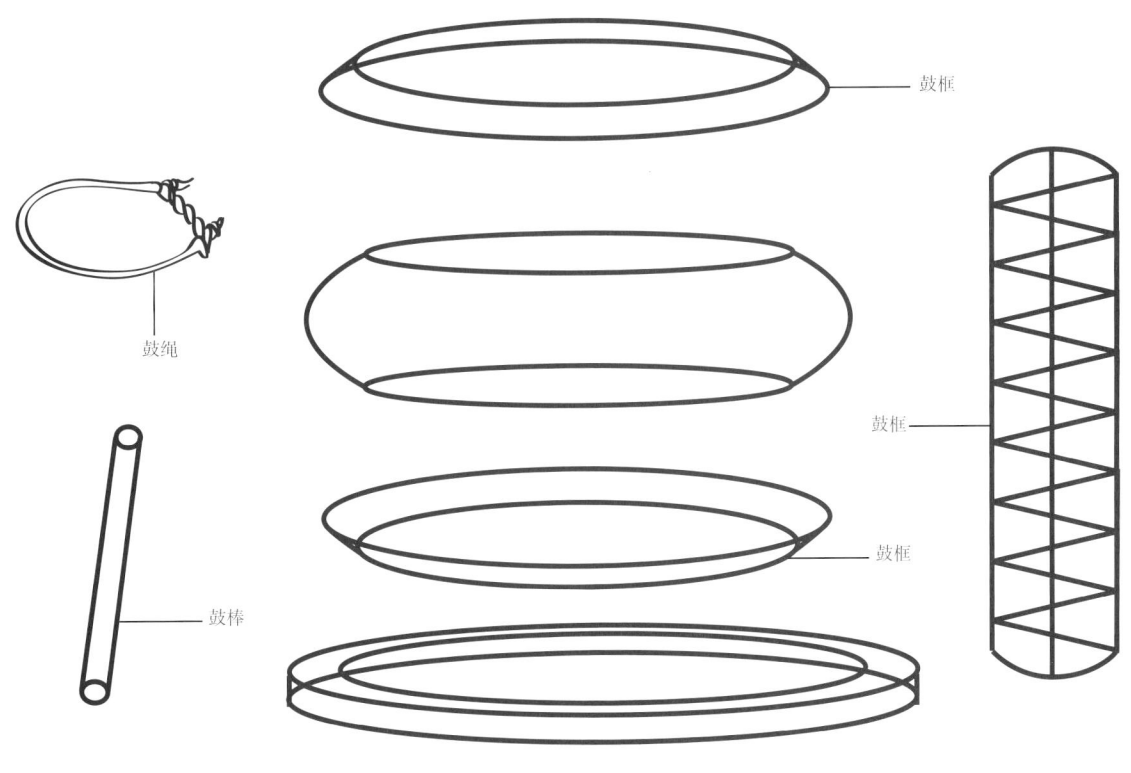

图六　朝鲜族圆鼓解析图

图七　朝鲜族圆鼓演奏示意图

朝鲜族长鼓

图一　朝鲜族长鼓主图

长鼓是朝鲜族传统的打击乐器，亦称"杖鼓""细腰鼓"。长鼓，其历史悠久，高句丽时期的壁画墓和一些历史文献中有形似于长鼓的"腰鼓"。从朝鲜高丽后期至李朝前期开始，腰鼓逐渐演变为如今的长鼓。朝鲜族从朝鲜半岛移居到中国东北后仍然喜爱此乐器，常用于歌舞表演和民乐演奏等，长久地传承下去。如今长鼓舞已成为国家级非物质文化遗产代表作。

长鼓的鼓身为木制，呈圆筒形，中间有连接两个筒的细而实的腰，细腰两侧有两端粗而中间空洞的共鸣筒。一般长70—80厘米，鼓面直径约40厘米。长鼓的制作工序为：（1）材料：松木、椴木去皮加工成适当长短的木段。（2）制鼓桶：把木段用车床车制成型，内部挖洞，留1厘米厚度的壁板，制成鼓桶。（3）抛光：鼓桶内外打磨抛光。（4）彩绘、刷漆：在鼓桶外表绘画刷漆。（5）制鼓面：牛、马、狗、羊、鹿皮经过加工，裁成圆形，晾干绷在圆形钢圈上制成鼓面。（6）组装：把鼓桶和鼓面用绳子连接，中间加套袖起调音和加固的作用，制成成品。长鼓的用途比较广泛，第一，配"盘索里"等说唱，演奏长短节奏。

演奏时，坐势，置鼓于架上。第二，用作舞蹈的道具。比如，可用于长鼓舞。长鼓舞是朝鲜族代表性的舞蹈之一，表现在朝鲜族喜爱的"农乐舞"等各种民俗舞蹈当中。长鼓舞是跟着各种节奏边打鼓边跳舞的表演艺术，男士跳长鼓舞，粗犷豪放；女人的长鼓舞柔和、优雅、轻快。第三，演奏方法：将鼓横挂于腹前或置于木架上，左手拇指扶住铁圈，其余四指可单指敲击或一起拍击手鼓面，右手执竹条敲击槌鼓面。经过人们不断地发掘、整理，演奏技艺极为丰富。手鼓面演奏法有单鼓点、单花点、双花点、闷鼓点等四种，槌鼓面演奏法有单鼓点、单花点、双花点、滚奏、震奏等，敲击的节奏变化有四十多种。

长鼓是朝鲜族音乐演奏中很重要的节奏乐器，又是民俗舞蹈的有特色的道具。长鼓声音轻快，富有节奏感和表现力，被比喻成"雨"。长鼓历史悠久，工艺精巧，用途广泛，从中可以领略到朝鲜族传统乐器发展史以及丰富多彩的文化艺术。

图片来源
图一　延边民俗博物馆
图二至图四　柳星　制图

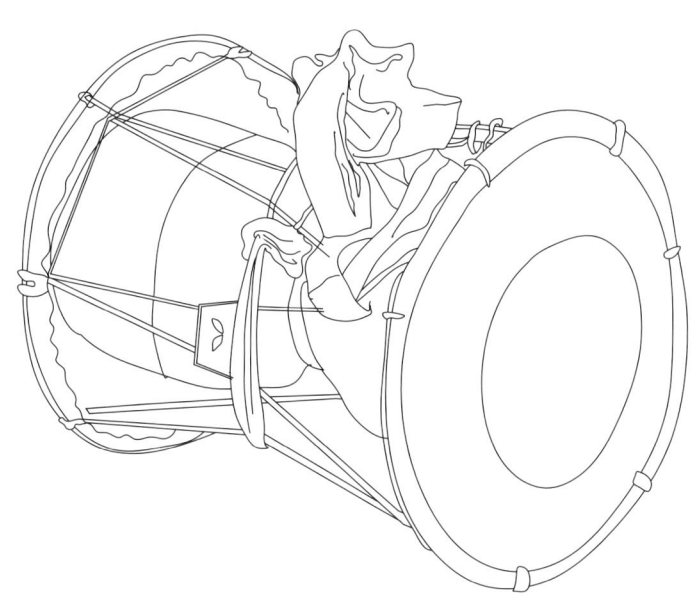

图二　朝鲜族长鼓视图分析图

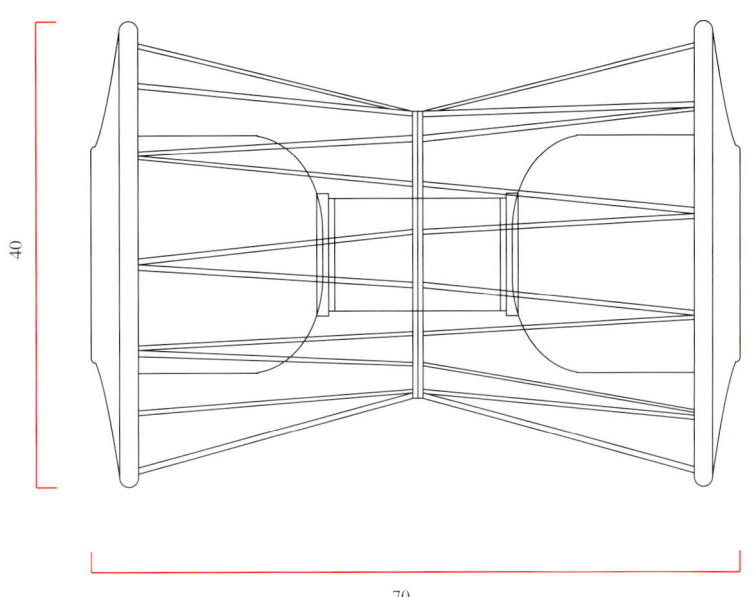

图三　朝鲜族长鼓尺寸分析图（单位：cm）

图四　朝鲜族长鼓演奏示意图

第五章 朝鲜族传统生产工具

朝鲜族双把犁

图一　朝鲜族双把犁主图

双把犁是朝鲜族用于水田的翻地农具，又称"胡犁"。木制，由铧、沿、把组成，以牛牵拉。手把分主把和侧把，翻地时主把起保持平稳、调整方向的作用，侧把起控制起落和转向的作用。其规格：犁底至手把之间距离为120厘米，拉犁沿的长度为185厘米，把长为15厘米。

水稻农业的形成以及耕牛的驯养和铁器的发达，促进了胡犁等适用于稻田的专用农具的出现和创新。水稻种植起源于包括中国在内的东南亚地区，公元前200—300年间传入朝鲜半岛，高丽时期（公元918—1392年）成为重要的经济命脉。19世纪中叶开始，大批的朝鲜农民越过图们江、鸭绿江，迁入到中国的东北地区开发农田，试种水稻获得成功，开创了在东北地区种植水稻的先河。从此以后，朝鲜族一直成为东北地区水稻生产的主要力量。这样，胡犁普遍推广到朝鲜族农村，一直延续到20世纪末，后来逐渐被现代化多功能机械农具所替代。胡犁结构简易合理，实用性强，轻便灵活，可以用一头牛拉犁。从铁铧的构造看，基本呈弧形，面宽大，使用时翻土均匀，底土翻上，对耙地平整很有利。

胡犁是朝鲜族传统的农耕文化不可或缺的重要农具，具有设计合理、简单实用的特性，包含着农耕民族特有的生计技能以及创造智慧。胡犁对朝鲜族农耕文化研究很有参考价值。

图片来源
图一　延边民俗博物馆
图二至图六　柳星　制图

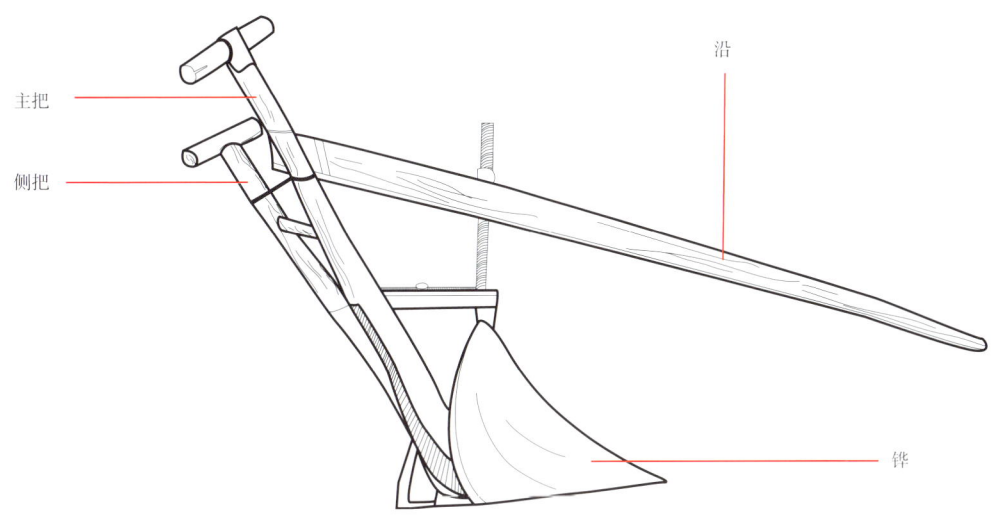

图二　朝鲜族双把犁结构分析图

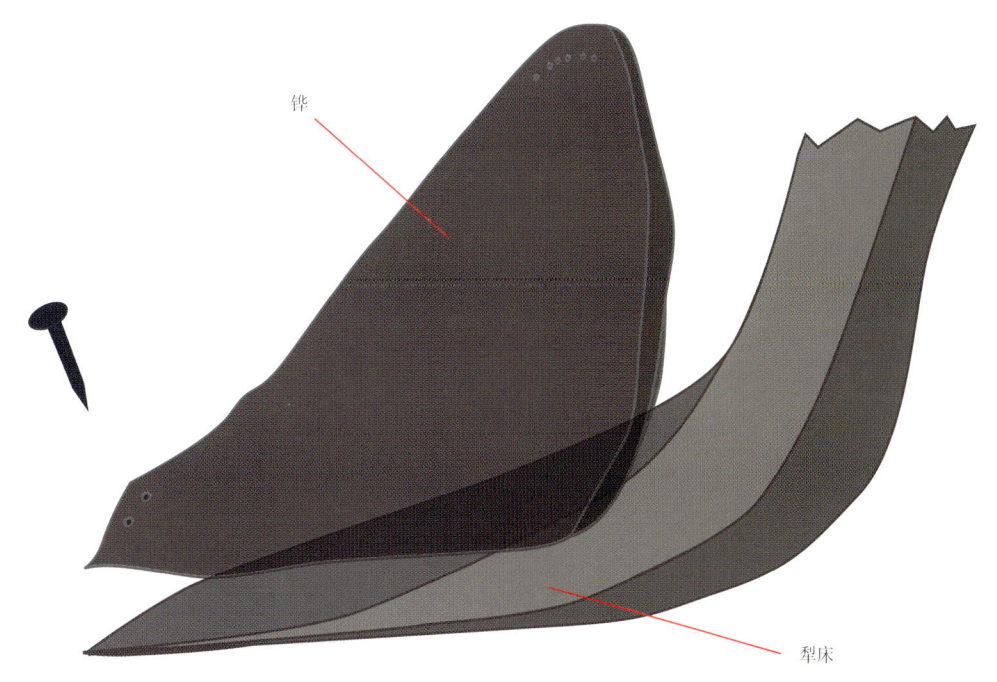

图三　朝鲜族双把犁局部结构分析图

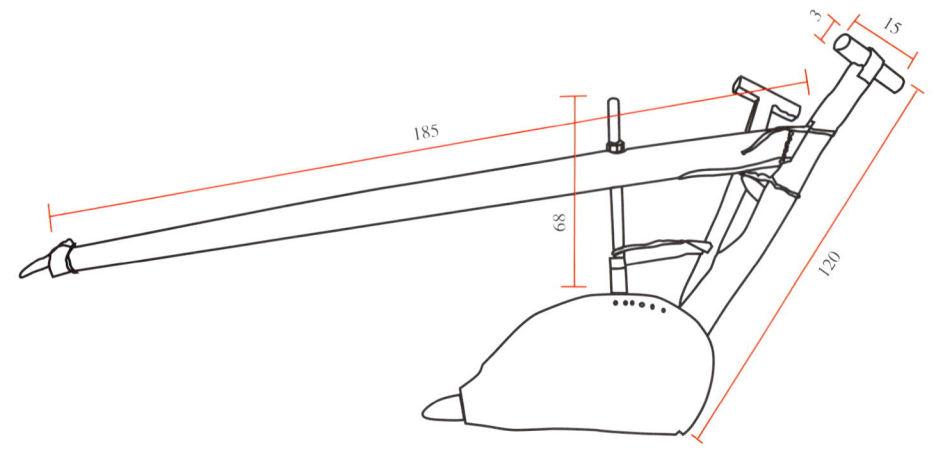

图四　朝鲜族双把犁尺寸分析图（单位：cm）

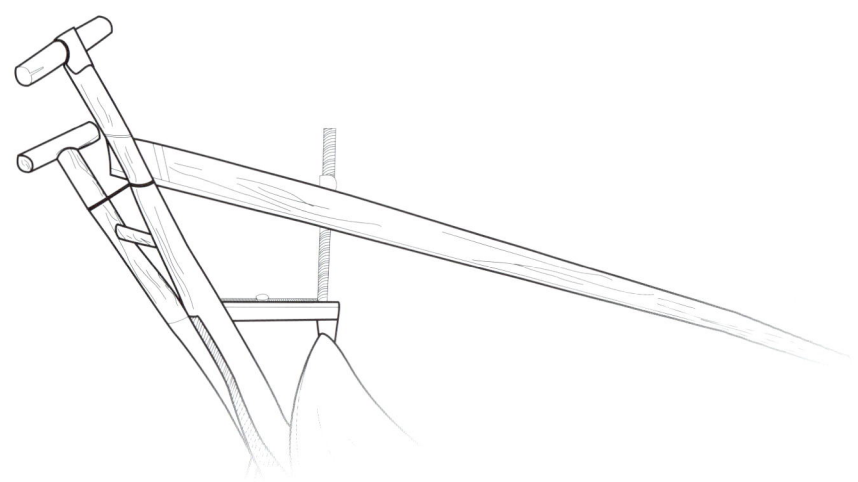

图五　朝鲜族双把犁视图分析图

图六　朝鲜族双把犁使用示意图

朝鲜族双牛拉犁

图一　朝鲜族双牛拉犁主图

双牛拉犁是朝鲜族传统耕地农具的一种。朝鲜族使用犁具的历史比较久远，距今数千年的新石器时期已经出现了石铧，随着铁器的发明和发展普遍使用了铁铧犁，一直流行到20世纪90年代，后来随着机械耕地农具的出现渐消失。

拉犁的主体部分用木料制成，结构比较复杂，由拉杆、犁眼、犁把、犁巴椅、犁底、犁箭、紧绳、牛轭头、犁铧组成。利用两头公、母牛牵拉犁具，主要使用于春耕，具有翻地成垄功能。使用时一人在后把持犁把，调节翻地的深浅，一人在前牵牛拉犁。此犁具很适合在山地和贫瘠的耕地里使用，主要用在旱田。其规格为拉杆长290厘米，犁底至犁把间长93厘米，犁把长65厘米，犁轭头长260厘米。从结构和功能上，考虑了牛的负担，提高犁体的重量、加大拉杆长度，虽增加了人的负重，但减轻了牛的牵拉力，提升了耕地效率。

双牛拉犁是结构合理、用途特殊的设计案例之一。此农具对朝鲜族传统的农耕生产起着举足轻重的作用，并且为朝鲜族传统农耕文化研究提供了可靠的参考依据。

图片来源
图一　延边民俗博物馆
图二　董海英　制图

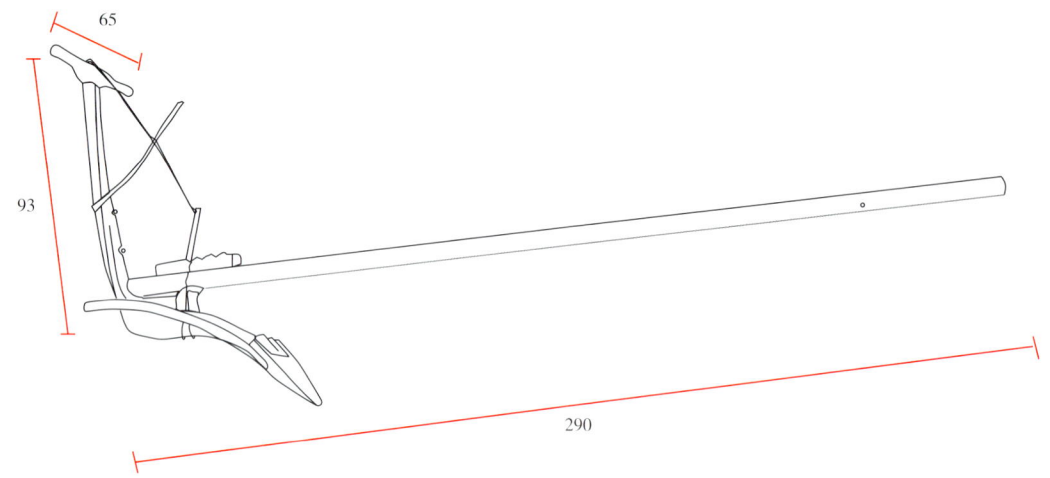

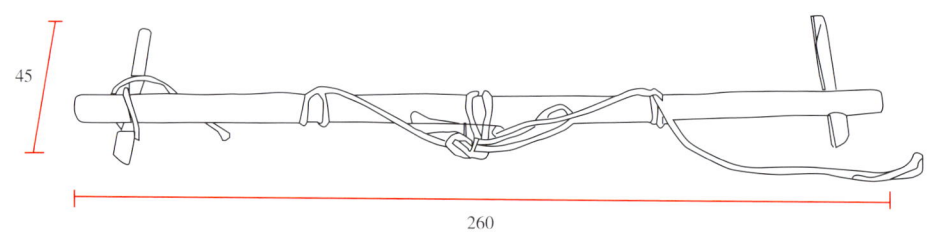

图二　朝鲜族双牛拉犁尺寸分析图（单位：cm）

朝鲜族耖耙

图一　朝鲜族耖耙主图

耖耙是朝鲜族传统的碎土平地的农具。用柞木加工成粗长的木块，木块下部等距离钉6—10个细木齿，上面固定"门"形把手，木块前部固定牛拉架套或牵索。其规格为横木块长150厘米、齿长25厘米，把手架高50厘米。主要功能为把翻过的湿土耙平。至20世纪末仍使用此具，但渐被机械耙具所代替。

耖耙是水稻生产中必不可少的专用农具。朝鲜族利用当地木材丰富的优势，设计和制作适合稻耕的像耖耙这样的农具，提升了耕作效率。其使用程序为先用胡犁翻土，然后灌水浸泡，其次只用耖耙的耙齿粉碎湿土；最后在耙齿架前面垫个宽30厘米、长3米左右的木板，在稻田里来回平整碎土使其柔平，便于插秧。在设计制作上，注重选材和结构，巧妙地运用了木齿的碎土功能，并且以木板的合用来达到最终的平整目的。

耖耙是朝鲜族传统的农耕生产中，结构合理、功能俱全的成功的设计案例之一。它对朝鲜族传统的稻作农业起着举足轻重的作用，并且为朝鲜族传统农耕文化研究提供了可靠的参考依据。

图片来源
图一　延边民俗博物馆
图二至图四　董海英　制图

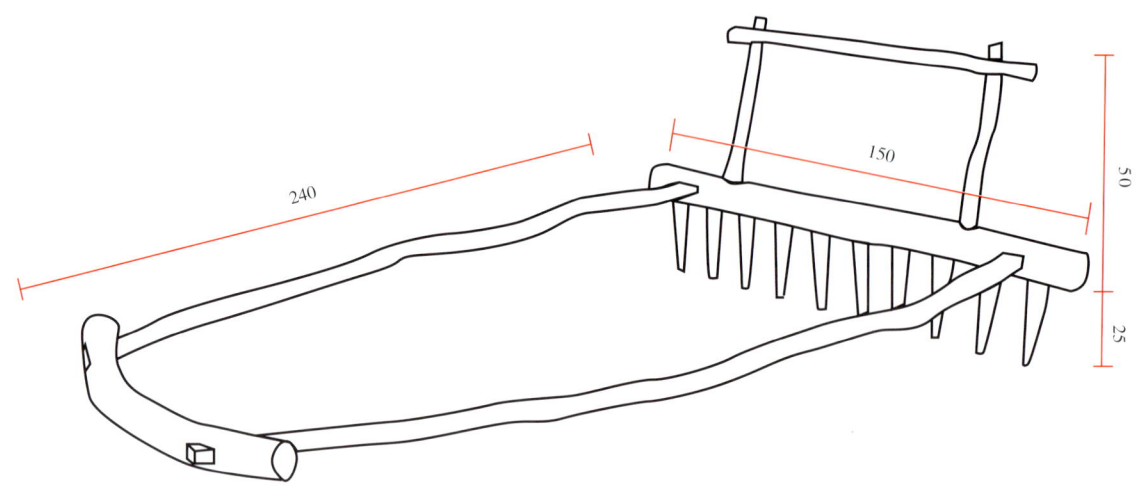

图二　朝鲜族耖耙尺寸分析图（单位：cm）

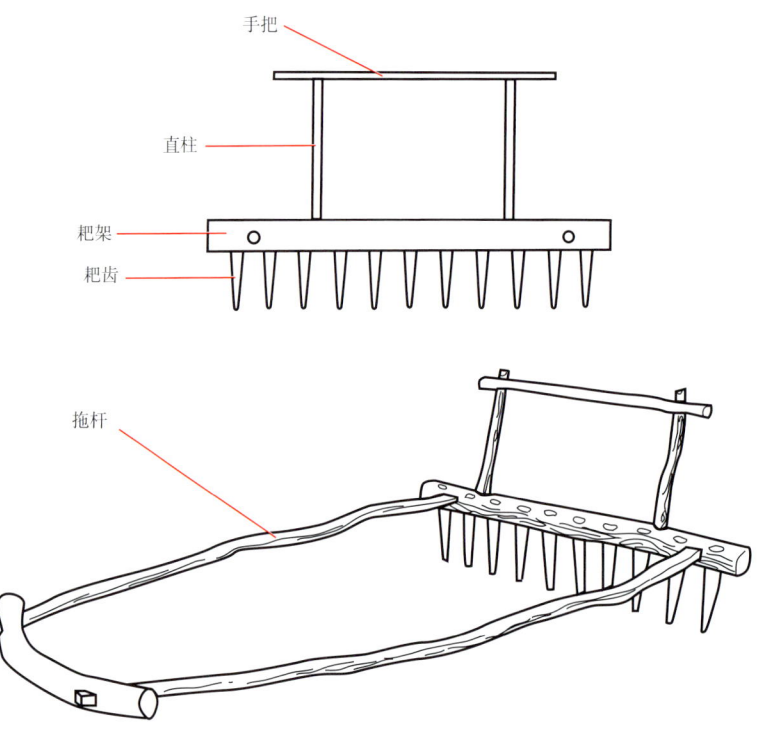

图三　朝鲜族耖耙结构分析图

图四　朝鲜族耖耙使用示意图

朝鲜族长把尖锹

长把尖锹是朝鲜族传统的起土农具。朝鲜族从事水稻生产的历史很悠久，在长期的稻耕过程中出现了许多适用于稻田的农具，长把尖锹就是其中之一。主要用于稻田起土，轻便省力，且上田可作拄杖，朝鲜族老人多用此具。

长把尖锹是比较罕见的农具，整体材质主要是木料，只在锹尖部固定马蹄形的铁片，其形状与锹相似，很有原始的气息。在木制锹尖部，连接较厚的"V"形铁片，然后用两根铁丝牢牢地固定在一起。其规格为把长193厘米，锹面长27厘米、宽18厘米。长把尖锹的功能比较特殊，一般用于田埂注水口的封堵或开阔；如果田埂毁坏，可以用此具及时起土修补。另外，稻田的埂道一般比较狭窄，走起来比较艰难，因此利用此具把长的优势可以当做拄杖，防止摇晃绊倒。在过去，特别是在雨水天，经常能看到身穿蓑衣，头戴斗笠，手持长把尖锹的庄稼人。

长把尖锹是朝鲜族农耕文化当中，形状比较原始、用途特异的农具之一。它在设计理念上，既考虑了水稻灌溉中的专用性，又涉及到功能上的多用性，可以说是简易性、实用性和科学性相结合的设计案例之一。

图一　朝鲜族长把尖锹主图

图片来源
图一　延边民俗博物馆
图二至图五　董海英　制图

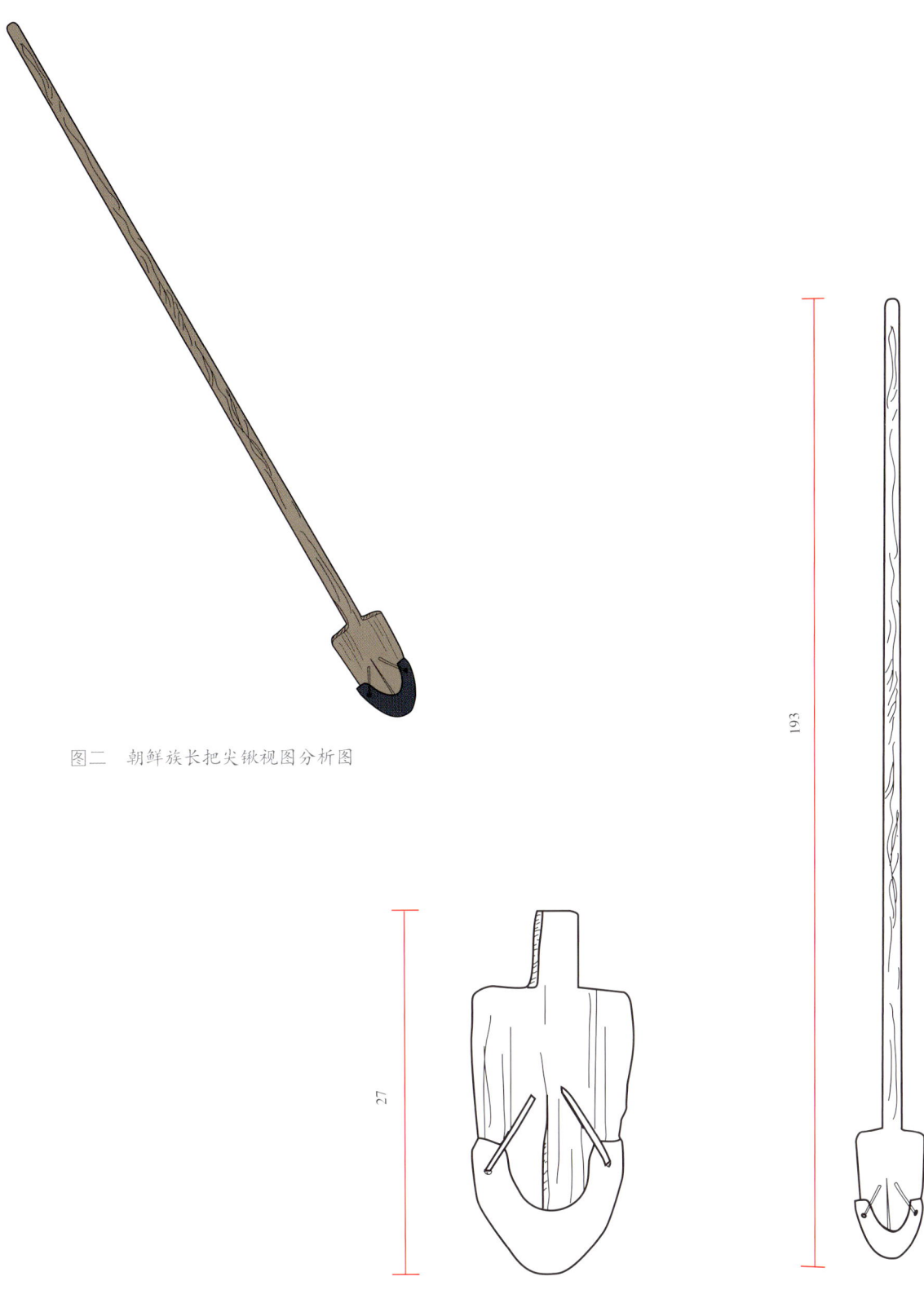

图二 朝鲜族长把尖锹视图分析图

图三 朝鲜族长把尖锹尺寸分析图（单位：cm）

第五章 朝鲜族传统生产工具

327

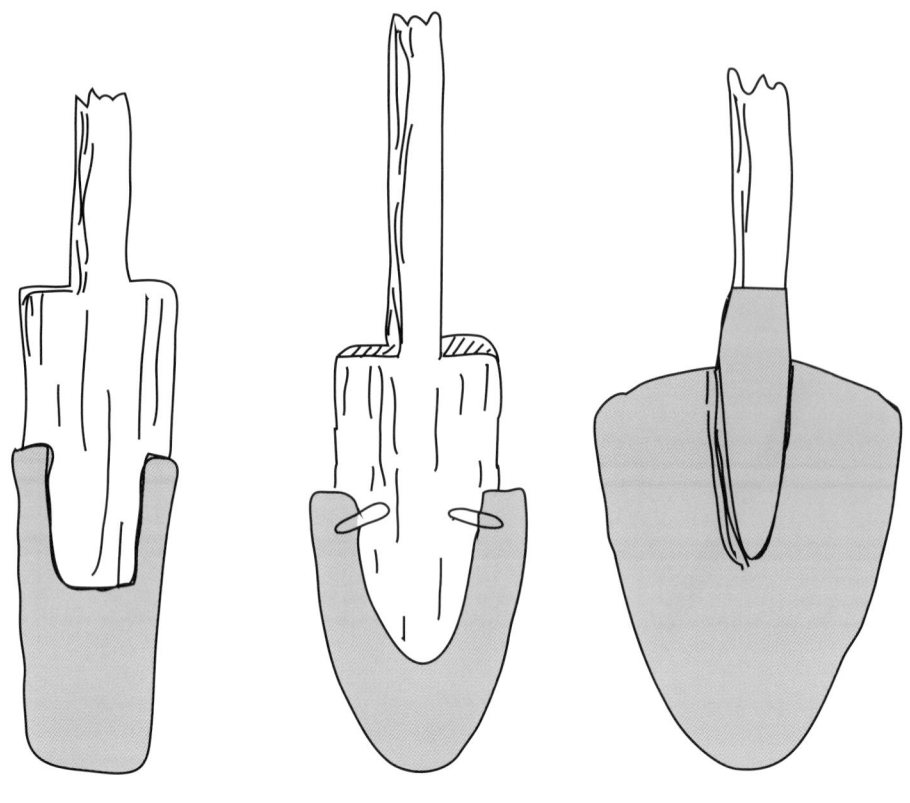

不同的尖锹构造

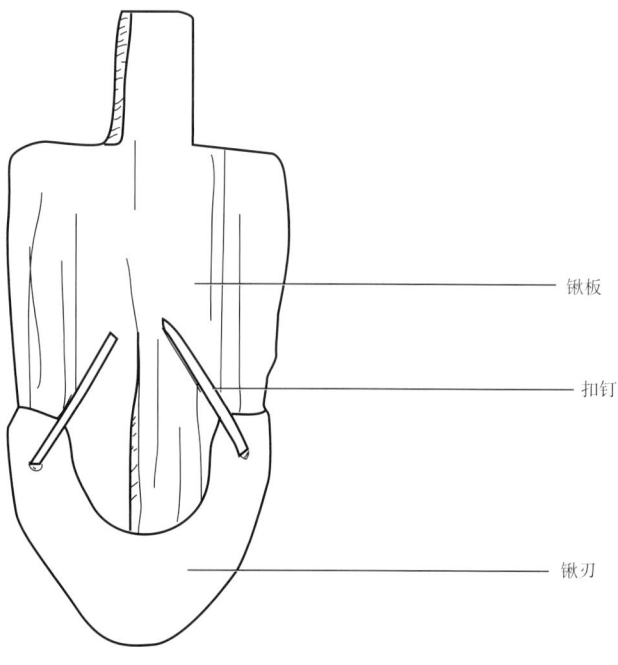

图四 朝鲜族长把尖锹结构分析图

图五　朝鲜族长把尖锹使用示意图

朝鲜族耳锄

图一　朝鲜族耳锄主图

耳锄是朝鲜族传统的除草农具，又称"尖锄"。锄刃以铁制成，呈兽耳状，尖刃宽背，短把，主要用于水稻田除草，有时也用于旱田除草。规格为把长22厘米、刃长10厘米、刃宽5厘米。

锄头作为除草农具，其种类繁多，具有明显的地方特色。在朝鲜半岛北部因为基本种植旱田庄稼，所以锄头的构造显示出把长、刃宽（刃背呈双耳）的特征。在朝鲜半岛南部主要种植水稻，因此锄头的构造显现出把短、刃尖的特征。朝鲜族迁入中国东北后，种植水稻的朝鲜族村屯主要流行像耳锄这样的除草工具。因为当时播种水稻比较密集，耳锄比起宽刃锄头更为有利于水田的除草功能。关于锄头，旧时朝鲜族有"洗锄"（又称"挂锄"）的习俗，广泛流行于民间。除草的农忙季节一结束，农民们把所有的锄头洗净，挂在墙壁上，妥善保存；还选择吉日（一般在农历七月十五日），家家户户准备丰盛的酒菜，到山上或河边，向神灵祈祷丰收。

耳锄是朝鲜族传统的农耕文化中很有特色的设计案例之一。虽然在其形状和功能上没有太大的特殊性，但它能够反映出致力于水稻农业的朝鲜族人民的智慧和创意，具有较高的历史和研究价值。

图片来源
图一　延边民俗博物馆
图二至图六　董海英　制图

图二 朝鲜族耳锄视图分析图

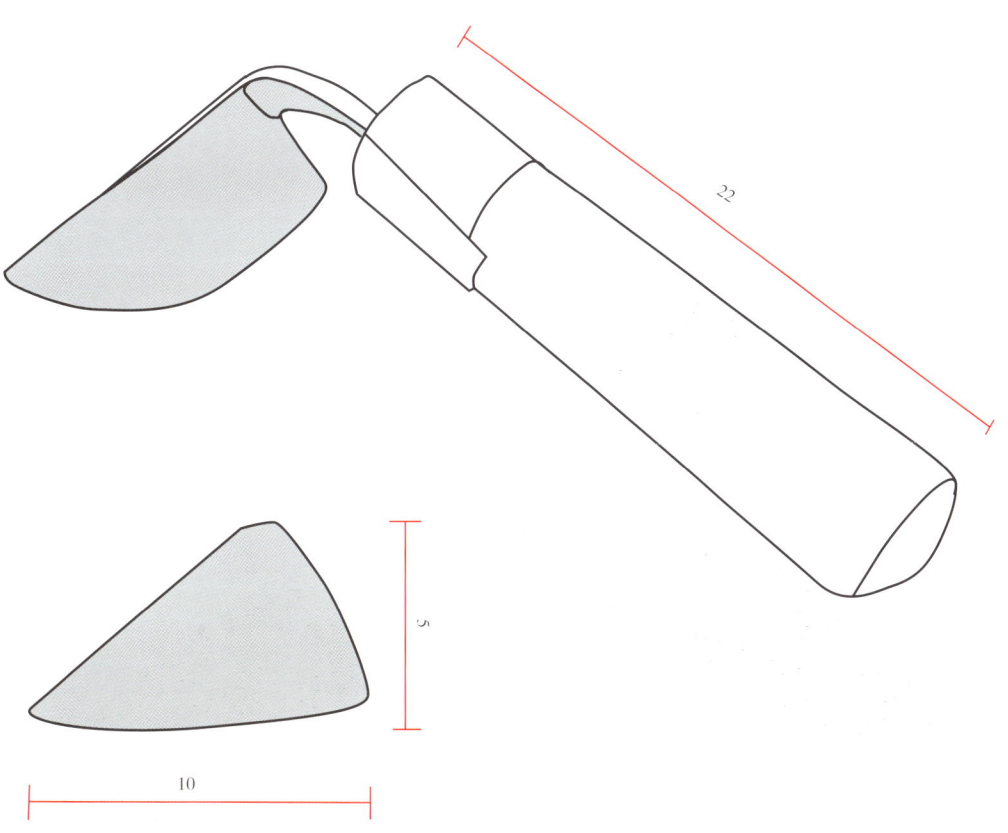

图三 朝鲜族耳锄尺寸分析图（单位：cm）

第五章 朝鲜族传统生产工具

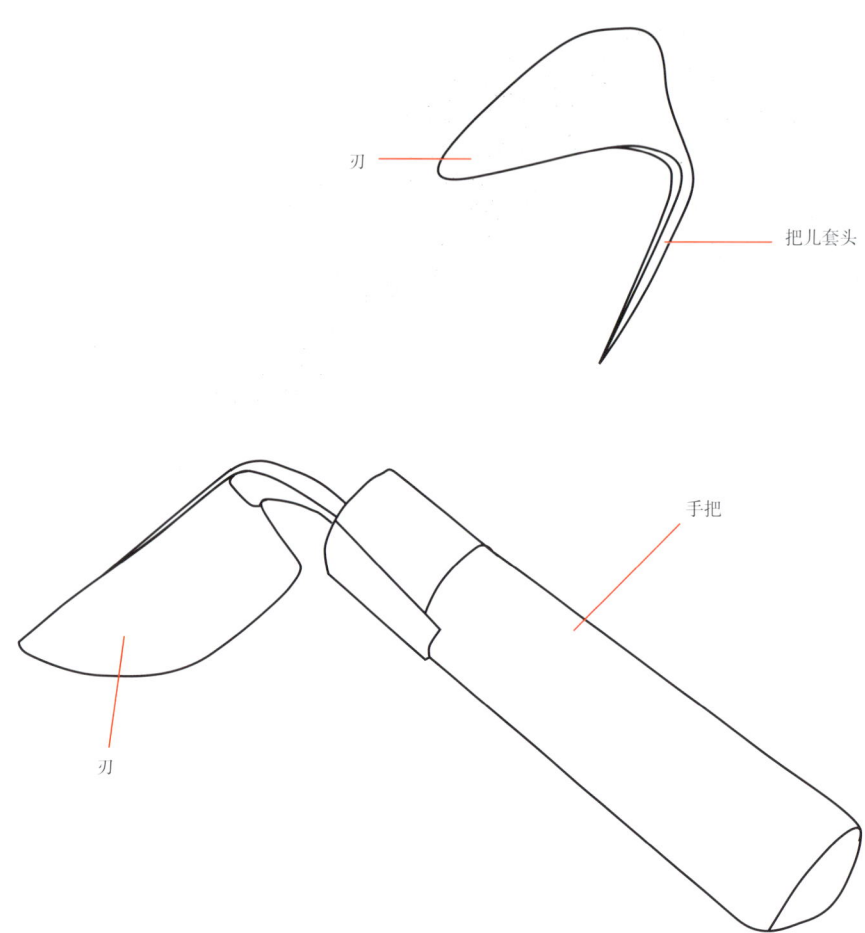

图四　朝鲜族耳锄结构分析图1

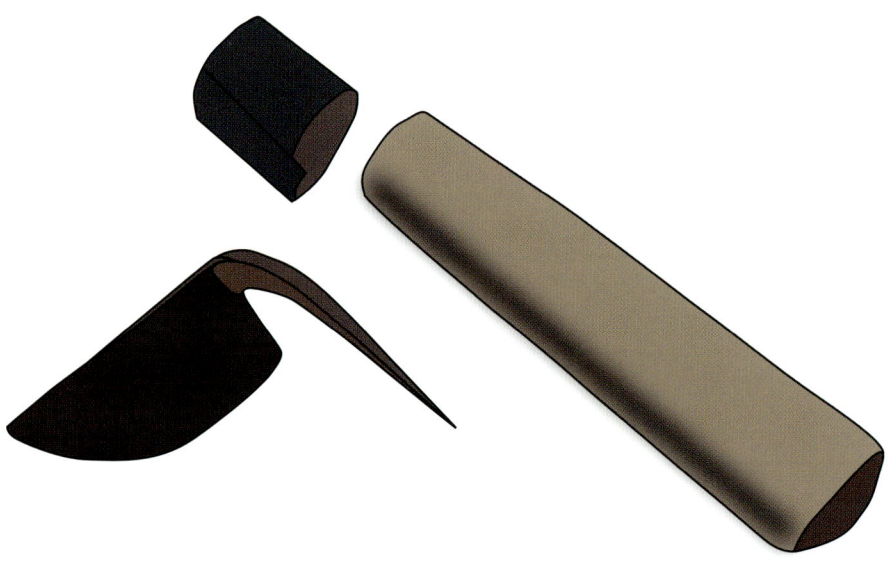

图五　朝鲜族耳锄结构分析图2

图六　朝鲜族耳锄使用示意图

朝鲜族连枷

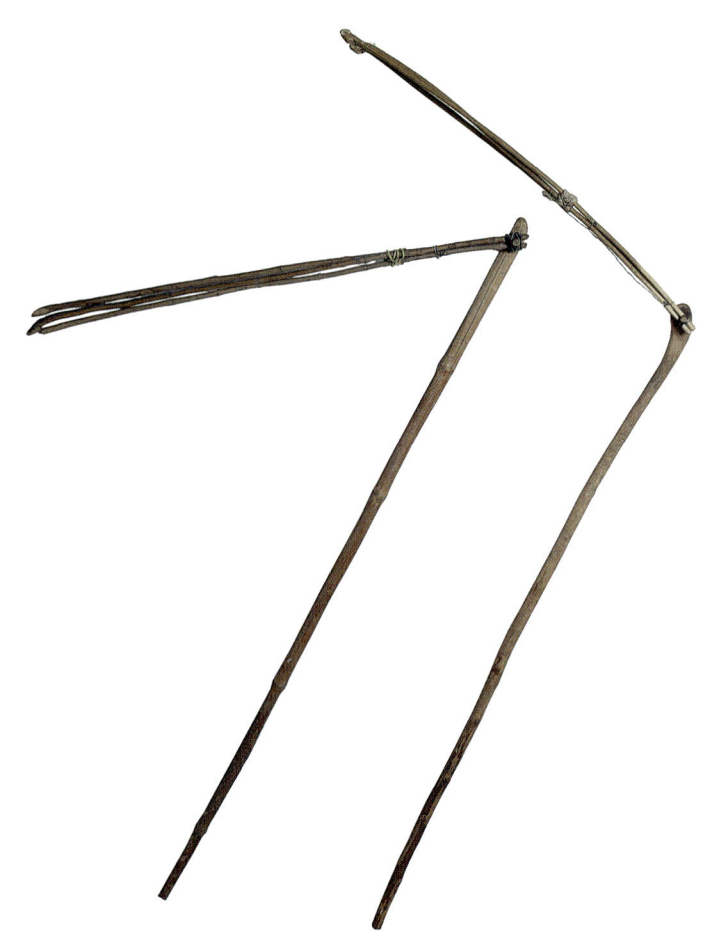

图一　朝鲜族连枷主图

连枷是朝鲜族农村常用的传统的打场农具。也称"槤枷"。连枷的渊源比较久远，据史料记载，大约在10—14世纪，朝鲜族的祖先已普遍使用了连枷。20世纪80年代朝鲜族农村仍然使用此农具，随着现代化的多功能联合收割机和脱粒机的出现逐渐消失。

连枷由一个长木柄、一组三根平排的木条或竹条鞭子以及转轴构成，用来拍打谷物、小麦、豆子、芝麻等，使籽粒脱落下来。其规格为木柄长190厘米、条鞭长60厘米、条鞭宽8厘米。连枷具有取材容易、结构巧妙、使用简便等特征。连枷一般采用山区比较丰富的柞木、楮木、椣木等硬实、柔韧的木料。利用长柄上下起落的动力来旋转木条鞭子，使其落地拍打谷物，达到脱粒的目的。用连枷打场是需要一定体力的农活，一般男人们使用连枷。为了提高打场效率，通常以邻里亲戚组成互助组或换工组，一同协作拍打场地里的庄稼。民间艺人们利用农民们用连枷打场的情景，创作了反映朝鲜族劳动生活的民俗舞蹈"连枷舞"，丰富了农耕之余的文化生活。

连枷虽然是比较简易的打场农具，但它所包含的文化内容比较丰富，可以说是集历史性、科学性、实用性于一体的设计案例之一，从中能够领略到朝鲜族人民勤劳、创意的民族特性。

图片来源
图一　延边民俗博物馆
图二至图三　董海英　制图

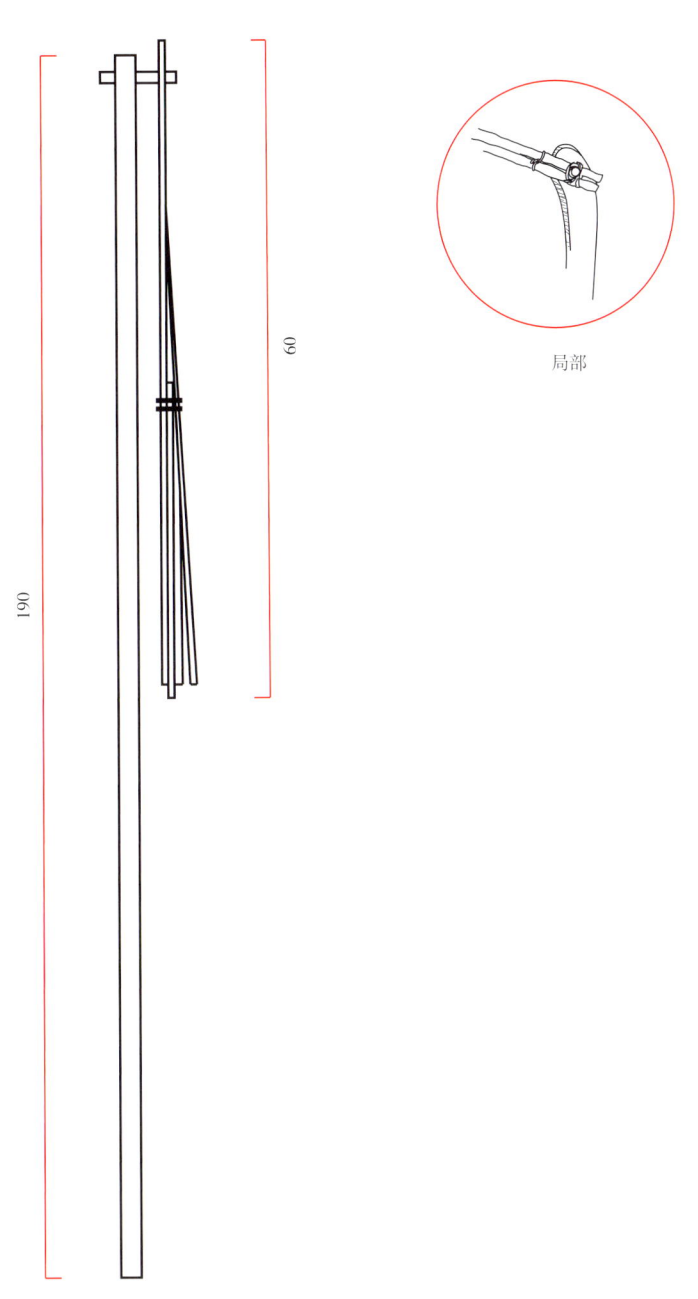

图二　朝鲜族连枷尺寸分析图（单位：cm）

图三　朝鲜族连枷使用示意图

朝鲜族角斧子

图一　朝鲜族角斧子主图

　　角斧子是朝鲜族典型的砍伐工具。19世纪中叶，成千上万的朝鲜人，纷纷越过图们江、鸭绿江，成群结队地涌入中国的东北地区谋求生路。当时东北地区是森林茂密、野兽出没、人烟稀少的荒芜之地。迁入初期开垦大片荒地，角斧子是不可缺少的工具。可想而知，角斧子在当时朝鲜族开垦荒地、开创自己新的家园时，起到了举足轻重的作用。

　　角斧子，斧头铁铸，斧背呈牛角状。其刃用于砍树枝，其角用于拔树根。其规格为斧头长23厘米、刃宽8厘米；斧杆长70厘米、直径5厘米。其构造、形态和功能，与一般的日常生产工具没有多大区别，角斧子的斧刃还有斧把的长度与一般农家使用的砍柴用的大斧子基本相同。但斧子的背面形状较锐利像牛角状，这是与一般农家斧子的区别之处。虽然区别不大，但其用途与现代的斧子有着很大差异。斧子背面尖锐的牛角形状，在开垦荒地时有利于砍伐树根、灌木丛，超越于锄头或是镐头的作用。这些角斧子，有的是从朝鲜半岛迁入时携带进来的，有的是到了东北之后利用当地的铁匠铺，按照生产需要制作出来的。角斧子在现代的年轻人当中非常生疏。这样的角斧子，应该是迁移初期的朝鲜族移民一代、二代的人们使用过的生产工具。

　　角斧子是朝鲜族生活文化当中具有特殊意义的设计案例之一。它不仅在形态和用途上有着特异之处，而且包含着朝鲜族人民艰辛迁移的历史沧桑和痕迹，从中能够领略到朝鲜族人民勤劳朴实、坚韧智慧的民族风格。

图片来源
图一　延边民俗博物馆
图二至图三　董海英　制图

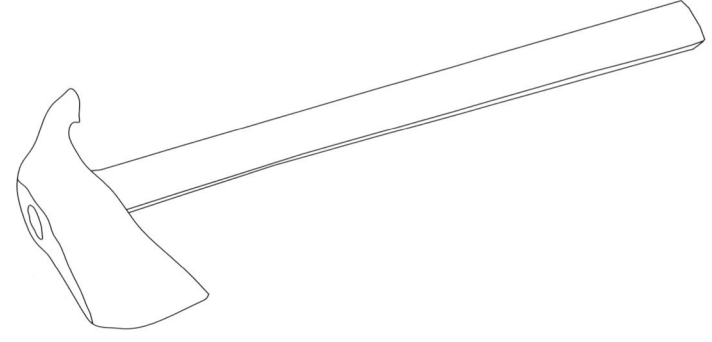

图二　朝鲜族角斧子视图分析图

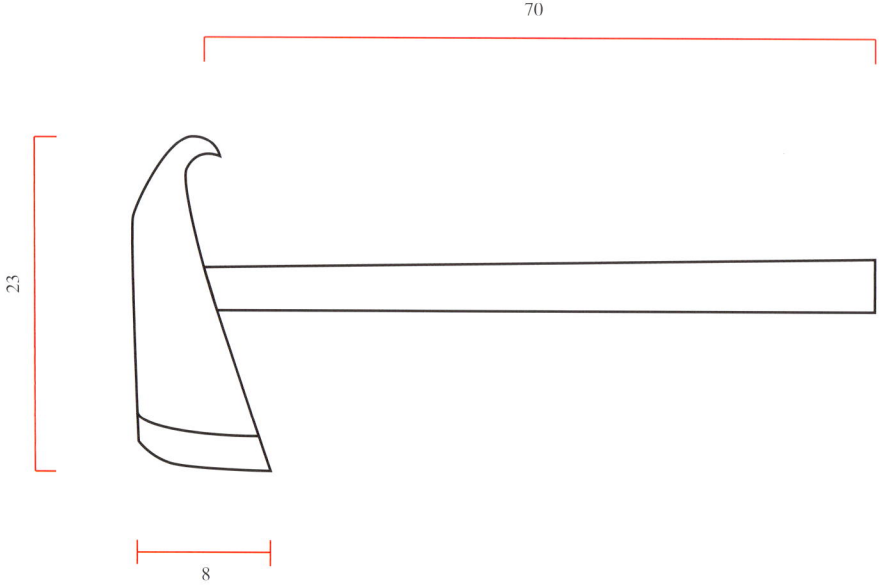

图三　朝鲜族角斧子尺寸分析图（单位：cm）

朝鲜族脱粒具

图一　朝鲜族脱粒具主图

脱粒具是朝鲜族传统的稻谷脱粒农具，是朝鲜族农村使用比较普遍的打场器具。19世纪后期，朝鲜族迁入到中国东北后，仍然使用了此具，一直沿用到20世纪50年代。后来随着踩动和电动的旋转型脱谷机的推广而逐渐消失。

脱粒具结构比较简易，制作工序也比较简单，由铁齿固定架、支撑架和弧形铁齿板组成。首先用硬木制作框架，然后框上部横杆上竖钉长宽约40厘米的梳齿状铁板，框一侧有固定支撑架。一般一人操作，以脚踩支撑架，用手将一把稻穗夹在铁齿间，用力后拉，使稻粒脱落。朝鲜族从事水稻生产的历史很久远，已有几千年的历史。水稻生产中耕作固然很重要，但最后收成也不能忽视。这样人们想尽办法摸索了多种多样的脱谷方法。比较原始的脱谷方法主要有：第一，用手直接撸掉稻穗粒；第二，往石板或圆木摔打稻穗脱粒；第三，用连枷拍打稻穗脱粒；第四，用脱粒具脱落稻粒。其中利用脱粒具脱谷的方法出现于近代，从功能上看比较节省人力，提升了脱粒的效率。

脱粒具是结构比较简易、功能单一的稻作收尾农具，可以说是比较简单但很有创意性的设计案例之一。通过脱粒具能够领略朝鲜族人民勤劳智慧的特性，以及传统稻作农业的基本特征。

图片来源
图一　延边民俗博物馆
图二至图四　董海英　制图

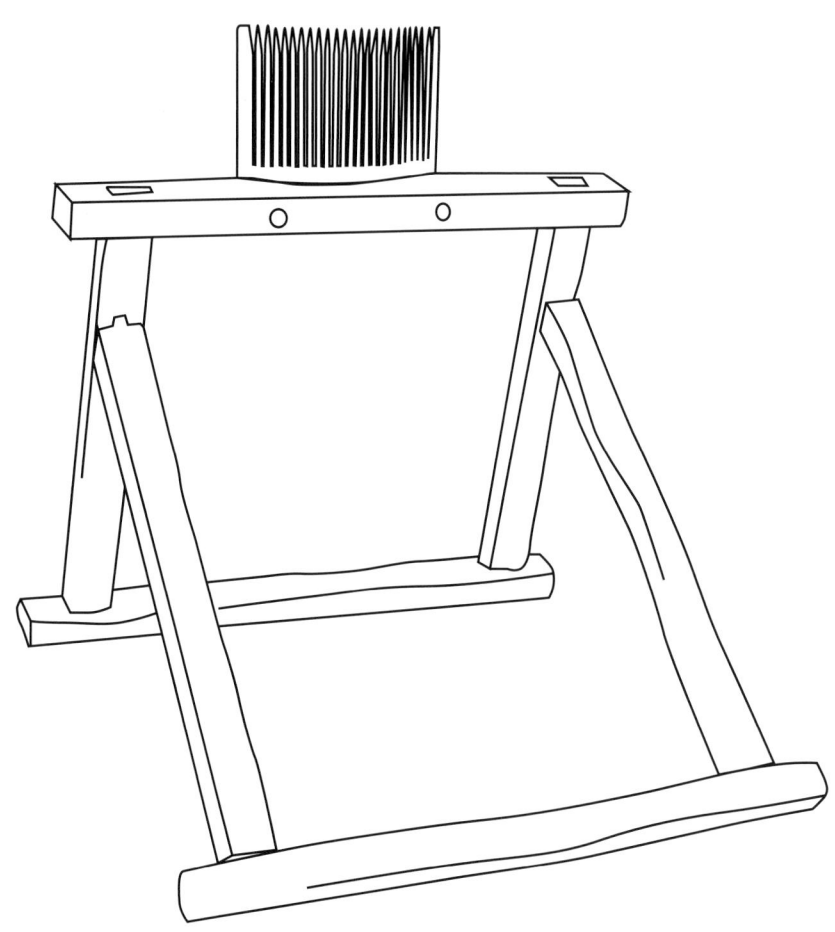

图二　朝鲜族脱粒具视图分析图

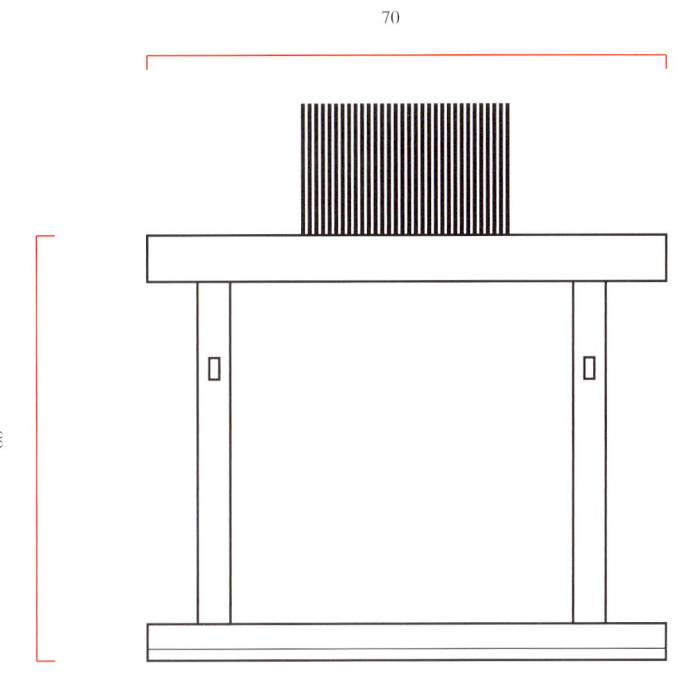

正面

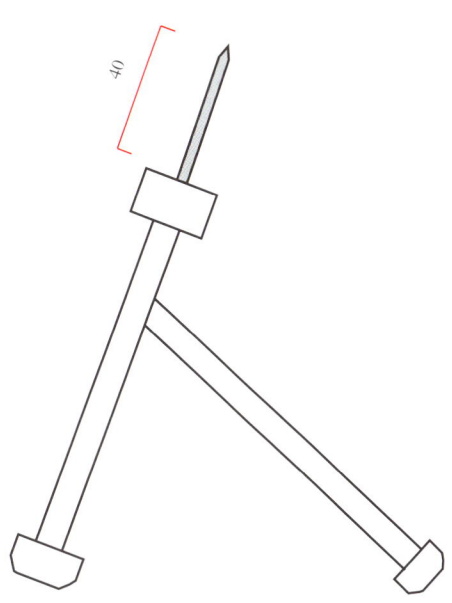

图三　朝鲜族脱粒具尺寸分析图（单位：cm）

图四　朝鲜族脱粒具使用示意图

朝鲜族牛车

图一 朝鲜族牛车主图

牛车是朝鲜族传统的牛拉的运输工具，朝鲜语称"达尔骨吉"或"苏列"。朝鲜族使用牛车的历史很久远，在高句丽的壁画墓中，就绘有制作牛车的场面。古文献《三国史记》中，有用牛车搬运物品的记载，这表明牛车的运用可以追溯到1000多年前的古代王朝时期。到了20世纪80年代，机械动力的运输工具普遍推广，随之牛车的使用率大大降低，逐渐被取代。

牛车的材质主要是比较硬实的柞木，转轴和车轮外套圈为用铁做成。牛车由车厢、车辕、车轮组成。车厢和车辕用木料单独制作，然后用粗铁条固定连接。车轮有两个，用木料制成，每个车轮附有14根辐条，外套铁圈。在朝鲜族农村，牛车的用途比较广泛。在农耕生产中，用于有机肥料、农具、庄稼、粮食的搬运等。在日常生活中还用于干柴、家庭用品的运输等。其规格为车厢长150厘米、宽80厘米；车辕长180厘米；车轮直径110厘米。

牛车是朝鲜族传统的生产、生活中不可缺少的运输工具。牛车结构合理，专门为了利用牛的拉力而设计，具有功能广泛、负载量多的特点，很适合农村土路的运输。牛车对朝鲜族传统的农耕文化研究,具有比较重要的历史、科学、文化价值。

图片来源
图一　刘载学　摄影
图二至图四　董海英　制图

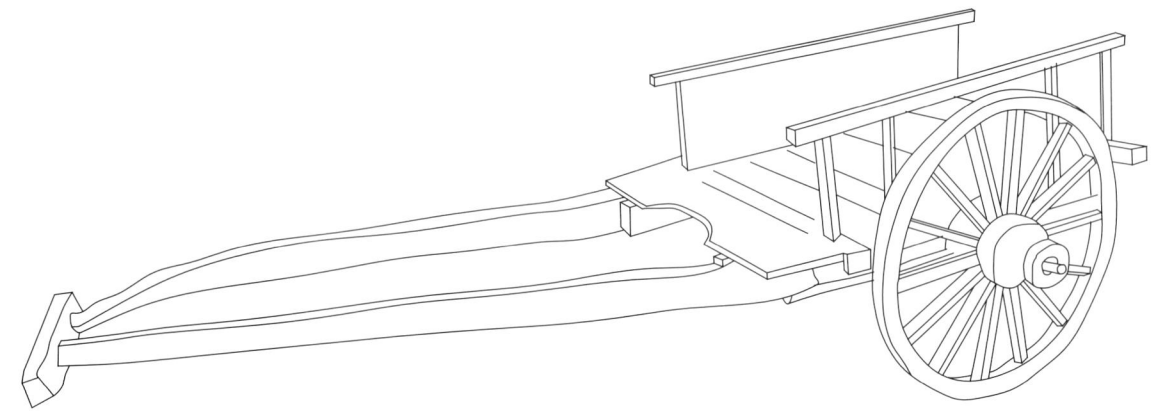

图二　朝鲜族牛车视图分析图

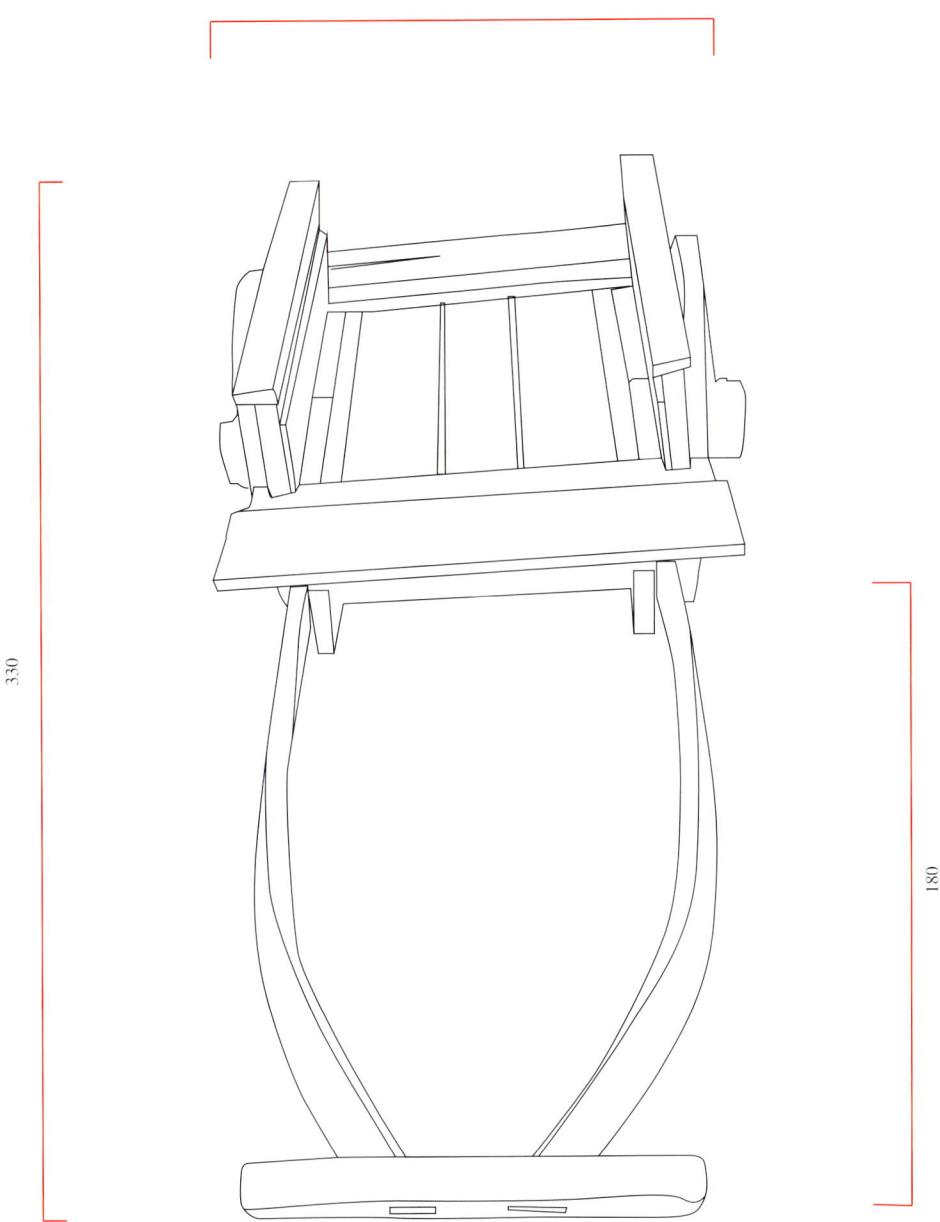

图三　朝鲜族牛车尺寸分析图（单位：cm）

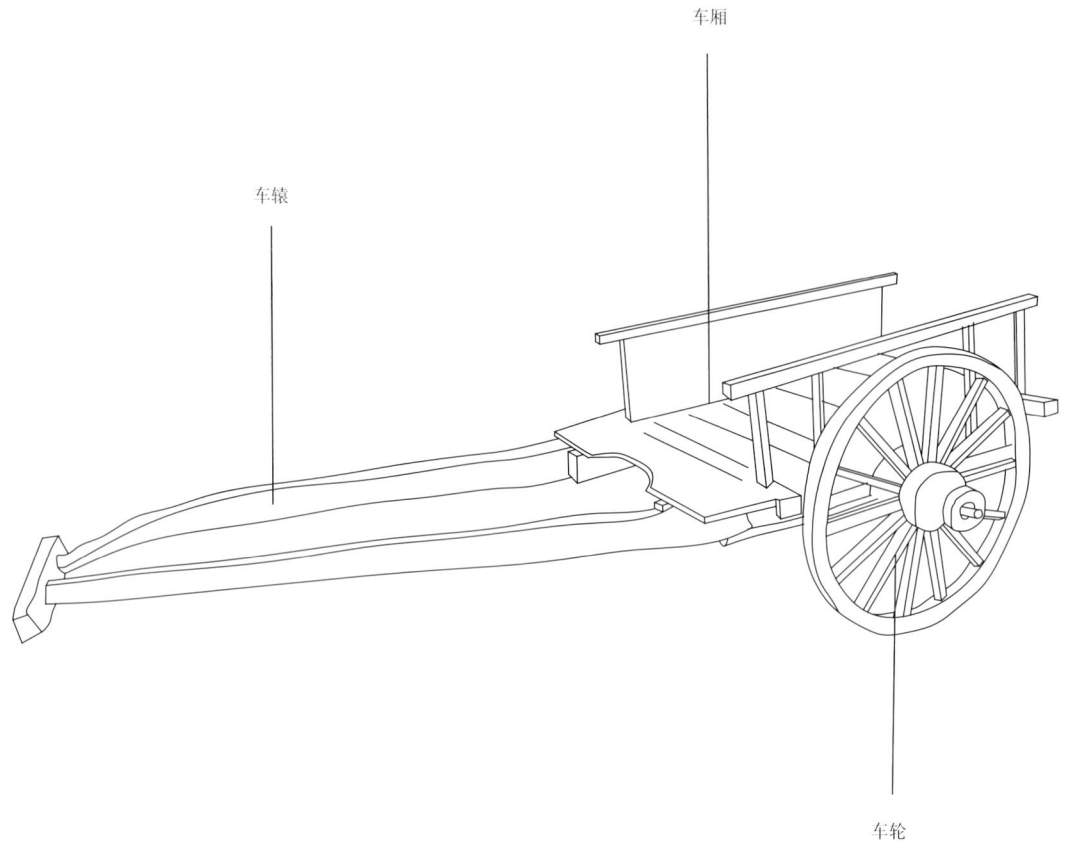

图四　朝鲜族牛车结构分析图

图五　朝鲜族牛车使用示意图

朝鲜族背架子

图一　朝鲜族背架子主图

背架子是朝鲜族传统的背运工具。由架腿、架横枝、架背、背绳、支架杖组成。规格为长126厘米，宽44.7厘米。其用途很广泛，使用于一年四季的农耕生产和日常的生活，是农耕人的常用工具。背架子历史悠久，20世纪70年代以前广泛流行于农村和山区。

背架子的材质是比较硬实轻便的松树之类的木料，其结构合理、实用，适合人体负重。其制作方法为，将带枝杈的两根木杆稍作加工，枝杈向外，在木杆上、中、下插横杆使之固定，形成上窄下宽的架子；架子两侧系背绳，可把物品放在枝杈上背运。再加一根木杖，背运时作拐杖，休息时作撑杆。过去朝鲜族主要生活在种植水稻的平野地带和资源丰富的山间地区，光靠牛车等运输工具满足不了农耕和日常生活中的搬运需求。使用背架子在稻田插秧时可以背运禾苗；在春耕时可以背运农具；在秋收时可以背运庄稼和粮食；在冬季砍柴时可以背运柴木；在集市交易时可以背运各类日常生活用品等等，其用途非常广泛实用。朝鲜族的民间舞蹈中有个"背架舞"，就是通过艺术性的肢体动作来体现朝鲜族繁忙的农耕场景和背架的特殊功能。

背架子是过去的朝鲜族农耕生活中必不可少的常用工具，可以说是历史悠久、功能多样，反映朝鲜族创造智慧的设计案例之一。如今背架子虽然已退出了朝鲜族的日常生活舞台，但作为反映朝鲜族传统生活文化的民俗遗物，从中可以领略到朝鲜族朴实的创意理念和艰难困苦的劳动生活的一面。

图片来源
图一　延边博物馆
图二至图五　董海英　制图

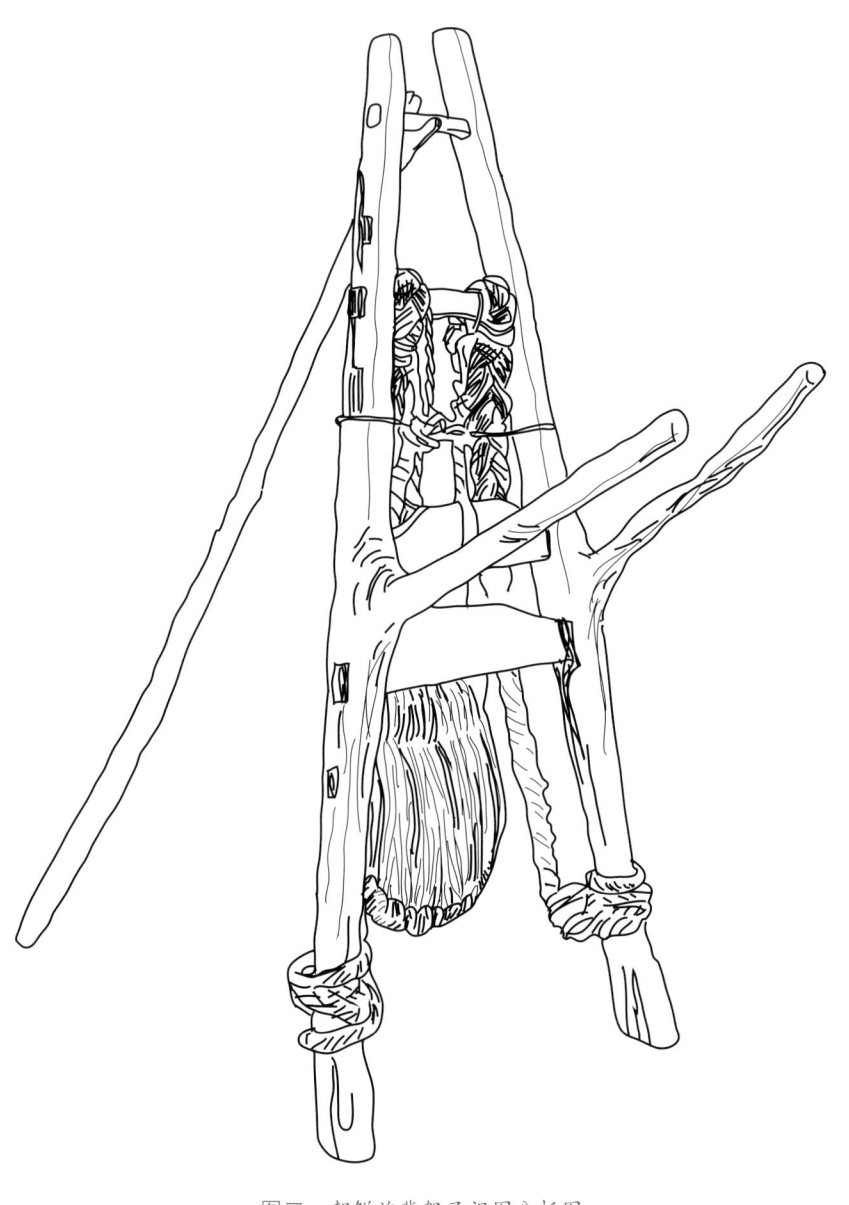

图二　朝鲜族背架子视图分析图

图三　朝鲜族背架子尺寸分析图（单位：cm）

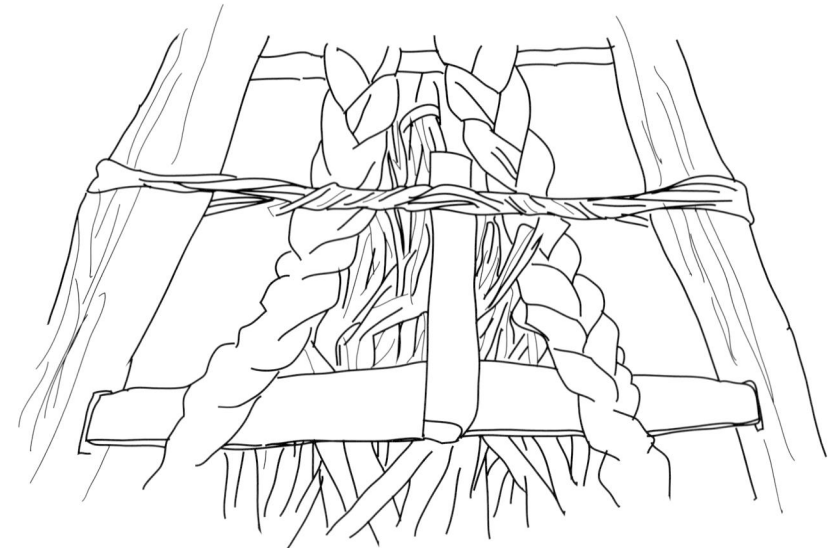

图四 朝鲜族背架子局部结构分析图

图五 朝鲜族背架子使用示意图

朝鲜族牛脖饰

图一　朝鲜族牛脖饰主图

牛脖饰是朝鲜族特有的套在牛脖子上的装饰物，又称"珠络"。珠络原是在封建王朝时期，国王或两班大臣们所骑的马脖上挂套的装饰物品。后来民间百姓们模仿此物，创制了用于牛脖装饰的珠络。

牛脖饰由皮带、铜铃、装饰铜片组成。首先选择长120厘米、宽10厘米的皮带，两头安挂扣，皮带中间安三个铜铃。皮带两侧空白处饰有直径约8厘米的"卍"字纹圆圈各6个，显得华丽、整齐。朝鲜族自古就有爱护耕牛的习俗，牛也是农家的半个成员。在端午、中秋等节日举行的摔跤竞技中，夺冠者可获耕牛一头，这是最高奖赏，可以说是一个家庭，乃至整个村落的一大荣耀和喜事，耕牛也得到最高的待遇。这时必须把珠络套在牛脖子上显示出牛的威武和庄重。

牛脖饰是在朝鲜族传统生活文化中比较特殊的设计案例之一。牛脖饰设计精巧，装饰效果突出，其中包含着对牛的崇拜意识和吉祥如意的心愿。

图片来源
图一　延边博物馆
图二至图四　董海英　制图

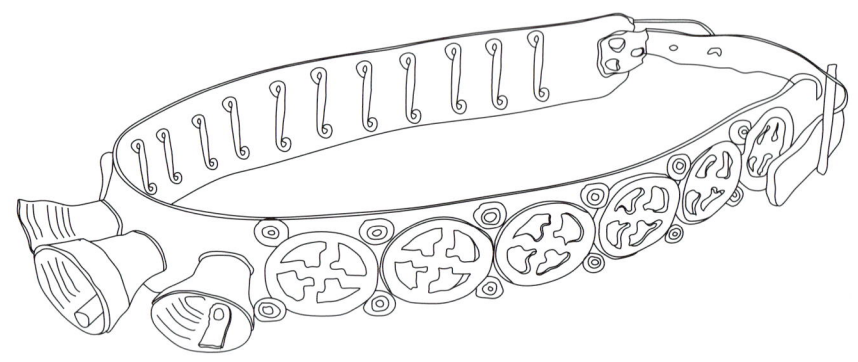

图二　朝鲜族牛脖饰视图分析图

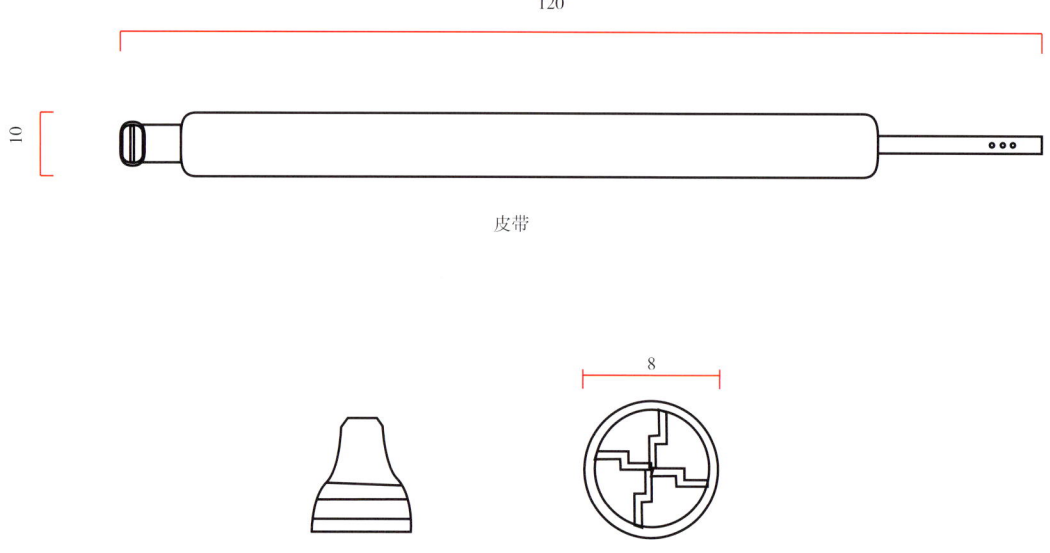

皮带

铜铃　　　纹样饰品

图三　朝鲜族牛脖饰尺寸分析图（单位：cm）

图四　朝鲜族牛脖饰使用示意图

朝鲜族木板夹子

图一　朝鲜族木板夹子主图

木板夹子是结构很特殊、比较少见的朝鲜族捕鼠器具。形似宽刃菜刀，适用于鼠类动物出没比较多的农村。在古文献或地方志中还没有见到此类工具的记载和介绍，据民间调查，可以说是19世纪至20世纪农民们自行发明的捕猎工具。

木板夹子的材质为松木、椴木等木料，用较厚的木板制成，其形状上宽下窄。板下端有直径为7厘米左右的出入孔，上面刀把状的顶部钉杠杆、弹簧，杠杆和铁丝卡通过板中间的小洞连在一起。上夹时，把杠杆外端的连线钩在出入孔处的铁丝钩上，将夹竖放在鼠洞口。鼠出洞时，触动出入孔处铁丝钩，钩子弹落，卡子夹在鼠脖子上。在农村鼠类动物比较多样，用普通的夹子捕获有一定的局限性，因此针对鼠类动物出没的习性发明了在鼠洞口直接置放的木板夹子。

木板夹子是形状比较特殊，而且针对性强，结构和原理比较科学的设计案例之一。通过此物能够了解朝鲜族日常的生计方式和独特的创意理念。

图片来源
图一　延边博物馆
图二至图四　董海英　制图

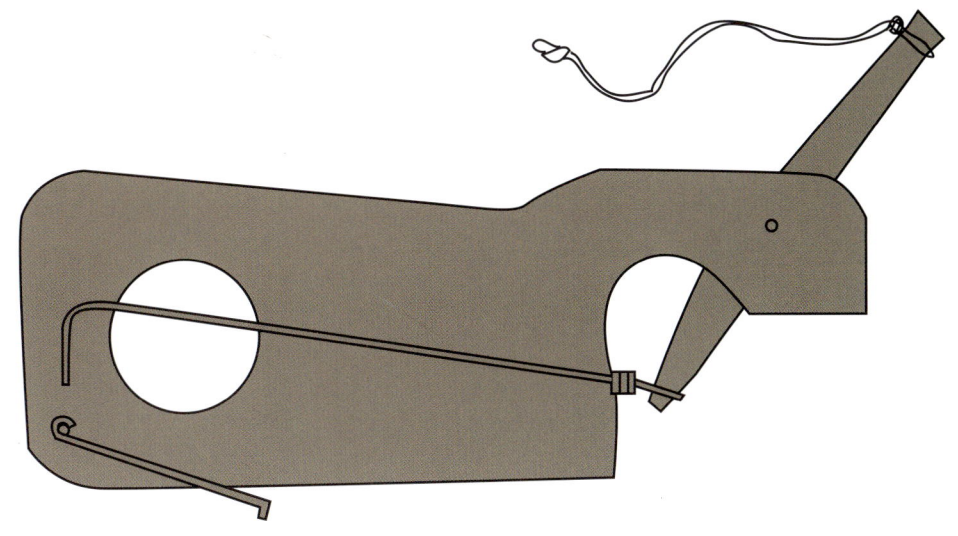

图二　朝鲜族木板夹子视图分析图

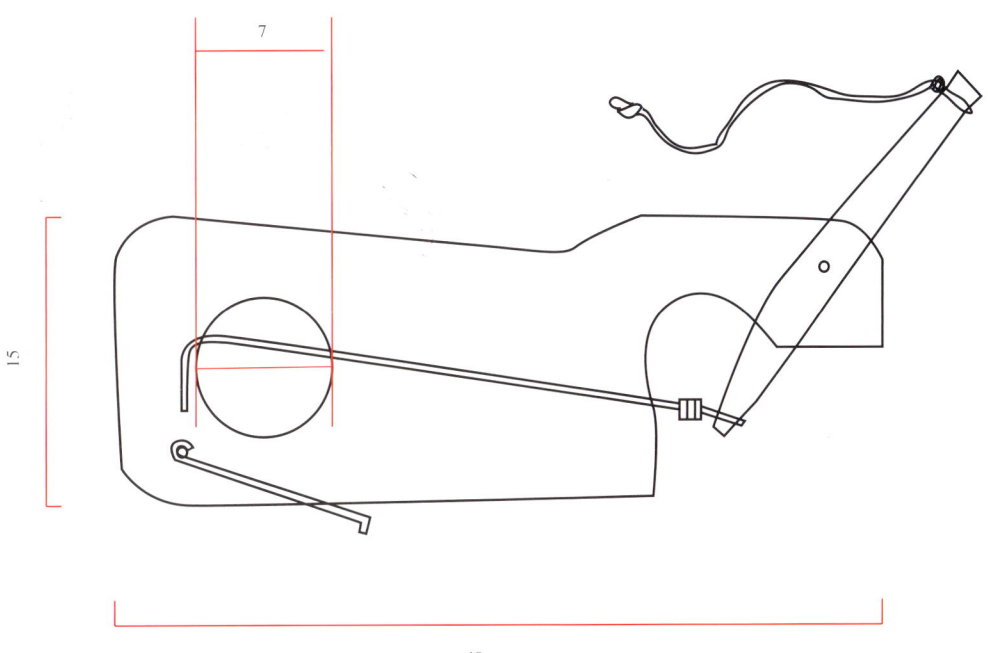

图三　朝鲜族木板夹子尺寸分析图（单位：cm）

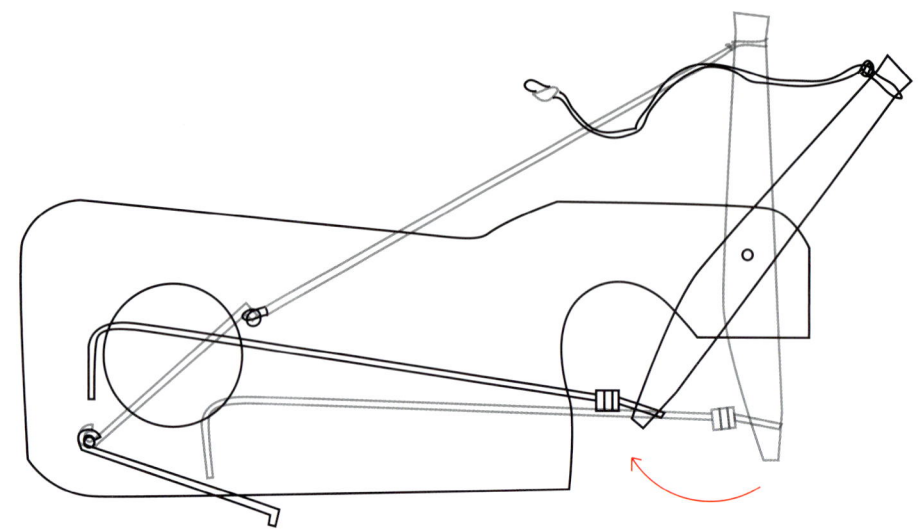

图四　朝鲜族木板夹子使用示意图

朝鲜族皮背囊

图一　朝鲜族皮背囊主图

皮背囊是朝鲜族猎手们用以装猎物和其他备用品的背运工具。由背架、网囊、背绳组成，主要在山村流行，是从事狩猎、采集的山货人的必备用具。皮背囊流行于20世纪初，20世纪80年代后逐渐消失。

皮背囊的材质是牛皮。朝鲜族自古就有饲养黄牛的习惯，黄牛有役牛和肉牛之分。每逢佳节或特殊日子就宰杀肉牛，把牛皮精心加工后妥善保管，用来制作日常用品，皮背囊就是其中之一。制作皮背囊有一定的工序。首先用加工好的牛皮切丝拧成细绳，然后编织网状囊，在网口串皮绳，可松紧。其次用柔韧坚实的木条制作"U"型背架，再垫柔软毛皮，然后左右两侧系背绳，即可背负。19世纪中叶，朝鲜族迁居于长白山地区的茂密深林中，一部分人专门从事狩猎、采集等生计方式，利用当地丰富的皮革资源摸索出皮制的背囊。朝鲜族使用背囊的历史很悠久,所用的材质多种多样,其中用牛皮制作的背囊堪称上品。山货人上山时,在皮背囊里装一些必备工具和物品,下山时可装入山货背回。一个小小的皮背囊能装载100多斤的物品。皮背囊虽然是山里人常用于狩猎或采集的用具,但平常也可以背运其他物品。

在朝鲜族传统的日常生活中背运是比较普遍的运输方式,也是朝鲜族独特的风俗习惯。皮背囊具有制作巧妙、用途广泛、耐磨耐用的特点,是个很有实用性的设计案例。

图片来源
图一　延边博物馆
图二至图四　董海英　制图

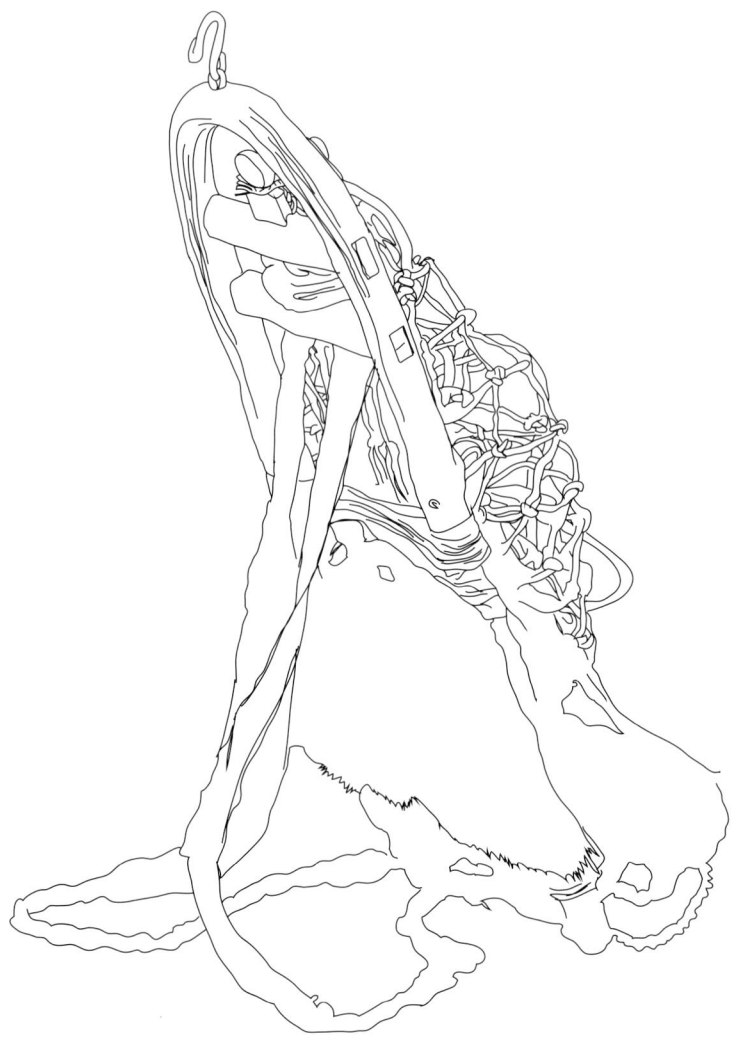

图二　朝鲜族皮背囊视图分析图

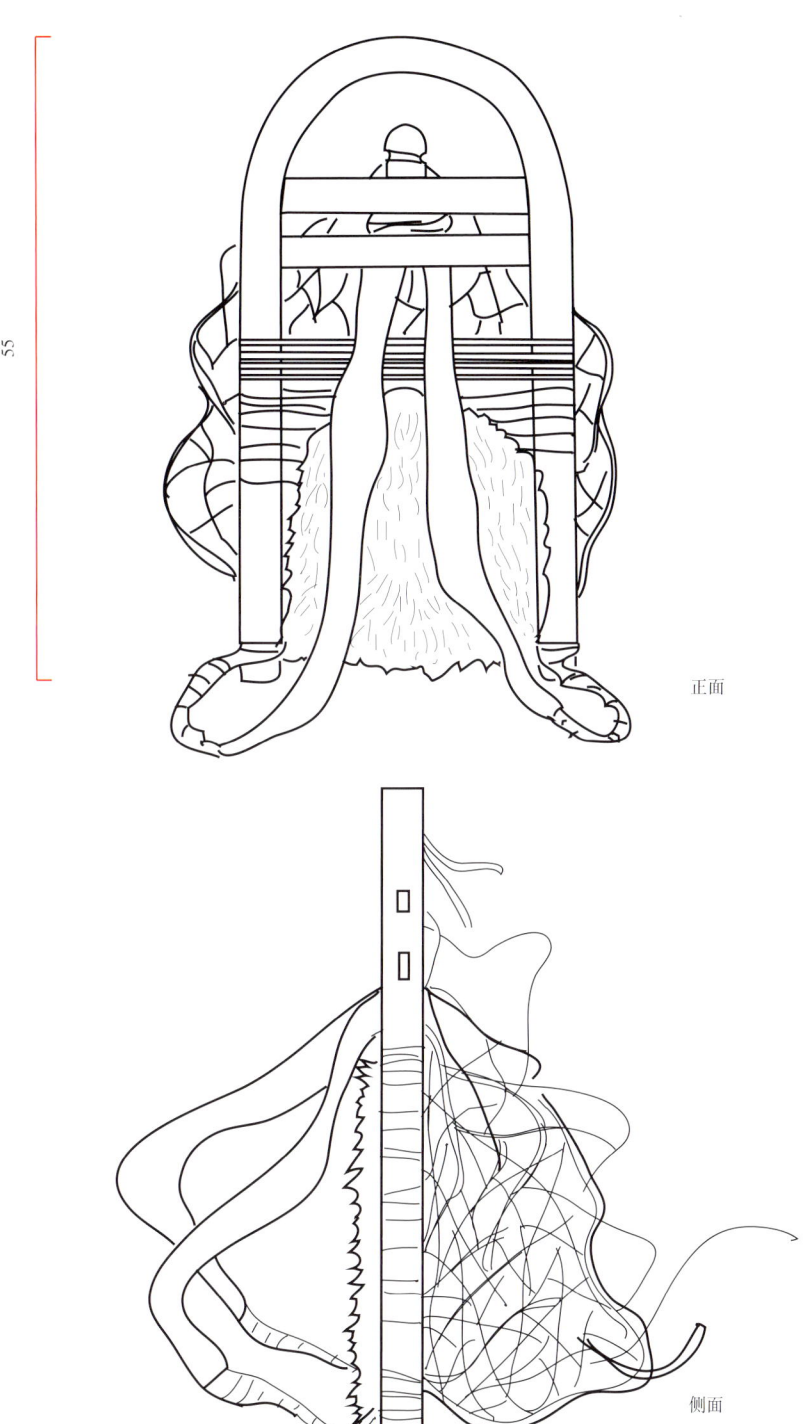

正面

侧面

图三　朝鲜族皮背囊尺寸分析图（单位：cm）

图四　朝鲜族皮背囊使用示意图

朝鲜族织布机

图一　朝鲜族织布机主图

　　织布机是手工业生产鼎盛时代的产物，又称麻纺机。朝鲜族使用织布机的历史很久远，在古代的壁画墓里也能看到用织布机织布的妇女形象。19世纪中叶大批朝鲜族从朝鲜半岛迁入到中国东北后，仍然沿用了传统的织布机，一直延续到20世纪50年代。

　　织布机的材质基本上是木料，其结构由主架和卷线棒、梭子、筘子等30多个附件组成。其规格为架长191.0厘米，宽73.0厘米，高126厘米，主架与地面的倾斜度为40度左右。此具用于纺织麻布、苎麻布、棉布，也可织绸布。织出来的布，幅宽一尺。在这一尺宽的幅面上，置多少根经线，决定布的粗细。麻布的粗细，就用"股"来计算，一股为40根经线，股数越大，经线越多，布就越细。以麻布来说，十五股麻布是麻布类中的上品，一般八股以上的麻布叫做细麻布，八股以下的麻布算是粗麻布。20世纪初，机械织布机生产的棉布、绸布普及后，织布机主要织麻布，用做夏季衣料或做丧服、寿衣的衣料。

在过去"男耕女织"的家庭生活格局比较盛行的时代，织布是妇女的主要家务之一。通过织布机不仅能够了解到其设计的科学性和实用性，而且能够体会到朝鲜族妇女勤劳智慧、吃苦耐劳、外柔内刚的人格品性。

图片来源
图一　延边博物馆
图二至图六　董海英　制图
图七　延边民俗博物馆

图二　朝鲜族织布机视图分析图

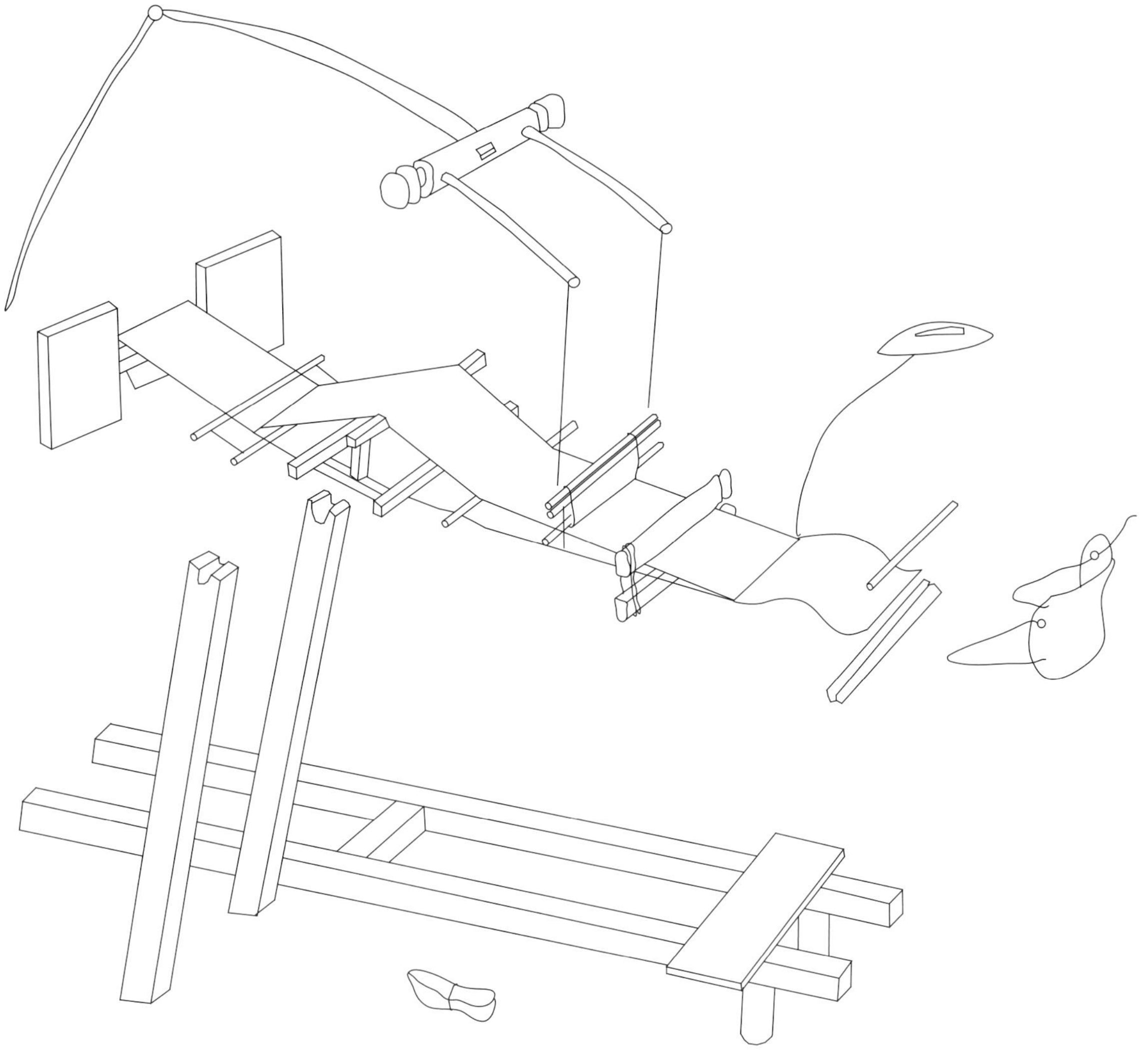

图三　朝鲜族织布机结构分析图

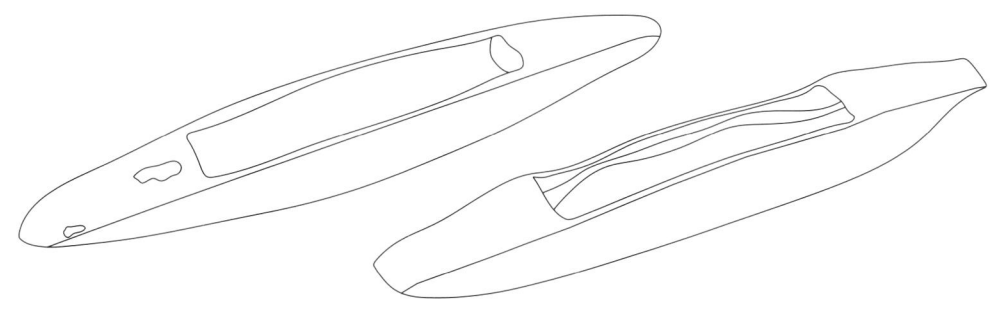

梭子

图四　朝鲜族织布机工具图1

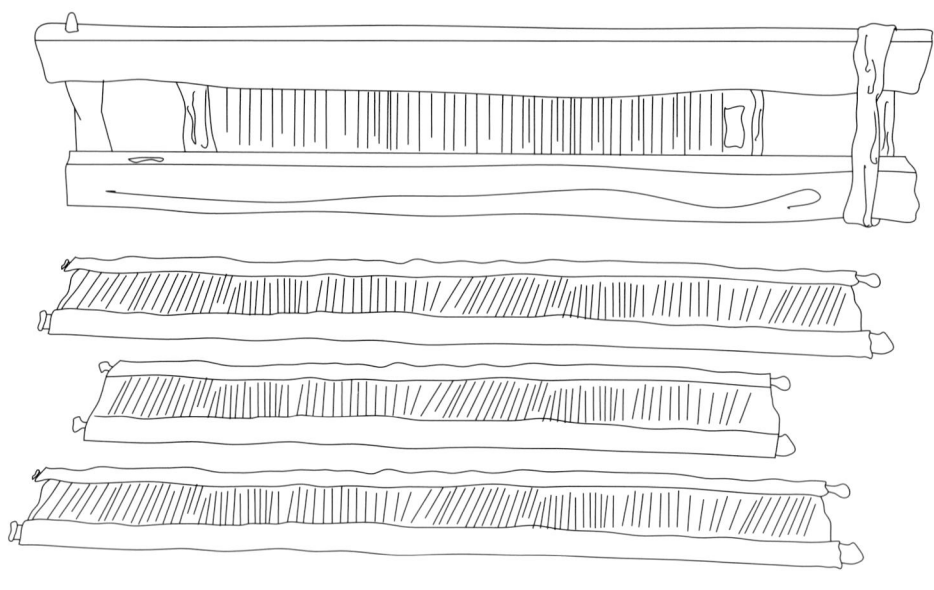

筘子

图五 朝鲜族织布机工具图2

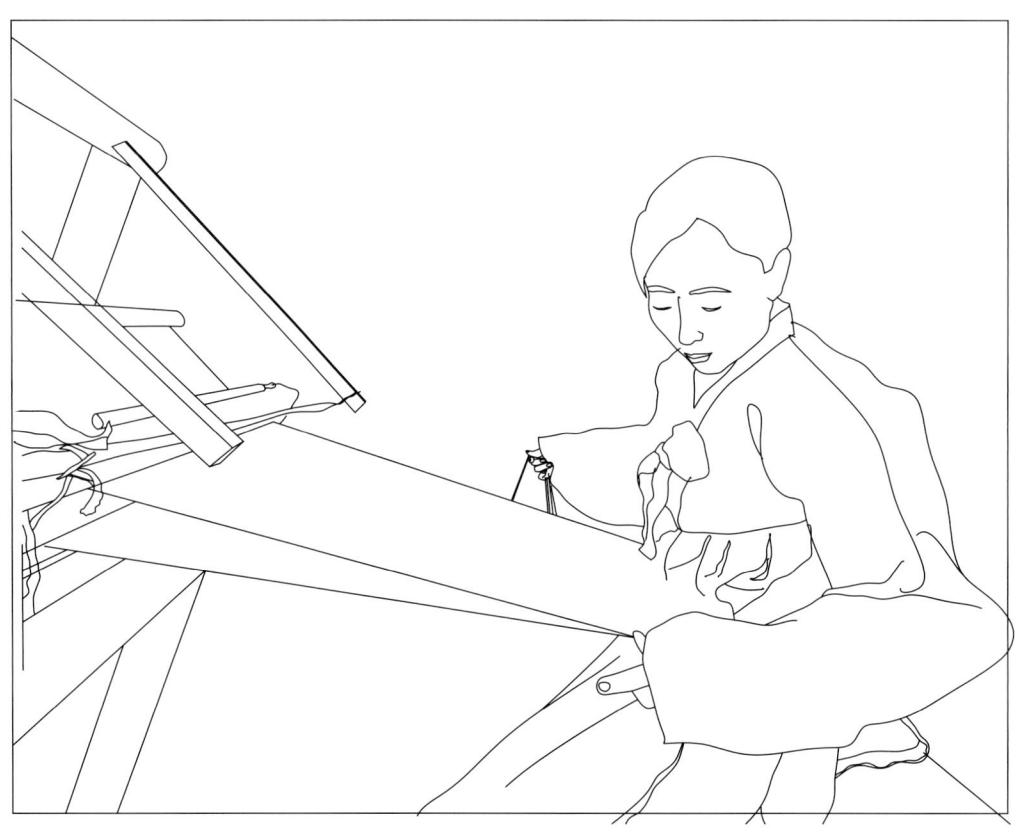

图六 朝鲜族织布机使用示意图1

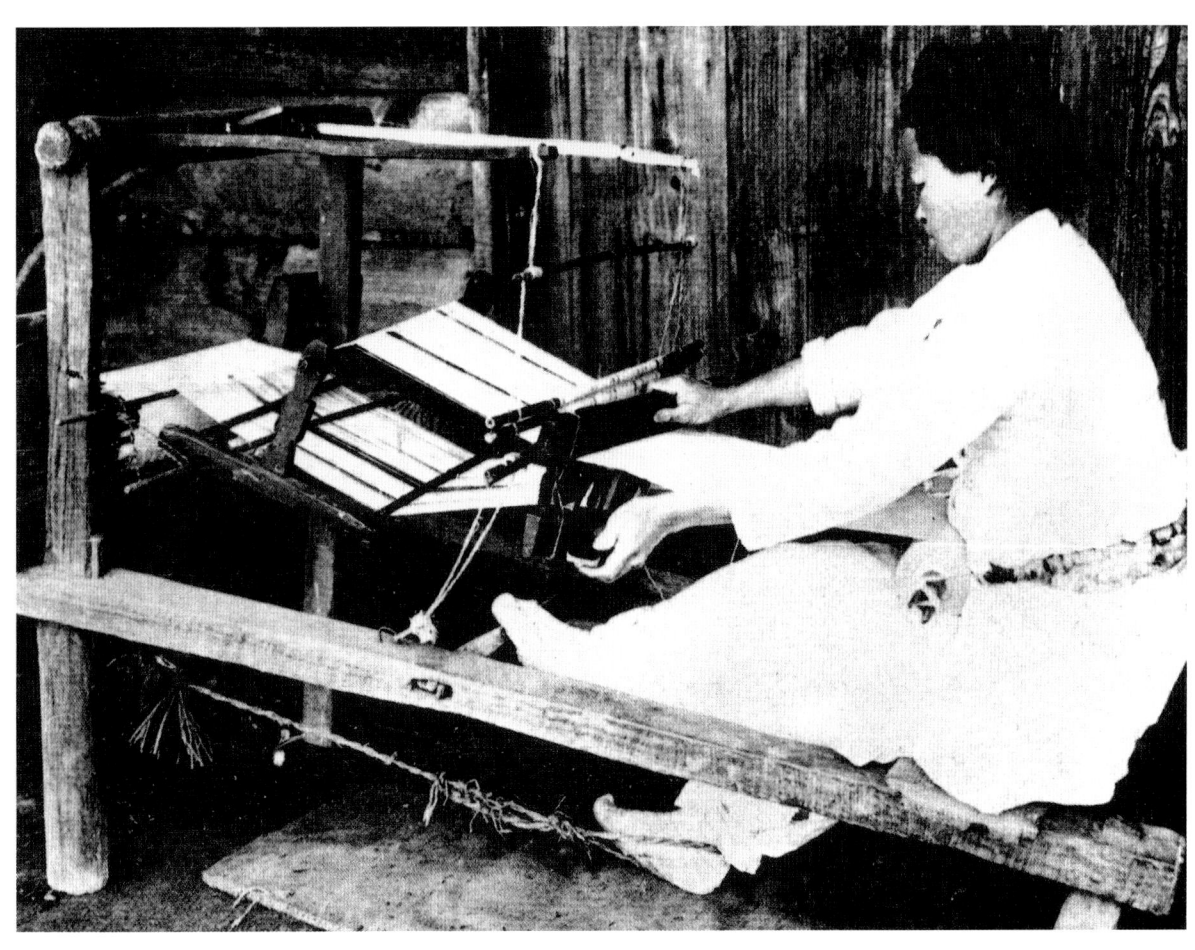

图七　朝鲜族织布机使用示意图2

朝鲜族七绽纺车

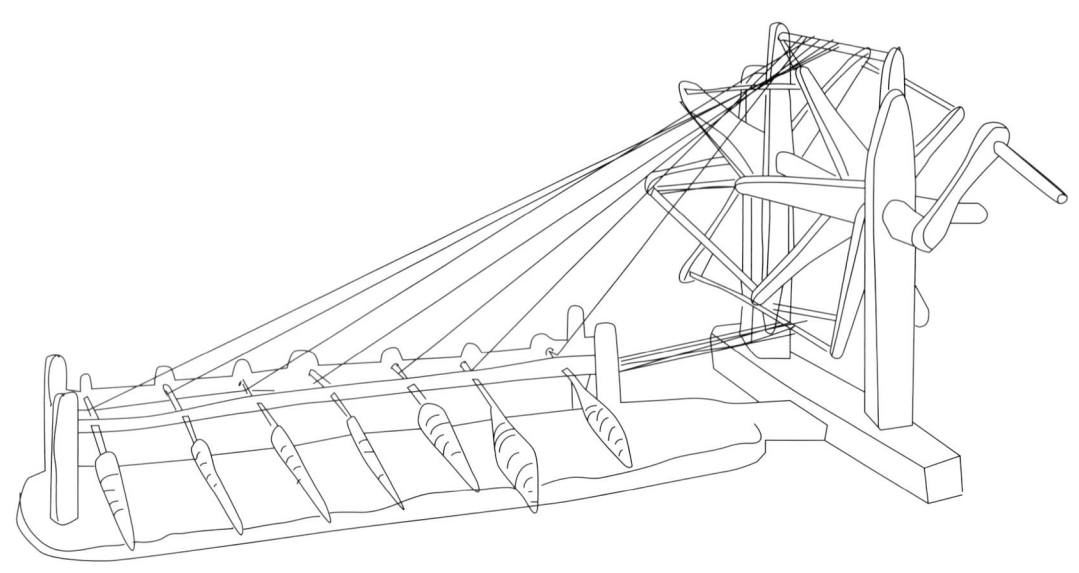

图一　朝鲜族七绽纺车主图

纺车是朝鲜族传统的日常生活中普遍使用的用于纺棉线或毛线的器具。纺线的历史很久远，可以追溯到原始共同体时代，当时的纺线工具叫"陶轮"，是很原始、简易的工具。到了封建王朝时期初期，随着棉花的种植出现了单绽纺车。后来为了提高纺线效率，发明了多绽（4—7绽）纺车。20世纪50年代后，随着纺织工业产品的推广，民间的纺线、纺织器具也逐渐消失。

该纺车由纺车轮、纺车架、摇把、传动带、纺绽等附件组成。纺车轮用柳条、架和把用方木或圆木、传动带用葛藤制作，唯纺绽用铁锻制，设定7条纺绽。纺车轮直径45厘米，纺车架长87厘米。使用时坐在地板上，右手摇轮子，左手纺线。转动纺车时力量要适中，必须有节奏感。在过去朝鲜族传统的家庭生活以男主外、女主内的原则，形成了男子养家糊口、女子操持家务的生活格局，用纺车纺线也是朝鲜族妇女家内的家务，也是主要生产活动之一。

七绽纺车是过去的朝鲜族传统生产和生活当中必不可少的家内生产工具。七绽纺车具有功能完好、实用性强的特点，从纺线织布的生活当中，能够体会到朝鲜族妇女勤劳智慧、吃苦耐劳、外柔内刚的人格品性。

图片来源
图一　延边博物馆
图二至图四　柳星　制图

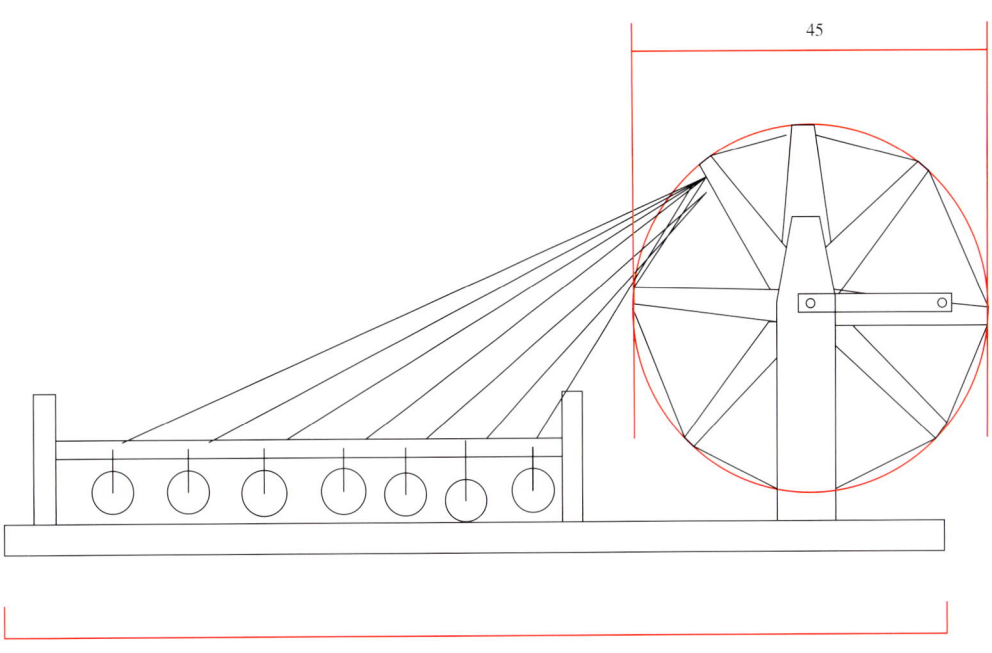

图二　朝鲜族七绽纺车尺寸分析图（单位：cm）

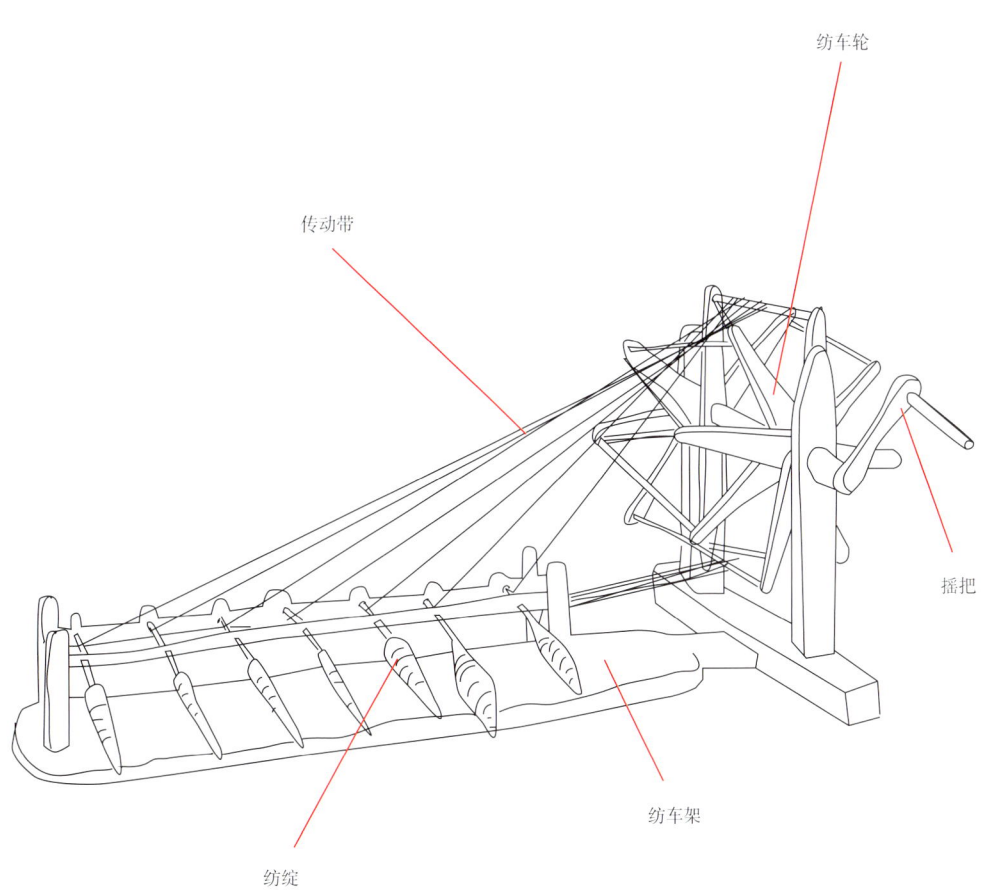

图三　朝鲜族七绽纺车结构分析图

图四　朝鲜族七绽纺车示使用意图

朝鲜族脚踏碓

图一　朝鲜族脚踏碓主图

脚踏碓是朝鲜族传统的舂米或杵面的器具。脚踏碓有单脚板踏碓和双脚板踏碓，其历史很久远，在高句丽壁画墓的壁画中就描绘了踩踏脚踏碓的生活情景。19世纪中叶，朝鲜族迁居在中国东北，仍然使用传统的脚踏碓，到了20世纪80年代后，随着电动碾米机和制粉机的普遍推广逐渐在民间消失。

脚踏碓的材质，器身为木料，臼体为花岗岩。由石臼、碓杵、碓头、碓身、碓踏板、碓轴和碓支柱等组成。碓头、碓身、碓踏板连在一起，用同一块木料加工而成，其长度为2米左右，头稍粗、身较细、踏板平整，碓杵竖安在碓头下方。碓身和碓踏板之间横插粗轴固定在碓支柱上部。为了让踩踏人站稳，在碓支柱附近固定了高约1米的"门"型架便于手抓。另外，把直径30厘米、深40厘米左右的石臼掩埋在碓杵正下方的土里，石臼口比地面稍微高些。在设计上，运用了杠杆动力原理，并且很好地考虑了器身长度和重量的关系，保证了碓头上下起落的顺畅。因为碓轴固定在脚踏板连接处，这样碓身和碓头比较长一些。舂米或杵面时，一人或两人踩动踏碓，还有一人在石臼旁边负责谷物或面粉的装出以及用簸箕簸米或用筛子筛选面粉。一人使用脚踏碓舂米时，则配备长木杆，边踩踏边用长木杆捣搅石臼里面的谷物。在过去家家户户基本都设置碓房，把脚踏碓安装在屋内，有的人家安装在庭院内。用脚踏碓舂米或杵面是朝鲜族妇女的主要家务之一，形成了妇女们互帮互助的美风良俗。

在朝鲜族传统生活文化中，脚踏碓是结构比较合理，动力原理比较科学，使用比较简便的生活器具之一。通过脚踏碓能够了解朝鲜族生活器具的发展史和朝鲜族妇女勤劳、贤惠的人格魅力，可以说是集历史性、科学性、文化性于一体的设计案例之一。

图片来源
图一　延边博物馆
图二至图五　董海英　制图

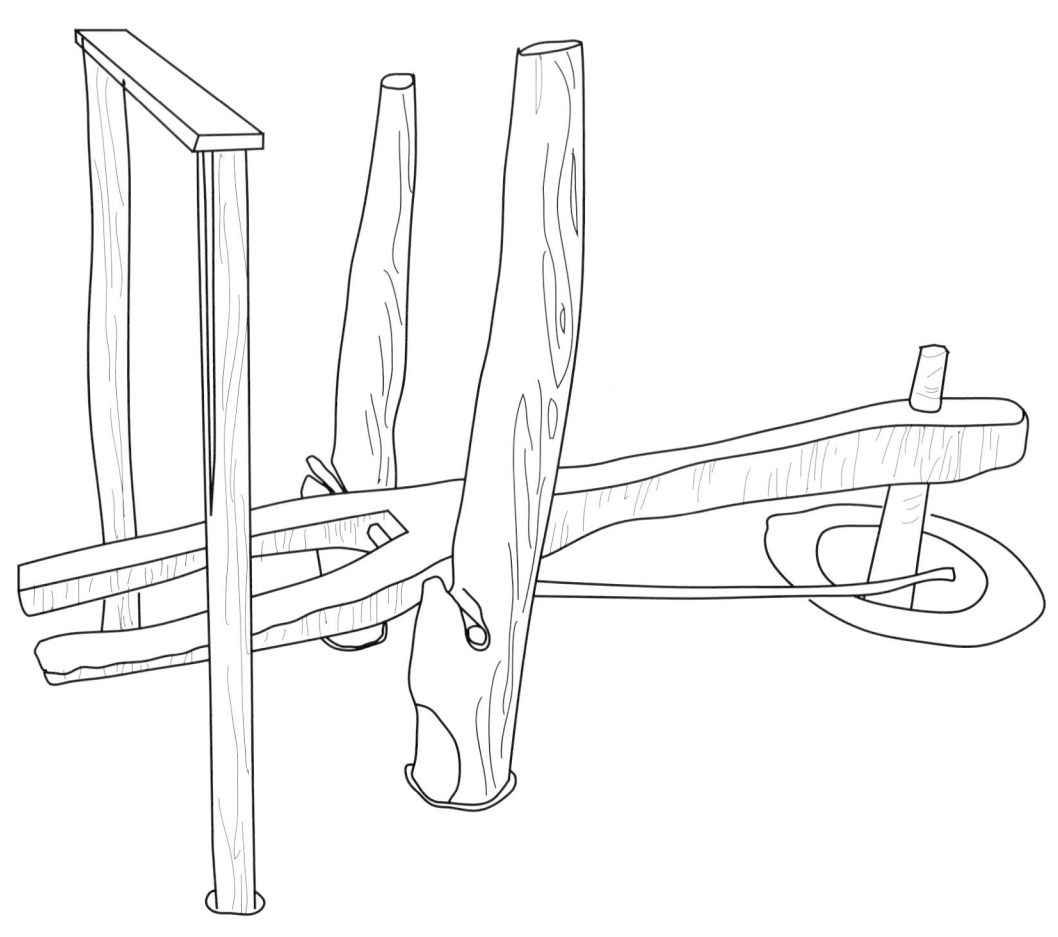

图二　朝鲜族脚踏碓视图分析图

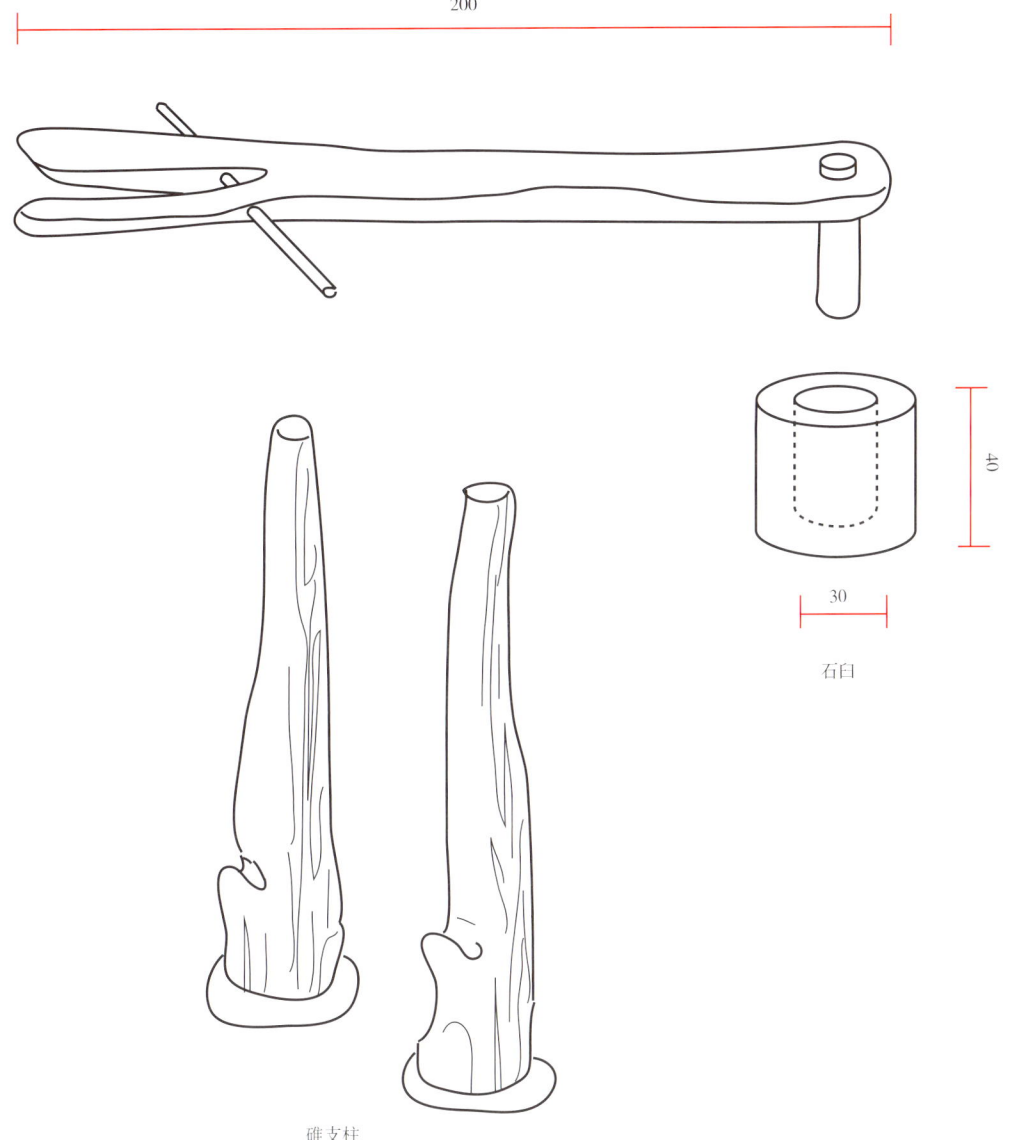

图三　朝鲜族脚踏碓尺寸分析图（单位：cm）

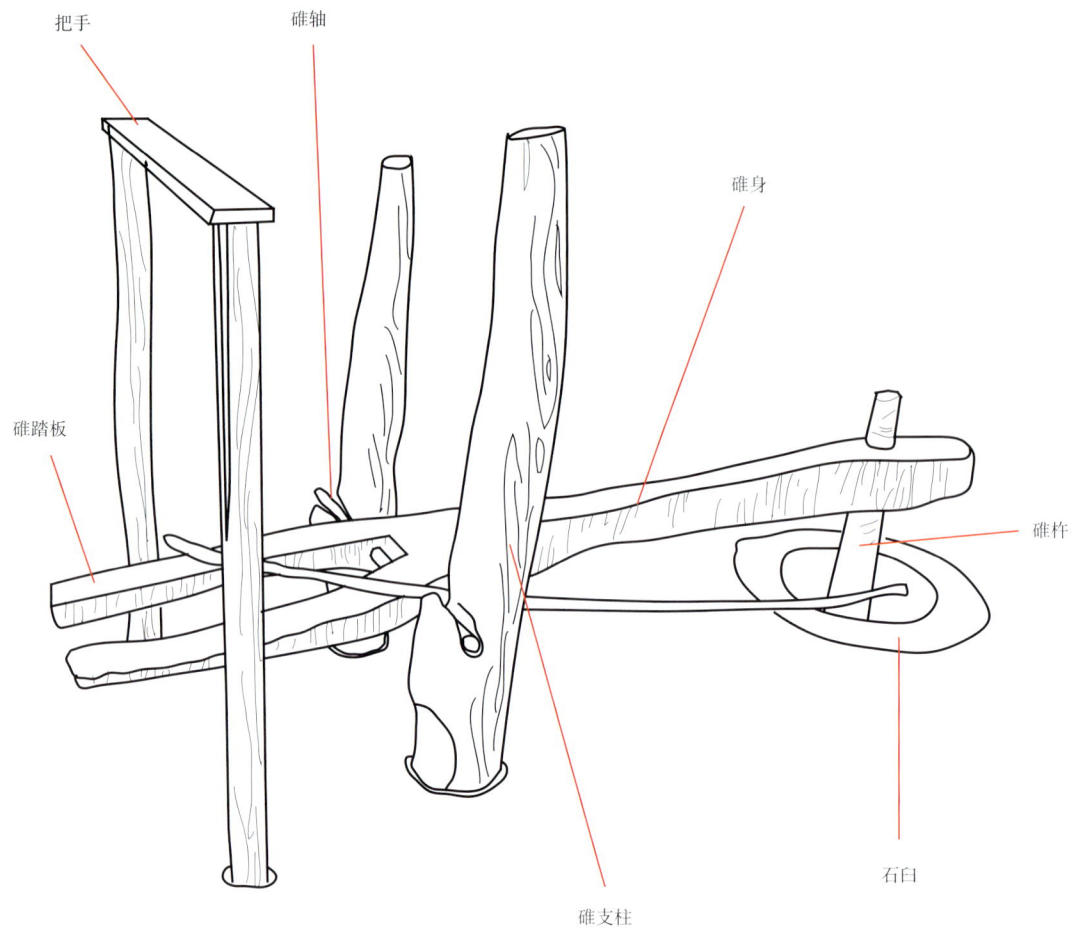

图四　朝鲜族脚踏碓结构分析图

图五　朝鲜族脚踏碓使用示意图

朝鲜族打糕槽

图一　朝鲜族打糕槽主图

打糕槽是朝鲜族传统的以捶打方法制作粘糕的饮食器具。打糕为朝鲜族传统食品，是婚丧、祭日、生辰、节日时的特色饮食。因此朝鲜族非常重视打糕的制作器具。打糕制作器具有用石头做的石板、用木料做的木板、用石头或木头做的臼、用木头做的木槽等，其中木槽在中国朝鲜族当中比较流行，一直沿用到20世纪90年代。

打糕槽的材质为木料。首先把长120厘米、直径60厘米左右的圆木竖锯对半，两头通开，然后刨制成槽口宽50厘米，底宽40厘米，深25厘米的木槽。打糕槽必须配备1—2个糕杵。糕杵也用木头制作，选择直径15—20厘米，长30厘米左右的木头加工成杵头，然后在杵头中间凿挖直径5厘米左右的小孔安上长约70厘米的木把。糕杵是捶打粘糕的器具。打糕的做法有一定的工序。先将糯米泡软，蒸熟，趁热装入打糕槽里，用糕杵压碾，碾到米粒黏合后，由两人在打糕槽两头对打，打完一轮时翻糕，并在槽内洒水以免糕粘在槽面上。如此反复，一直打到看不到米粒后，从打糕槽里拿出来装入木盆。

打糕槽是朝鲜族传统生活文化中比较特殊的设计案例之一。打糕槽设计简易、朴素，充分利用了当地丰富的自然资源，成为本民族特有的饮食器具。通过打糕槽能够领略朝鲜族丰富的生活习俗，也可以了解到朝鲜族传统的手工技术和文化传承。

图片来源
图一　延边博物馆
图二至图五　董海英　制图

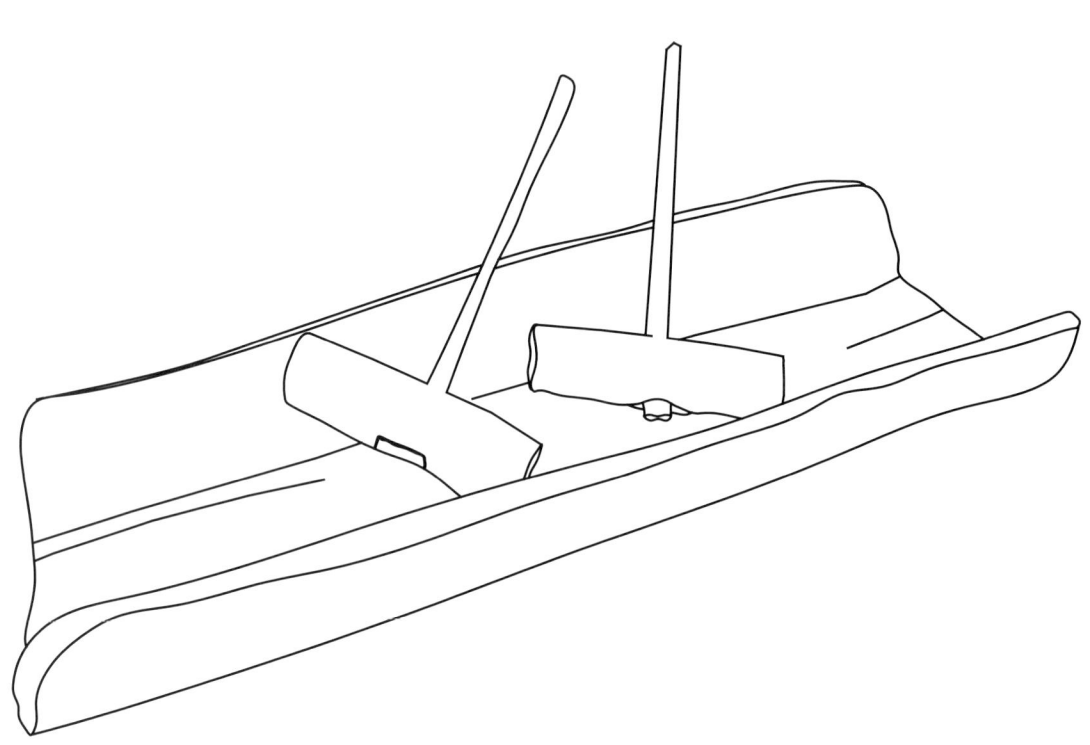

图二　朝鲜族打糕槽视图分析图

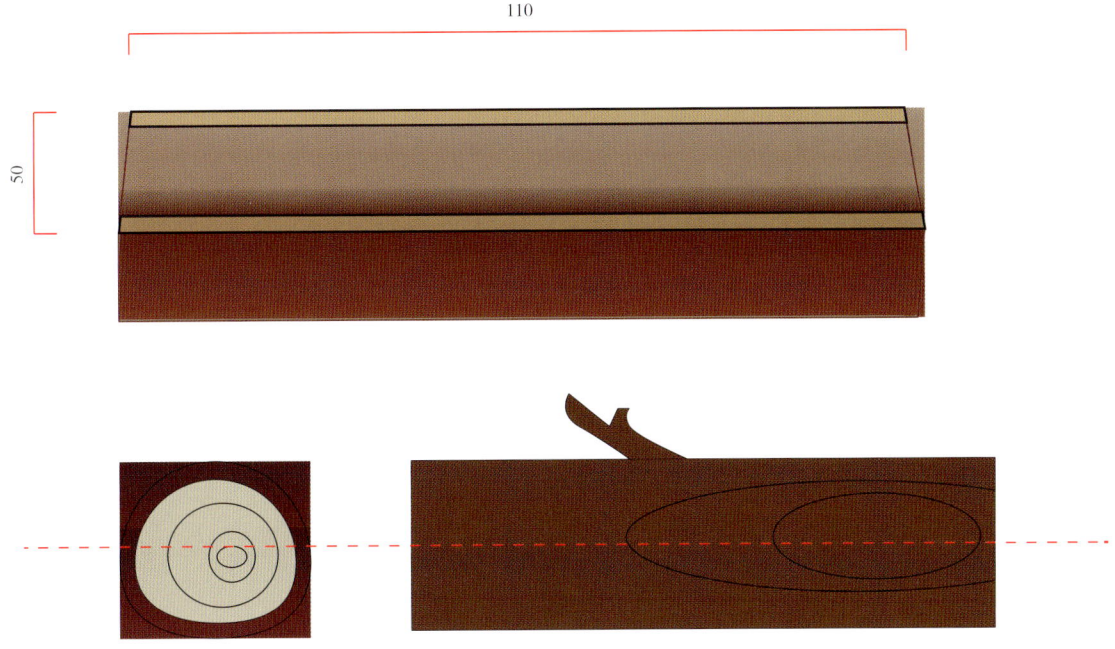

打糕槽用原木刨制

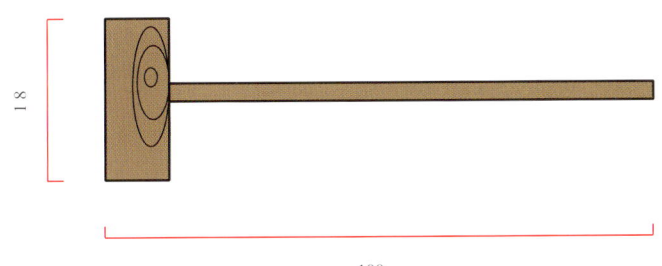

图三　朝鲜族打糕槽尺寸分析图（单位：cm）

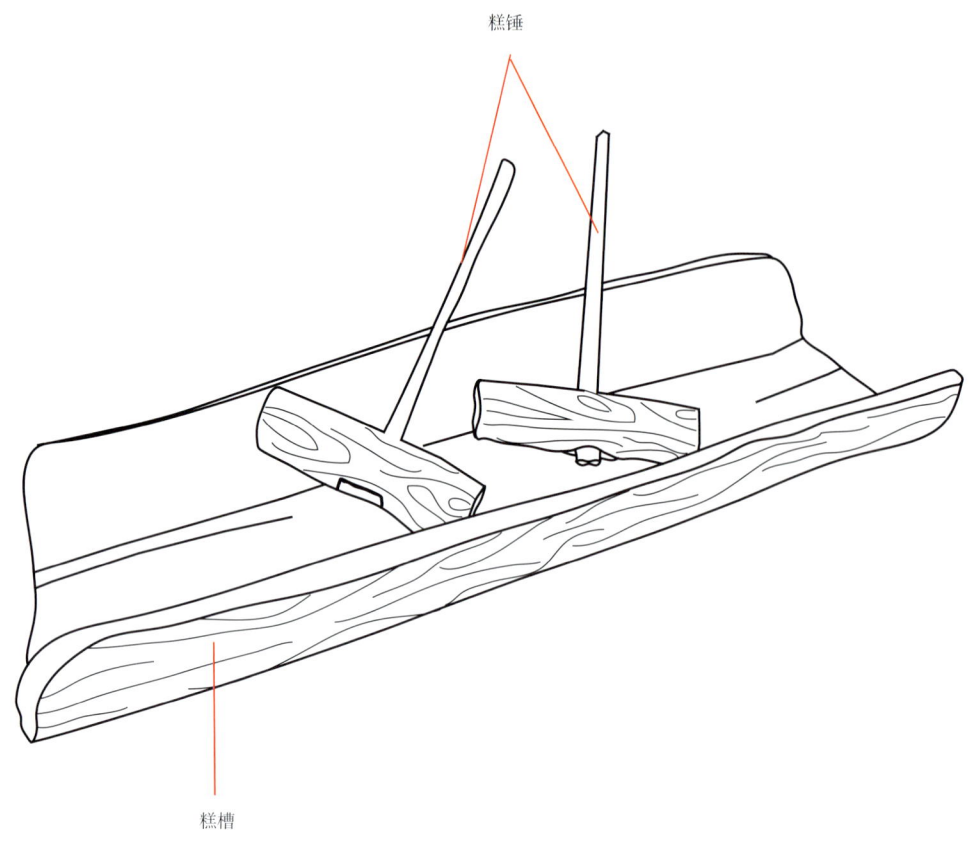

图四　朝鲜族打糕槽结构分析图

图五　朝鲜族打糕槽使用示意图

朝鲜族压面机

图一　朝鲜族压面机主图

压面机是朝鲜族传统的手动挤压面条的器具。朝鲜族食用面条的历史很久远，早在12世纪高丽王朝时期就有关于面条的记载。在日常的饮食生活中面条属于特色饮食之一，每逢佳节或抓周、婚礼、花甲等喜庆之日，都不可缺少面条。这样出现了制作面条的手工器具。

压面机的材质是木料，由支架、面筒、压杆组成，其规格为压杆长177厘米、面筒深15.2厘米、直径10厘米。手压面条也是朝鲜族的生活习俗之一。其制作流程比较复杂，具有一定的作业分工。首先备好器具架在锅台上的大锅中间。其次和面备料，然后在大锅里倒水、烧火把水烧开。接着把和好的面团放进面筒里，多人齐力下压压杆，使面团挤压成面条，直接在大锅里煮熟。压面时分工比较细致，有专门看火烧水的人、专门和面的人、专门压面的人、专门煮熟面条捞出的人等等。每次压面几乎全家人都要动员，连小孩子们也参与到压面的行列。朝鲜族制作面条的材料种类比较多，有玉米面、土豆淀粉、荞麦面、小麦面等。面条也有温面和冷面之分。其中，荞麦冷面是朝鲜族四大特色饮食之一。

压面机是在朝鲜族传统饮食生活中比较特殊的饮食制作器具，它很好地运用了杠杆原理，融合了科学性和实用性的特性，使其成为比较成功的设计案例之一。

图片来源
图一　延边博物馆
图二至图五　董海英　制图

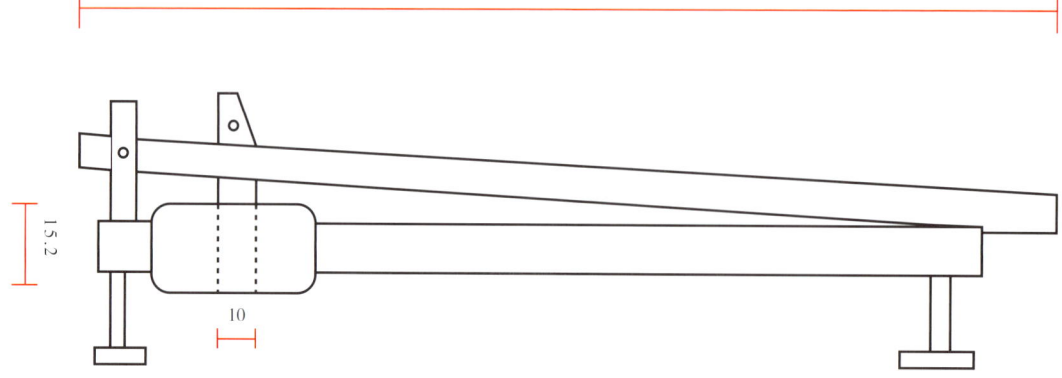

图二　朝鲜族压面机尺寸分析图（单位：cm）

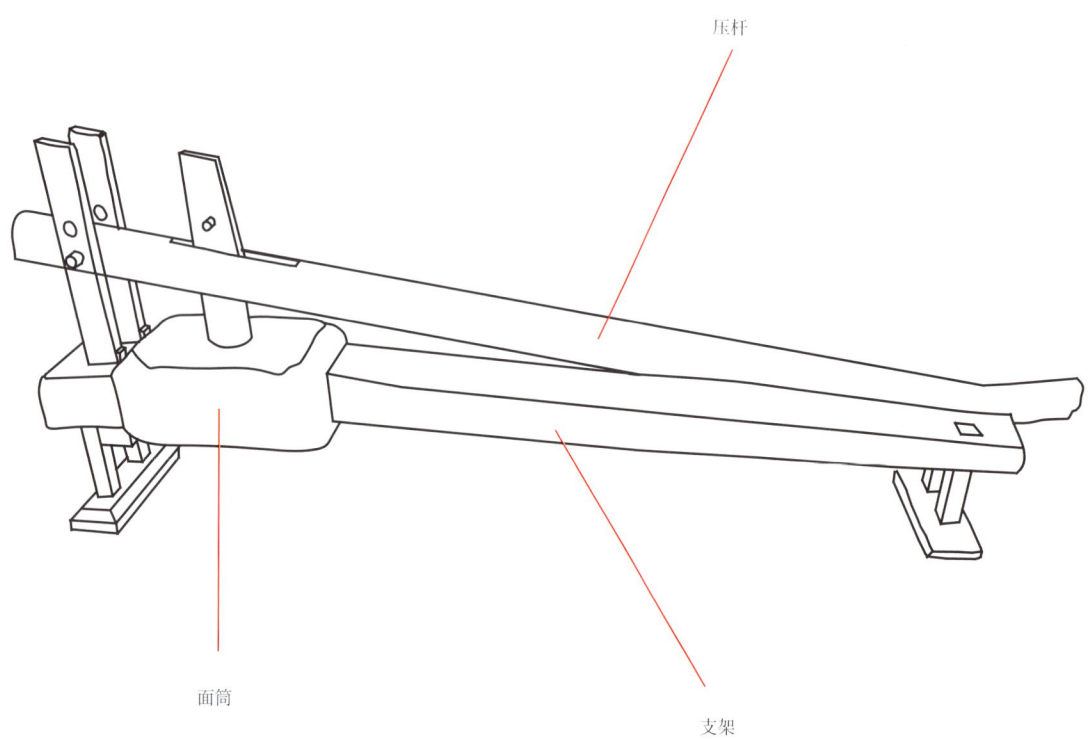

图三　朝鲜族压面机结构分析图

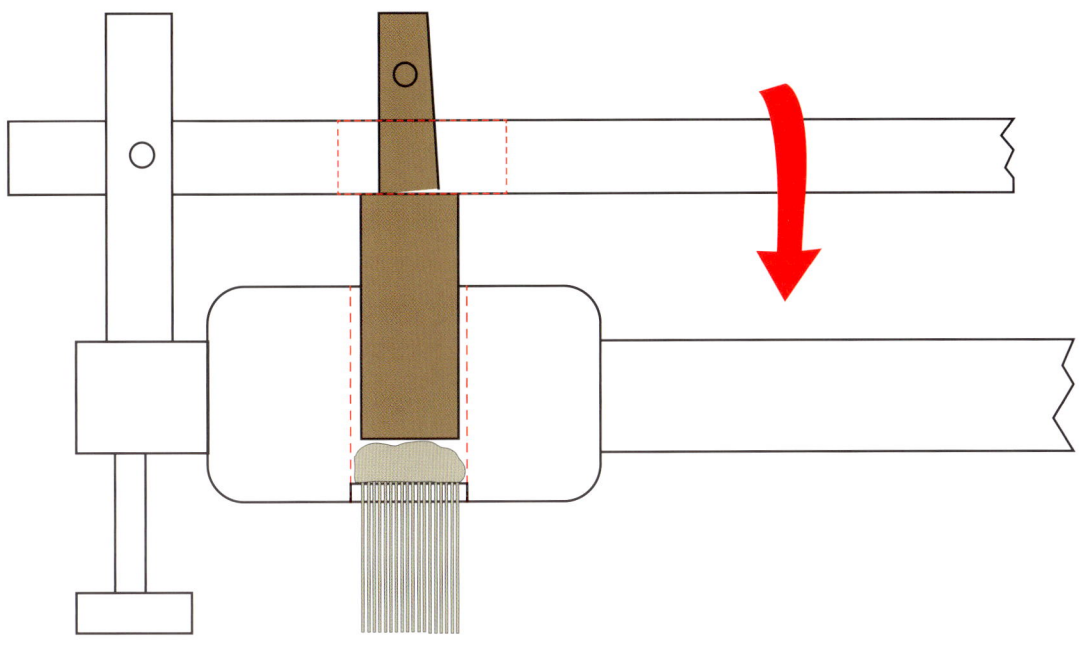

图四　朝鲜族压面机使用分析图

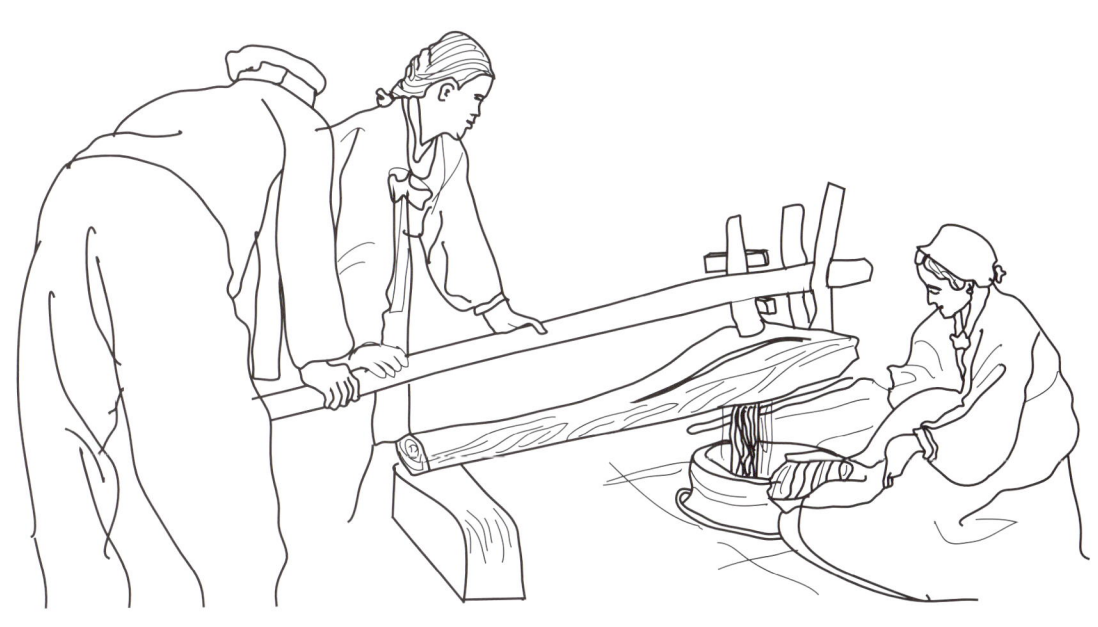

图五　朝鲜族压面机使用示意图

朝鲜族脚踏铡刀

图一　朝鲜族脚踏铡刀主图

脚踏铡刀是铡断牛马喂食草料的工具。由木砧、铡刀片、踩踏块儿、提绳组成,是朝鲜族农村普遍使用的饲养用具。20世纪80年代以前比较流行,如今被电动铡草机所替代而渐消失。

朝鲜族主要从事农耕生产,所种植的水稻、玉米等庄稼的秸秆用于牛和马等役畜的饲料,为了便于喂食,必须铡断秸秆,这就需要相应的工具。这样在长期的生活过程中发明了铡刀。铡刀有手压式和脚踏式,朝鲜族一般采用脚踏式铡刀用于饲料加工。制作铡刀有一定的工序。首先选择1米长的硬实的圆木加工成宽约20厘米的方木,其次在方木前段三分之一处凿挖轴孔,然后安装从铁匠铺定制的长约60厘米的铡刀片。铡刀片的前端固定在轴孔,后端安装脚踏木块,同时系提拉绳索。铡刀一般安放在牛棚隔壁的草料屋,有时在夏季安置在庭院内的屋檐下使用。铡刀必须是两个人使用,一人站立在铡刀后侧,用右手拉绳索提起铡刀,同时用右脚踩木块等候向下踏;另一人骑坐在前段木砧上或跪在左侧地面上,把草料横放在木砧上面,脚踏铡刀的人用力往下踩踏,使草料顿时铡断。为了脚踏时防止摔倒在屋天棚或屋檐上面固定抓绳,脚踏时用手抓住此绳保持站立平稳。

脚踏铡刀在设计上考虑周全,充分利用了人的机械动作和力量,比起手把式的铡刀既省力又提高铡草效率,是很有创意的设计案例之一。脚踏铡刀虽然是比较普通的日常用具之一,但通过此物能够领略到朝鲜族传统的饲养方式,而且对朝鲜族传统生活文化研究具有可靠的实物价值。

图片来源

图一　延边博物馆

图二至图四　董海英　制图

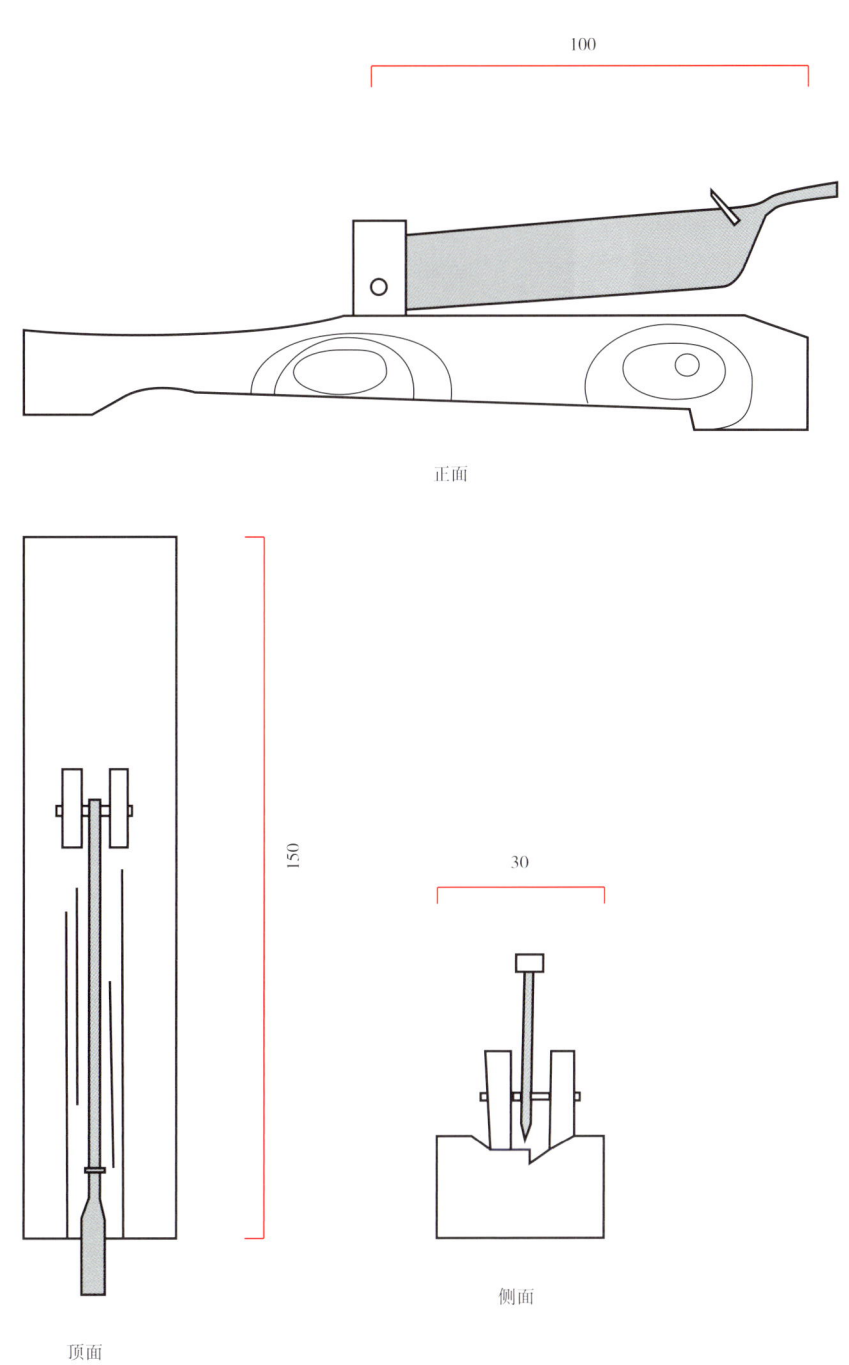

图二　朝鲜族脚踏铡刀尺寸分析图(单位:cm)

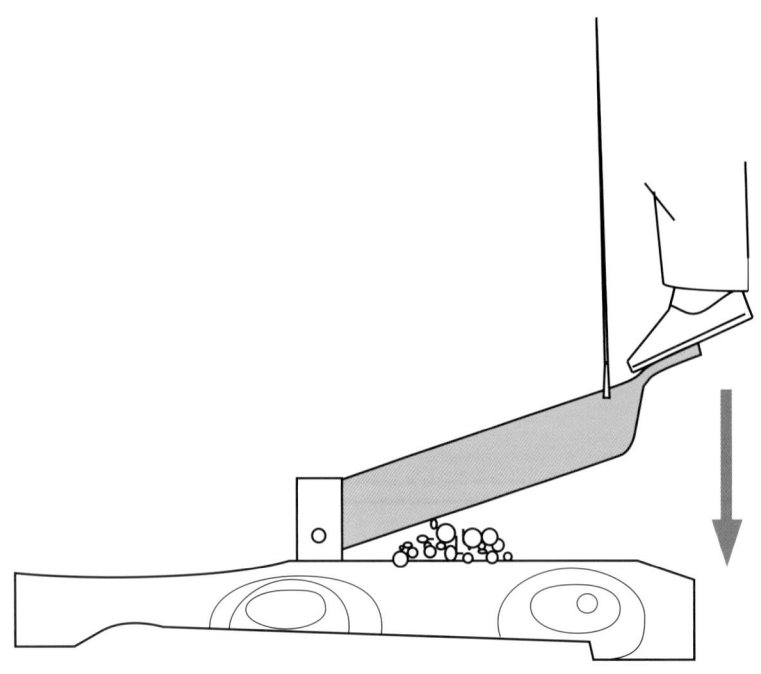

图三　朝鲜族脚踏铡刀使用示意图1

图四　朝鲜族脚踏铡刀使用示意图2

朝鲜族石磨

图一　朝鲜族石磨主图

石磨是磨碎谷物的传统手工器具，又称"磨""磨石"。石磨起源于新石器时代的磨石盘，其历史悠久，普及面广，成为在朝鲜族传统生活文化中常见的物品。20世纪70年代以后，随着电动机器的普及，石磨失去了实际的用途，逐渐退出朝鲜族日常的生活舞台。

石磨的材质主要是青石、火山岩等磨碎功能较好的岩石。石磨呈圆形，由上磨石和下磨石组成，直径40—50厘米。下磨石为底盘，使用时固定起来。上磨石为转动盘，使用时通过转动来磨碎谷物。上磨石中间稍偏的位置有直径5—7厘米的窟窿，是倒入谷物的口，正中间凿有插入中轴的小孔，磨石侧面或上面有木制手把柄，呈圆柱形，长度约40厘米。下磨石中间位置凿出一小孔，塞进木块，然后在木块上钉一条长2—3厘米的铁轴，对接上下磨盘。使用石磨时，两人或一人握住手把柄，逆时针方向转动。根据所选的谷物及干湿程度，磨盘底下放置木盆或草垫子等。用石磨把稻子、麦子等谷物脱皮，或者粉碎大豆、红豆、绿豆等豆类。也可以把炒熟的大豆磨成粉等。这种磨干物的叫"推干磨"；磨泡透的黄豆、绿豆及米类等叫"推水磨"。

石磨是在朝鲜族传统生活文化中，使用普遍、用途广泛的生活器具。石磨原理科学，结构简易，可以说是历史性、实用性兼备的比较有创意的设计案例之一。通过此物可以了解朝鲜族传统生活器具发展史以及传统生活方式等。

图片来源
图一　刘载学　摄影
图二至图五　董海英　制图

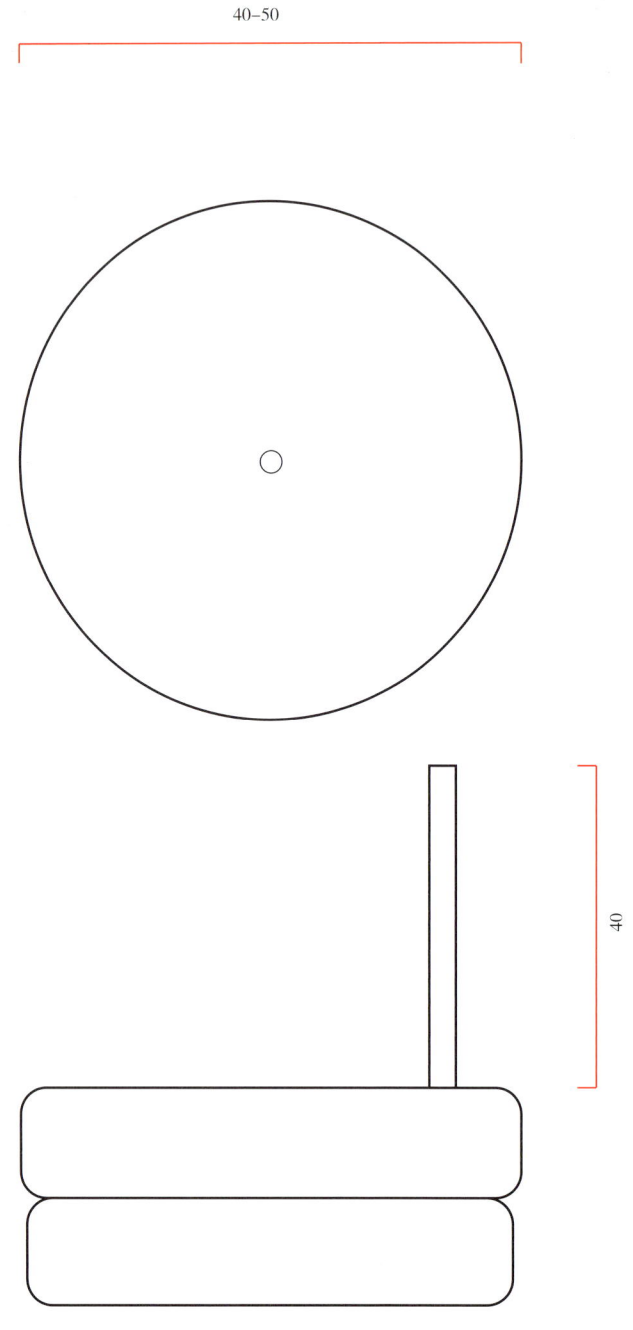

图二　朝鲜族石磨尺寸分析图（单位：cm）

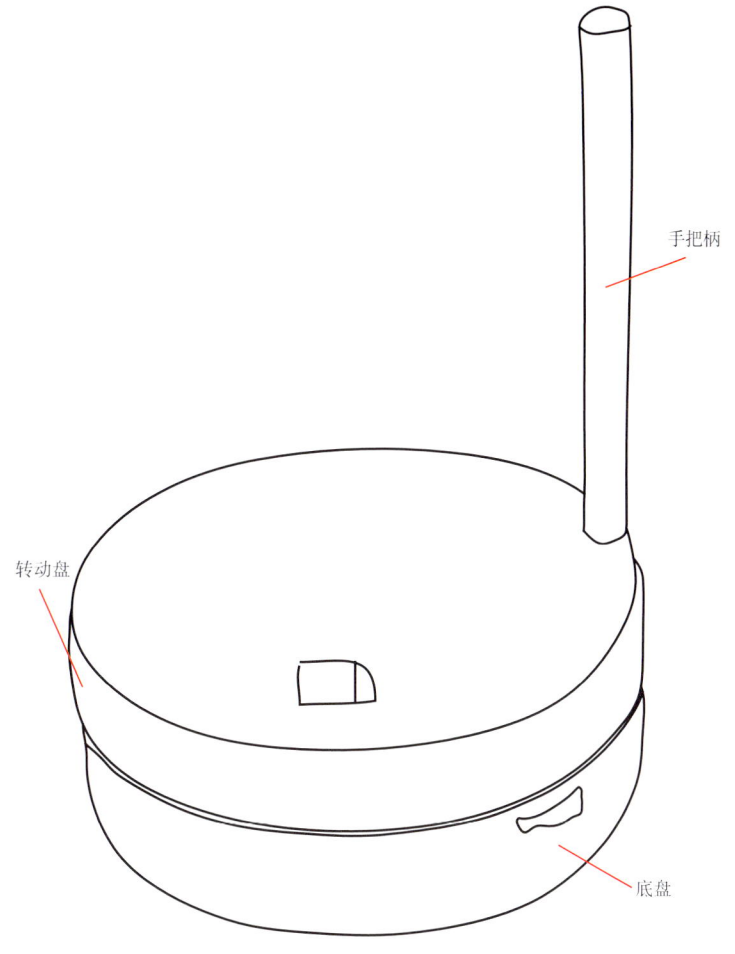

图三　朝鲜族石磨结构分析图

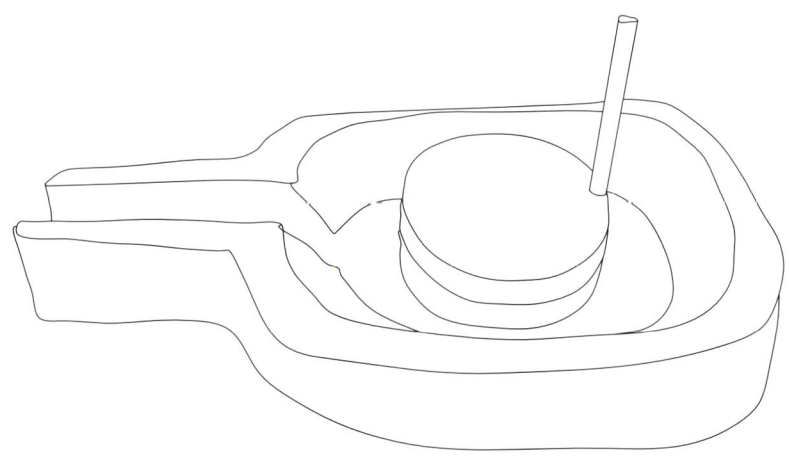

图四　朝鲜族石磨使用示意图1

图五　朝鲜族石磨使用示意图2

朝鲜族弯刃锛子

图一　朝鲜族弯刃锛子主图

　　弯刃锛子是朝鲜族传统的木匠工具。弯刃锛子为制作大中型木器的必选工具,流行于20世纪60年代前。到了20世纪末,传统木器在朝鲜族日常生活中逐渐被淘汰,因此,像弯刃锛子这样的木匠工具失去了实际用途,逐渐消失。

　　朝鲜族长期生活在木材资源非常丰富的森林地带,具有就地取材的优势。因此,很久以前就出现了比较发达的木器手工艺。木器是朝鲜族传统的日常生活中普遍使用的饮食用具,因此木器制作也成为传统手工业的重要行当,出现了用于制作各类木器的许多木匠工具,弯刃锛子就是其中之一。从结构上看,该工具刃向内弯,并呈弧形,手把极短。用于凿挖、削平器物内外使之成形。其规格为把长13.5厘米,锛子长13.0厘米,宽7.9厘米。

　　弯刃锛子是朝鲜族传统手工艺中构造奇特、使用简便的木匠工具。弯刃锛子不但具有科学的设计理念,而且具有实用性特征,可以说是很有创意的设计案例之一。通过此物能够了解朝鲜族传统手工艺发展史,而且可以领略朝鲜族人民智慧、朴实、多彩的文化内涵。

图片来源
图一　延边博物馆
图二至图五　董海英　制图

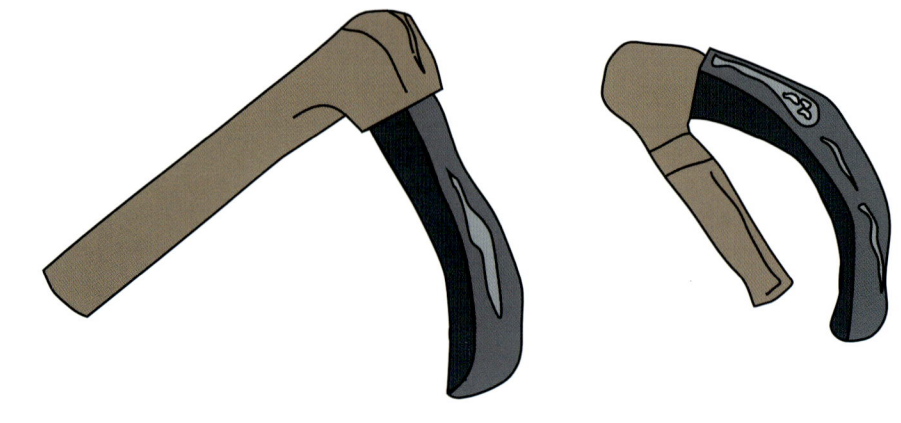

图二　朝鲜族弯刃铹子视图分析图

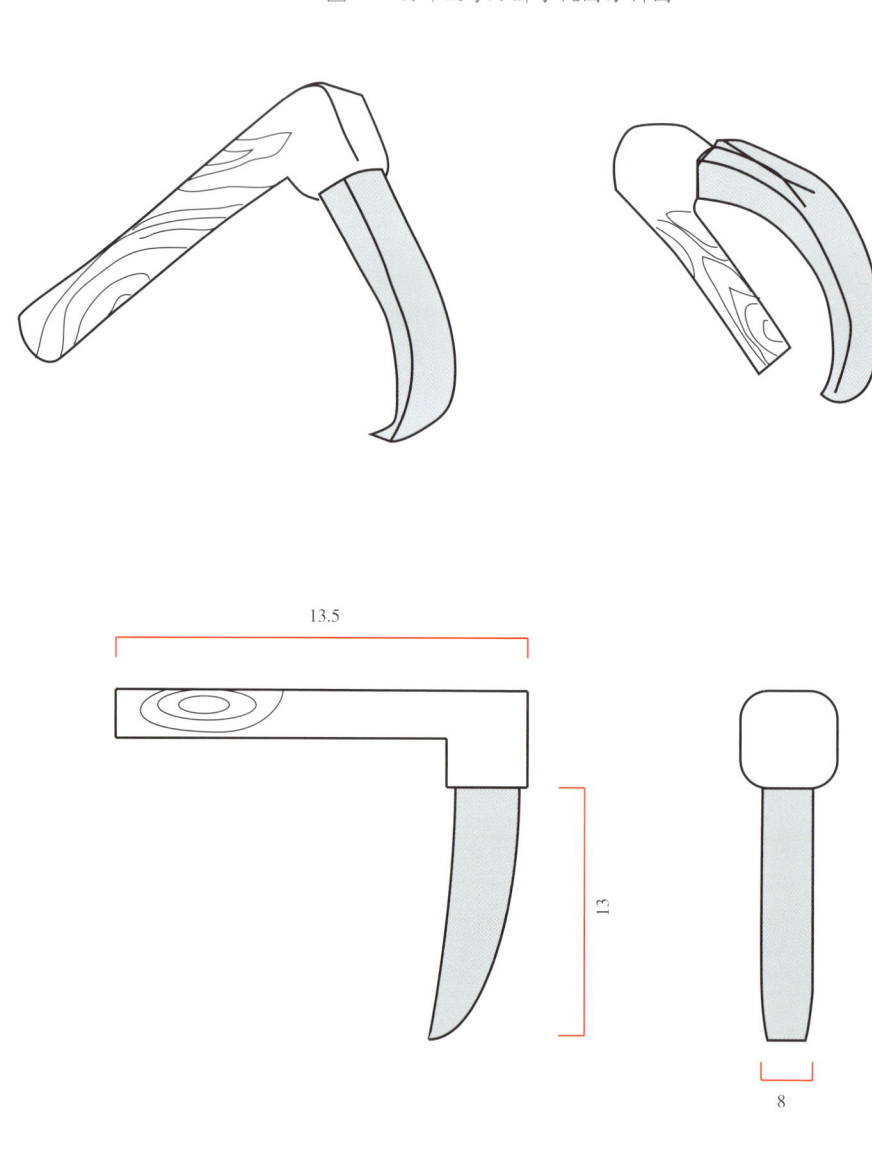

侧面　　　　　　　　　　　正面

图三　朝鲜族弯刃铹子尺寸分析图（单位：cm）

图四　朝鲜族弯刃锛子工艺分析图

图五　朝鲜族弯刃锛子使用示意图

第五章　朝鲜族传统生产工具

389

朝鲜族刮槽刀

图一　朝鲜族刮槽刀主图

刮槽刀是朝鲜族传统的制作木器的木匠工具。刮槽刀是制作较大型木器的必选工具，流行于20世纪60年代前。到了20世纪末，传统木器在朝鲜族日常生活中逐渐被淘汰，因此，像刮槽刀这样的木匠工具失去了实际意义。

刮槽刀由手柄和刀刃组成。手柄木制；刀刃钢制，呈钩形，双边锋利，可刮削已成形的木盆、木盒之类较大的器物，使器物表面平整、柔滑。其规格为全长87.4厘米，刀弯长14.2厘米，宽5.5厘米。朝鲜族长期生活在森林资源丰富的长白山地区，为朝鲜族传统木器的发展提供了良好的自然条件。木器的种类也多种多样，除了家具以外，还有各类饮食器具。制作木器需要有特殊功能的工具，刮槽刀就是其中之一。

刮槽刀是朝鲜族传统手工艺中，构造、功能特异的木匠工具。可以说是带有科学性和实用性等特性的设计案例之一。通过此物能够了解朝鲜族传统手工工具的发展史，而且可以领略朝鲜族丰富多彩的传统生活文化的一角。

图片来源
图一　延边博物馆
图二至图五　董海英　制图

图二 朝鲜族刮槽刀视图分析图

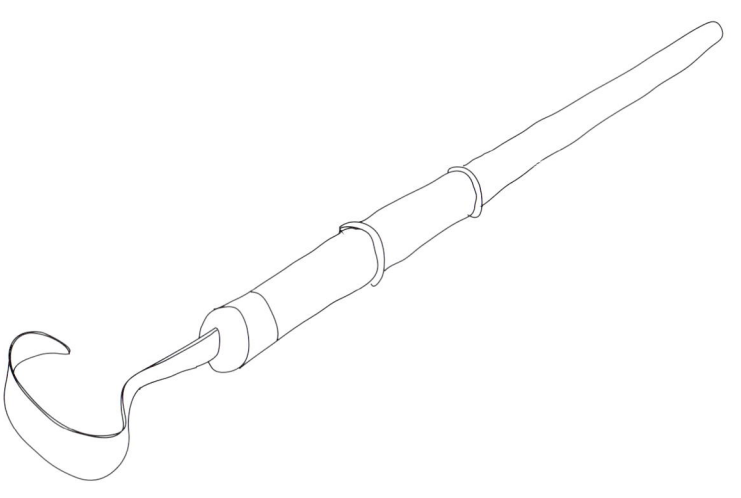

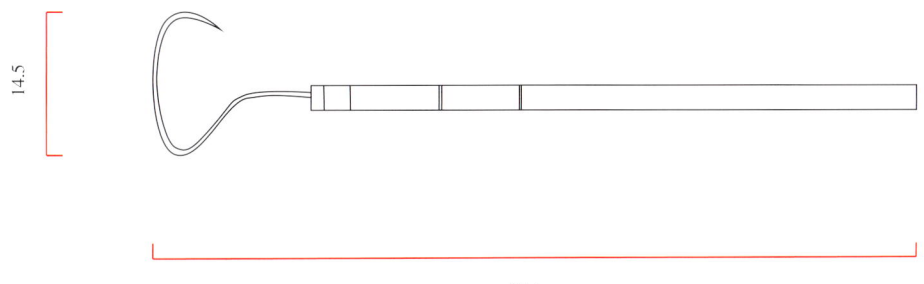

图三 朝鲜族刮槽刀尺寸分析图(单位:cm)

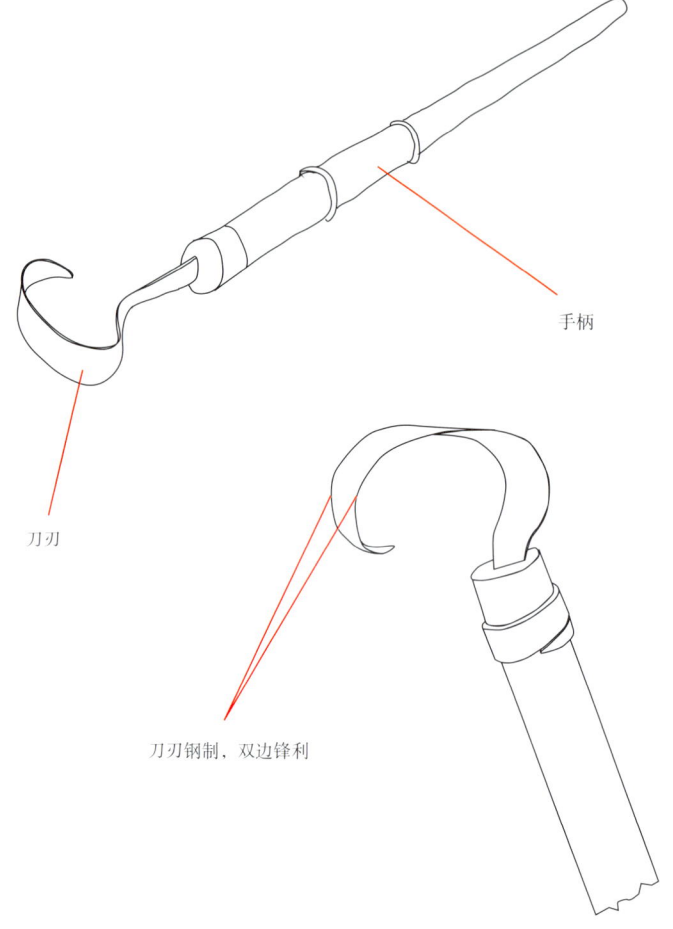

手柄

刀刃

刀刃钢制，双边锋利

图四　朝鲜族刮槽刀结构分析图

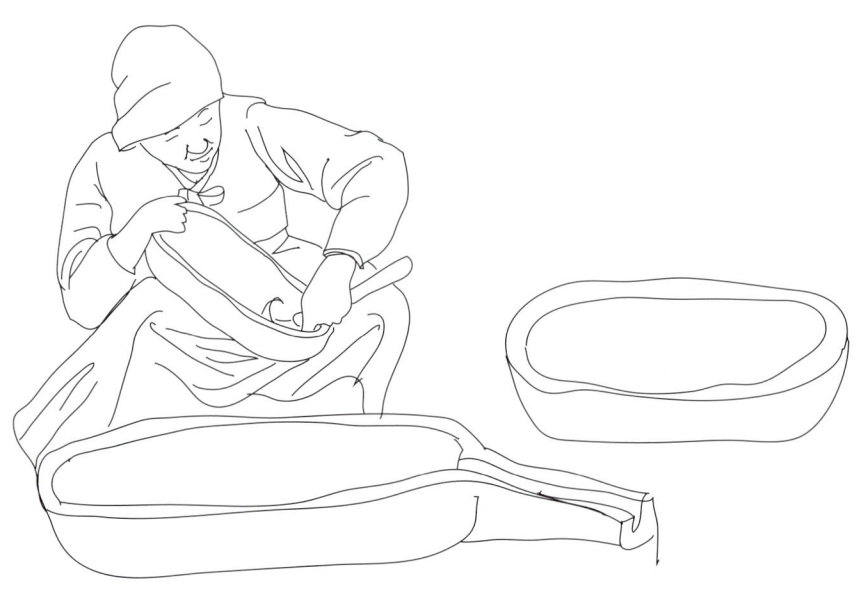

图五　朝鲜族刮槽刀使用示意图

第六章 朝鲜族传统手工艺

朝鲜族编鞋技艺

图一　朝鲜族草鞋主图

图二　朝鲜族族雪靴主图

编鞋是朝鲜族传统草编技艺之一。朝鲜族编鞋工艺源远流长，早在原始共同体时期，人们已懂得利用草和树皮编织简易的鞋。草编技艺具有取材容易、手工技法难度较低、人人易学的特点，因此，在民间广为流传。20世纪50年代以前，在朝鲜族日常生活中比较流行麻鞋、草鞋等。在古文献中也有草鞋的记载，称"草履""草轿"。

编鞋的材质主要是稻草和麻。编鞋需要一些工具和工序。通常用织鞋架、鞋帮模具、木槌、木锥子、木刀、搓绳架等工具。草鞋是朝鲜族人民自古以来的传统劳动用鞋，穿着普遍，相沿成习。无论男女老幼，凡下地干活、上山砍柴、采药、狩猎等，不分晴雨都穿草鞋。草鞋既沥水，又透气，轻便，柔软，防滑，而且十分廉价。传统草鞋一般是一次成型，作坊式编织。先搓好稻草绳或麻绳，编好鞋耳（即短棕绳绞成双股线），拿一把上好糯谷草，捶柔软，在织鞋架套上草鞋棒，即可坐上去编打草鞋。这种鞋既轻巧、柔软，又耐用，穿上不回汗，非常舒适。

编鞋技艺是历史悠久、广为流传于民间的手工技术，是朝鲜族传统草编技艺的重要组成部分。朝鲜族草编技艺已被列入非物质文化遗产代表性名录。

图片来源
图一、图二　延边博物馆
图三至图六　董海英　制图

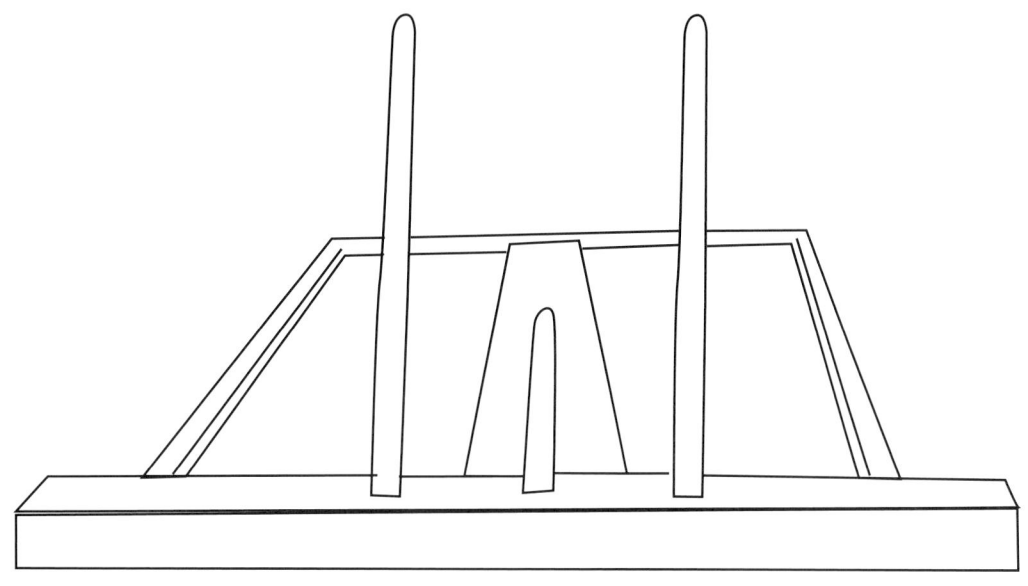

图三　朝鲜族编鞋织鞋架图

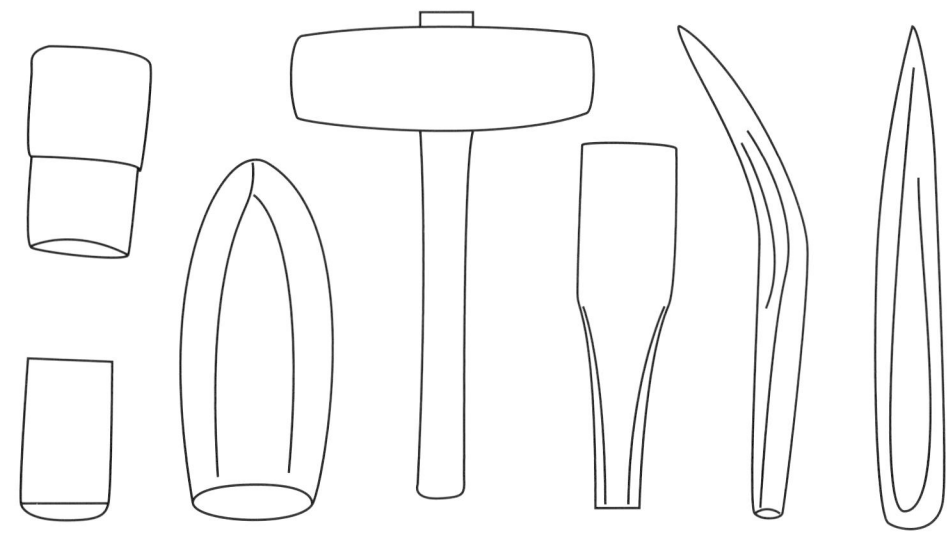

图四　朝鲜族编鞋制作工具图

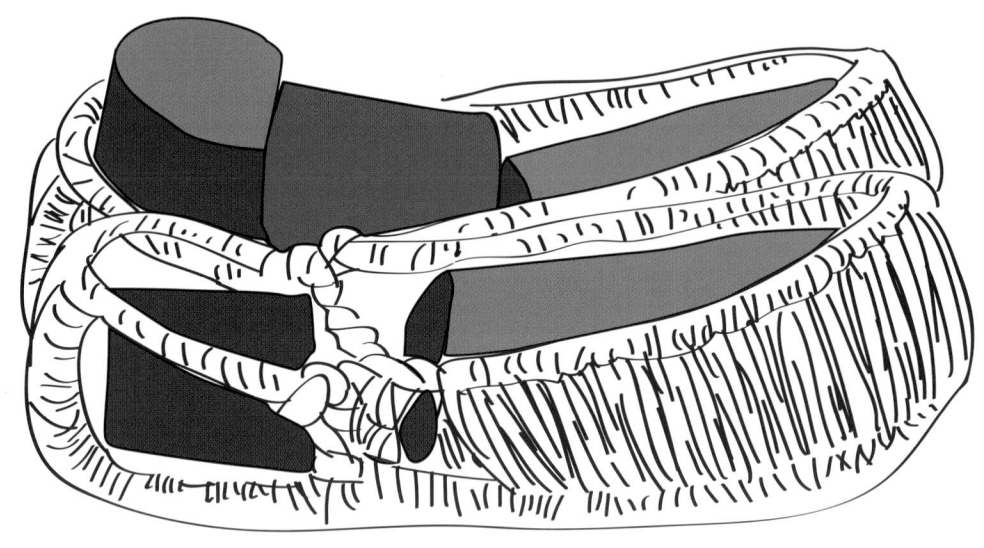

图五　朝鲜族编鞋工具使用示意图

图六　朝鲜族编鞋制作示意图

朝鲜族草袋编织

图一 朝鲜族草袋编织主图

草袋是在朝鲜族生产和生活中普遍使用过的物品之一,又叫稻草袋。草袋是以水稻秸秆为原料,用简易草袋机,以草绳为经,水稻秸秆为纬交叉编织拧边而成的草制品。

编织草袋必须具备草袋编织架,整体功能和织布机比较相似。先用粗壮厚重的木头做两块底座,两块底座之间钉横杆,然后在底座中间插上挂绳架,整体呈长方形。草袋架的大小不一致，一般为长130—140厘米、高90—110厘米、底座宽40—50厘米。除了草袋架以外，还配有筘子（草袋架上的一种机件，经线从筘齿间通过，它的作用是把纬线推到织口）、经绳固定杆（钉在底座处，是个钻有38个小孔的木条，用于固定38条经绳）、长尺（长约140厘米、宽5厘米的木条，顶部为钩状，起钩住稻草拉纬条的作用）、紧绳杆（穿经线后起勒紧经线的作用）、长铁针（编织草席后用麻绳或草绳缝合边缘形成袋子）等。工艺流程：（1）选料、湿润。先用手或钉耙将稻草上的毛叶刮掉，跺齐草根。然后用温水把稻草润湿，重点湿润根部。（2）用湿润的整理好的稻草搓绳。将草绳以38条经线固定在草袋架上，然后织草席。（3）把草席折叠后修剪、拧边、缝合成袋子。编织草袋一般2—3人一组进行操作，一人专门上下移动筘子，一人专门穿梭拉纬条。

草袋编织技艺是历史悠久、在民间广为流传的手工技术，是朝鲜族传统草编技艺的重要组成部分。

图片来源
图一　延边博物馆
图二至图四　柳星　董海英　制图

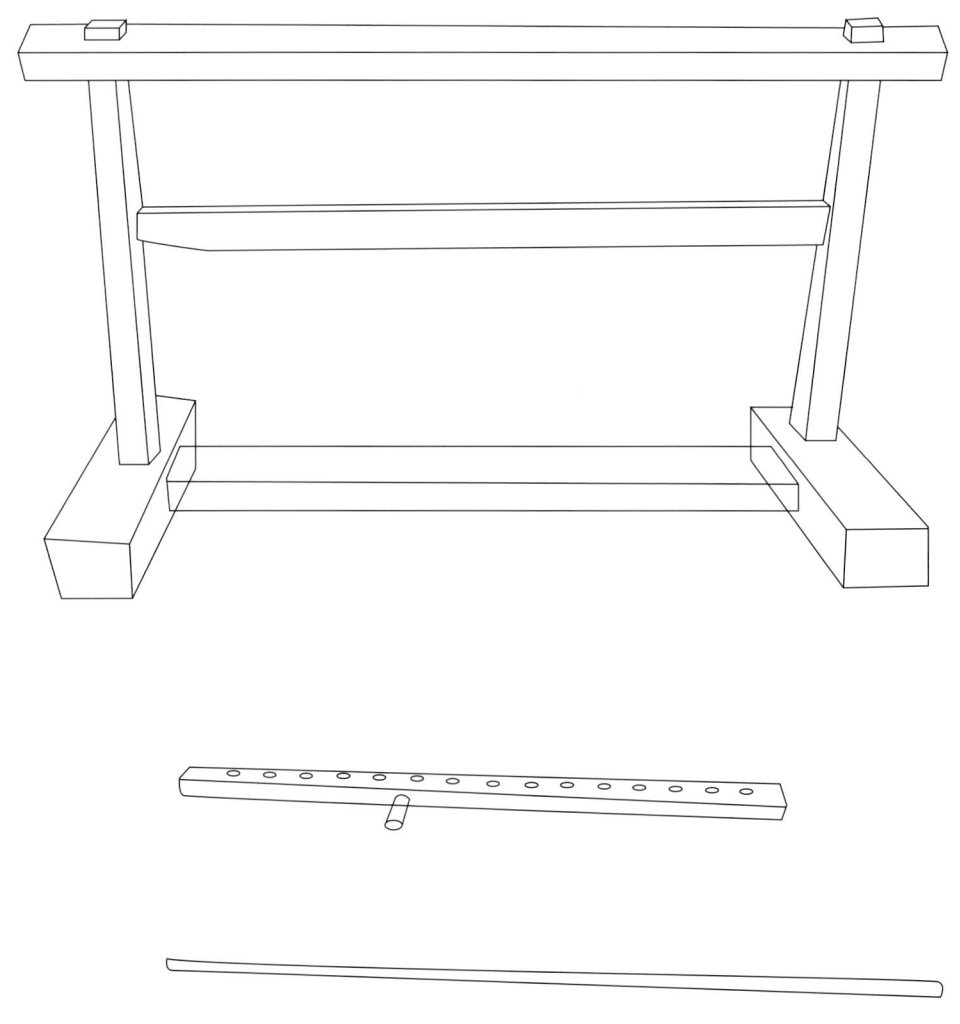

图二　朝鲜族草袋编织工具图

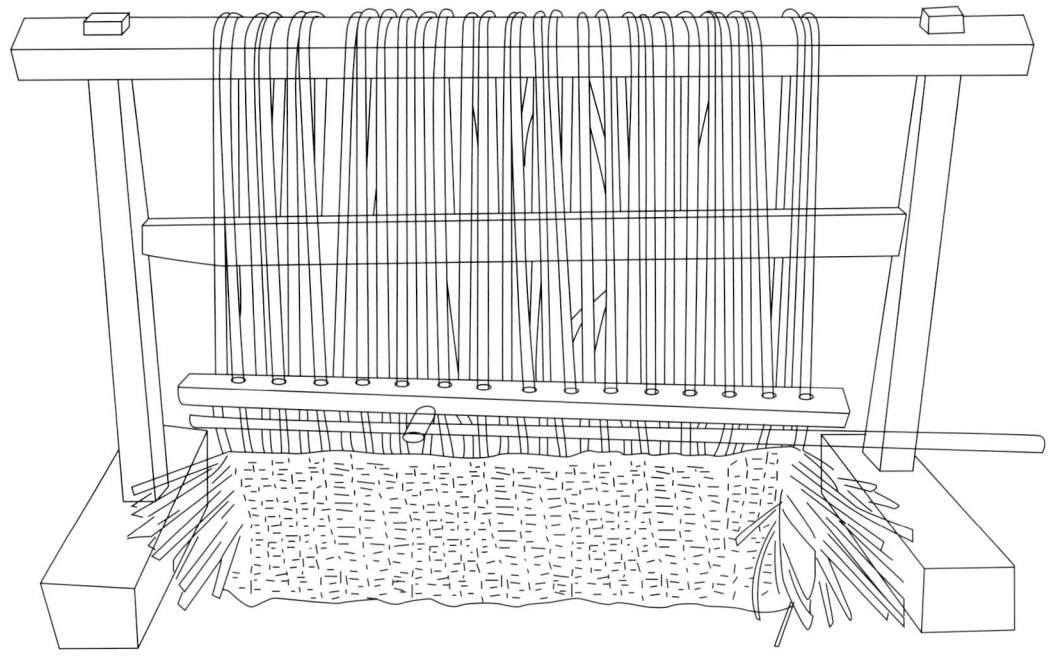

图三　朝鲜族草袋编织机示意图

图四　朝鲜族草袋编织示意图

朝鲜族柳条编织

图一　朝鲜族柳条编织主图

柳条编织是利用柳树条等材料编织生活用品的手工技艺之一。柳条编织品具有使用轻便、用途广泛、种类繁多等特点。有收纳服饰、饮食、各类小物品的器物，还有用于生业活动的器物等。比较有特色的日常生活用品有柳条箱、笊篱、箩、筐、篮、篓、簸箕等。柳条工艺与民间生活有着密切关系，其历史悠久，包含着朝鲜族生活习俗和民族特色以及乡土情趣，可以说是实用性、艺术性兼备的手工技艺。

柳条柔软易弯、粗细匀称、色泽高雅，通过新颖的设计，可以编织成各种朴实自然、造型美观、轻便耐用的实用工艺品。柳条编织工艺的原料来源十分广泛，其制品是在民间广泛流传的手工艺品。柳条的采收期一年两茬，第一茬6月至7月，第二茬12月。必须选择晴天采收，伏条应及时剥皮；秋条采收堆放后剥皮。对柳条的质量也有一定的要求，即基部直径要大于1.2厘米，无分叉，光洁度好，无斑点，干条洁白，无明显杂色。

柳编工艺的主要技法有平编、立编、精编、拧编、钉边五种。工艺操作上，平编要求产品匀称、无破头、流畅；立编要求产品匀称，骨架硬、立体感强、流畅、无断茬；精编要求产品紧密、匀称、大小条搭配得当，透光无空隙或空隙很小；拧编要求产品无拧破现象，产品结实、匀称；钉编要求产品柳条匀称、无破头、无露钉、匀称自然。

柳条工艺与民间生活有着密切关系，其

中包含着朝鲜族生活习俗和民族特色及乡土情趣，可以说是实用性、艺术性兼备的手工技艺。

图片来源

图一　延边博物馆

图二至图五　柳星　制图

图六　延边民俗博物馆

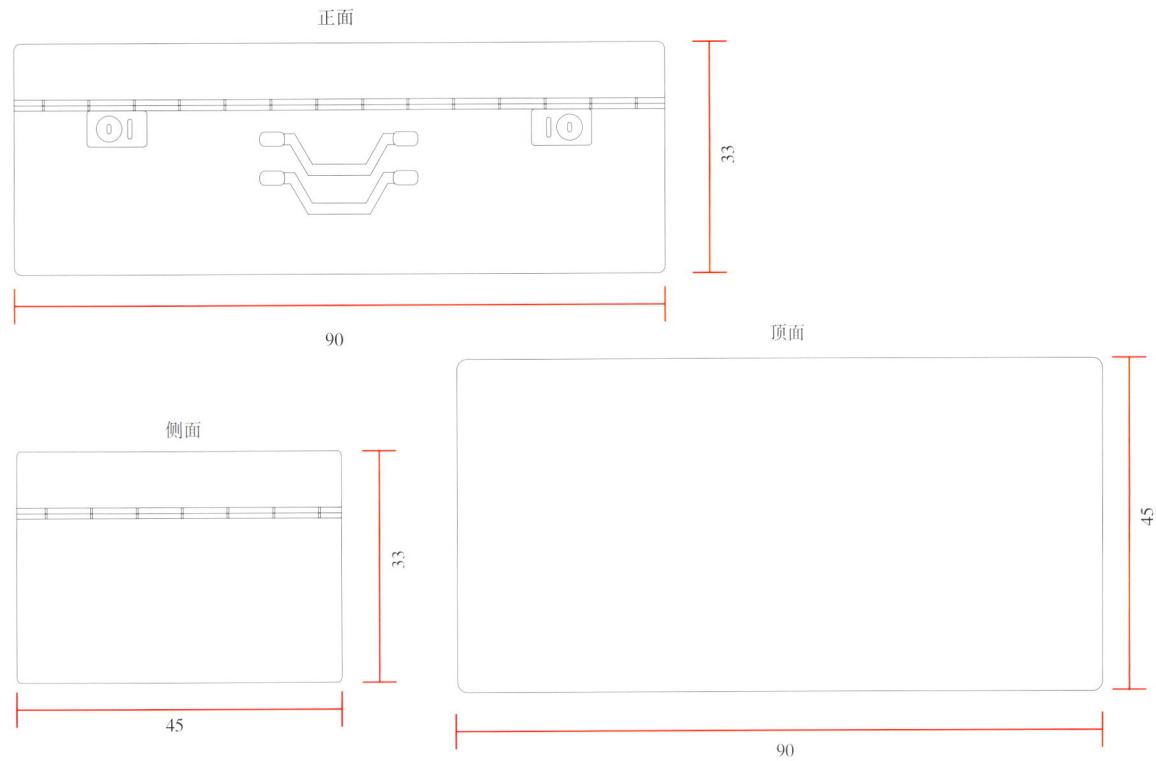

图二　朝鲜族柳条编织成品尺寸分析图（单位：cm）

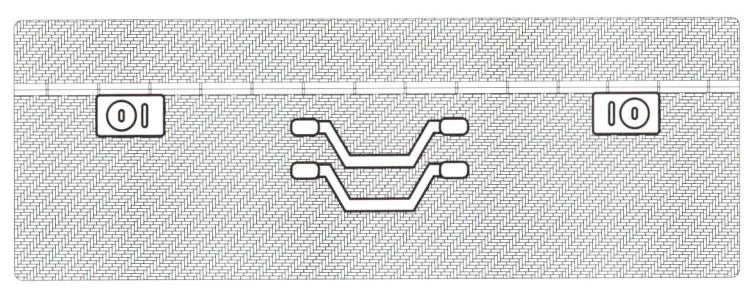

图三　朝鲜族柳条编织成品示意图

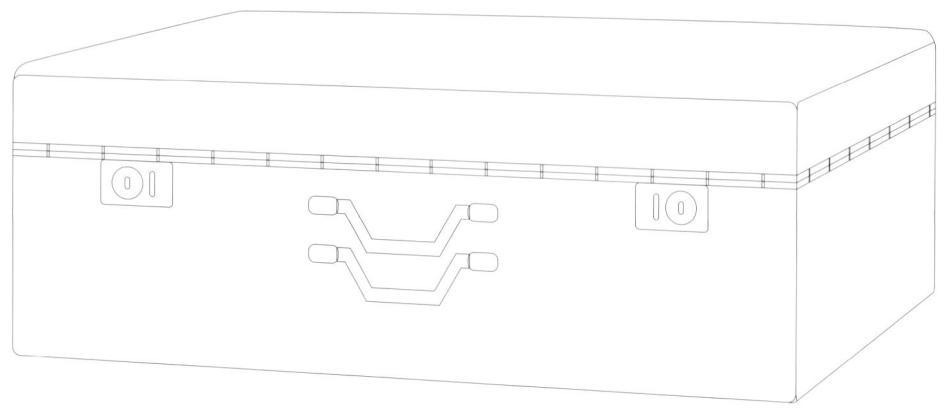

图四　朝鲜族柳条编织成品效果图

图五　朝鲜族柳条编织工艺图

簸箕

筐

盒子

图六 朝鲜族柳条编织工艺品

朝鲜族刺绣

图一　朝鲜族刺绣主图

朝鲜族刺绣是民间传统手工艺之一，已有千年的历史。据史料记载，古代扶余国时期，贵族阶层在出访或参加盛典时，身穿带有刺绣花纹的绸缎礼服。朝鲜李氏王朝时期，刺绣已成为女人生活的一部分，这时期的刺绣分为官绣和民绣，成为民间的手工艺术。清末民国时期，大批的朝鲜百姓迁入到中国东北地区，许多宫中才人和民间艺人也跟随迁徙行列移居到中国，这样刺绣技艺在内的朝鲜族民间手工技艺也随之传入，成为维持生计的主要途径。新中国成立初期，朝鲜族刺绣技艺在民间广为流传，仍保持了传统的艺术风格。朝鲜族的刺绣制品涉及到生活的方方面面，在服饰和日常的生活用品当中，都能看到刺绣艺术的痕迹。进入新世纪，新型的机械化生产相继出现，使传统的手工生产受到冲击，掌握传统技艺的艺人越来越少，朝鲜族刺绣技艺只是在民族服饰行业中存续。

朝鲜族刺绣，作为中国优秀的民族传统

工艺之一，是在绸缎、布帛等布料上，以针和彩线的上下穿刺的手法，绣出各种优美图像、花纹或文字的造型艺术。朝鲜族刺绣制品，种类繁多，集中表现在服饰和日常的生活用品当中。传统的礼服、坐垫、枕头、鞋袜、褡裢、包囊屏风、挂毯等都绣有各种颜色和花纹的图案。按制品的功能和用途，可分"服饰刺绣""生活刺绣""欣赏刺绣"等。刺绣品的主要材质是绸缎和彩绸丝。绸丝的色彩，来自于大自然的矿物质和植物性颜料，采用独特的配料方法，制作色彩斑斓的各种彩线。刺绣的技法很多，其中，比较流行的有平绣、长短绣、分缝绣、平沟绣、萦绕绣、松叶绣等技法。

刺绣纹饰有很多种，大体上可分为动植物形象纹、几何纹、吉祥文字。其中十长生（太阳、山、水、石、云、松、不老草、鹤、龟、鹿）、四君子（兰、菊、竹、梅）纹饰较为突出。另外，虎、鹰、鸳鸯、蝴蝶、蝙蝠、大雁、牡丹、莲花、葡萄、石榴、柳树等动植物和点纹、波浪纹、菱形、闪电纹、曲线纹，富、贵、寿、福、双喜、康、宁等纹饰也比较常见。刺绣是朝鲜族妇女日常生活的重要部分，反映了她们美好细腻的生活情感和聪明智慧、外柔内刚的优美品格。朝鲜族刺绣技艺，其历史悠久，传承持续，具有明显的时代特征。它具有自己独特的艺术风格，色彩，鲜艳多样，技法精湛简洁，内涵真实朴素，显现出与大自然相融合的艺术感觉。朝鲜族刺绣制品，蕴含着朝鲜族人民祈求吉祥如意，向往美满生活的朴实心愿，对研究朝鲜族生活文化具有很高的参考价值

图片来源
图一　延边博物馆
图二至图五　柳星　制图

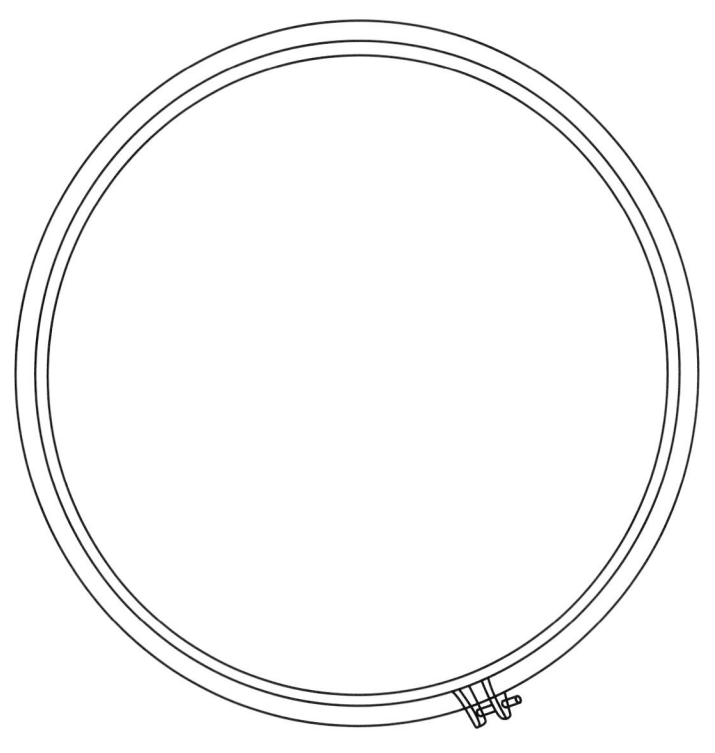

图二　朝鲜族刺绣工具图

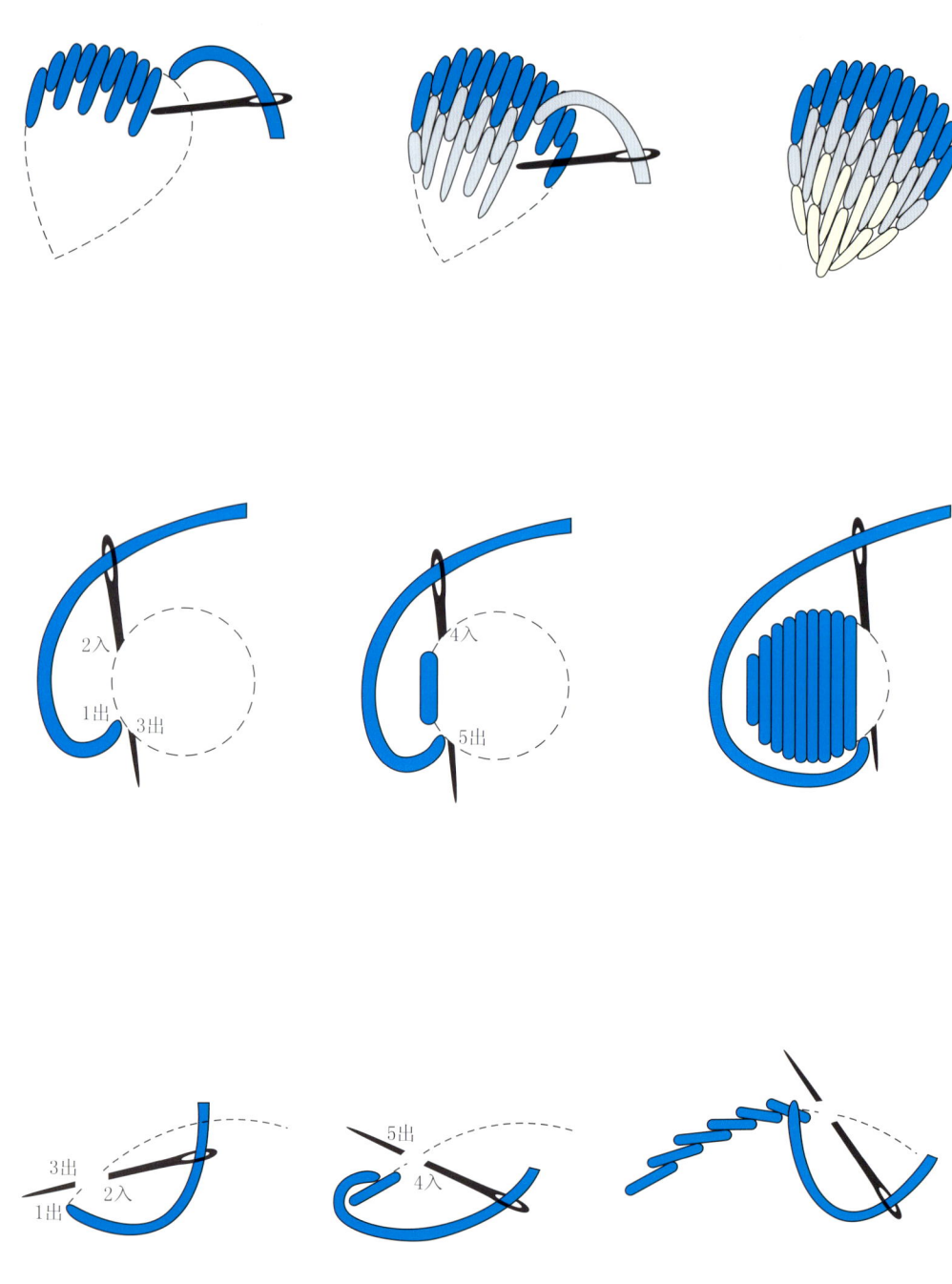

图三　朝鲜族刺绣技法示意图

A 构刺绣图

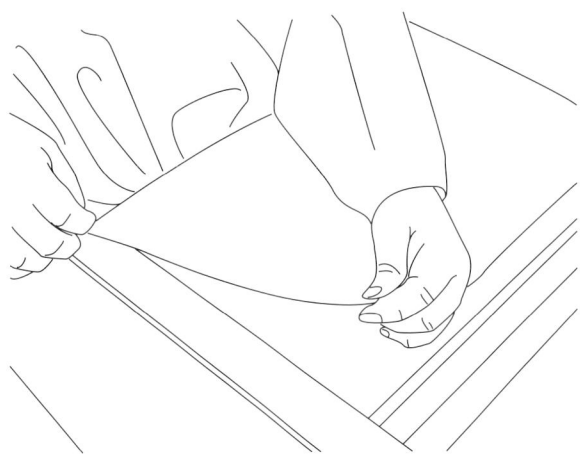

B 裱刺绣布

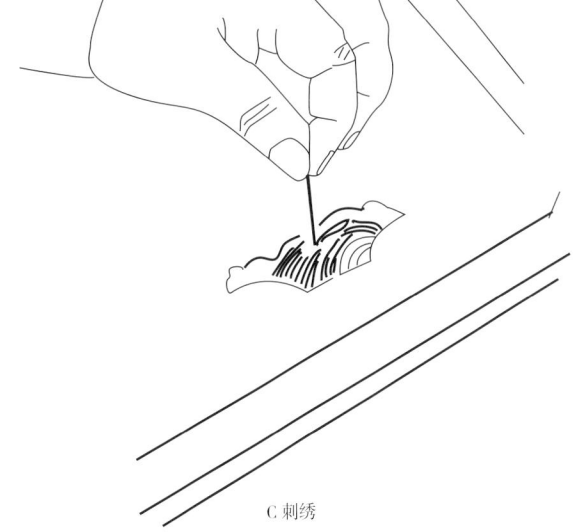

C 刺绣

图四 朝鲜族刺绣工艺步骤图

图五　朝鲜族刺绣示意图

朝鲜族钩针编织

图一　朝鲜族钩针编织主图

钩针编织是在朝鲜族日常生活当中比较常见的手工技艺之一。据史料记载，钩针编织最初流行于欧洲，到了19世纪随着西方文化的传播，钩针编织技艺传入到朝鲜半岛，在民间逐渐普及。20世纪初，大批朝鲜农民迁入到中国东北地区，钩针编织技艺也被带到此地，在朝鲜族的日常生活中广为流传。在民间钩针编织流行于20世纪80年代以前，如今成为产业化的手工技术。

朝鲜族钩针编织的材料通常是棉线。从前的朝鲜族服装面料以棉布、麻布为主，棉线的使用比较广泛。棉线质地柔软，比较结实，很适合用于钩针编织。钩针所编织的织物充满了无数个小环，透过钩子将线打活结，充做一环，接着将钩子从第一环穿入，钩头勾线，勾出另外一环，就能逐渐组成一排线串，最后一排仅有一个活动环串在钩针上，新的一排可再返回勾在旧的一排上，于是线串上的环勾出无数排，就形成了一片钩针编织。钩针编织与棒针编织的逻辑基本上是相同的，但不同的是钩针编织的花样比较自由，从头到尾仅有一支钩针与一根线，可钩出许多自由型与花型、圆型，甚至很容易钩出小型的立体织物等。钩针编织所采用的纹饰有很多种，大体上有动植物形象纹、几何纹、吉祥文字。过去传统的日常生活中所织的物品有坐垫套、苦被单、围巾、防寒帽等。钩针编织是朝鲜族妇女日常生活的重要部分，从十几岁的少女到60多岁的老人一般都会手工钩针编织。即将出嫁的女子利用空闲时间都要用钩针编织坐垫套和苫被单等。

朝鲜族钩针编织技艺，具有明显的时代特征和独特的艺术风格，其技法精湛简洁，其内涵真实朴素，显现出与大自然相融合的艺术感觉。朝鲜族钩针编织制品色彩比较单一，以白色为主，但通过此风格能够体现朝鲜族崇尚白色、喜爱洁净的古朴习俗，其中蕴含着朝鲜族人民祈求吉祥如意、向往美满生活的朴实心愿，对研究朝鲜族生活与文化具有较高的参考价值。

图片来源
图一　延边博物馆
图二至图四　柳星　制图

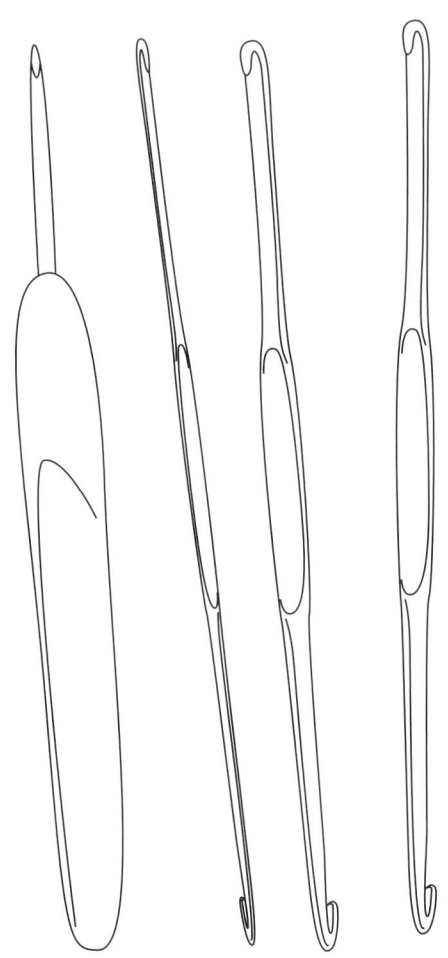

图二　朝鲜族钩针编织工具图

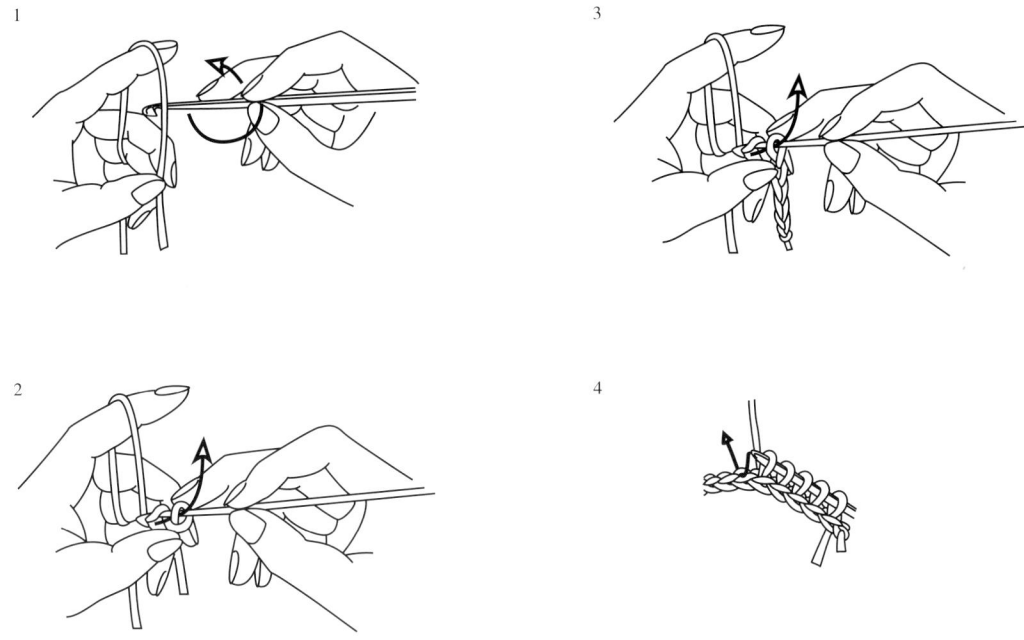

图三　朝鲜族钩针编织技法示意图

图四　朝鲜族钩针编织示意图

朝鲜族木器工艺

图一　朝鲜族木器工艺主图

在朝鲜族传统的日常生活中，木器是比较常见的生活物品。从生产工具到生活用品以及家具等都与木料有关联，其中包含着高超的手工技艺和浓郁的文化内涵。朝鲜族利用木质制品的历史很久远，可以追溯到数千年以前的原始共同体时期。在高句丽的壁画墓中能够看到在居室里摆设桌子和椅子的场景。到了15世纪，木器工艺发展迅速，出现了分工细作，木器制品也更加丰富多样。中国的朝鲜族也继承了固有的木器手工技艺，在民间出现了很多专门的木工房，制作各类木质生活物件。

朝鲜族长期生活在木材资源丰富的长白山地区，利用各种木料生产出生活所需的多样物件。在木器工艺里所采用的木料很多，其中比较常见的有柞树、梧桐树、松树、椴树、枞树、栗树、柳树等。为了制作木器，工匠们发明了许多工具，其中有特殊功能的工具有削树皮用的弧形刀、挖槽刀、弯刃锛子等。制作家具或日常木器时，为了充分利用木材防止浪费，发明了合理的木料连接方法。板材连接法也较多，有木板棱角斜线连接法、木板棱角成坎连接法、木板棱角凹凸连接法等。为了坚固木板和木条的连接，通常采用榫头连接法，包括直式榫头连接、细腰式榫头连接等。用木材制作的器物比较多样，有木盆、小饭桌、淘米盆、餐盒、碟碗、文匣、樾笼等。

因为木料的来源丰富，品种多样，所以其利用率较高，制造出了适合朝鲜族日常生活习惯的各种器物，同时创造和发明了多种多样的制作技法。朝鲜族木器工艺带有较久远的历史性，而且体现了较高的实用性和艺术性以及独特的民族特征，在朝鲜族传统工艺史上占据了重要的位置。

图片来源

图一　延边博物馆

图二至图六　柳星　制图

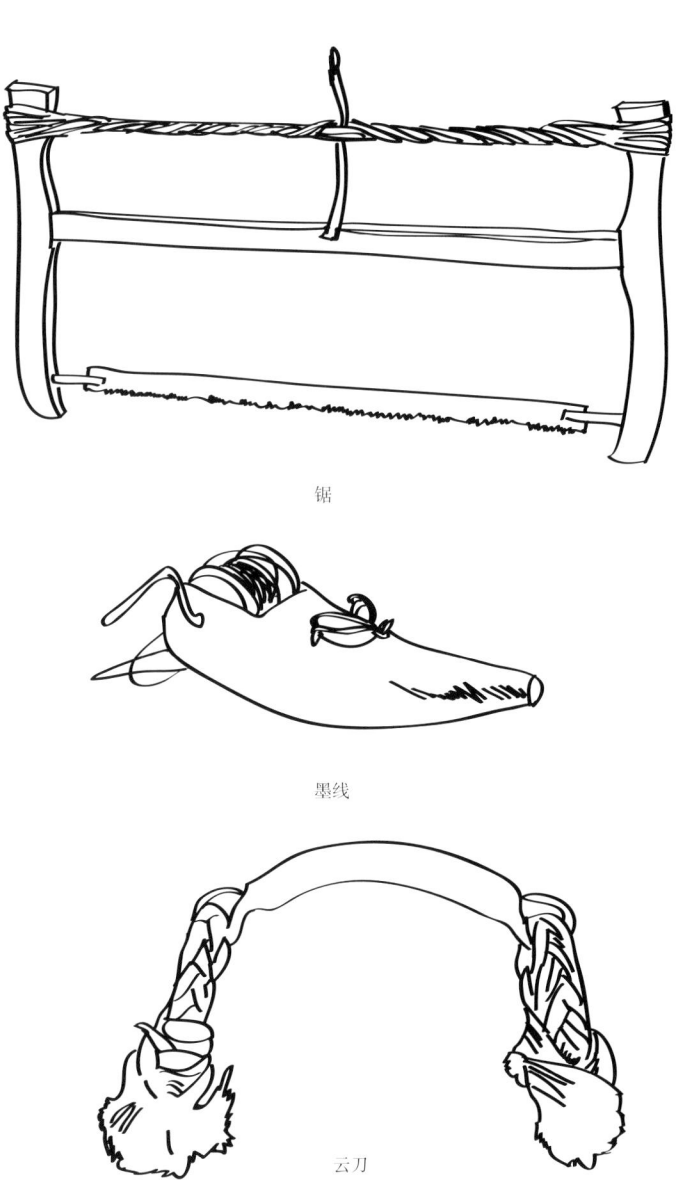

锯

墨线

云刀

图二　朝鲜族木器工艺工具图

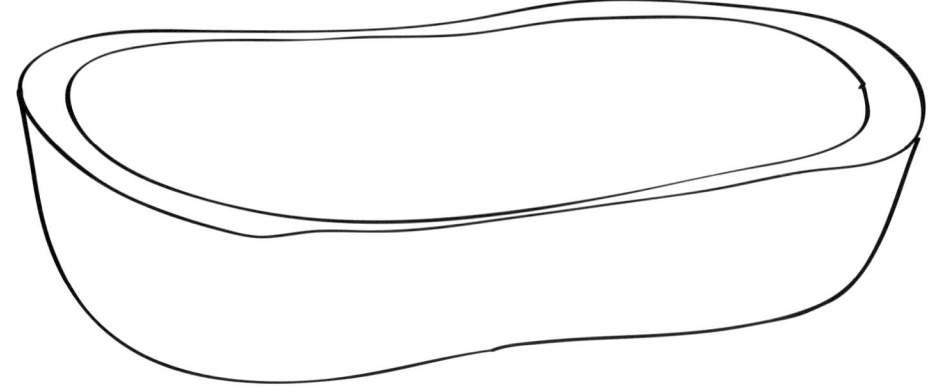

图三　朝鲜族木盆图

图四　朝鲜族木杯图

图五　朝鲜族木盘图

图六　朝鲜族木制小桌图

朝鲜族陶瓷工艺

图一 朝鲜族陶瓷工艺主图

朝鲜族的陶瓷工艺，其历史悠久，具有独特的技艺和艺术性。主要有青瓷、白瓷、黑灰陶、釉陶，器物种类繁多。其中，高丽青瓷和李朝白瓷闻名于世，高丽青瓷追求曲线美，釉色呈淡绿色，花纹细腻、外观华丽。白瓷在朝鲜李朝时期非常盛行，体现出一尘不染的清高和节俭朴素的特性。黑灰陶和釉陶器物是朝鲜族不可缺少的生活用具。朝鲜族从朝鲜半岛迁入到中国东北的过程当中，继承了平民阶层的陶瓷制作工艺，利用当地的泥土制作了黑灰陶和釉陶器物。

釉陶器物种类繁多、用途广泛，有罐、缸、锅等。釉陶的釉色多样，以黄栗色、红栗色、黑栗色为基本色彩，还有白色系列的海鼠色、土黄色、青灰色等。朝鲜族釉陶壁厚、结实，具有耐寒耐热的特性。釉陶使用寿命比较长，一般不使劲碰撞的话不易破碎，而且器物表面的釉质也不易脱落。釉陶还有传热性比较强的特性，所以在朝鲜族饮食生活中用釉陶制作的陶锅比较常见。釉陶器物的最大用途在于食物的保存和发酵食品的制作。朝鲜族通常把泡菜、大酱、酱油、米酒、米面等保存在釉陶器物里,所以每个家庭一般都备有数十个釉陶器物。黑灰陶器物也是朝鲜族传统饮食生活中不可缺少的物品。黑灰陶对泥土质地、烧制等比起瓷器要求并不高,所以广泛流行于民间。朝鲜族黑灰陶器物具有烧制容易、器形多样、器物轻盈坚硬等特征。黑灰陶不需要上釉,在窑内烧制一段时间后堵住火灶口和烟囱口,然后利用松树枝燃烧的浓烟使器物变成黑灰色。到20世纪80年代为止,在朝鲜族村屯仍保留黑灰陶制作技艺。黑灰陶器物没有特殊的纹饰,一般饰以简易的几何图案。在制作器物当中,表面用棉布长时间抛光,烧制后比较光滑。常用的器物有顶水罐、蒸笼、酒罐、米缸等。

在朝鲜族日常生活中,黑陶和釉陶是比较常用的器物,其历史悠久、普及面广,具有一定的实用性特征和民族特点,其工艺具有一定的历史、艺术、研究价值。

图片来源
图一　延边博物馆
图二至图五　柳星　制图

图二　朝鲜族陶瓷工艺工具图1

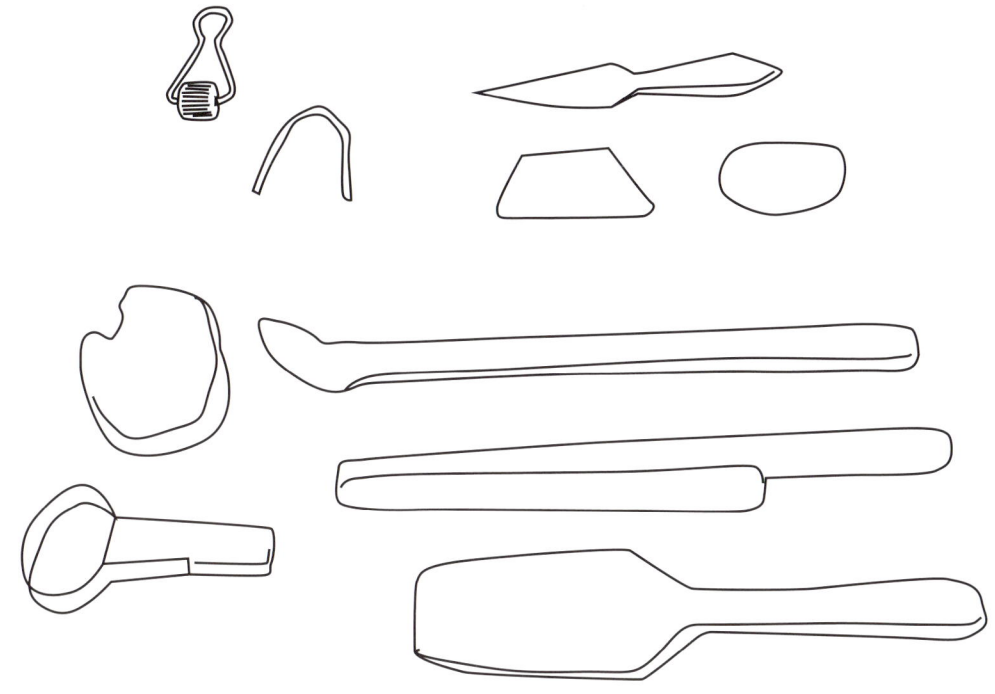

图三　朝鲜族陶瓷工艺工具线描图

图四　朝鲜族陶瓷工艺工具图2

第六章　朝鲜族传统手工艺

417

图五　朝鲜族陶瓷工艺制品图

朝鲜族动物图案纹饰

图一　朝鲜族鹤纹样图

　　动物图案是在朝鲜族日常生活中常用的各类器物的装饰纹样。动物纹样的种类比较丰富，有虎、鹤、龟、蝙蝠、蝴蝶、鸟、鹿、鱼、大雁、鸳鸯、白鹭、鸭等。每个动物纹饰都有各自的象征含义，普遍采用于陶瓷制品、家具、刺绣品、服饰、装饰品等。

　　各类动物图案都具有一定的寓意。其中，虎被称为百兽之王，以为能够驱鬼。朝鲜族古代武官服的胸背绣有老虎。在风筝、扇子、箱子等日常用品中也经常使用虎纹样，以此来体现驱鬼防厄功能。蝙蝠纹样也是经常使用的图案。蝙蝠的"蝠"和幸福的"福"为同音字，象征着幸运和福气。从蝙蝠的属性来看，其寿命达到数十年，所以包含着长寿的含义。蝙蝠纹饰成双成对成为"双福"，反映多福的意愿。"福"字和"寿"字中间施四个蝙蝠纹饰，意味着"五福"。朝鲜族妇女喜爱的装饰物银环表面一般都刻有蝙蝠纹样和寿福等文字纹饰。蝴蝶象征着夏季的温暖和夫妻的琴瑟之情，通常在棉被、家具、包袱、婚礼服中采用。鱼有产卵多的特性，因此象征着子孙昌盛。金鱼纹饰象征着金银财宝。在朝鲜族的传统生活中，在门或家具中通常采用鱼状装饰。因鱼有瞪眼不眨眼的属性，以为能够昼夜看守，防止盗窃。另外，在陶瓷器物或刺绣品中，经常看到鲤鱼配波浪纹的装饰图案，这意味着考中科举。

朝鲜族传统纹饰之一的动物图案是带有历史性、民族性、文化性、艺术性特征的综合表现形式，通过这种施纹方式，人们想要实现生活美满、家庭幸福、安康长寿的朴实心愿。

图片来源

图一　柳星　制图
图二至图五　延边博物馆

图二　朝鲜族笔筒鹤纹装饰

图三　朝鲜族锁头鱼形纹饰

图四　朝鲜族刺绣鹤纹装饰

图五　朝鲜族衣柜鹤纹装饰

朝鲜族植物图案纹饰

图一　朝鲜族植物图案纹饰主图

植物图案是在朝鲜族传统生活文化中常见的器物施纹图案之一。植物纹饰种类繁多，用途广泛，常见的植物纹样有梅花、牡丹、兰草、棉花、莲花、桃子、石榴、葡萄、芍药花、木槿花、海棠花、宝相花、忍冬草、唐草、松、梧桐、杨柳、竹等花草和树木。在传统工艺中广泛利用的植物纹饰，蕴含着自然崇拜和祈求富贵幸福的朴素心愿，一般出现在陶瓷器物、家具、刺绣品、服装、鞋帽、装饰品等传统日常生活用品当中。

植物图案蕴含着各种象征寓意和心愿。其中，牡丹为花中之王，象征着富贵和名誉。牡丹和其他纹样组合在一起表现多种含义。即，牡丹插在花瓶中的图案象征着富贵平安；牡丹和一对天鹅的组合意味着白头偕老。从梅花的自然属性来看，在老树干长出新枝，具有耐寒的特性，所以包含着长生不老之意。另外，梅花的花瓣为五个，表示五福，即福、禄、寿、喜、财，因此，梅花作为吉祥纹饰被普遍采用。宝相花又称宝仙花、宝莲花，是朝鲜族传统吉祥纹样之一。相传它是一种寓有"宝""仙"之意的装饰图案。纹饰构成，一般以某种花卉（如牡丹、莲花）为主体，中间镶嵌着形状不同、大小粗细有别的其他花叶。在织物、刺绣等工艺品中，常见有宝相花纹样。唐草纹是中国传统图案之一，又称为卷草纹。唐草，即蔓生的草。蔓生植物的枝茎滋长延伸、蔓蔓不断，人们对它寄予了茂盛、长久的吉祥

第六章　朝鲜族传统手工艺

寓意。一般和莲花、葡萄、鸟纹样组合在一起。忍冬为一种蔓生植物，俗呼"金银花""金银藤"，通称卷草，其花长瓣垂须，黄白相间，因名金银花。凌冬不凋，故有忍冬之称。忍冬纹饰也是包含长寿寓意的吉祥图案。莲花纹饰也是常见的图案，其表现手法多样。莲根和莲枝缠绕在一起象征着兄弟姊妹的友爱；莲子表示子孙昌盛之意；莲花是我国传统花卉，古名芙蕖或芙蓉，现称荷花，盛开时花朵较大，结果时可观赏，象征"纯洁"，寓意"吉祥"。在其他的植物纹饰当中，葡萄和石榴、葫芦等象征着多子多孙；桃子、灵芝、松果等表示长寿之意。上述植物纹饰一般出现在陶瓷品、家具、服饰、刺绣品等日常生活物品当中。

朝鲜族传统纹饰之一的植物图案是带有历史性、民族性、文化性、艺术性特征的综合表现形式，通过这种施纹方式，人们想要实现生活美满、家庭幸福、安康长寿的朴实心愿。

图片来源
图一　延边博物馆
图二至图五　柳星　制图

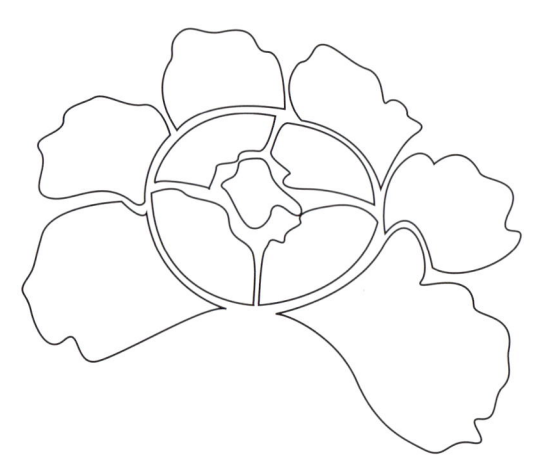 

图二　朝鲜族芍药花纹（花瓣）

图三　朝鲜族芍药花纹花瓶

图四　朝鲜族芍药花纹（整体）

第六章　朝鲜族传统手工艺

425

图五　朝鲜族芍药花纹（枝叶）

朝鲜族几何图案纹饰

图一 朝鲜族龟背纹器皿

几何图案是朝鲜族传统的装饰纹样之一，是将各种直线、曲线以及圆形、三角形、方形、菱形等构成规则或不规则的几何图形的装饰性纹样。几何纹饰由来已久，可以追溯到新石器时代的彩陶纹样。几何纹饰来源于生产、生活，它是人们通过抽象思维，对自然界存在的客观事物及图形进行的有意识的重新排列、组合、变形而形成的具有高度概括性、简洁性的纹饰。

几何纹样题材大多出自客观物象，点、线、面是构成几何纹饰的基本要素。常见的几何纹样有点、线、三角形、圆形、波浪形、闪电形等。几何纹饰一般用于陶瓷、木器以及住宅的门窗和建筑构件等面比较宽广的器物和部位上。圆形图案象征着太阳；三角形图案与蝉壳相似，象征着灵魂不灭；蝉虫有多次脱壳的属性，古代的人们认为此现象象征着不灭和复活。闪电是大自然的奇异现象，根据其闪烁的电光，寓意"万物之光""连成不断"。

几何图案是运用点线面组成的具有审美价值的图形，一般属于抽象图形，也有将几何形与自然形相结合，形成一种半抽象图形的。几何纹饰凝重朴拙的造型，严谨适宜的结构，单纯厚重的色彩，反映出匠师们巧夺天工的创造力和表现力。

图片来源
图一　延边博物馆
图二至图四　柳星　制图
图五　延边民俗博物馆

螺旋纹

曲头纹

万字纹

图二　朝鲜族几何纹样图

图三　朝鲜族龟背纹示意图1

龟背纹

图四　朝鲜族龟背纹示意图2

图五　朝鲜族几何纹应用图

朝鲜族文字图案纹饰

图一　朝鲜族文字图案纹饰主图

文字图案是在朝鲜族传统生活文化中比较常见的以吉祥文字组成的装饰纹样之一。文字纹样有"五福、寿、福、康宁、富贵、多子、多男、囍、禄、亞"等。文字纹饰一般用于橱笼等家具和冠巾、枕顶、坐垫等刺绣品以及各类款式的服饰等生活用品当中。朝鲜族使用文字图案由来已久，在东亚地区，受中国汉文化的影响最为深刻，在传统的手工技艺当中，普遍使用以汉字表现的多种文字图案。

因为自古以来朝鲜族的先人们所使用的文字是汉字，所以在日常生活物品中所采用的文字图案，基本上是汉字。文字图案所包含的内容为长寿、幸福、荣华富贵、子孙繁盛等。特别是象征长寿的"寿"字和象征幸福的"福"字使用比较多，所以通常称文字纹饰为"寿福"纹样。文字纹饰的组合也有一定的规律，一般比较常见的有单字、双字、四字组合。每个吉祥文字都有各自的象征意义。比如："寿"为长命百岁；"福"为多福；"康宁"为健康平安；"囍"为欢喜；"禄"为升官；"多子多男"为子孙昌盛。

文字图案是形体规整、寓意突显、组合简洁的装饰纹样，一般不单独使用，通常与吉祥的动植物图案搭配组合，增强器具和物件的整体装饰效果，而且提升了其艺术性和文化性。

图片来源
图一至图五　延边博物馆

图二　朝鲜族瓷器上的福字纹样图

图三　朝鲜族匙箸袋背面吉祥文字图

图四　朝鲜族圆形荷包福寿纹样图

图五　朝鲜族箸袋上的吉祥纹样图

朝鲜族十长生图案纹饰

图一　朝鲜族十长生图案纹饰主图

　　十长生图案是朝鲜族传统的装饰纹样之一,由十种自然界物象和动植物纹样组成。通过十长生纹饰,可以领略朝鲜族人民喜爱美丽江山、爱护动植物、追求无病长寿、幸福美满的民族信念和志向。过去在民间十长生图案广泛用于屏风、年画、陶瓷品、家具、刺绣品、文房具、枕头边、匙箸袋等生活器物。朝鲜族使用十长生纹饰的历史比较久远,在高句丽壁画墓中就已有属于十长生纹饰的一些物象。

十长生图案包括太阳、云、山、水、松树、竹子、不老草、龟、鹤、鹿等。这些图案各自具有相应的含义。太阳意味着光芒四射，前途光明；山意味着一心一意，不变心；云象征着脱俗的自由；水象征着整洁的心；松树象征着坚强的气节；竹和鹤象征着高大的气象；鹿象征着亲善与和平；龟作为守护神象征着福气；不老草象征着长生不老。当初十长生物象被看成是自然崇拜的对象，后来逐渐成为各类生活物件的装饰纹样。18世纪后，在采用十长生纹饰时，取用其中的几样纹饰也称为十长生。通常以松树和鹤、松树和竹子、鹿和不老草形式组合起来普遍使用于各类生活器物上的纹饰造型。

十长生图案是具有艺术性、文化性特征的典型设计案例之一。人们在日常生活中，以此来表现子孙万代幸福生活的意愿。十长生纹饰充分体现了朝鲜族人民爱护山川草木、守护民族尊严的坚强气节和气象。

图片来源
图一　延边博物馆
图二　柳星　制图

图二　朝鲜族十长生纹样图

朝鲜族四君子图案纹饰

梅　　　　　兰　　　　　竹　　　　　菊

图一　朝鲜族四君子图

所谓的"四君子"，是中国传统文化的题材，也是朝鲜族传统的装饰纹样之一。以梅、兰、竹、菊谓四君子。四君子纹饰一般体现在家具、文房具和陶瓷品、刺绣品等传统生活用品当中。

四君子图案分别是指梅花、兰花、翠竹、菊花，其品质分别是傲、幽、淡、逸。其文化寓意为，梅花在漫天飞雪的隆冬盛开，不畏严寒、凌霜傲雪，象征君子威武不屈、不畏强暴；兰花独处幽谷，喜居崖壁，深谷幽香，象征君子操守清雅、遗世独立；竹子虚怀若谷、中通外直、清雅靓丽，象征君子谦逊虚中、高风亮节；菊花在深秋绽放，顶风傲霜、潇洒飘逸，象征君子隐逸世外、不陷污浊。朝鲜族的传统文化中儒教思想比较浓厚，以梅、兰、竹、菊四种植物属性来赞颂德高望重、学识高超的"君子"风范。四君子图案的搭配有不同的组合方式，有时把这四种图案分别体现在某一器物的几个面上，有时和其他文字、几何、吉祥图案组合在同一个器物上。

在朝鲜族日常生活用品当中所体现的四君子图案不仅映射出"四君子"本身的自然属性而呈现出的一种自然美，更重要的是把一种人格力量，一种道德的情操和文化的内涵注入到"四君子"之中，通过"四君子"寄托理想，实现自我价值观念和人格追求，最终"四君子"成为古人托物言志，寓兴自我，展示高洁品格的绝佳题材。

图片来源
图一　姜世晃（1713–1791）《四君子图》
图二至图四　董海英　制图

图二　朝鲜族四君子纹样水盆

图三　朝鲜族君子纹样笔筒

图四　朝鲜族四君子纹样扇子

第七章 朝鲜族传统民俗和宗教造像

朝鲜族抓周礼

图一　朝鲜族抓周礼主图

抓周是朝鲜族格外讲究的小孩一周岁生日仪式,也是作为朝鲜族人第一次参加接大桌的仪式。这天,给孩子穿上漂亮的民族服装,摆上放有各种物品的礼桌,桌上放米糕、水果、大米、线团、钱、笔和书、弓箭（女孩则放尺和针线盒）,让孩子任意抓自己喜欢之物,以预测孩子的将来。这种习俗体现了父母对孩子深深的爱意和对孩子未来的衷心祝福。

周盘是朝鲜族抓周用具。又称"回床""晬盘"。用红松木制作,呈八角形。在8个足面上相隔透刻4个"卐"字纹,另外四面阴刻"多男多福"字样。旧时只有富裕人家才有,而一些村落的村民则共同出钱制作,共同使用。周岁生日这一天,要给幼儿换上艳丽的生日新装。男孩的穿戴一般是头带幅巾，身穿彩虹袄、蓝坎肩、粉红裤子。脚穿绣花袜，腰系荷包，女孩身穿彩色裙子。

抓周民俗至今仍在保存着和延续着。古朴而真实地再现了天下父母心，预祝孩子茁壮成长，未来幸福快乐。

图片来源

图一　延边博物馆

图二至图五　柳星　制图

男童　　　　　　　　　　女童

图二　朝鲜族抓周礼服饰图

图三　朝鲜族抓周礼童装图

图四　朝鲜族抓周礼腰带图

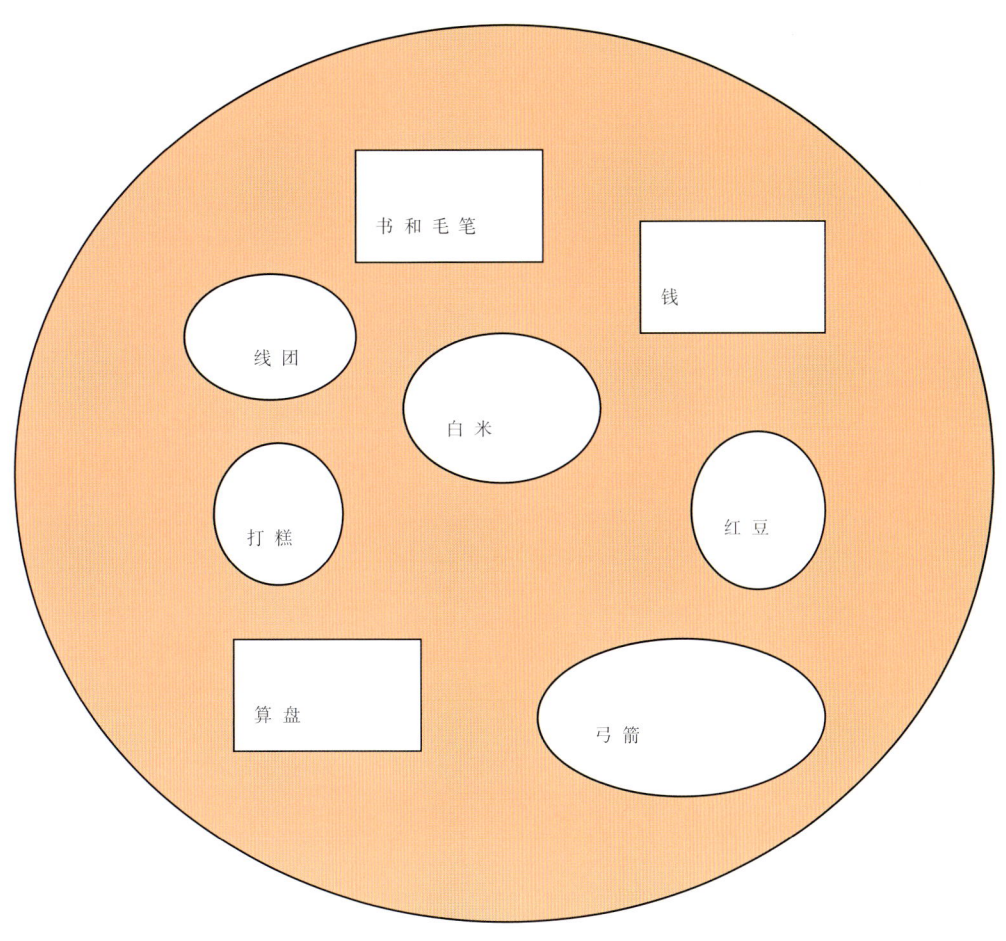

图五　朝鲜族抓周礼桌物品摆设图

朝鲜族奠雁礼、交拜礼、接大桌

图一　朝鲜族婚礼仪式

朝鲜族结婚礼俗，仪式繁多，大体上有议婚、纳彩、纳币、亲迎等程序。议婚亦称会面，通过媒人商议婚事。纳彩，就是定婚，男方家和女方家相互交换书信或举行一些仪式，以确定婚姻关系。纳币，是指新郎家向新娘家送彩礼。亲迎就是结婚典礼，分为新郎礼和新娘礼，前者包括奠雁礼、交拜礼、合卺礼、接大桌等，后者包括接大喜筵、舅姑礼等。其中，新郎礼中的奠雁礼、交拜礼、接大桌尤为重要，包含着丰富的文化内涵。

奠雁礼

最初由新郎家预先备养活雁，婚礼日指定"雁夫"背雁，与新郎同行到新娘家行奠雁礼。后因饲养不便，遂请木匠雕制木雁，代替活雁。大雁在朝鲜族民俗中被认为是纯贞爱情的象征，故有奠雁礼之俗。新郎一行到达新娘家后，奉上木雁，新娘母亲用裙包入屋内，放在米缸上面。有些地方还兴推木雁，即新郎把木雁放在新娘面前，用扇子向新娘轻轻一推，俗谓如推不倒可生男，如推倒即生女。

交拜礼

交拜礼是新郎接新娘时举行的大礼。在新娘家的院子里,设置醮礼厅,厅中间放一张坐北向南的交拜桌,北侧围上屏风,新郎和新娘各自站在东西两侧。交拜桌上摆设青松翠竹、一公一母两只活鸡、青蜡烛红蜡烛和栗子、红枣等果品,并用青线红线东西两侧连接,意为百年好合、早生贵子。新郎和新娘按照主婚执事的仪式排序,相互交换酒杯和行拜礼。

接大桌

接大桌是朝鲜族特有的婚俗,是给新郎和新娘摆设一个放有各种食品的长方形大桌,以表祝贺的仪式。接大桌分为新郎礼桌和新娘礼桌,礼桌的摆设基本相同。喜案上最为醒目的是煮熟了的整鸡,鸡嘴上衔着通红的辣椒。这源于朝鲜族古时的鸟崇拜习俗,鸡为属阳的鸟,可驱邪,而且辣椒色红,也属阳,可辟邪,籽多隐喻多子多孙。

图片来源
图一、图四、图五　延边博物馆
图二、图三、图六　成光虎　制图

图二　朝鲜族婚礼对拜

图三　朝鲜族婚礼仪式

图四　朝鲜族木雁

图五　朝鲜族交拜礼桌

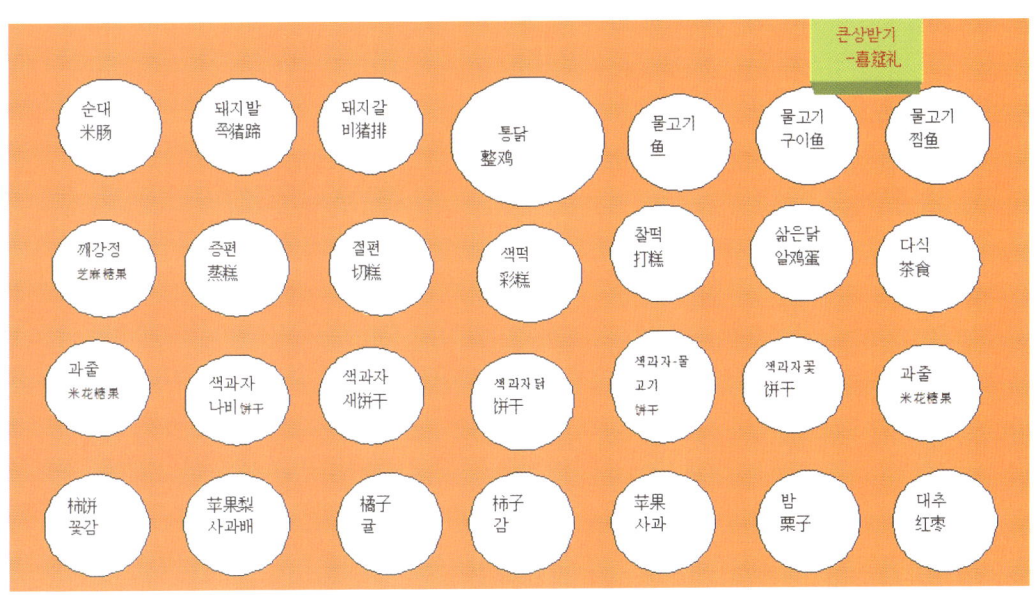

图六　朝鲜族接大桌摆设

朝鲜族花甲礼

图一　朝鲜族花甲礼主图

花甲礼是朝鲜族传统的祝寿仪礼之一。"花甲"又称"回甲"，是朝鲜族为六十岁的老人举办的生日宴席。因为按传统历法天干地支推算法，六十年是一个循环单元。因此，朝鲜族把六十周岁作为人生道路上的分水岭，人一过这个年龄就算长寿，颇为讲究。

举行花甲庆贺礼时，选择屋内或庭院屋前的宽广区域，立上屏风，屏风上绘有日、山、水、石、云、松、龟、鹤、鹿、不老草等10种象征长生不老的"十长生"图案。过寿的两位老人坐在屏风前面的中央，遵循男左女右的座位顺序。祝寿也有一定的礼序。庆贺礼由一名司仪主持。庆贺礼一开始，先由过寿老人已成家的子女按男女长幼的顺序，给过寿老人敬献筵席和礼物，并向过寿老人敬酒、磕头。其他亲朋好友也按亲近关系一一敬酒行礼。敬献筵席和礼物时，司仪一一向众人介绍筵席的食品和礼品。两位过寿老人的筵席很丰盛，摆设两只昂首而卧的蒸熟的整鸡，鸡嘴里叼上一颗红枣，以表吉祥安康。花甲礼桌的摆设物品比较丰盛，有水果、糖果、菜肴、面条、神仙炉、鱼、肉等等，摆设顺序和婚礼桌比较相似，但有些家庭最前面摆设的水果不是平放,而是在碟子里垒起来。其高度一般为3—9寸,层数越高表示越孝敬。祝寿礼结束后,亲属和宾客们抓一点筵席上的食品带回家给孩子吃,认为吃了花甲筵席上的食物可长命百岁。

朝鲜族自古以来就把尊重老人视为家庭乃至整个社会生活中的极为重要的美德。因此花甲礼是对老人的祝福和孝道,也是文化内涵丰富的朝鲜族传统的人生礼仪。

图片来源
图一、图四、图五　延边博物馆
图二至图三　成光虎　制图

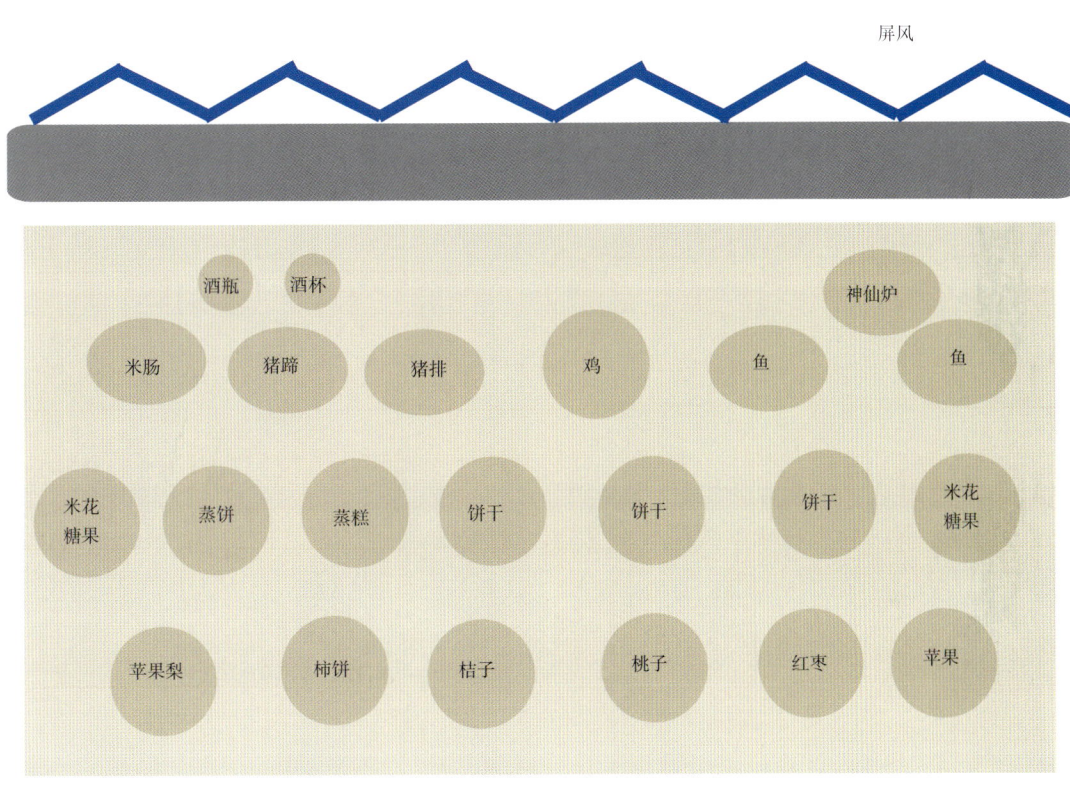

图二　朝鲜族花甲礼桌示意图

图三　朝鲜族花甲礼桌效果图

图四　朝鲜族传统花甲宴1

图五　朝鲜族传统花甲宴2

朝鲜族丧祭礼桌

图一　朝鲜族丧祭礼桌主图

朝鲜族传统的丧祭礼是很重要的一种祭祀形式。丧祭礼桌祭品的摆设特别讲究，而且具有一定的规程和含义。

丧祭礼桌祭品的摆设通常有"鱼东肉西""红东白西""头东尾西""枣栗柿梨"等准则，这种规则来自于阴阳五行观念。比如，方位上的东属于阳性，所对应的色彩是红色，而西属于阴性，所对应的色彩为白色。另外，头属于阳性，尾属于阴性，因此相对应的方位是头东、尾西。在传统信仰当中还有"陆产为主、海产为下""神道尚右"的观念，因此摆设海产品和肉类品时按照此道理，鱼在东、肉在西。从阴阳五行学中的方位来看，左为东、右为西。对水果、干果的摆设顺序的安排，考虑的是果籽的数量的多少。大枣一个籽，象征着王位；栗子一般以三粒成一窝，象征着朝鲜王朝时期的三丞相；柿子有6籽，象征朝鲜李朝时期的六曹判书；梨子有8籽，象征朝鲜全境的八道观察使。因此按照枣栗柿梨的顺序来从西摆到东。通常把放置神位的地方定为北侧，祭品的摆设也从北到南，大体上有五列左右。第一列为饭汤碗、酒台和酒杯、匙箸等，第二列为鱼肉，第三列为菜肴，第四列为饼干、糕点等，第五列为水果等。

图片来源
图一　延边博物馆
图二至图三　成光虎　制图

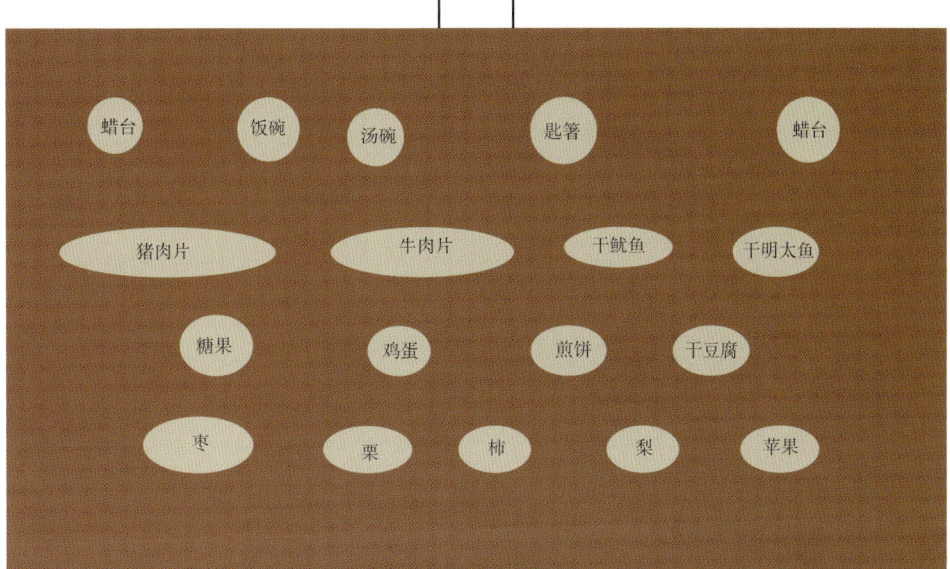

图二　朝鲜族丧祭礼桌摆设图

图三　朝鲜族丧祭礼桌效果图

第七章　朝鲜族传统民俗和宗教造像

朝鲜族花轿、礼妆盒、屏风

图一　朝鲜族花轿主图

图二　朝鲜族礼妆盒主图

婚礼是朝鲜族人生礼仪中最重要的一项大事，过去围绕着婚礼制定了许多繁文缛节。在旧式的婚礼中，主要有婚礼、纳币、纳彩、迎亲等礼仪程序。其中，迎亲仪式比较热闹、庄重，所使用的婚礼器具也较多，花轿、屏风、礼妆盒是比较特殊的用具。

花轿

花轿是在朝鲜族传统婚礼中接新娘时使用的器具。花轿选材要求既轻又有耐力，一般选用松木制成。花轿整体呈长方体的小房屋，通常采用鳖甲形顶，顶沿四周以穗状线条来装饰。左右两边上部各有带两扇拉门的小窗口，前面设出入口，安装上下轿所用的折叠门。花轿墙面用木条做骨架，呈规整的几何格纹，骨架之间镶小木板，表面涂苏子油，呈浅栗色。在花轿底部安装两个抬轿用长木杆。花轿规格为高150厘米、长120厘米、宽80厘米，抬杠长度约3米左右。朝鲜族传统婚礼一般分为大礼和后礼。在后礼中有"于归"的程序，也称"新行"，就是新娘第一次到新家的意思。此时新郎骑白马或坐轿，新娘单坐一个花轿，一般由四个人抬起。

礼妆盒

朝鲜族婚礼用具，即装礼品的方形木盒。用优质松木制成，表面涂苏子油，呈深棕色；盖中央和四个侧面画阴阳太极图。用于装婚书、饭含米（在丧礼中给死者含在嘴里的白米，结婚时置备，保存在衣柜里）和赠给新娘的衣服衣料等物。一般在婚礼当天交给女方。规格为长、宽35厘米，厚25厘米。

屏风

屏风是在朝鲜族传统住宅内部挡风用的一种家具，所谓"屏其风也"。屏风作为传统家具的重要组成部分，由来已久，在公元前后的高句丽壁画墓中，也能看到放置屏风的场景。屏风一般陈设于室内的显著位置，起到分隔、美化、挡风、协调等作用。它与古典家具相互辉映，相得益彰，浑然一体，成为家居装饰不可分割的部分，呈现出一种和谐之美、宁静之美。制作屏风也有一定的工序。首先用木条做长方形骨架，然后上面糊纸或布料，最后在表面绘图或写字。屏风一般由多个长方形扇面组成，可以折叠。屏风大小不一，幅数也不一致。通常有2幅、6幅、8幅、10幅、12幅屏风，其高度，矮的有20厘米，高的有180厘米。根据其用途分为日常用屏风、婚礼用屏风、抓周用屏风、花甲用屏风、祭礼用屏风等。屏风两面以字画来表现，其素材丰富多样，最常见的有十长生图案、花草、兽鸟、山水、诗句等。

图片来源

图一、图二、图七　延边博物馆
图三至图六、图八　成光虎　制图

图三　朝鲜族花轿示意图

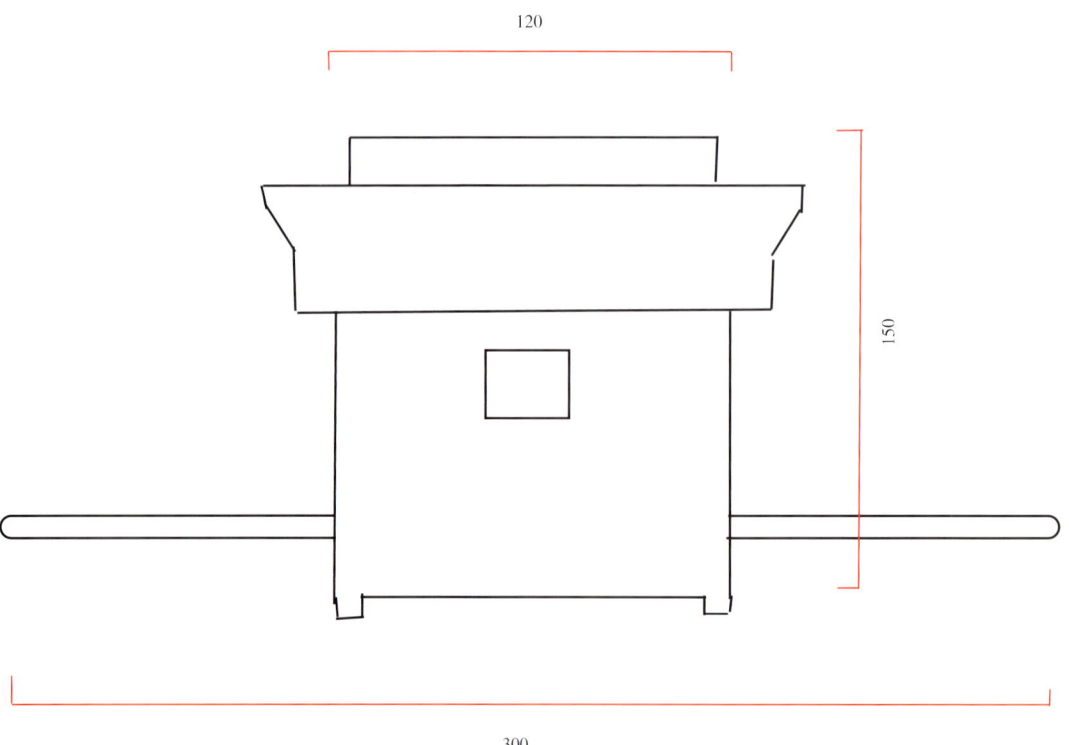

图四　朝鲜族花轿尺寸分析图（单位：cm）

礼妆盒上的太极纹样

图五　朝鲜族礼妆盒纹样图

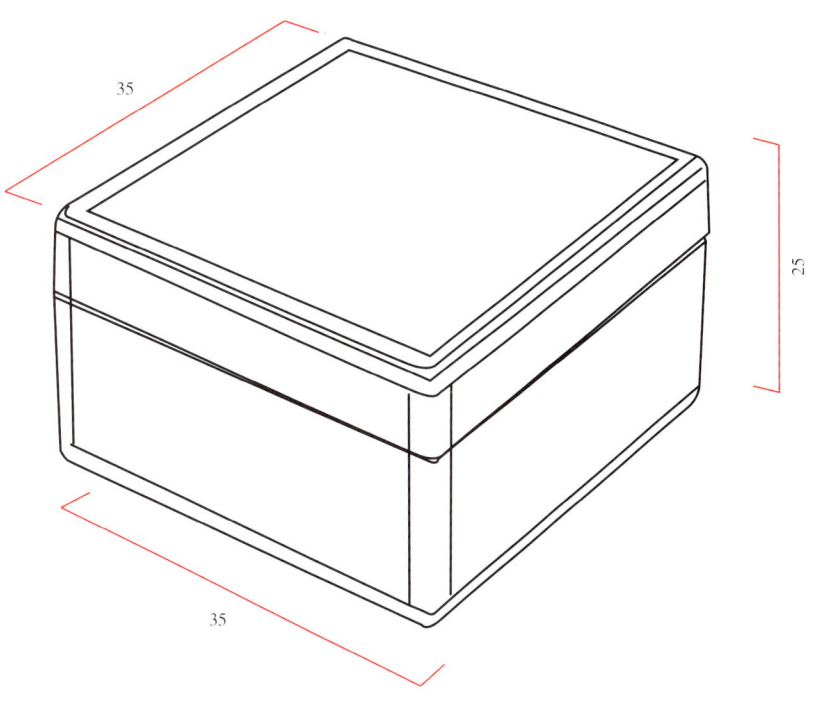

图六　朝鲜族礼妆盒尺寸分析图（单位：cm）

图七　朝鲜族屏风主图

图八　朝鲜族花轿效果图

朝鲜族祭屏风、祭玄酒瓶、魂帛

图一　朝鲜族祭屏风

图二　朝鲜族祭玄酒瓶

在朝鲜族的传统观念中，孝行占据格外重要的位置，非常重视对离世先祖的丧葬和祭祀礼仪。在传统的祭祀礼仪当中，非常重视行礼程序和祭祀器具，其中，祭屏风、祭玄酒瓶、魂帛等具有独特的文化含义。

祭屏风：

朝鲜族传统祭祀用的屏风，也称"飞白书"屏风，共四折四幅字画，每幅高30厘米、宽20厘米。祭祀时一般放在祭桌的最里处中间，然后前面放置神位。

飞白书，是一种特殊风格的书法，相传东汉灵帝时修饰鸿都门，工匠用刷白粉的帚写字，蔡邕得到启发，作"飞白书"。这种书法，笔画中丝丝露白，汉、魏宫阙题字，曾广泛采用。朝鲜族生活文化中常见此风格的字画作品，一般用于屏风。

儒教伦理中的"孝""悌""忠""信""义""廉""耻"八个字是在仪礼风俗中常提到的核心内容，此屏风从中选择了"孝、悌、忠、信"四字，以"飞白书"的笔体展现在屏风上。每个字都配以形象各异的花卉鸟鱼来形成完整的文字画。"飞白书"屏风是具有独特风格的民间书画艺术品。

祭玄酒瓶

朝鲜族传统丧祭礼中专用的祭祀酒瓶，称青瓷瓜棱"祭玄酒瓶"。侈口、卷唇、长颈、鼓腹、八角园底。口径4.5厘米、通高28厘米、腹径16.5厘米、底径10厘米。酒瓶肩部四周有"祭玄酒瓶"四个蓝色字，在腹部有开片。过去，朝鲜族家庭祭祀特别多，人们用这种特制"祭玄酒瓶"以虔诚的孝心向祖先敬酒，表示哀悼。

魂帛

魂帛是举行朝鲜族传统葬礼和祭祀时使用的死者灵魂的依附物。用麻布、白布、或白纸折叠成人形模样。规格大小一般长20—30厘米、宽10—15厘米。举行葬礼时，把魂帛装在形同小房屋的木盒里，走在运载灵柩的丧舆前面。把棺材掩埋好之后，把魂帛带回家置于魂帛箱里。按照传统做法，只在初丧阶段的祭祀中使用魂帛，以后的祭祀里一般使用"纸榜"。

以上三种祭祀器物，其用途特殊，都带有对祖先的崇拜和仰慕之意，可以说是历史性、传统性、文化性特征浓厚的设计案例之一。

图片来源

图一至图二　延边博物馆
图三至图四　成光虎　制图

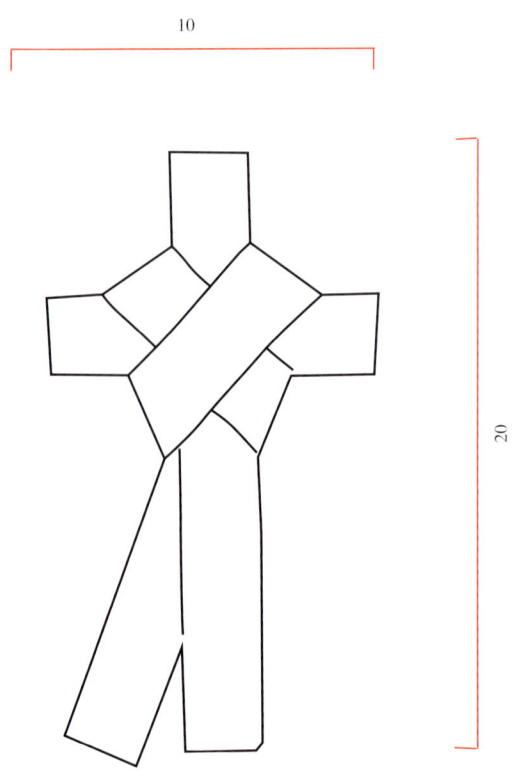

图三　朝鲜族魂帛尺寸分析图（单位：cm）

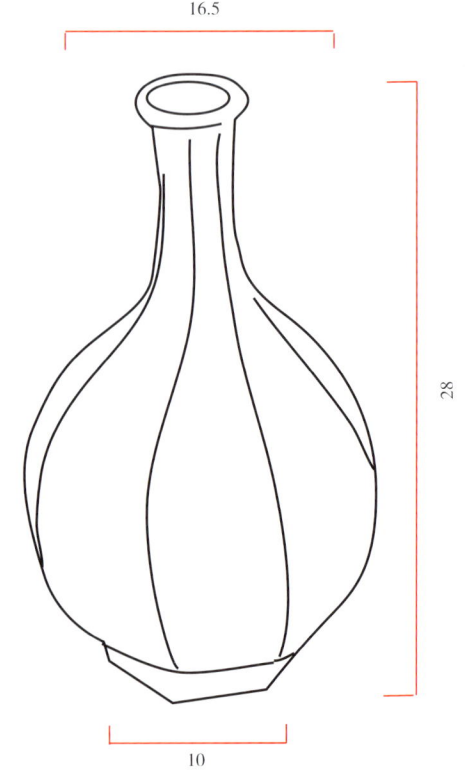

图四　朝鲜族祭玄酒瓶尺寸分析图（单位：cm）

朝鲜族丧舆

图一　朝鲜族丧舆主图

丧舆，朝鲜族的丧葬工具，又称"灵舆"或"辒辌车"。出殡时置灵柩于架内。朝鲜族使用丧舆的历史比较悠久，与朝鲜族传统丧葬礼仪的变化有着密切的关系。公元13世纪朝鲜高丽王朝末期，中国的儒教礼制传入朝鲜半岛，到了朝鲜李氏王朝初期，以此为基础制定了"经国大典"（1469年）、"国朝五礼仪"（1474年）等礼制，普遍推广儒家式礼仪。从此，在民间流行以土葬为基本形式的丧葬习俗，丧舆成为必备工具。19世纪末，大批朝鲜族从朝鲜半岛迁移到中国东北地区，仍然继承了故有的传统丧葬习惯，普遍使用丧舆。到了20世纪80年代，随着火葬制度的推行，丧舆逐渐退出了生活舞台。

丧舆，木制，按照形状可以分为抬轿式、楼阁式。抬轿式普遍流行于民间，楼阁式仅用于王室和贵族阶层。抬轿式又分为鳖甲式和脊梁式。此丧舆状如大抬轿，结构为传统房屋的脊梁组合。由抬架、灵柩架、布幛组成。灵柩架顶有2个木制的龙头，龙头前后有龙首板，前后板各画鱼化龙、莲花和鱼图案。龙身上有3个人像，是一个书生、两个童子，代表阴差、阴间使者，是亡者的侍者。四角竖插4个木鸟，四面横插数根鸟形木条，栏杆板面画四君子中的梅、菊花纹。架子前后插交叉撑杆，其四个顶系矩形布幛。一般8或16人抬起。出殡时置灵柩于架内。其规格为抬架长5米、宽70厘米、总高1.8米。从前，各个村落设"丧舆契"，村民出钱、出物制作此具，共同使用；并在村里较偏僻的地方建"丧舆房"，指定专人妥善保存。抬丧舆出殡时还有专门的"丧舆歌"，丧舆所履行的是连接阳间和阴间、生者领域和亡者领域的神圣使命。

丧舆是在儒家式丧礼文化比较盛行的时期出现的仪礼工具和艺术产品。从结构上运用了朝鲜族古老的建筑样式，采用民间绘画和雕刻手法，刻画出重要的表象物，反映朝鲜族崇尚吉祥平安的朴实心愿和精湛的审美意识，可以说是历史性、文化性、艺术性融为一体的设计案例之一。

图片来源
图一　延边博物馆
图二　《中国朝鲜族民俗写真录》　延边人民出版社 2012年
图三至图四　成光虎　制图

图二　朝鲜族丧舆

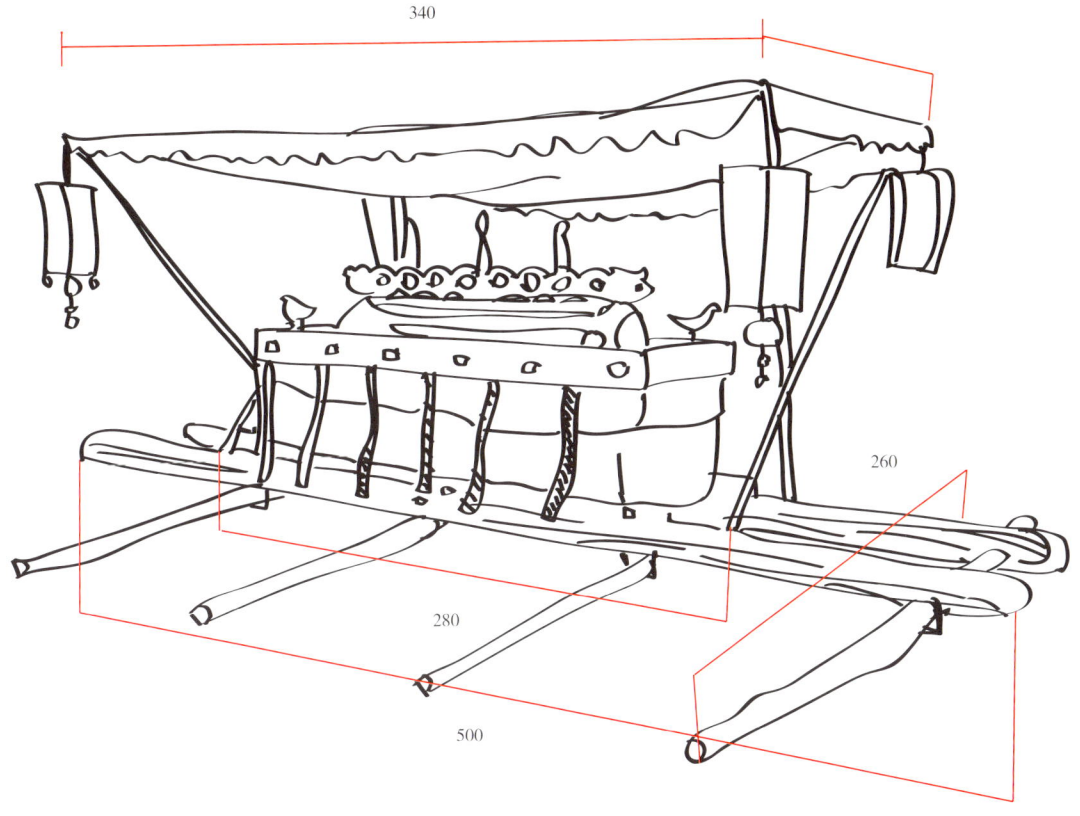

图三　朝鲜族丧舆尺寸分析图（单位：cm）

人偶雕刻装饰

龙头雕刻装饰

鸟雕刻装饰

图四 朝鲜族丧舆局部示意图

朝鲜族柶戏

图一　朝鲜族柶戏主图

　　柶戏是朝鲜族民间男女老少都喜欢的一种游戏。朝鲜语称"尤茨"。正月十五日是在新的一年里月亮第一次变圆的日子，人们对新的一年充满美好的希望。因而正月十五成为各类民俗事象最多的一个节日，并且在这一天举行各类趣味性的民俗游艺活动。其中，柶戏是比较有特色的民俗游戏项目。

　　柶戏可以2人或4人分两组进行，也可以进行团体比赛。此游戏要具备柶、筹码、行马图等。柶有木条柶和豆柶两种。木条柶是把两根长30—40厘米、直径2—8厘米的木段劈成两半，作为四根柶，其大小各异。一般采用荆条或柳条枝、柳树枝做成。豆柶用长约2厘米的芸豆做成。木条柶一般玩在庭院内，豆柶一般玩在屋内。筹码称为"马"，可以临时随意找一样豆粒、石子、小木条等充当。但比赛双方用的马不能相同。行马图一般画在白纸或木板上，以28宿星座组成，有圆形行马图和方形行马图。柶有5个分数点，一点为"道"，二点为"盖"，三点为"格儿"，四点为"尤茨"，五点为"冒"。它们各代表世间动物，即，道是猪、盖是狗、格尔是骡子、尤茨是牛、冒是马。进行比赛时，根据掷出的点数在行马图上走马，走出行马图快而多者取胜。

柶戏不受人数、性别、年龄、职业限制，城乡各界都很盛行，节日还要组织比赛。可以说是具有历史性、趣味性、文化性特色的典型的民俗游戏项目。

图片来源

图一　延边博物馆

图二至图五　柳星　制图

图二　朝鲜族柶戏工具图

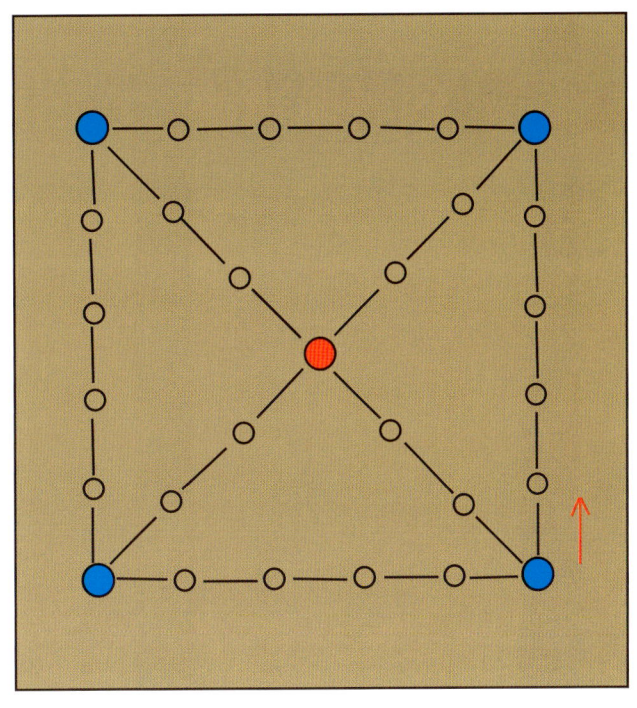

图三　朝鲜族柶戏行马图

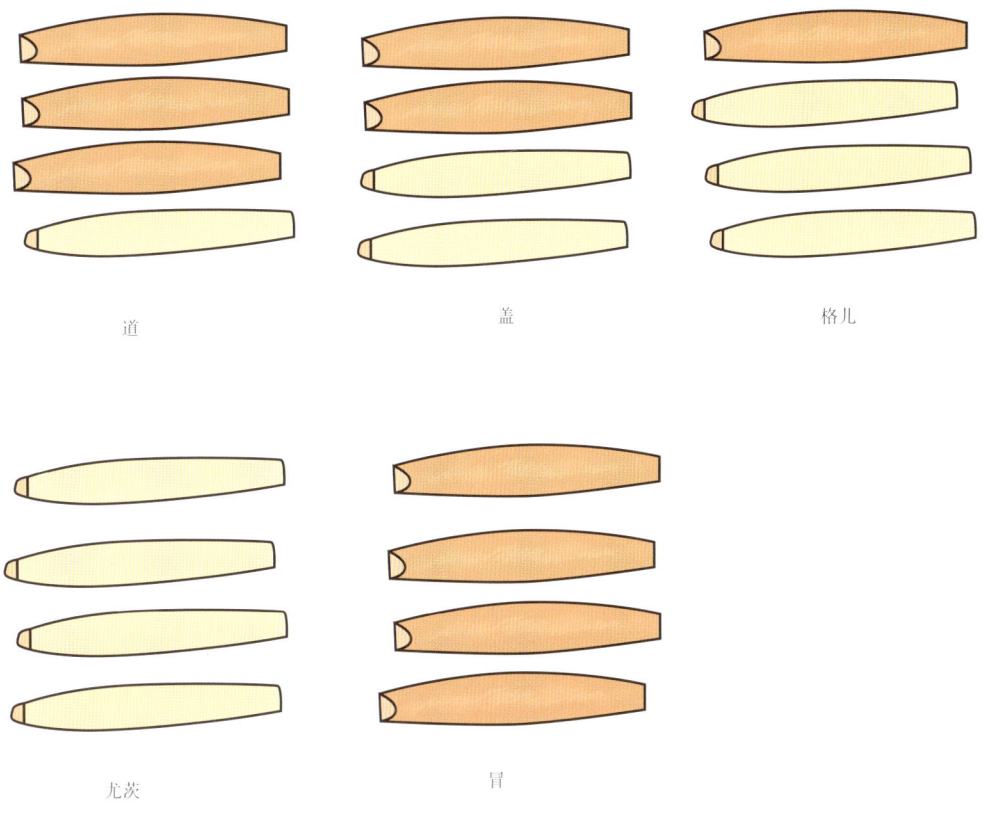

道　　　　　　　盖　　　　　　　格儿

尤茨　　　　　　冒

图四　朝鲜族柶戏行马玩法示意图

第七章　朝鲜族统民俗和宗教造像

图五　朝鲜族柶戏行马示意图

朝鲜族秋千

图一 朝鲜族秋千主图

端午节是朝鲜族传统节日中，开展体育竞技运动最为热闹的节日。通常有摔跤、荡秋千、跳木板、农乐等游艺。秋千是朝鲜族妇女非常喜爱的民俗游戏和体育比赛项目之一。朝鲜族妇女在端午节荡秋千，有着久远的历史。据《宋史》记载：高丽"端午有秋千之戏"。16世纪朝鲜民族女诗人许兰雪轩曾写《秋千歌》，描绘荡秋千的情景。

荡秋千要有秋千架。秋千架由两根直径约20—30厘米的柱状木头组成，其高度为10—12米，两根柱子之间的距离，底部为3—4米、上端为2米左右。两根秋千绳分别拴在秋千架上端横木上，绳子下端绑接脚蹬板，距地面约80厘米。距离脚蹬板130厘米处的两根秋千绳上，各栓一个用以系手腕的布带套。进行比赛时，秋千架前竖立铃铛架。铃铛架由两根木条组成，上端拉一根拴有铃铛的绳子，离地面有10米的高度，可以灵活升降。秋千比赛分胜负有多种方法，其中最普遍的是把规定高度的铃铛撞响次数最多者为胜，也有的只比荡秋千的高度。

荡秋千是朝鲜族青年女子最喜欢的一项传统游戏。朝鲜族妇女身着彩色长裙，踏上秋千板，凭着腰部、臂部的力量向前后摆荡，越荡越高，如紫燕凌空，自由自在；如仙女腾云，优美飘逸。现在，荡秋千不但是端午节、中秋节和农闲喜庆日的娱乐项目，而且变成了体育竞赛项目。荡秋千需要体力、技巧，更需要勇敢的精神。它充分体现了朝鲜族妇女文雅而又勇敢的性格。

图片来源
图一　延边博物馆
图二至图四　成光虎　制图

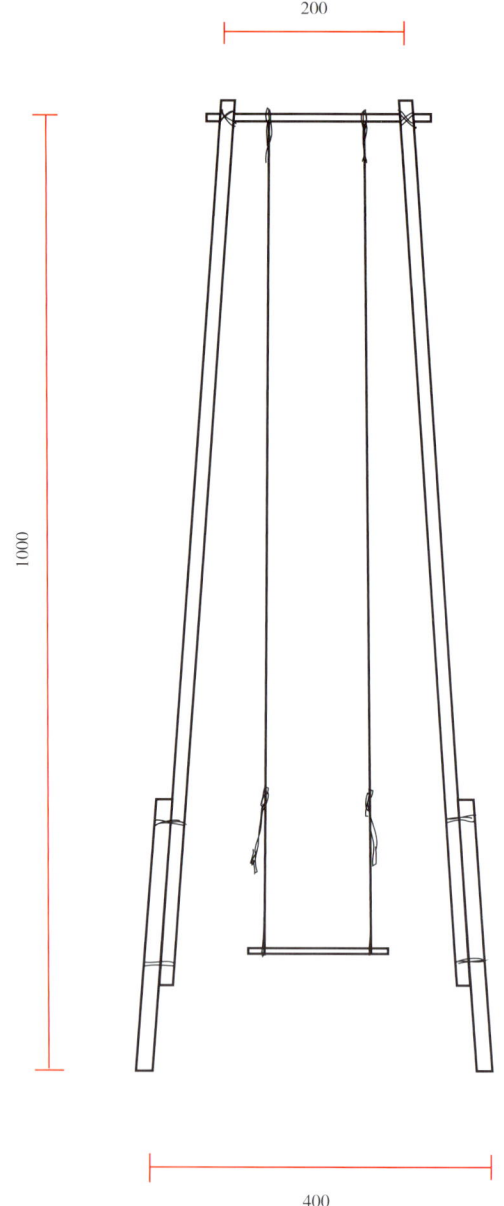

图二　朝鲜族秋千尺寸分析图（单位：cm）

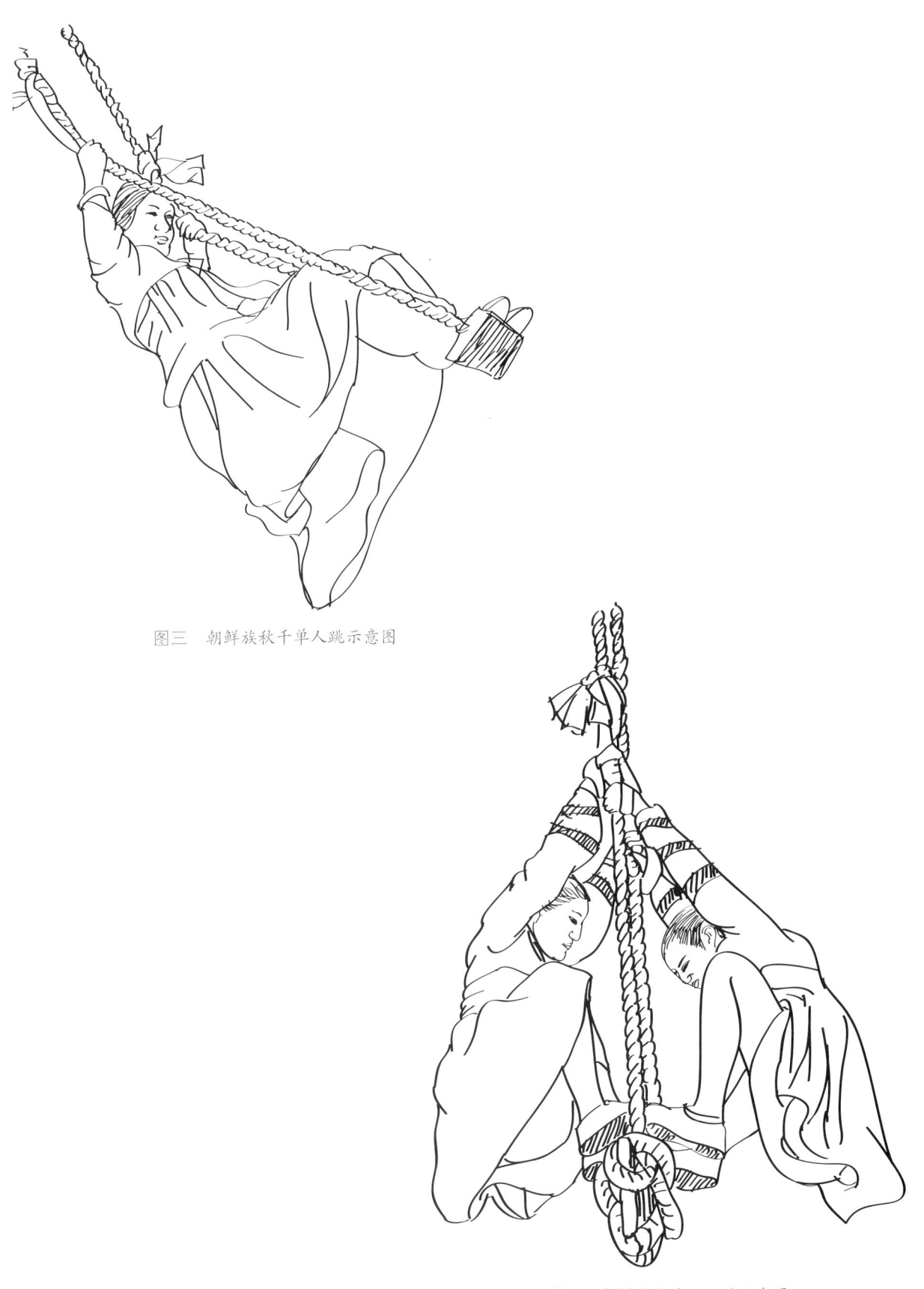

图三　朝鲜族秋千单人跳示意图

图四　朝鲜族秋千双人跳示意图

第七章　朝鲜族统民俗和宗教造像

朝鲜族跳板

图一　朝鲜族跳板主图

跳板是朝鲜族传统游戏项目之一，历史悠久。朝鲜族民间有句俗话说："姑娘时不跳跳板，出嫁后就会难产。"因此，跳板运动很受重视与喜爱。关于朝鲜族跳板的由来，还有一段浪漫的传说：传说古代朝鲜妇女受封建伦理道德束缚，整天闷在自己家的院子里，不准出大门，为了看看院外的世界，她们只好在院内墙根处支起跳板腾空跃身，偷看院外的风光。

跳板是朝鲜族民间体育器具。用有弹性的松木制作。一般长4.5—5米，宽35厘米—40厘米，厚5—5.5厘米；中间部位下支垫木，高为25—30厘米。每逢元宵、端午、中秋等节日，朝鲜族妇女多有赛事。比赛时，一名妇女横坐跳板中点，参赛的两人分立两端，一人先挑起，落下时猛力踏板端，将对方弹起；对方利用弹力向上跃起，落下时亦踏板弹起对方。如此轮番弹跳，以高者为胜。

跳板是朝鲜族女子最喜欢的一项传统游戏。现在，跳板不但是端午节、中秋节和农闲喜庆日的娱乐项目，而且变成了体育竞赛项目。跳板需要体力、技巧，更需要勇敢的精神。它充分体现了朝鲜族妇女文雅而又勇敢的性格。

图片来源

图一　延边博物馆

图二至图四　成光虎　制图

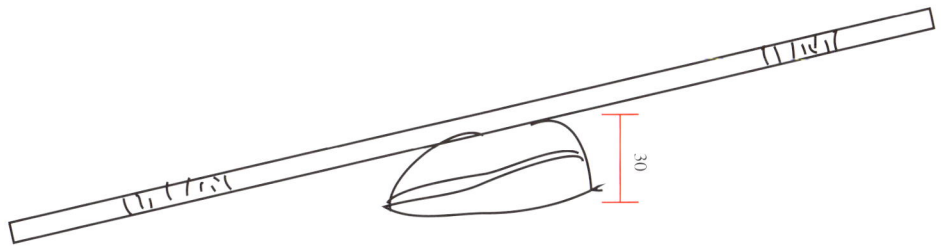

图二　朝鲜跳板尺寸分析图（单位：cm）

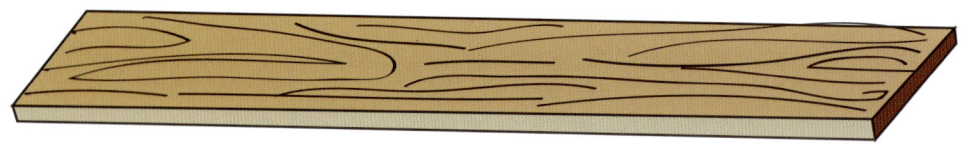

木板

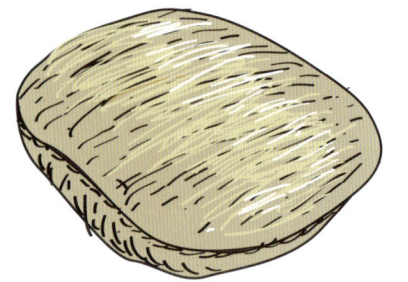

草垫子

图三　朝鲜族跳板结构分析图

图四　朝鲜族跳板示意图

朝鲜族摔跤

图一　朝鲜族摔跤主图

摔跤是中国朝鲜族代表性的传统竞技体育项目，是朝鲜族人民智慧的结晶，体现了朝鲜民族积极进取、乐观向上的民族精神。在古代，朝鲜族摔跤运动称作"角力""高丽技""撩跤""脚戏"。公元前1世纪高句丽时期的古墓壁画上就有摔跤的场面。在18世纪的朝鲜学者柳得恭所著《京都杂志》中，就有对朝鲜族摔跤内勾、外勾、箍脖等动作的描述。高丽时期把摔跤冠军称为"力士"，大加褒奖，并从中挑选国王的护卫"甲士"。后来发展成民众的竞技游戏项目。

摔跤是朝鲜族古老的体育和娱乐活动。延边素有"摔跤之乡"之称。每逢端午节或中秋节，四方摔跤手云集，争夺锦标，人们常选一头肥壮的黄牛作为奖品给优胜者。比赛时，双方穿上特制的服装，右腿上扎一束白色的带子，各自将左手套进对方的带里，右手抓住对方的腰带，裁判一声令下，双方同时立起，比高低，经过多局较量，获胜者牵着黄牛在锣鼓声中绕场一周，向观众致意，家人和观众身着民族盛装载歌载舞，鼓掌欢呼，热闹非凡。

朝鲜族摔跤真实地反映了朝鲜族勇敢顽

强、坚韧不拔的乐观精神，展现了朝鲜族人民深厚的文化底蕴和独特的人文景观。特别是骑着彩绸装饰的黄牛，不仅是财富和地位的象征，更代表人们对吃苦耐劳、勤劳朴实的黄牛精神的向往。观众身着民族盛装载歌载舞、鼓掌欢呼、饮酒庆贺，也是民族凝聚力的体现，是朝鲜族人民智慧的结晶、文化的集成，也是中华民族文化的重要载体。

图片来源
图一　延边博物馆
图二至图五　成光虎　制图

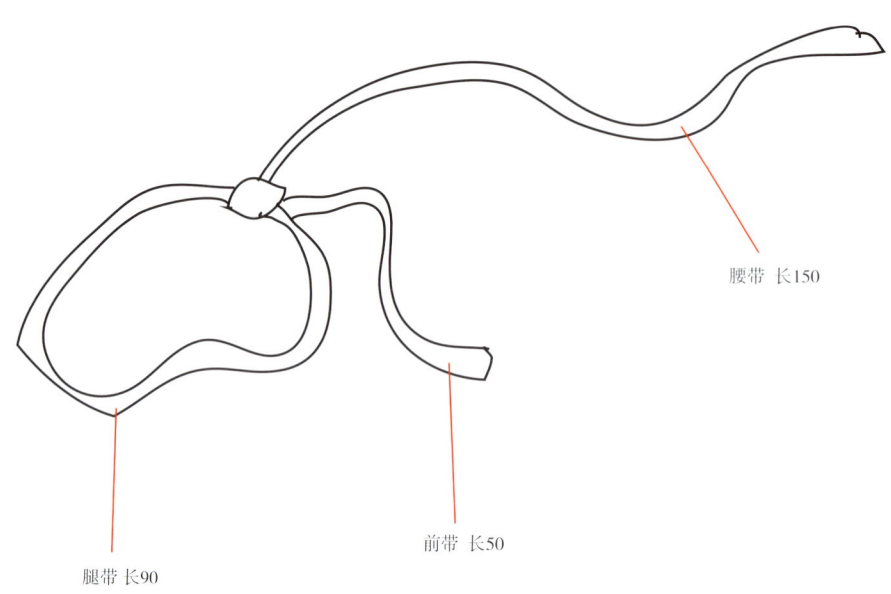

图二　朝鲜族摔跤工具结构图（单位：cm）

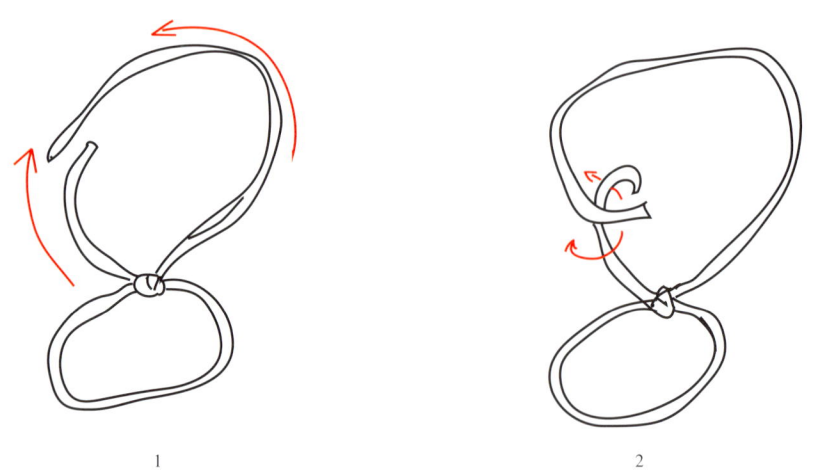

图三　朝鲜族摔跤系带方法示意图

开始姿势

摔跤技术

图四 朝鲜族摔跤操作示意图

图五　朝鲜族摔跤效果图

朝鲜族拔草龙

图一　朝鲜族拔草龙主图

拔草龙是朝鲜族传统的民间游戏项目之一，民间称索战，是在上元、端午、百种、中秋等节日举行的大型的竞技性活动。关于拔河游戏的起源，众说纷纭，有人认为拔草龙是原始的农事信仰仪礼——地母崇拜和龙蛇崇拜的产物，有些人认为拔草龙起源于古代的年中岁时风俗——占岁仪礼。不管哪一种说法占优势，但不可否认拔草龙游戏是劳动人民在长期的生产、生活中创造的显示集体团结力量的群众性活动这一客观事实。

拔草龙的绳索材质为稻草，形状似大龙，故称草龙。拔河所用的绳索比较特殊，由主绳和侧绳构成。主绳由两根组成，有阴阳之分，一根称作雄绳，另一根称作雌绳。两根绳的粗头部均有连接环，雄绳连接环呈椭圆形，雌绳连接环呈圆形，比赛时，把雄绳环插入雌绳环内，然后在雄绳环里插上一根簪子木牢牢固定。主绳的直径有几十厘米或一米不等，由30—40根直径3厘米的粗草绳组合而成，长可达几十米或者100—300

米。主绳两侧以一米的距离连接又粗又结实的侧绳，人们各站在主绳的两侧抓住侧绳往后拽拉。参加拔草龙的人少则几百，多则几千，一般在以河为界或以道为界相邻的村落之间进行。比赛时，两边各有拉拉队，高举农旗，敲锣打鼓，头摇象毛，呐喊助威，场面十分壮观、热闹。

过去拔草龙不但是农耕人力量的较量，而且是带有占岁色彩的信仰活动。人们通过游戏的输赢来判断凶丰，认为比赛中取胜的村落一方，就能获丰收。虽然有些迷信色彩，但是从中我们可以看出人们渴望风调雨顺、丰衣足食的朴素心愿。如今拔草龙已失去从前的意义，成为纯粹的竞技性、娱乐性的大众活动。

图片来源
图一　延边博物馆
图二至图四　成光虎　制图

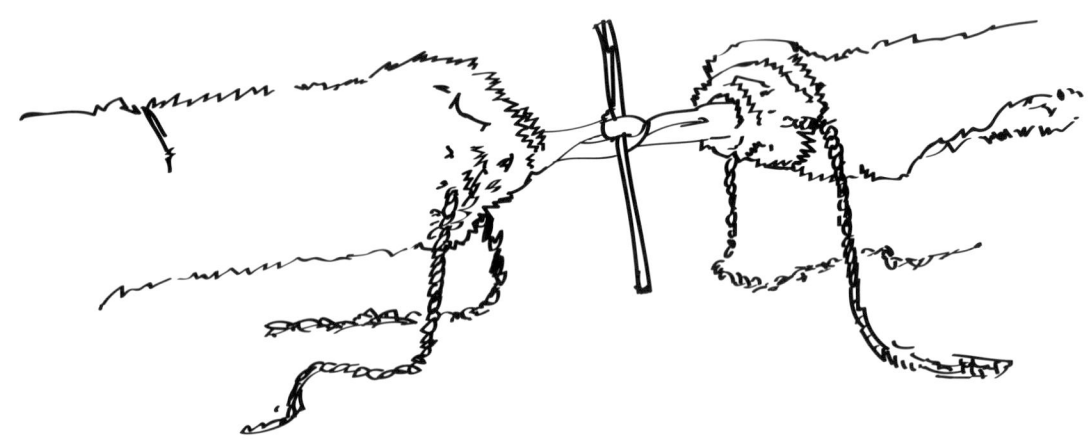

图二　朝鲜族拔草龙局部图

图三　朝鲜族拔草龙比赛示意图

图四　朝鲜族拔草龙比赛图

第七章　朝鲜族统民俗和宗教造像

481

朝鲜族花斗

图一 朝鲜族花斗主图

花斗是朝鲜族民间游戏之一。也称"画图"。20世纪初，花斗游戏在朝鲜族聚居区成为民间比较盛行的娱乐游戏。如今已被列入国家非物质文化遗产代表性名录。

花斗牌类似扑克，规格比扑克小，共48张，图案分12组，每组4张。每组图案都以一年12个月动植物或自然景色为背景："松鹤"代表一月，"梅鸟"代表二月，"樱花"代表三月，"黑茗"代表四月，"兰花"代表五月，"牡丹"代表六月，"红茗"代表七月，"明月"代表八月，"菊花"代表九月，"丹凤"代表十月，"梧桐"代表十一月，"雨"代表十二月。这些牌中有24张是计分的，计240分，另24张是不计分的"皮子"。花斗的玩法较多，人数一般是2人以上6人以内，但最常见的是3个人一组的玩法。如果是3人玩牌，给坐庄人上牌后，坐庄人给每人分两次7张牌，底牌掀6张。其余的牌全部扣下。出牌由坐庄人开始，然后按逆时针方向顺序出牌。用自己手里的牌吃回下面掀起的与其相同的一张牌（即象征同一月份的图案），然后从扣下的牌中掀起一张放底牌，要有同一组的图案时也可吃回来。依此类推，直到把牌全部吃回来为止。最后，各自所得的分数，每人扣除总分数三分之一（80分）的老本，超出的部分是赢的，不足老本便是输的。

花斗玩法简单，趣味性高，竞技性强，无论男女老少都可参与。它不受人数和场地的限制，是比较盛行的朝鲜族民间游戏之一，也是在我国朝鲜族聚居地区广为流传的娱乐活动项目。它对丰富人民精神文化生活具有重要的意义。

图片来源
图一　延边博物馆
图二至图四　成光虎　制图

图二　朝鲜族花斗画图牌

图三　朝鲜族花斗玩法图

图四　朝鲜族花斗示意图

朝鲜族假面戏

图一　朝鲜族假面戏主图

假面是朝鲜族传统假面戏的道具,历史较为久远,起源于朝鲜半岛。假面舞是一种戴假面具表演的民间艺术。假面舞原是朝鲜族传统农乐戏中的一种表演形式,随着舞蹈表演形式的不断变化,逐渐成为独立的民间民俗舞蹈。

假面戏的表演综合了唱诵、对话、舞蹈等艺术形式,并具有戏剧性。假面戏多用于表现讽刺性内容,情节活泼、幽默。表演分7幕12场,每一幕有独立的内容。现在表演一般取其中部分情节和动作,在节日及其他娱乐的场合表演。假面戏历史悠久,在高句丽壁画墓中就有戴假面起舞的人物形象。中国朝鲜族的假面戏仍然采用古老的表演形式反映百姓们的生活情景,讽刺和谴责上流阶层的腐败和堕落。吉林省安图县新屯村每当正月初就演绎洞祭、长丞祭、踩地神等民俗活动,其中必演祈福驱厄的假面戏。假面的材质有多种,有木料、瓢、纸、麻布等,其中木制的假面最为盛行。朝鲜族传统农乐戏中假面戏的角色也多种多样。有两班角、猎手角、婆婆角、媳妇角、艺妓角、下人角、和尚角等。假面舞主要通过演员头戴假面具进行表演,表现的是一群农民正在庆祝丰收,两班酒鬼带着一群妓女闯来捣乱,丑态百出,被忍无可忍的群众扔进了酒桶,以此表达愤怒之情。假面戏表演诙谐风趣、场面宏大,以朝鲜族传统舞蹈为基础,运用夸张的表演动作，在打击乐的伴奏下，高潮一个接着一个，鲜明而深刻地展示了不同阶级的人生观、价值观及世界观。

假面戏是朝鲜族民间游艺中唯一利用假面具表演的舞蹈，具有鲜明的思想内涵。借用面具进行表演，虽然没有固定的表演程式，但在朝鲜族民间舞蹈中具有独特的表演方式，极具民族特色和艺术价值，是朝鲜族民间舞蹈特殊的表演形式，对于研究朝鲜族民间舞蹈和文化具有极高的价值，对丰富和完善中国民族舞蹈形式具有重要的意义。

图片来源
图一　延边博物馆
图二至图三　成光虎　制图

图二　朝鲜族假面戏面具示意图

图三　朝鲜族假面舞示意图

朝鲜族将棋

图一 朝鲜族将棋主图

将棋是朝鲜族传统的智力游戏棋具之一，也称象棋。朝鲜族将棋已有1800年的历史。将棋起初叫象戏，到了朝鲜李氏王朝初期改名为将棋，得到广泛普及，在农村成为老人消遣的游戏。19世纪中叶，随着朝鲜人移居中国，朝鲜族将棋传入我国朝鲜族聚居区，并在民间得到传承和发展。

朝鲜族将棋源于中国传统象棋，经过长时期的传出和传入过程，棋子摆法和部分行马法与中国象棋有相同之处，但又有着显著的区别。朝鲜族将棋与中国传统象棋在玩法上主要有以下几点区别：一是将和仕在九宫内可以直走也可以斜走；二是开局前象（相）马二处位置可以互换；三是象（相）每次斜走两格再直走一格，即从"用"字的一角走到对面的一角，并可以越过界河充作进攻兵力；四是炮必须隔子才能走动，并且一方的炮不能吃对方的炮，若隔子打子，当中隔一炮亦不能发生打子及将军的效力；五是卒（兵）过界河之前也可以横走，在九宫里可以向前斜走；六是开局前，楚（漢）必须置于九宫中间位置。从整体上看，朝鲜族将棋的行棋规则比中国传统象棋要灵活得多，唯独对炮的走法限制得比较厉害。

朝鲜族将棋历史悠久，是朝鲜族世代传承下来的传统智力竞技项目。是经过漫长的历史过程积累下来的朝鲜族人民智慧的结晶，在全国少数民族的传统文化中，以区别于其他民族的特有风格独树一帜，不论是在专业队比赛中，还是在群众性的体育娱乐活动中，朝鲜族将棋以其独特的魅力占据着一席之地。

图片来源
图一　延边博物馆
图二至图四　成光虎　制图

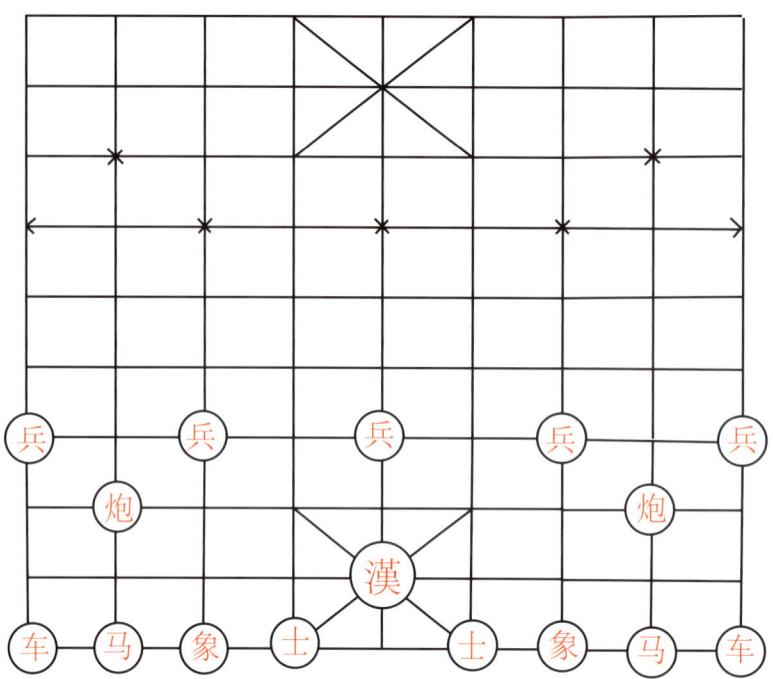

图二　朝鲜族将棋棋盘示意图

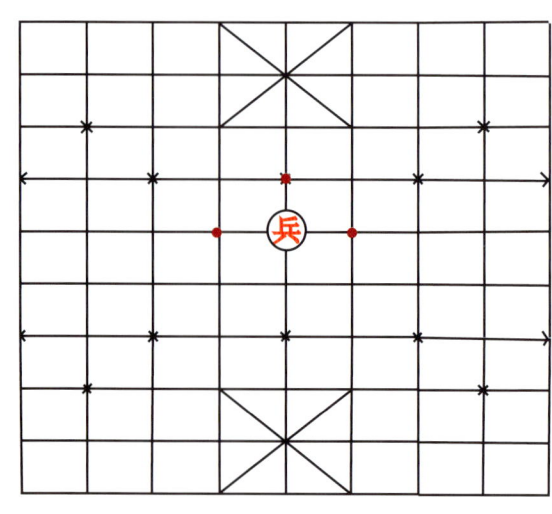

朝鲜族象棋棋子走法图-兵

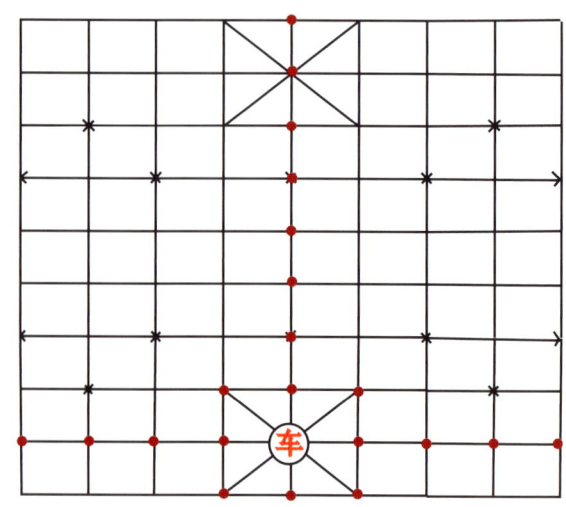

朝鲜族象棋棋子走法图-车

图二　朝鲜族将棋棋子走法图1

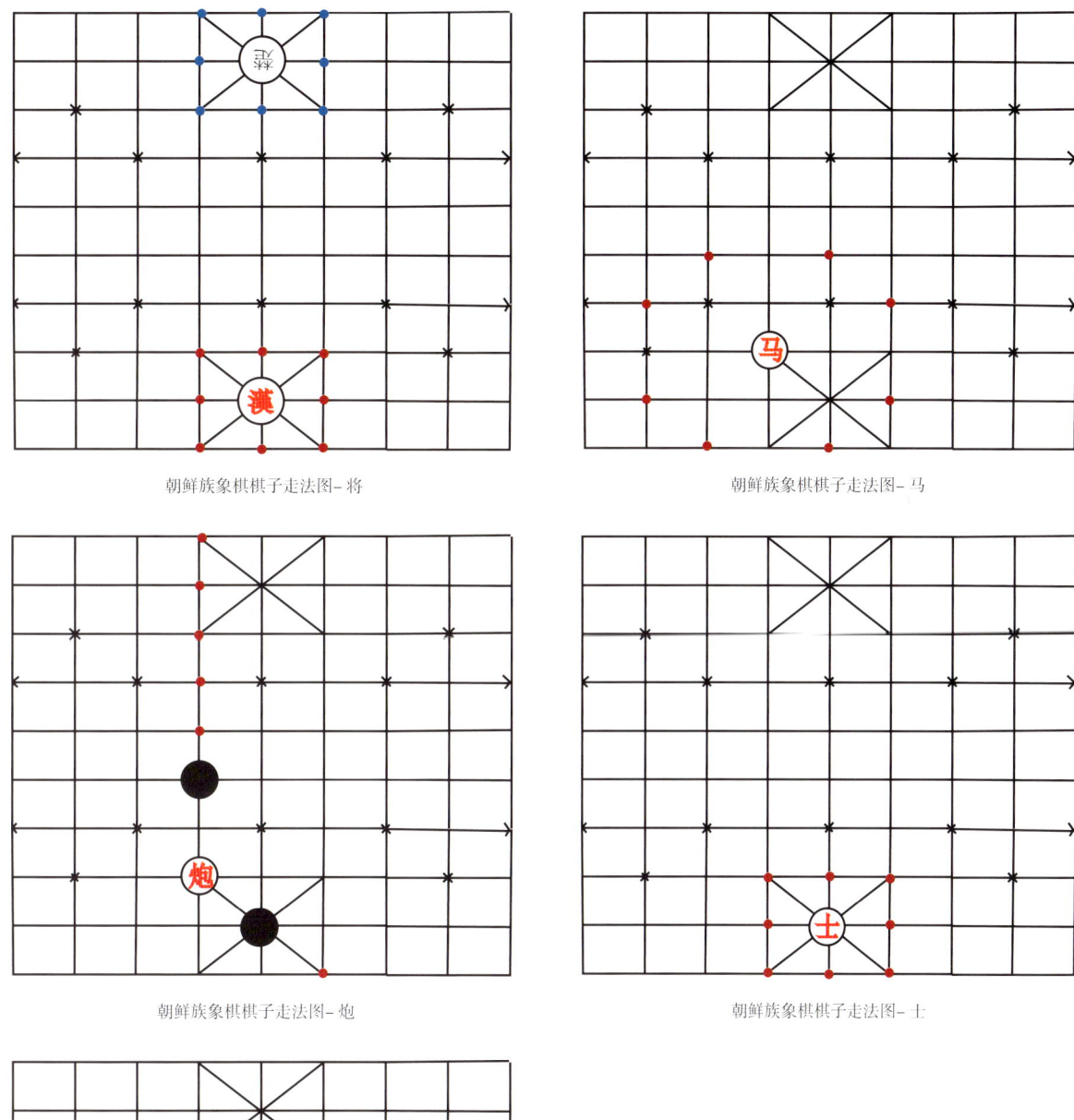

图三　朝鲜族将棋棋子走法图2

图四　朝鲜族将棋下棋示意图

朝鲜族防厄驱邪风筝

图一　朝鲜族防厄驱邪风筝主图

防厄驱邪风筝是朝鲜族传统的信仰习俗用品之一。此风筝又称"厄鸢""送鸢"。过去在民间为了驱厄祈福,每年正月初一到十五放飞此风筝。朝鲜族放飞防厄驱邪风筝的风俗由来已久,早在公元前后就有放飞"风鸢"平息民心的记载。后来,放飞防厄驱邪风筝习俗演变为岁时节日的民俗游艺项目。19世纪中叶,朝鲜族迁入到中国东北后,仍然继承此习俗,每逢正月十五就让孩子们放飞风筝。

此风筝形如方形的盾牌,在风筝的表面用汉字书写"送""送厄""送厄迎福"或本人的姓名、四柱、住址等。长方形风筝的大小一般长50—60厘米、宽30—40厘米。放飞风筝有一定的讲究,就是到了正月十五傍晚行"迎月亮"活动后切断风筝线,让各自的风筝自行飞翔把厄运驱走。切断风筝线也有一定的方法,先把干燥的艾蒿、桑树木炭粉用宣纸制成20厘米长的卷条拴在风筝线上,然后在纸卷条点火,风筝飞到一定高度后纸卷条燃尽烧断风筝线,风筝就自行飞行一段时间后掉在地面上,风筝掉地后不能拾捡。这就是正月十五"除祸招福"的风俗。

防厄驱邪风筝是带有趣味性、文化性特征的传统游戏项目之一,其中蕴含着人们向往无病长寿、生活美满、万事如意的朴实心愿。

图片来源

图一　延边博物馆
图二至图三　成光虎　制图

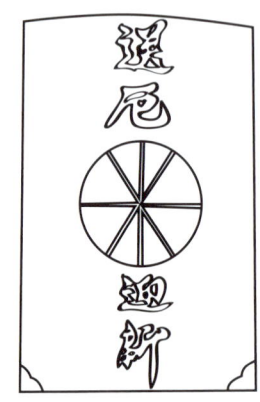

图二　朝鲜族防厄驱邪风筝尺寸图（单位：cm）

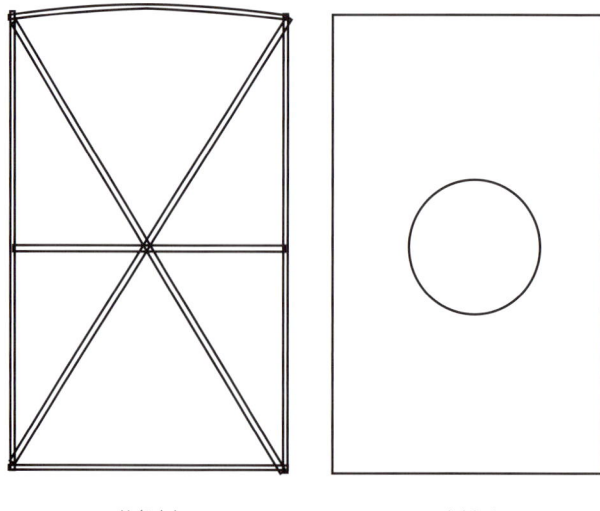

图三　朝鲜族防厄驱邪风筝结构分析图

朝鲜族禁绳

图一　朝鲜族禁绳主图

禁绳是朝鲜族民间信仰器具，即用于驱鬼辟邪的草绳。用稻草搓成，搓的方向与普通草绳相反，以为恶鬼厌恶左侧。民间多在妇女分娩时横拴在门前，俗谓可驱鬼辟邪，保护母婴；并在绳股间插入松枝、木炭、红辣椒等物。在身患轻病、腌大酱、做豆腐时，也有此举。此俗盛行于朝鲜李氏王朝时期，19世纪中期传入中国朝鲜族聚居区，20世纪50年代后逐渐消失。

朝鲜族对孩子的出生尤为关注，出现了一系列贺诞习俗，其中包括挂禁绳。挂禁绳是指新生儿诞生之初，生产之家在大门前挂一根稻草绳，以表孩子出生。禁绳是寓意抓捕和捆绑牛鬼蛇神的草绳，把带有阳刚之气的绿色松树枝和红色干辣椒以及具有净化空气作用的木炭插在禁绳股间。绳子上插上某些象征物以表示孩子的性别，如生下的是男孩，就插上红辣椒，而生下女孩则插上木炭。红辣椒形状与男性的生殖器相似,可作为男性的象征,辣椒颜色为红色,属于"阳",具有辟邪作用,所以红辣椒既是男性的标示,又是辟邪之物。木炭颜色为黑色,属于"阴",而且经过火烧而成,也可以辟邪,因此木炭也与红辣椒一样,既是女性的象征,也是辟邪之物。这种禁绳要挂21天,以禁止外人进出,以此来保证产妇和婴儿的健康。挂21天禁绳习俗的产生与朝鲜族神话里的熊女故事有关。据传,远古时期有一个熊女,向神祈祷,要把自己变成人,神就让它在山洞里躲避阳光21天,熊依照神的吩咐去做,终于变成一个女人。可见挂上禁绳21天,以此来隔离与外部的接触,其目的在于辟邪。

禁绳是朝鲜族传统信仰的产物,它是自然的神力与人的意志的合理的融合。这种习俗看起来带有迷信的色彩,但通过此举祈求达到子孙繁盛、孩子健康成长的美好期望。

图片来源
图一　延边博物馆
图二至图三　成光虎　制图

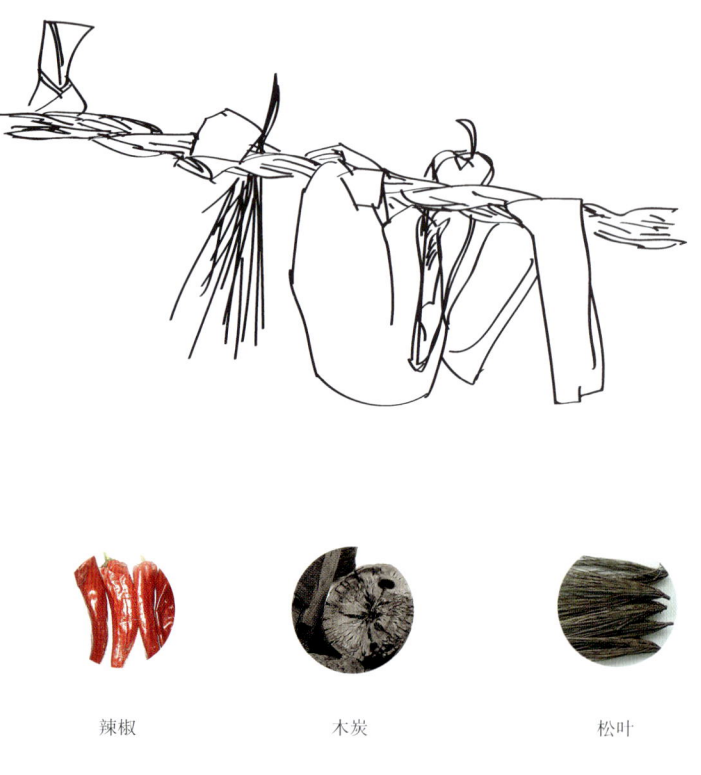

辣椒　　　木炭　　　松叶

图二　朝鲜族禁绳构件图

图三　朝鲜族禁绳效果图

朝鲜族长丞

图一　朝鲜族长丞主图

长丞是朝鲜族民间守护神像，又称"长柱"。长丞是朝鲜族传统村落信仰的崇拜物，一般立在村口或路边显眼处。此俗起源于朝鲜三韩时期的原始自然崇拜，到李氏王朝时期流行于整个朝鲜半岛，被视为防厄辟邪、祈福寿安的偶像。自19世纪中叶起，中国东北的朝鲜族村落均立长丞，20世纪中期消失。

长丞的材质为圆木。选用圆木（有些地方用带跟的圆木倒立），上部刻头戴纱帽、眼鼻突露、露出牙齿的人面像，上刻"天下大将军"或"天上天下逐鬼大将军"（男长丞），"地下大将军"或"东西南北逐鬼大将军"（女长丞）字样，背面刻"××郡×里"标记。高度约280厘米，男长丞比女长丞稍高。这种神像也作为村落的守护神之一，用来防止杂鬼和邪气侵入村庄，还用以表示村子的外部界线。长丞也是朝鲜族部落神信仰类型之一，原初的含义相当于村庄的门神，起着守护神、守门神、防卫神的作用。在民间也有长丞祭祀习俗。每当正月初上元节到来之际就举行踩地神，村里的农乐队通过此举进行乞粒活动。到村里举行踩地神之前，农乐队先到村口的长丞旁摆设简单的祭品，在领头的主持下向神像祭拜，祈求保佑村落、村民安康。

长丞是朝鲜族传统村落信仰的标示物，具有守护村落的神力，其中还包含着朝鲜族人民向往平安和谐生活的美好愿望。

图片来源

图一、图四　延边博物馆
图二至图三　成光虎　制图

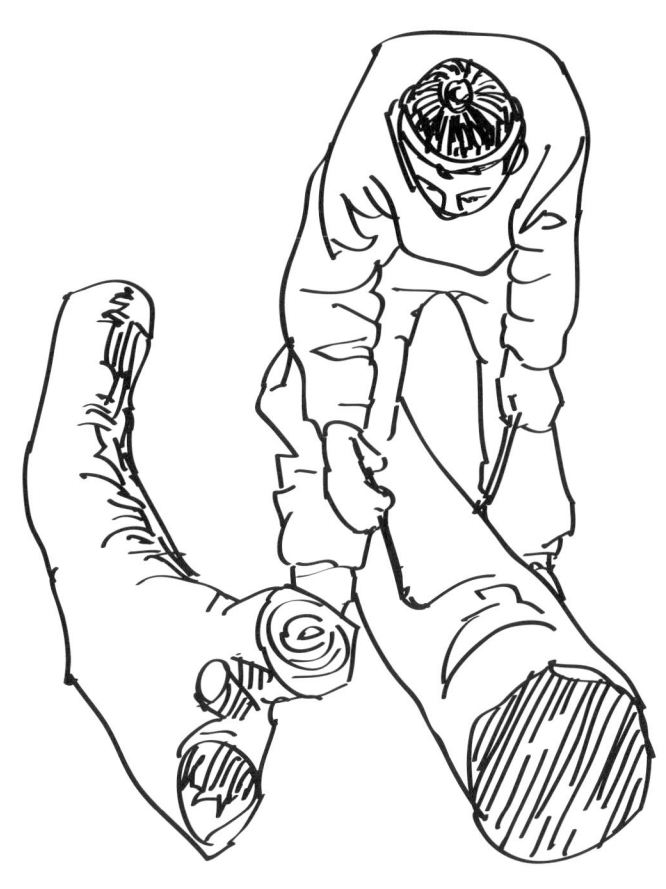

在干净的松树上，用墨构图，用斧头劈成大块

图二　朝鲜族长丞制作工序图1

细雕长丞

图二 朝鲜族长丞制作工序图2

图四 朝鲜族长丞效果图

朝鲜族神杆

图一　朝鲜族神杆主图

神杆是朝鲜族民间守护神象征物，来自于朝鲜族古老的鸟崇拜习俗。在细长的木杆顶部插木鸟，竖于村中显眼处，或立于长丞之旁。被视为村落的守护神、村落边界的标记。此俗始于朝鲜三韩时期，李氏王朝时期盛行于朝鲜半岛民间。19世纪中叶，通过朝鲜族的移居传入我国东北，20世纪50年代后逐渐消亡。

神杆的材质为木料，选择直径5—8厘米的长木杆，剥皮晒干，在木杆顶部钉有一个抽象地表现展翅飞翔的鸟状的木制品。长度各不相同，通常立在长丞的旁边，有时也单独立神杆。所立的数量一般为三条，有时可以多立。神杆的出现与朝鲜族古老的鸟崇拜习俗有着密切的关联。在崇信萨满教的北方诸民族中，鸟崇拜是较为普遍的，而且它与天穹崇拜紧密相关，成为萨满教文化的重要因子。朝鲜族也是北方崇鸟族的一员。朝鲜族的先民对浩旷无边的天穹充满神秘崇拜之情。他们又看到在世界万物中，唯独鸟类有优越的双翼，有无与伦比的凌空本领，自由自在地升降于天地之间。于是认为鸟具有沟通天地的神力，把鸟视为天穹的化身。在朝鲜族民间过去有过利用神杆祭祀的习俗，即,正月十五日,村民们聚在广场,立长杆,围杆打鼓敲锣,呐喊起舞,祈丰收,祝平安,并设祭坛。主祭人紧握此物,用力摇晃,口念咒语,等待神的降临。

神杆是朝鲜族传统村落信仰的标示物,被认为具有守护村落的神力,被人们视为无与伦比的天穹之化身,包含着朝鲜族人民向往平安和谐生活的美好愿望。

图片来源

图一　延边博物馆
图二至图三　成光虎　制图

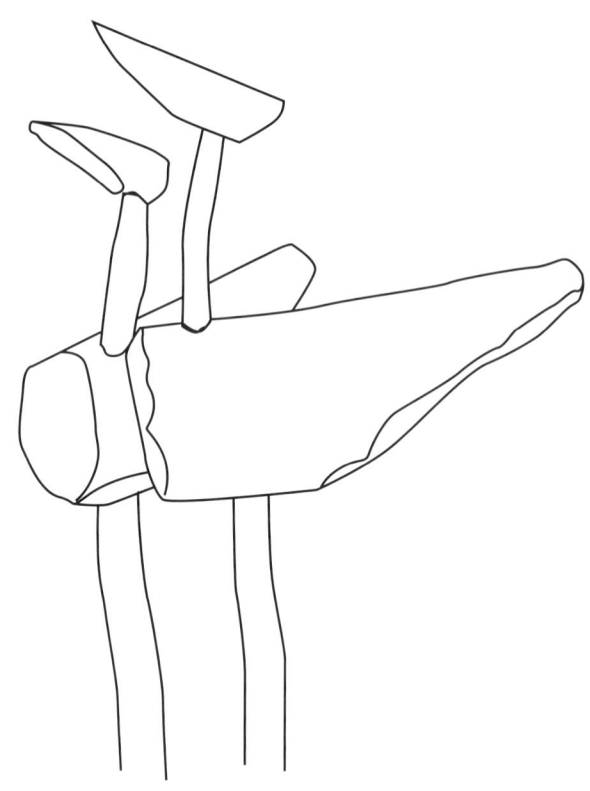

图二　朝鲜族神杆示意图

图三　朝鲜族神杆效果图

第七章　朝鲜族统民俗和宗教造像

朝鲜族巫刀

图一　朝鲜族巫刀主图

　　巫刀是朝鲜族传统巫俗信仰器具之一。民间也称为巫剑。朝鲜族传统的巫俗信仰源远流长,起源于远古时代,属于东北亚萨满教系统的一个分支。从事祭天、占卜者为巫觋,以前比较盛行巫觋们的跳神活动。人们在日常生活中遇到病患或一些棘手的难题时,常常请巫觋占卜吉凶祸福,通过巫祭跳神达到神驱鬼辟邪、治病救人的目的。目前朝鲜族的巫觋跳神不常见,但一些女性巫堂仍然继续传承其脉络。

　　巫刀为铁质,刀片长又宽,单面刃、刀头尖呈弧形,刀背呈直线,把柄和刀刃连接在一起。手柄系白、绿、粉红三色布条。其规格为长103厘米、宽9厘米。在巫堂跳神时挥刀捉鬼。巫堂在跳神时用的刀剑种类繁多,按照所祭拜的神灵分为将军刀、神将刀、大神刀、七星刀等。此巫刀属于将军刀。将军刀通常使用于祭拜英雄神或拥有防厄驱邪力量的神灵等，通过此刀显示神灵的威严和灵验。在忧患巫祭和病患巫祭中，驱赶妖魔鬼怪时，挥舞大刀。

巫刀是在巫祭跳神当中，非常重要的一件巫具。虽具有迷信色彩，但它属于民间的文化现象，从侧面反映了朝鲜族人民祈求平安幸福、生活美满的朴素心愿。

图片来源

图一、图四　延边博物馆

图二至图三　成光虎　制图

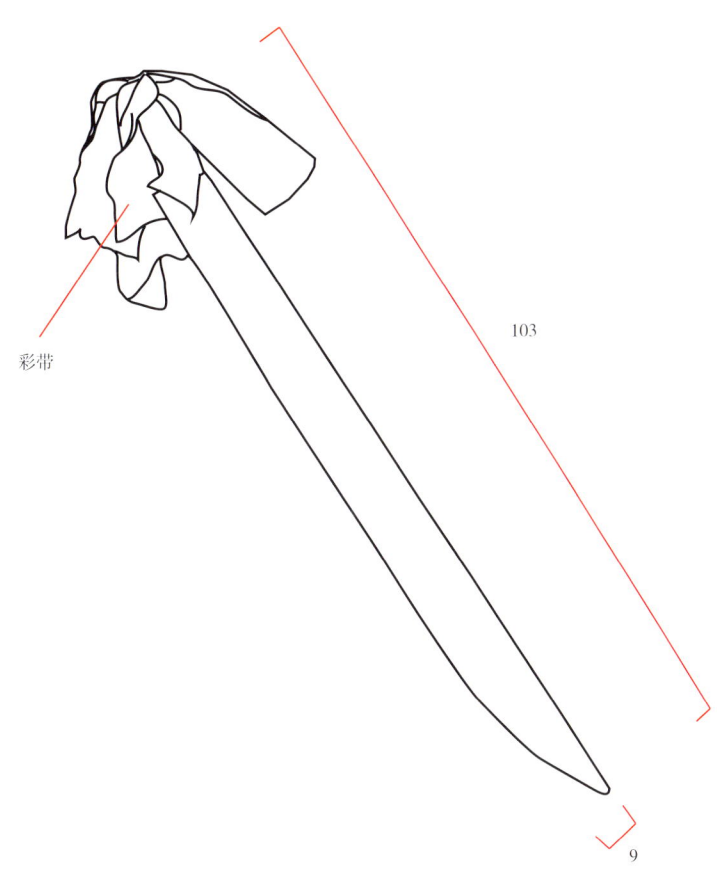

图二　朝鲜族巫刀尺寸分析图（单位：cm）

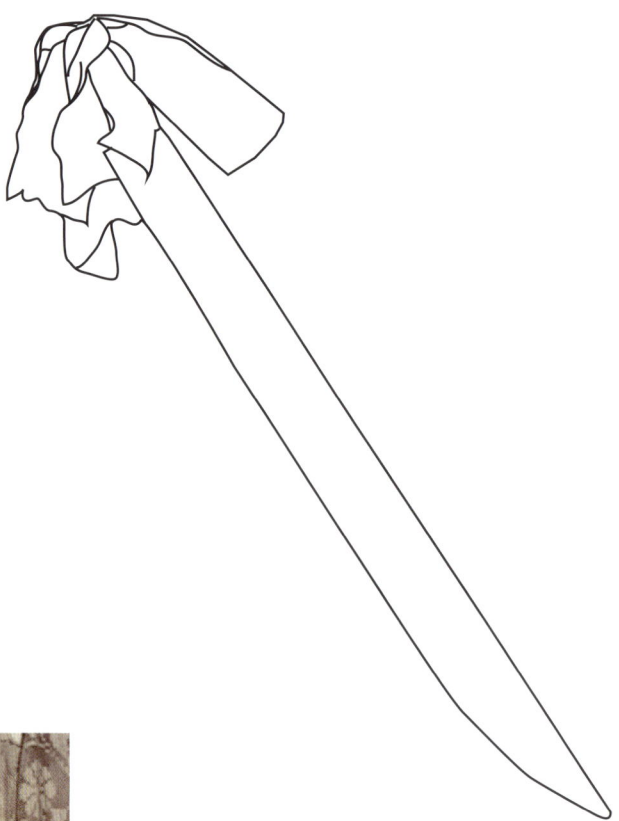

图三　朝鲜族巫刀示意图

图四　朝鲜族巫刀效果图

朝鲜族巫铃

图一　朝鲜族巫铃主图

巫铃是朝鲜族传统巫俗信仰中的巫堂跳神时使用的道具。俗称"神铃"。

巫铃以朱铜和锡的合金制成。上由小圆铃、"U"形架两段各有三四个小圆铃，象征阴阳雌雄。手把下段有直径2厘米的环，系40厘米长的黄布带。巫堂在跳神时，边念咒边起舞，作向神敬供物的姿势，同时左手持巫铃，右手握巫扇，将铃贴近耳边，轻快摇晃，招告神灵。中华人民共和国成立后，请巫堂跳神的现象基本绝迹，巫铃亦随之消失。

巫铃是在巫祭跳神当中，非常重要的一件巫具。虽具有迷信色彩，但它属于民间的文化现象，从侧面反映了朝鲜族人民祈求平安幸福、生活美满的朴素心愿。

图片来源
图一　延边博物馆
图二至图三　成光虎　制图

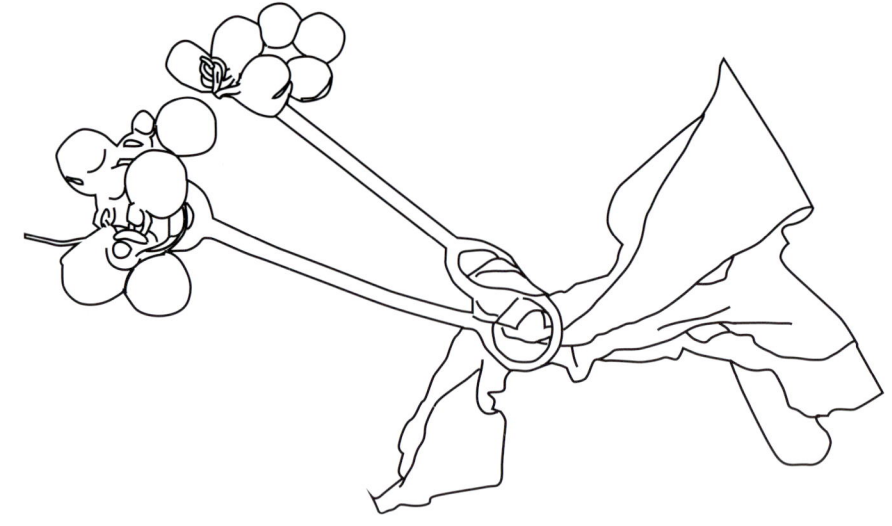

图二　朝鲜族巫铃示意图

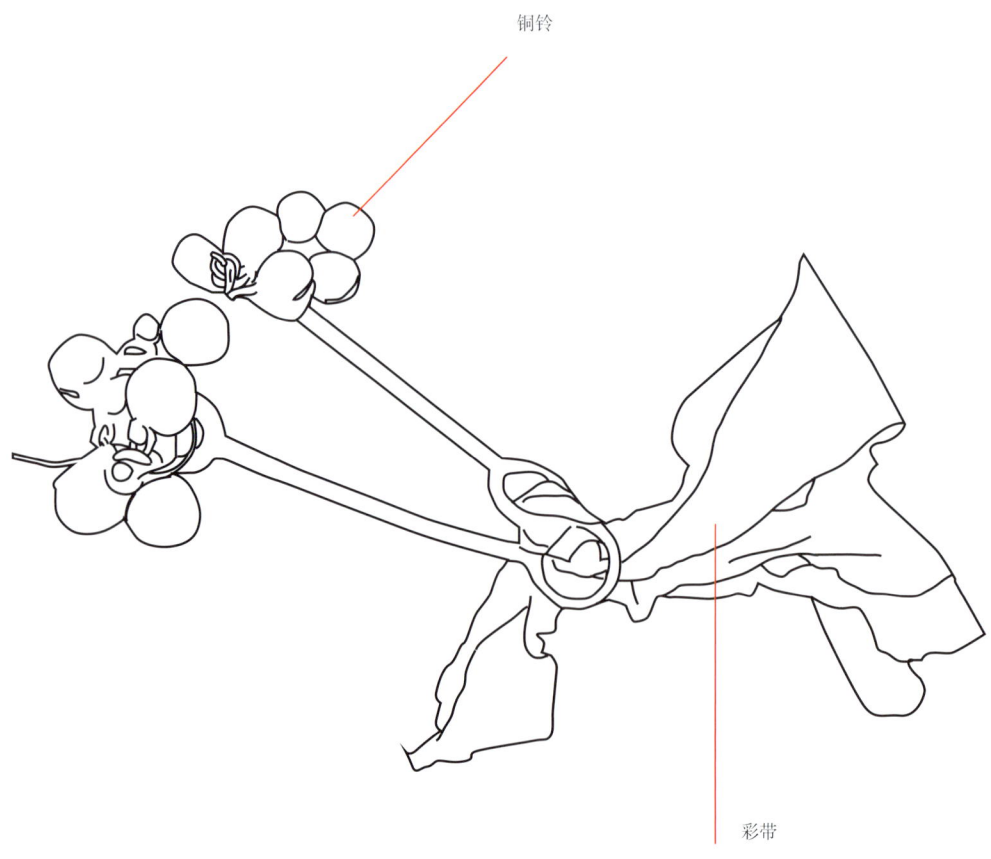

铜铃

彩带

图二　朝鲜族巫铃结构分析图

朝鲜族巫扇

图一　朝鲜族巫扇主图

巫扇是朝鲜族巫俗信仰中的巫觋跳神时使用的道具之一。

巫扇形为折叠式，扇骨为9个竹条，扇面为粉红色绸缎。两面粘贴画有跳大神的场景。一侧的画面为年轻巫觋和蛇神、龟神跳舞的场景，另一侧为老者巫觋和蛇神、龟神跳舞的场景。扇子折叠轴处系粉红、大红、草绿等色彩的布条，象征着天、地、人。巫堂跳神时，左手持巫铃，右手抓巫扇，向神请拜。巫扇以风请神，巫铃以声告神，其规格，折叠后的长度为50厘米。

巫扇是在巫祭跳神当中，非常重要的一件巫具。虽具有迷信色彩，但它属于民间的文化现象，从侧面反映了朝鲜族人民祈求平安幸福、生活美满的朴素心愿。

图片来源
图一　延边博物馆
图二至图三　成光虎　制图

图二　朝鲜族巫扇示意图

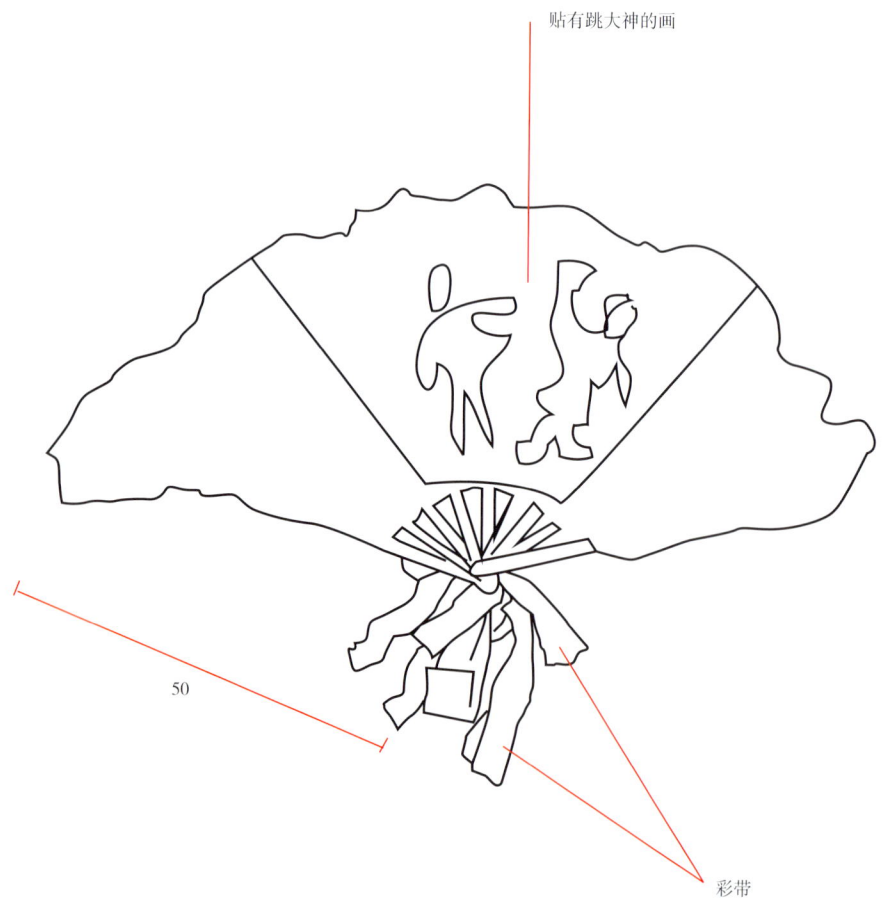

图三　朝鲜族巫扇结构分析图（单位：cm）

声　明

　　本书编写时收入的个别图片，因条件所限，未能同相关著作权人取得联系，获得授权，敬请谅解。请相关著作权人及时与编者联系，以便奉上稿酬。谢谢！